1917
История русского китаеведения:

俄罗斯汉学史

十月革命至第二次世界大战中国研究

1945

〔俄罗斯〕В.Г.达岑申 著

张鸿彦 译

北京大学出版社
PEKING UNIVERSITY PRESS

著作权合同登记号　图字：01-2017-4800

图书在版编目(CIP)数据

俄罗斯汉学史：1917—1945 /（俄罗斯）В.Г.达岑申著；张鸿彦译. —北京：北京大学出版社，2019.7
俄国革命至第二次世界大战期间的中国研究
ISBN 978-7-301-30365-8

Ⅰ.①俄⋯　Ⅱ.①В⋯②张⋯　Ⅲ.①汉学—历史—俄罗斯　Ⅳ.①K207.8

中国版本图书馆CIP数据核字(2019)第034330号

Дацышен, Владимир Григорьевич. История русского китаеведения. 1917-1945.
Datsyshen, Vladimir Grigorievich. History of Russian China Studies. 1917-1945.
本书为国家社会科学基金重大项目多卷本"中国文化域外传播百年史"阶段性成果。
（项目批准号 17ZDA195）

书　　　名	俄罗斯汉学史（1917—1945）：俄国革命至第二次世界大战期间的中国研究 ELUOSI HANXUE SHI (1917—1945): EGUO GEMING ZHI DI-ER CI SHIJIE DAZHAN QIJIAN DE ZHONGGUO YANJIU
著作责任者	〔俄罗斯〕В.Г.达岑申　著 张鸿彦　译
责任编辑	李哲
标准书号	ISBN 978-7-301-30365-8
出版发行	北京大学出版社
地　　　址	北京市海淀区成府路205号　100871
网　　　址	http://www.pup.cn　新浪微博：@北京大学出版社
电子信箱	pup_russian@163.com
电　　　话	邮购部 010-62752015　发行部 010-62750672　编辑部 010-62759634
印刷者	北京虎彩文化传播有限公司
经销者	新华书店
	650毫米×980毫米　16开本　20.75印张　350千字 2019年7月第1版　2023年3月第3次印刷
定　　　价	75.00元

未经许可，不得以任何方式复制或抄袭本书之部分或全部内容。
版权所有，侵权必究
举报电话：010-62752024　电子信箱：fd@pup.pku.edu.cn
图书如有印装质量问题，请与出版部联系，电话：010-62756370

目 录

绪 论 …………………………………………………………… 1

第一章 革命与俄罗斯汉学 ………………………………… 13
  1.1 1917年革命和俄罗斯汉学改革 …………………… 13
  1.2 俄罗斯汉学在中国 ………………………………… 32

第二章 20世纪20年代的俄罗斯汉学 …………………… 63
  2.1 汉学在高等院校 …………………………………… 63
  2.2 20世纪20年代的学院派汉学……………………… 99
  2.3 为中国人创办的教学机构和俄罗斯汉学 ………… 114
  2.4 20世纪20年代俄罗斯汉学家的成果 …………… 124

第三章 20世纪30年代的俄罗斯汉学 …………………… 157
  3.1 20世纪30年代的"重大转折"和俄罗斯汉学 ……… 157
  3.2 苏联时期的中文拉丁化 …………………………… 177
  3.3 20世纪30年代的汉学教育 ……………………… 188
  3.4 20世纪30年代俄罗斯汉学家的成果 …………… 209

第四章　镇压(肃反)时期与战争年代的俄罗斯汉学 ……………… 230
  4.1　1936—1938 年政治镇压(肃反)中的俄罗斯汉学……… 230
  4.2　1939—1941 年的俄罗斯汉学……………………………… 246
  4.3　卫国战争中的俄罗斯汉学………………………………… 258

结　　论 ………………………………………………………………… 282
俄罗斯汉学家名录(1917—1945) ……………………………………… 284
文献出处与参考书目 …………………………………………………… 290
译者后记 ………………………………………………………………… 328

绪 论

中俄两国直接交往的历史已有四个世纪,从17世纪起,两国关系的发展水平很大程度上影响着俄罗斯内政与外交的成就,并成为影响世界经济政治体系稳定的重要因素。1917年在俄国爆发的十月革命使得中俄关系体系发生重大调整。在此之后,中国成为新俄国政府更为重要的伙伴,第二次世界大战爆发前夕以及战争期间两国的盟友关系足以证明这一点。

在保证中俄关系稳定的全部因素中,俄罗斯汉学具有特殊意义。四百年的中俄交往历史表明,维持好双方相互关系中的稳定因素会使中俄关系具有发展前景。在该领域丰富的经验有助于我们采取适合的双边政策,消除隔阂误解,防止矛盾激化。俄罗斯在发展的新阶段以及国际关系新体系的形成时期,比任何时候都更需要历史的经验。俄罗斯(包括苏联时期)汉学的经验,是反映和评价两国人民间和国家间相互关系的重要参考。

汉学是现代人类社会科学的重要组成部分。综合地研究这门古老的,并区别于西方和古典东方文明的学科,对于建构人类历史和文化的总图景是必不可少的。俄罗斯汉学史不仅向我们展示了俄国对中国文明的认知过程,同时它还是我们自我认知的重要工具。

一般来说,汉学(китаеведение)被称为"与中国和中国文化相关的综合性跨学科科学,该门科学主要涉及语言、文学、历史、宗教和哲学,从广义上来说还包括满学、蒙学、藏学、西夏学和契丹学"①。汉学早在其形成时期便已具备语言国情学的特征,到了20世纪,现代汉学仍保留了这一特征。苏联时期汉学巨擘阿列克谢耶夫院士(В. М. Алексеев)认为:"汉学(синология)是一门关于中国文化的历史学、语文学、社会学和其他所有学科方向的科学综合体,这些中国文化既可以通过生动的迄今可闻的汉语口语,也可以通过其他形式的汉语体现出来,尤其是书写一视觉形式的汉语,它们从我们未知的源头自古至今不断地向我们走来。"②阿列克谢耶夫院士自己也使用更为广义的"汉学(китаистика)"概念。例如,他在其一封信中使用了这样的表述:"汉学家—自然科学家,或曾在中国做研究,或研究中国的植物群、动物群、地质学……"③该文对"汉学"这一概念的解释过于广义,其中包括了自然科学研究。但在汉学问题上本书只对"大"中国框架下的人与社会的研究以及不限于汉语和汉文化的中国文明研究感兴趣。

作为"китаеведение"或"китаистика"的同义词,俄语中还使用来源于拉丁语的术语"синология"。在汉语中与"китаеведение"意义相近的概念,在广义上是"госюэ(国学)"(中国传统思想文化),在狭义上是"ханьсюэ(汉学)"(关于汉语言、汉文化的学说)。本书中我们采用广义的概念"китаевед"(汉学家),它与概念"китаист"和"синолог"不同,不限于获得汉学专业教育的人,而是包含了所有从事中国研究的人。

---

① Кобзев А. И. Китаистика и summasinologiae // Архив российской китаистики. Сост. А. И. Кобзев. -М. : Наука -Восточная литература, 2013. С. 8.

② Алексеев В. М. Рабочая библиография китаиста. Книга руководств для изучающих язык и культуру Китая // Архив российской китаистики. Сост. А. И. Кобзев. -М. : Наука-Восточная литература, 2013. С. 69.

③ Хохлов А. Н. Академик-китаист В. М. Алексеев под угрозой остракизма в 1938 г. // Неизвестные страницы отечественного востоковедения. Вып. III. -М. : Восточная литература, 2004. С. 471.

大多数研究中亚和东亚国家历史与文化的俄罗斯专家都精通象形文字原理,并对俄罗斯汉学做出了自己的贡献。几乎所有的俄罗斯日本学家、朝鲜学家、满学家甚至蒙学家不仅在自己的研究中涉及中国问题,而且还翻译了中国文献。在杰出的日本学家和西夏学家涅夫斯基(Н. А. Невский,中文名为"聂历山")的个人档案中就保留了其译自中文的文献①,著名的蒙学家雷戈德隆(Э. Р. Рыгдылон)在其论文中也使用了象形文字,等等。

俄罗斯汉学起始于17世纪,那时俄罗斯向中国派遣了第一批科研—外交使团。到了18世纪,汉学作为一门科学不仅在俄罗斯帝国最终确立,而且还达到了世界领先水平。19世纪到20世纪初是俄罗斯汉学历史上复杂而矛盾的时期。这一时期出现了一些大型的高校学派和杰出代表人物,但是高潮过后紧接着出现的是低谷,低谷时期在整个俄罗斯甚至连一个汉学教授都没有。著名的汉学家科布泽夫(А. И. Кобзев)公正地指出:"俄罗斯的汉学是世界上较早开始和发展程度最高的汉学,它拥有一系列卓越的科学和文化成果……遗憾的是,它具有丰富的潜力,却未能很好地实现。"②

俄罗斯汉学是在西方汉学的基础上形成和发展起来的,是西方汉学的组成部分。在西方汉学发展史中,俄罗斯扮演了重要而矛盾的角色。与西方主要国家相比,俄罗斯拥有的资源更为有限,并且比欧洲人晚了一百多年踏上地理大发现的土地,所以在汉学研究领域俄罗斯常常落后于这些国家。然而与中国的相邻和俄罗斯文化"强国"的目标不仅为俄罗斯科学和教育的"赶超型"发展创造了足够的先决条件,而且保障了俄罗斯汉学在各个时期处于世界领先地位。

现代人文知识只有在体现现代科学水平的时候才能解决摆在面前的难题,在此要是没有对俄罗斯汉学经验的深入研究是行不通的。而且,俄罗斯汉学史自始至终都是影响中俄关系发展的重要因素。对

---

① АВ ИВР РАН (Архив востоковедов Института восточных рукописей РАН). Ф. 69. Оп. 1. Д. 266.

② Архив российской китаистики. Сост. А. И. Кобзев. -М.: Наука -Восточная литература, 2013. С. 3.

于现代俄罗斯来说,深化与中华人民共和国这样重要战略伙伴的合作比任何时候都更具有现实意义。

确定本研究的年代框架的前提是将该时期(1917—1945)看作俄罗斯国家历史上的一个独立的阶段。从1917年起俄罗斯国内新的科学和教育体系开始形成,然后连续经历了几个发展阶段。经过了大约30年,俄罗斯从孤立无援、不被外国承认的苏俄变成了一个在第二次世界大战中取得胜利的强国。同时,这一时期也成为了俄罗斯汉学发展的一个独立阶段。

谈到苏联时期的汉学,除了公认的概念"советский"(苏维埃的、苏联的),我们认为使用概念"русский"(俄罗斯的、俄语的)和"российский"(俄罗斯的)也是合适的。原因在于苏联汉学完全是在俄罗斯苏维埃联邦社会主义共和国境内的科教中心发展的。虽然在乌克兰苏维埃社会主义共和国①、哈萨克斯坦东部地区它也得到了一些发展,但是在这些苏联地区的汉学基本上是用俄语进行研究的,且当地的学者们与列宁格勒和莫斯科的科教中心也有着紧密的联系。

谈起1917年革命后的俄罗斯汉学史,必须提及的事实就是由于各种各样的原因,大部分俄罗斯汉学家在国外居住和工作,主要是在中国。这一时期许多俄罗斯汉学家成为政治流亡者并拒绝与苏维埃科学界合作。远东问题学者们指出:"在俄罗斯东方学历史文献中目前还没有对哈尔滨东方学家的成果做出全面和应有的评价……"②据多方考证,在中国用俄语撰写并发表的各研究方向的汉学作品不比在苏俄撰写和发表的少。

苏维埃政府在俄罗斯形成和发展的时期,的确是俄罗斯汉学历史上的特殊时期。谈及新汉学的发展前景,不得不提到的是,对于苏俄执政党来说,中国民族革命力量是他们反抗列强最亲近的盟友。后来,在第二次世界大战爆发前的酝酿期和第二次世界大战初期,中国

---

① См.: Кіктенко В. О. Нарис з історії українського китаєзнавства. XVII-перша половина XX ст.: дослідження, матеріали, документи. -Київ, 2002.

② Белоглазов Г. П. Теория эволюции аграрного строя Китая и Маньчжурии в трудах Е. Е. Яшнова (20-е годы XX в.) // Россия и АТР. 1998. № 4. С. 63.

再次成为苏联的盟友。

　　20世纪30年代末的大规模政治镇压和卫国战争时期的严重损失,使得许多俄罗斯东方学学校和机构不复存在,相当于给那个时代的所有俄罗斯汉学画上了句号。第二次世界大战的结束,迎来了现代俄罗斯汉学历史时期。例如学科领军人物中最德高望重的齐赫文斯基院士(С. Л. Тихвинский)于1945年完成了史学副博士论文答辩。西伯利亚东方学大家拉里切夫(В. Е. Ларичев)公正地指出,正是在20世纪中期"发生了新老两代学者的更替,新一代学者承担着在20世纪下半叶继续研究远东和中东国家的使命"①。于20世纪中期进入苏维埃科学界的学者们,在如今21世纪的第二个十年,主持着当代俄罗斯汉学的研究,并且在很大程度上决定了它未来的发展。如此一来,第二次世界大战结束的时间毫无疑问成为了俄罗斯汉学历史上的重要分界点。

　　俄罗斯汉学史很久之前就吸引了俄罗斯学者们的注意。其中,阿列克谢耶夫本人就是第一批尝试对20世纪20、30年代的俄罗斯汉学总体水平进行评价的研究学者中的一位。他的重点在于批评,他在自己的《汉学家工作手册》中写道:"用俄语写就的关于中国历史和文化的书籍要么是与史料的关联程度不够,使用的是第二手和第三手论据材料,要么是已经过时了。"②在关于俄罗斯汉学史的显著研究成果中可以提及汉学家马拉库耶夫(А. В. Маракуев)1932年出版的《东方学在苏维埃远东的十年》③。该书不仅展示了远东地区汉学机构和组织的发展历史,而且还对当地汉学家的刊物进行了评论。

　　卫国战争结束后,学者们马上开始研究20世纪20—40年代的俄罗斯汉学的经验。在第一批战后出版物中,学者们间接地指出了苏联

---

①　*Ларичев В. Е.* Кафаровский проект... // Вестник НГУ. Серия 《История, филология》. 2012. Т. 11, вып. 10: Востоковедение. С. 79.

②　*Алексеев В. М.* Рабочая библиография китаиста. Книга руководств для изучающих язык и культуру Китая // Архив российской китаистики. Сост. *А. И. Кобзев.* -М.: Наука - Восточная литература, 2013. С. 112.

③　*Маракуев А. В.* Десять лет востоковедения на Советском Дальнем Востоке. -Владивосток: Дальгиз, 1932.

历史第一阶段国内汉学研究的不足之处。例如,在莫斯科出版的《俄华辞典》的序言中,其编者陈昌浩、杜布洛夫斯基(А. Г. Дубровский)和科托夫(А. В. Котов)指出:"这一部作品是苏联时期编纂俄汉词典的第一次尝试。"①在1952年出版的《华俄辞典》的前言中,其主编鄂山荫(И. М. Ошанин)在俄罗斯国内作品中只提到了阿列克谢耶夫院士指导下科学院编纂的大汉俄词典的手稿,以及科洛科洛夫(В. С. Колоколов,中文名为"郭质生")教授的双语词典(《汉俄简明词典》,莫斯科,1935)②。如此一来,俄罗斯汉学家在20世纪中期可以明确的一点是,除了规模不大的科洛科洛夫词典之外,在苏联科学发展历史的前30年间未能成功地编写和出版"应有的"汉语词典。

多卷宗总结性研究成果《苏联史学历史纪要》介绍了苏联科学界关于中国历史的俄罗斯国内史料研究的发展。在1966年出版的该成果第四卷中甚至独立分出"苏联东方学"的章节。其中,由尼基福罗夫③(В. Н. Никифоров)撰写的单独的章节"中国"从篇幅上来看要小于如"西欧资本主义革命"或"马克思主义历史"等章节,但它仍然是其中篇幅较长的一章。在《苏联史学历史纪要》中属于首批研究中国历史的苏联学者有巴甫洛维奇(М. П. Павлович)、维连斯基—西比里亚科夫(В. Д. Виленский-Сибиряков)、霍多罗夫(А. Е. Ходоров)和沃伊京斯基(Г. Е. Войтинский,中文名为"吴廷康")。学者尼基福罗夫在自己的作品中对早期苏联史料中的中国历史研究做出了如下评价:"十月革命结束后的初期,俄国汉学界不能改变自己的观点并及时了解接受其新使命。一些学者试图远离历史现实问题……十月革命后出现的马克思主义学者们敢于在自己的书中提出中国历史的重要问题并对这些问题做出了基本正确的解答,虽然在初期这些答案都太千

---

① Русско-китайский словарь. Сост. Чэнь Чан-хао, А. Г. Дубровский и А. В. Котов. Под ред. -Чэнь Чан-хао и Б. С. Исаенко. 2-е изд., стереотип. Около 26 000 слов. -М.: Государственное издательство иностранных и национальных словарей, 1952.

② Китайско-русский словарь. Под ред. И. М. Ошанина. Около 65 000 слов и выражений. -М.: Государственное издательство иностранных и национальных словарей, 1952. С. VIII.

③ Никифоров Владимир Николаевич (1920—1990).

篇一律了……从1928年到1934年学界主要研究的是中国历史的主题或是通论问题,或是与中华民族革命斗争相关的问题,对中国历史的系统研究还不存在。然而在1934年至1935年间情况开始改变,党和政府关于史学的决议开始产生正面的影响……在20世纪30年代中期列宁格勒的中国史研究得到复苏,在这里阿列克谢耶夫院士的杰出弟子们开始进行研究工作,这一辈人才是苏联时期培养的中国史学家,他们能将马克思主义方法论和旧列宁格勒学派的优点结合起来……"①除了讲到"杜曼的专著是第一部用俄语书就的关于封建时期中国社会经济史的详细研究"②,尼基福罗夫的作品中就基本没有提到上述学派的主要成就。虽然书中使用了政治意识形态说辞并隐瞒了一些知名的名字,但该纪要对20世纪20、30年代苏俄研究的中国史问题进行了相当完整和详尽的研究。1970年,尼基福罗夫出版了总结性专著《苏联史学家谈中国问题》,该书成为苏联史料中关于中国研究史的规模最大和最完整的学术著作。尤其是书中深入介绍了科洛科洛夫、巴甫洛维奇和伊万诺夫(А. А. Иванов,笔名 Ивин,伊文)等人的学术生涯。

在20世纪60年代到70年代之间,关于苏联前十年俄罗斯汉学研究史的内容出现在了为纪念某些俄罗斯汉学家而出版的各论文集和期刊中。俄罗斯汉学家们常常因为阿列克谢耶夫院士的名字而齐聚一堂③。也有不少出版的论文集是为了对健在的汉学家表示纪念④。此外,在一些杂志,例如《亚非民族》中有"东方学历史"的专栏。

---

① Очерки истории исторической науки в СССР. Т. IV. Ред. М. В. Нечкина. -М., 1966. С. 800—813.

② Там же. С. 816.

③ Литература и культура Китая. Сборник статей к 90-летию со дня рождения академика Василия Михайловича Алексеева. -М.: Главная редакция Восточной литературы, 1972.

④ Изучение китайской литературы в СССР. Сборник статей к шестидесятилетиючлена-корреспондента АН СССР Н. Т. Федоренко. -М.: Наука, Главная редакция Восточной литературы, 1973.

许多学术专著的导言中有关于俄罗斯汉学发展方向的史料研究纪要①。从20世纪60年代初期开始出现了关于列宁格勒汉学史的总结性文章②。20世纪60年代,随着俄罗斯被打压的汉学家的一系列作品的出版,对苏联战前汉学成果的研究和推广得以实现③。20世纪80年代,俄罗斯汉学史的研究十分活跃:出版了一部东方学史的专题论文集,在该论文集中反映了汉学史的发展④;人们继续研究首批苏联汉学家的遗著⑤。

后苏联时代,俄罗斯学者开始对国内汉学遗著和国内科学发展的历史经验产生兴趣,表现为出版一些专题论文集⑥,编写总结性书目⑦,出版文献资料汇编⑧。目前俄罗斯汉学的历史遗著问题得到了许多关注。其中,关于苏联汉学史的问题在齐赫文斯基院士和米亚斯尼科夫(В.С. Мясников)院士的学术著作中有涉及⑨。总的来说,齐赫文斯基的学术著作部分地成为了我们研究的史料出处,而米亚斯尼科夫的著作也提供了一些历史文件,例如其提到了著名汉学家斯卡奇

---

① *Шутова Е. И.* Синтаксис современного китайского языка. -М.: Наука, Главная редакция Восточной литературы, 1991.

② *Горбачева З. И.*, *Меньшиков Л. Н.*, *Петров Н. А.* Китаеведение в Ленинграде за сорок лет // Ученые записки Института востоковедения. Т. XXV. -М., 1960.

③ *Щуцкий Ю. К.* Китайская классическая «Книга перемен». -М.: Изд. Восточной литературы, 1960; *Драгунов А. А.* Грамматическая система современного китайского разговорного языка. -М., 1962 и др.

④ Становление советского востоковедения. -М., 1983; Слово об учителях. Московские востоковеды 30—60-х годов. -М., 1988 и др.

⑤ *Алексеев В. М.* Наука о Востоке. -М., 1982.

⑥ И не распалась связь времен. К 100-летию со дня рождения П. Е. Скачкова. -М.: Восточная литература, 1993.

⑦ Библиография по китайскому языкознанию. Кн. 1. Сост. *С. Б. Янкивер* (руководитель)... -М.: Наука, Главная редакция восточной литературы, 1992; *Милибанд С. Д.* Биобиблиографический словарь отечественных востоковедов. -М., 1995.

⑧ Из истории востоковедения на Российском Дальнем Востоке. 1899—1937 гг. Документы и материалы. -Владивосток, 2000 и др.

⑨ *Тихвинский С. Л.* Избранные произведения. Кн. 5; Воспоминания дипломата и заметки историка. -М., 2006.; *Мясников В. С.* Квадратура китайского круга: избранные статьи: в 2 кн. -М., 2006.

科夫(П. Е. Скачков)和卡扎宁(М. И. Казанин)关于20世纪20—30年代学习与工作的回忆录①。近些年来俄罗斯有更多汉学家们将注意力转向研究俄罗斯国内汉学史问题。霍赫洛夫(А. Н. Хохлов)发表了数十篇专门针对首批苏联汉学家学术活动的文章。李福清(Б. Л. Рифтин)指出:"现在撰写了许多关于俄罗斯汉学史的学术作品以及博士论文,其中不乏很多新的材料。值得高兴的是,这个话题不仅引起了俄罗斯国内汉学家的研究兴趣,而且还吸引了中国和其他国家学者们的注意。"②目前在进行该方向研究工作的有以波波娃(И. Ф. Попова)为首的俄罗斯科学院东方文献研究所团队③,以及俄罗斯科学院东方学研究所和远东研究所的历史学家-东方学家、汉学家和图书编目专家们。关于俄罗斯汉学史的一些个别问题,还在卢金(А. В. Лукин)、沃斯克列辛斯基(А. Д. Воскресенский)、多罗宁(Б. Г. Доронин)、梅利霍夫(Г. В. Мелихов)、潘佐夫(А. В. Панцов)、列舍托夫(А. М. Решетов)、乌索夫(В. Н. Усов)等俄罗斯著名汉学家的总结性学术著作中有体现。科布泽夫的学术著作是近期对在世界汉学发展背景下的俄罗斯汉学史进行小结的成果之一④。

需要特别指出一下远东学者们的学术成果,这些远东学者们研究符拉迪沃斯托克汉学史和在华俄罗斯侨民命运。他们的学术成果运用了来自符拉迪沃斯托克和哈巴罗夫斯克图书馆和档案馆的资料。以拉林(В. Л. Ларин)为首的俄罗斯科学院远东分院远东历史、考古与民族研究所的工作人员则与各大学的东方学家们一起对俄罗斯汉学家的历史遗著进行修复。近期以戈特利布(О. М. Готлиб)为首的

---

① *Мясников В. С.* Кастальский ключ китаеведа. Соч. в 7 т. Т. 1. Империя Цин и Русское государство в XVII в. -М.: Наука, 2014.
② *Рифтин Б. Л.* О синологических словарях и справочниках, старых и новых // Архив российской китаистики. Т. I. Сост. *А. И. Кобзев*; отв. ред. *А. Р. Вяткин*. -М.: Наука -Вост. лит., 2013. С. 335.
③ Труды востоковедов в годы блокады Ленинграда (1941—1944) / сост. и отв. ред. *И. Ф. Попова* (Труды Архива востоковедов ИВР РАН. Вып. 1). -М., 2011 и др.
④ *Кобзев А. И.* Китаистика и summasinologiae // Архив российской китаистики. Т. I. Сост. *А. И. Кобзев*; отв. ред. *А. Р. Вяткин*. -М.: Наука -Вост. лит., 2013.

伊尔库茨克汉学家也在积极地研究俄罗斯汉学的一些问题①。

而俄罗斯境外对这方面的研究,无论是学术成果总量还是问题范围都远比不上俄罗斯国内的研究水平。中国讨论最多的是阿列克谢耶夫院士的学术成就。南开大学阎国栋教授及其弟子的诸多作品就对此进行了研究。例如,2004 年在天津,岳巍以《阿列克谢耶夫汉学学派》这篇优秀的毕业论文通过答辩。奥斯陆·克里斯托夫·哈尔伯梅尔(Осло Кристоф Харбсмайер)教授指出:"很容易想象,在俄罗斯形成了一种阿列克谢耶夫'崇拜'现象,人们视其为伟大的学者,许多私下与他并不熟的人满怀热情地支持他。阿列克谢耶夫是俄罗斯科学文献中当之无愧的大师……作为一名学者,他的确拥有卓越的创作天赋和艺术天赋,因此人们对他的任何夸大其词甚至是错误都能给予原谅。"②最近中国学者开始对在华俄罗斯侨民的学术著作产生兴趣。日本学者也撰写了与日本相关的俄罗斯东方学家,指出了他们对研究中国所做出的贡献。

对于现代历史编纂学来说,整体上最典型的方法是研究著名汉学家的传记,尊重他们的所有经验,尤其是尊重阿列克谢耶夫院士。如今在对汉学发展史进行总结的时候,往往不会列举 20 世纪 20－30 年代的俄罗斯汉学家的学术成就,因为对此多数是批评的声音:"总而言之,科学标准从 20 世纪 20 年代初开始就失去重心往下滑,从那时起,'思想性'比知识和研究才能更重要。那时东方学界迎来了一批不懂东方语言的人,他们毕业于历史、经济等专业(如中国史学家叶菲莫夫,Г. В. Ефимов),或是缺乏常识文化的所谓的'先进干部'(例如,20

---

① Готлиб О. М., Кремнев Е. В., Шишмарева Т. Е. Отечественные труды в области грамматологии китайской письменности второй половины XIX -первой половины XX вв. В. П. Васильев, С. М. Георгиевский, Ю. В. Бунаков, И. М. Ошанин. -Иркутск: МГЛУЕАЛИ, 2014.

② Харбсмайер К. Василий Михайлович Алексеев и российское китаеведение // Архив российской китаистики. Сост. А. И. Кобзев. -М. : Наука -Восточная литература, 2013. С. 506.

世纪 30 年代科学院东方学研究所学术秘书穆拉托夫，Х. И. Муратов）。"①

目前俄罗斯国内关于俄罗斯汉学的史料研究引起了众多学者的科研兴趣，他们申报并成功完成了一些关于俄罗斯国内汉学研究的集体科研项目。例如，在 2013 年出版了《俄罗斯汉学文献资料汇编》。另有众多的文章和论著的章节，从科学、教育或中俄关系历史的不同角度对俄罗斯汉学史问题进行了阐释。在国内史料研究中有单独对 20 世纪 20—30 年代俄罗斯汉学历史文献的详细研究。例如，著名当代东方学语言学家阿尔帕托夫（В. М. Алпатов）以 1930 年的《现代汉语语法》为例，对俄罗斯科学界的中国语言学问题进行了深入的研究②。

为了重构距今约一百年前那个时代的完整俄罗斯汉学图景，必须研究反映俄罗斯国内东方学与教育各领域发展的历史文献。目前在俄罗斯档案馆保存了许多不同性质的文件，在这些文件的基础上可以详细地重建和分析苏联汉学史。在俄罗斯的各个图书馆可以找到很多苏联学者关于中国的学术作品。为了撰写本书我们参考了各种文件资料，包括已出版的材料以及首次运用于科学著作的档案资料。本书研究资料的文献来源主要包括：俄罗斯科学院档案馆（Архив Российской Академии наук，АРАН）、俄罗斯科学院东方文献研究所东方学家档案馆（Архив востоковедов Институа восточных рукописей Российской Академии наук，АВ ИВР РАН）、俄罗斯国家图书馆手稿部（Отдел рукописей Российской национальной библиотеки，ОР РНБ）中俄罗斯汉学家们的个人成果藏书以及 20 世纪上半叶俄罗斯汉学家的出版作品。档案馆里还保存了苏联一些机构的公文处理文件、俄罗斯东方学家未出版的手稿作品以及其他档案资料。这些档案

---

① *Долинина А. А.* Переписка В. М. Алексеева и И. Ю. Крачковского (1916—1950) // Неизвестные страницы отечественного востоковедения. Вып. III. -М.: Восточная литература, 2004. С. 149.

② *Алпатов В. М.* Два века в одной книге // Общество и государство в Китае. Том XLIV. Часть 1 / Ученые записки ИВ РАН. Отдела Китая. Вып. 9. -М.: ИВ РАН, 2014.

资料中包括汉学家们的个人卷宗,有助于明确俄罗斯历史文献中的许多事实,填补研究空白,纠正其中的错误。苏联汉学家的回忆录是重构俄罗斯汉学历史图景的重要资料来源,这些回忆录在汉学家的学生和追随者们的学术作品中可以找到。本书还参考了国家和部门档案馆的文件材料、报纸以及与科学和教育历史问题相关的出版材料。在本书的结尾处我们附上了俄罗斯汉学家们的出版作品目录,真实客观地向现代汉学家展示了该研究命题的丰富性和前瞻性。

第一章
革命与俄罗斯汉学

1.1 1917年革命和俄罗斯汉学改革

随着1917年俄国革命的爆发,俄罗斯汉学研究进入了一个新阶段。1917年2月(俄历),在彼得格勒,君主制被推翻,共和制度开始形成。就像俄罗斯社会的绝大多数人一样,俄罗斯的东方学家也支持二月革命。许多学者不仅继续在旧机构中工作,而且同时还在新的政府机构中任职。例如,于1917年从巴黎侨居归来的汉学家A. A. 伊万诺夫,就成为了临时政府驻中国外交使团的工作人员。

尽管革命取得了成功,但持续进行的世界大战和国内政治斗争还是导致了国内局势的不稳定。革命性的变革导致学者的物质状况恶化,也给科研机构的工作带来了混乱。尽管如此,和大部分俄罗斯知识分子一样,汉学家们仍然坚持忠于自己的事业。汉学家阿列克谢耶夫在1917年8月11日的一封信中写道:"我们的煤油供应已经耗尽了,解决食品问题迫在眉睫。我现在心情很糟,但和我为之倾尽心血的细致复杂的工作相比,这已经不重要了……大学似乎是在10月2日开学。谢尔盖·费奥多罗维奇使我们处于群龙无首、各自为政的状态。我正在遭受经济危机,开始卖东西了。"①

1917年10月,彼得格勒的俄国社会民主工党(布尔什维克)[Российская социал-демократическая рабочая партия (большевиков),РСДРП(б)]组织推翻了资产阶级临时政府。在全俄苏维埃第二次代表大会上成立了新的政府——即以乌里扬诺夫(В. И. Ульянов,笔名:列宁 Ленин)为首的人民委员会。不久之后,布尔什维克将首都从彼得格勒迁至莫斯科,且于1918年3月同德国签订了《布列斯特和约》。新的苏维埃政权宣布废止旧俄的对内对外政策,宣布实施"无产阶级专政"和"战时共产主义"政策。俄国布尔什维克的反对者不承认新政府,当时不承认新政府的还有包括日本和中国在内的反德协约国联盟。俄罗斯进入了内战和外国武装干涉内外夹击的漫长时期。1920年,布尔什维克几乎在俄罗斯全境取得了胜利,并于1922年在前俄罗斯帝国的废墟上建立了以俄罗斯苏维埃联邦社会主义共和国为核心的苏维埃社会主义共和国联盟。

汉学家与革命

就像其他东方学学科代表们一样,俄罗斯的汉学家大部分居住在彼得格勒和莫斯科。首都城市的居民大都支持1917年末上台执政的布尔什维克,知识分子在内战中站在了苏维埃政权这边。然而部分俄罗斯东方学家不支持布尔什维克。他们中的很多人选择了与白军相同的命运,先撤退到西伯利亚,随后逃亡国外。

1917年年末至1918年年初,一些俄罗斯著名汉学家在新政府外

---

① Переписка В. М. Алексеева и И. Ю. Крачковского (1916—1950) // Неизвестные страницы отечественного востоковедения. Вып. III. -М.: Восточная литература, 2004. С. 160.

交部门①成立之初就开始在那里工作。彼得格勒大学的编外副教授——汉学家波利瓦诺夫(Е. Д. Поливанов)(前沙皇政府一个部长的亲戚),于1917年年末成为外交人民委员托洛茨基(Л. Д. Троцкий,原姓勃朗施坦,Бронштейн)的副手。驻上海前副领事沃兹涅先斯基(А. Н. Вознесенский)于1918年年初开始担任外交人民委员部(Народный комиссариат по иностранным делам,НКИД)东方事务处的主任。积极与新政府合作的还有汉学家А. А. 伊万诺夫(苏联第一位汉学家-博士)。最终,职业革命家卡拉汉(Л. М. Карахан,又名卡拉汉扬,Караханян)成为了"首席东方学家",并担任外交人民委员契切林(Г. В. Чичерин)的副手,卡拉汉曾经在符拉迪沃斯托克和哈尔滨住过一段时间,在那里他师从汉学家巴拉诺夫(И. Г. Баранов)②。

俄罗斯汉学家没有占据关键职位,而主要是以"专家"的身份被使用。刚才提到的波利瓦诺夫就在1918年1月因为与托洛茨基发生了冲突而离开了外交人民委员部。在内战期间,他曾任俄共(布)③彼得格勒委员会中国分部的组织者,是苏俄第一份中国报纸的编辑,并自1921年起一直供职于共产国际(Коммунистический Интернационал,Коминтерн)。

更年轻的汉学家们,如贵族科洛科洛夫和鄂山荫,以志愿兵的身份加入了红军。出身于俄罗斯汉学家世家,在中国新疆成长起来的科洛科洛夫于1917年进入彼得格勒的巴甫洛夫步兵学校准尉班学习。毕业之后他被派往特维尔196后备步兵团,不久该步兵团就被解散了。后来科洛科洛夫当选特维尔省卡申县执行委员会的秘书,随后加入了红军队伍,并被任命为排长。身为邮差儿子的德拉古诺夫(А. А.

---

① 俄罗斯的外交部名称变迁:1917—1923年:俄苏外交人民委员部(НКИД РСФСР),1923—1946年:苏联外交人民委员部(НКИД СССР),1944—1946年:俄苏外交人民委员部(НКИД РСФСР),1946—1991年:苏联外交部(МИД СССР),1991年至今:俄罗斯外交部(МИД РФ)。——译注

② АВ ИВР РАН. Ф. 1. Оп. 1. Д. 854. Л. 28.

③ 1918—1925年,称俄国共产党(布尔什维克),简称俄共(布);1925—1952年,称苏联共产党(布尔什维克),简称联共(布)。——译注

Драгунов,中文名"龙果夫"),其社会出身是"非世袭贵族"。

小市民出身的、工程师和数学老师的儿子——汉学家瓦西里耶夫（Б. А. Васильев,中文名为"王希礼"）在自传中写道："在内战期间,我作为一名医学生,在尤登尼奇进攻期间以志愿兵的身份加入了红军救护队。"①普梯洛夫工厂办事处的职员之子沃罗比约夫（П. И. Воробьев）,在1915年毕业于东方语言系满语教研室后,曾留在普梯洛夫工厂工作,1919年3月,他被动员参加了红军并加入了布尔什维克。杰出的当代汉学家科布泽夫指出了这一看似不合逻辑,但却是革命所特有的情况："康拉德（Н. И. Конрад）——完全不是无产阶级出身:他是一个铁路工程师的富家公子……与俄共当局积极合作,支持'马克思主义的科学',还在1918年参加了外交人民委员部的宣传活动……"②

"厨娘的儿子"——后来成为苏联科学院院士的阿列克谢耶夫,是为数不多的起初并不接受布尔什维克的汉学家之一。阿列克谢耶夫在1917年11月2日给自己在日本的学生涅夫斯基的信中写道："……留在那里吧,即便那里物资条件很贫乏（指日本）:这里的情况将会更糟。我们都不知所措,每个人都觉得自己似乎濒临死亡。俄罗斯不再是一个国家……这里除了暴力什么都没有。我在等待可耻而愚蠢地死于流氓士兵的手下,然后跟我的工作挥手告别……我在自己苦闷的生活中做得并不多,但不甘在现如今关于陶潜和李白的巨著（第一部）已经准备就绪的情况下就这么白白地死去……"③

阿列克谢耶夫请求法国同事沙畹（Э. Шаванн）协助他离开俄罗斯："……作为汉学家的领军人物,您的名字家喻户晓,所以我忍不住想要冒昧地请您帮忙给我写一封推荐信,信中希望您尽可能地对我进行评定,将我作为汉学教师来推荐,用法语写也好,用澳大利亚、美国或其他国家的英语写也好……您的几行话语或许就能救我,只要在这之前我还没死……向您所做过的一切以及您在接下来的多年里将要

---

① АРАН. Ф. 407. Оп. 6. Д. 37. Л. 3.
② *Кобзев А. И.* Игрища бесовские в АН СССР // Общество и государство в Китае. Т. XLIII. Часть 2. -М. : ИВ РАН, 2013. С. 264.
③ *Баньковская М. В.* «Мой двойник, только сильнее и вообще лучше » // Петербургское востоковедение. Вып. 8. -СПб. , 1996. С. 502.

做的致以诚挚的敬意。"①然而命运弄人,沙畹很快就去世了②,阿列克谢耶夫也没能离开俄罗斯。1919 年,他娶了亚洲博物馆的女同事——古埃及学家季亚科诺娃(Н. М. Дьяконова)为妻,并继续留在彼得格勒工作。

最终阿列克谢耶夫接受了新政府。大概是社会中发生的变化、国家加速发展的前景鼓舞了这位俄罗斯汉学家。1918 年末,据人民委员会的决议,这位汉学家被授予"教授"称号。阿列克谢耶夫自己也写道:"在卢图金人民大学,我第一次为如此多的听众讲授关于中国文化的课程(1919 年),我承认,这在之前的很多年里我都是不习惯的。"③总的说来,包括中国在内的世界范围内的时代潮流转变使阿列克谢耶夫赞叹称奇。1918 年,他呼吁道:"……要了解这个充满力量的古老国度新文化生活的产生……就要让自己与新的中国人民为伍……"④同年,阿列克谢耶夫教授号召大家"向未来冲击",他写道:"……在广袤的俄罗斯甚至找不到五个能够负责任地翻译中国文学作品的人,而想要了解中国的俄罗斯读者……却没有相应的俄语版本。浩瀚中国文学的伟大对俄罗斯读者而言却仍然是未知的……在人类智慧复杂和重要的具体表现上,例如对中国文学,我们陷入了一种怪圈,最终还是需要做些什么来打破这个怪圈。是时候向未来发起冲击了,未来不会径自跑到我们身边来,只有通过我们不懈的努力才能获得。"⑤

1920 年,阿列克谢耶夫写道:"俄罗斯汉学,作为一门在科学院的全新支持下、由新力量构成的学科,其发展将推动新的学科实验室的创建,这个实验室饱含着我们对中国真诚、全面而清晰的认识,把我们

---

① Баньковская М. В. «Мой двойник, только сильнее и вообще лучше» // Петербургское востоковедение. Вып. 8. -СПб., 1996. С. 472—473.

② 阿列克谢耶夫于 1917 年 12 月 6 日给沙畹写信,而沙畹于 1918 年 1 月 29 日去世。——译注

③ Баньковская М. В. Алексеев и Китай: книга об отце. -М.: Восточная литература, 2010. С. 462.

④ Там же. С. 159.

⑤ Алексеев В. М. Китайская литература // Литература Востока. Сборник статей. Выпуск второй. -Пг.: Гос. изд., 1920. С. 22.

与中国紧密联系起来的似乎不仅仅只是那些边远的国界线。"①很快，阿列克谢耶夫就成为了苏联汉学家和世界学界公认的苏联汉学"代表人物"。然而，在20世纪30年代后期苏联大规模政治镇压开始前，汉学巨擘阿列克谢耶夫一直明确地保留着对俄罗斯旧学派和科学的"欧洲价值观"的"忠诚"。阿列克谢耶夫院士的学生、日后的院士齐赫文斯基，在阿列克谢耶夫去世二十年后还提到，"被错误理解的'学院制'一直把瓦西里·米哈伊洛维奇②紧紧地抱在怀里，阻止他学习和掌握马克思列宁主义的历史观点……在与苏联东方学者集体生活和工作的过程中，瓦西里·米哈伊洛维奇渐渐地，在接近30年代后期的时候，得以彻底地告别假装的政治冷漠，而承认学科的党性原则……"③

科学院汉学

在苏俄，科学院东方学研究在革命后得以保留下来。1917年12月底，皇家科学院会议通过决议，将皇家科学院更名为俄罗斯科学院，而从1918年初起，以常务秘书鄂登堡（С.Ф. Ольденбург）为首的俄罗斯科学院院士们开始建立与新政府的合作。

亚洲博物馆几乎是汉学家们开展工作、进行东方学研究、收集文献和材料的唯一科学院机构。正如俄罗斯汉学家们所写的那样，"1917年以后，汉学的研究工作在亚洲博物馆并没有停止，反而富有成效，但工作的重心已经转向科学研究……亚洲博物馆的汉学研究发展得更快了……成立了实习生院，随后是研究生部，博物馆变成了研究所；工作人员中出现了中国历史、经济方面的新专家……"④1917年，亚洲博物馆的编制人员中，有6名研究人员和2名技术员工。自1918年起，博物馆被分为四个分馆：一号分馆——欧洲语言版图书和期刊；二号分馆——亚洲档案馆；三号分馆——存放东方手稿和在东方出

---

① Баньковская М. В. Алексеев и Китай: книга об отце. С. 134.
② 即阿列克谢耶夫。——译注
③ Тихвинский С. Л. В. М. Алексеев и изучение истории Китая // Литература и культура Китая. С. 57—58.
④ Меньшиков Л. Н., Чугуевский Л. И. Китаеведение // Азиатский музей - Ленинградское отделение Института востоковедения АН СССР. -М., 1972. С. 88.

版的书籍;四号分馆——关于钱币学、铭文学和考古学。鄂登堡任亚洲博物馆馆长。

1918年春,鄂登堡院士在俄罗斯科学院历史研究所会议上展示了伊万诺夫(А. И. Иванов,中文名为"伊凤阁")的作品《西夏文文献》。1918年9月,鄂登堡写道:"目前博物馆的工作人员中有相当多的东方学专家,这一状况,正如上文对中国研究部门的注释所示,使得博物馆中的大多数部门现在能够着手将藏品系统化,并系统地对其进行补充,这在博物馆的行政管理人员看来,是其馆员、学者和科研工作者的主要工作。"①

即便是在内战最紧张的时期,亚洲博物馆的工作也没有中断,对中国历史文献的加工整理也没有停止。例如,1918年,前驻中国领事以及著名的历史文献收藏家科罗特科夫(Н. Н. Кротков)清点了亚洲博物馆中的满洲馆藏。随后,科特维奇(В. Л. Котвич)教授着手对满洲的手稿和刻本展开全面的科学编目工作。《1919年度俄罗斯科学院亚洲博物馆的工作报告》写道:"在二号分馆,也就是东方档案馆,亚洲博物馆馆长曾进行了这一分馆的部分工作。研究员叶利谢耶夫(С. Г. Елисеев)教授在三号分馆工作之前也致力于对东方档案馆材料的研究。他继续整理他们已开始的手稿目录整理工作……在当选为物质文化史学院成员的叶利谢耶夫离开之后,科特维奇教授开始主持该分馆的工作。他很早就开始在这个分馆工作,他在亚洲博物馆的文献及所有其他可获得的资料的基础上,继续进行他早已在做的满语方面的浩大的图书编目工作。他曾在莫斯科档案馆进行俄罗斯与远东地区关系问题的研究,并在科学院的《通报》上发表了文章《17世纪至18世纪俄罗斯与瓦剌关系的俄文档案文献》。"②

1919年的一份报告中还提到了一位著名的东方学家:"研究员罗森伯格(О. О. Розенберг)从事中国佛经方面的研究。他积极参与在

---

① Ольденбург С. Записка о трудах Василия Михайловича Алексеева, младшего ученого хранителя Азиатского Музея. 1913—1918 // Азиатский Сборник. Из Известий Российской Академии наук. Новая серия. -Пг., 1918. С. 1751.

② Отчет о деятельности Азиатского музея Российской Академии Наук за 1919 год. -Пг.: Государственная Академическая типография, 1920. С. 125—126.

圣彼得堡举办的第一次佛教展览的筹备工作,在展览上,他做了题为'远东地区当代佛教的世界观'的公开讲座。他还担任了中日俄英词典编撰委员会的秘书,这方面的大量材料已归博物馆所有。关于他在1919年11月26日英年早逝的消息直到1920年才为大家所知。"①

内战期间,阿列克谢耶夫依然积极地在亚洲博物馆工作。1918年9月,鄂登堡写道:"在亚洲博物馆全体学者会议上,根据我的提议,阿列克谢耶夫经投票被提名为高级馆员学者一职的候选人,并最终获得一致投票成功当选。"②一份1919年的报告中指出:"高级馆员学者阿列克谢耶夫教授,继续进行中文图书新馆藏的编目工作,在自己的工作中依然采用分解书目单位的方法,即从一个简单的编目索引表中输出目录的方法。随后,他们根据叶昌炽(19世纪)的一部极其重要和极具价值的著作《藏书纪事诗》中的资料,编制了中国历代藏书家名录③。《藏书纪事诗》集聚了作者对从中国著名图书馆中以及所有与中国著名藏书家有关的信息中收集提取的资料所进行的长期且细致的工作。他们亲自考察并研究了这些图书馆……这本书提供了405位藏书家的详细信息,并提到了295个不重要的名字……遗憾的是,由于时代环境的限制,当时不允许刊印这部已经制成的名册,因此该名册(以字母顺序为索引)以手稿小册子的形式保存在亚洲博物馆。随后,按字母顺序排列的图书馆系列(丛书)的名册被重新制作,这个名册中包含这些丛书的目录索引……受考古委员会(在今年更名为'俄罗斯物质文化史研究院')的委托,在空闲时间阿列克谢耶夫对亚洲博物馆内保存的中国考古著作进行了记述工作……随后,阿列克谢耶夫领导了对其《论诗人的诗》④中文文本的索引创建工作。这项工作亚洲博物馆原本指派给了年轻汉学家科尔帕科夫(А. А.

---

① Отчет о деятельности Азиатского музея Российской Академии Наук за 1919 год. - Пг. : Государственная Академическая типография, 1920. С. 132—133.

② Ольденбург С. Записка о трудах Василия Михайловича Алексеева, младшего ученого хранителя Азиатского Музея. 1913—1918 // Азиатский Сборник. Из Известий Российской Академии наук. Новая серия. 1918. -Пг. С. 1751.

③ Так в тексте.

④ 即《中国诗人论诗:司空图〈诗品〉研究》。——译注

Колпаков)来完成,遗憾的是,随后科尔帕科夫不得不离开彼得格勒,并由于处于战争时期而不能返回。"①

亚洲博物馆的图书馆中不断在补充汉学和中文的资料。《1919年度俄罗斯科学院亚洲博物馆的工作报告》指出:"一方面,由于长期与国外处于隔绝状态,另一方面,因为印刷事业的衰落,1919年几乎没有收入新发行的书。尽管如此,博物馆当年的馆藏书籍总数仍大约为1000册(到11月15日时还是906册),主要是其他机构的转赠或者从个人手中获得的收藏手稿。"②"在1919年科学院图书馆新收入的大量藏书中包括:罗曼诺夫(А. Д. Романов)教授关于中国和印度的部分藏书。238册,馆藏号:401号－638号。"③根据科学院的报告,罗曼诺夫的藏书主要由以下形式构成:"各种由中国人、日本人和欧洲人出版的中文研究参考书,以及基督教传教士出版翻译成中文及其众多方言的《圣经》译本。"④

这里还可以举一个合适的例子,记载在俄罗斯科学院的"通报"中的1920年11月24日的会议记录中写道:"普拉托诺夫(С. Ф. Платонов)院士向亚洲博物馆捐赠了修士大司祭卡缅斯基写于1832年6月至10月的日志,以及科特维奇教授关于这本日志的笔记。应当对捐助者表示感谢,手稿转交给亚洲博物馆,而科特维奇教授的笔记则刊印在会议记录的附件中。"⑤文献中特别指出:"鉴于所有这些纳入的书籍资料对博物馆而言都是新的,且几乎没有复本,因此虽然这些书籍从其材料的性质来看并非科学财富,但从自己组织的完整性意义上讲获得这些书籍仍可以被认为是必要的,这个完整性通常对汉学家来说都是有益的,尤其是对语言学家来说。"⑥

---

① Отчет о деятельности Азиатского музея Российской Академии Наук за 1919 год. Пг. : Государственная Академическая типография, 1920. С. 131－132.
② Там же. С. 120.
③ Там же. С. 123.
④ Там же. С. 131.
⑤ Известия Российской Академии наук. VI серия. Т. XIV. -Пг., 1920. С. 150.
⑥ Отчет о деятельности Азиатского музея Российской Академии наук за 1919 год. С. 131.

这样一来,俄罗斯1917年革命之后的科学院汉学就被保存下来了。亚洲博物馆继续收集、保存和整理文献与资料,内战时期诸如科特维奇、科罗特科夫、阿列克谢耶夫这样的著名汉学家们依然在此工作。

汉学教育

革命性的变革对高校汉学产生了直接的影响。与科学院科学相比,俄罗斯的教育体系在1917年革命之后很快就遭受了更加巨大的变革。在彼得格勒,东方研究院和彼得格勒大学①的东方语言系被废除。1919年8月俄罗斯苏维埃联邦社会主义共和国的教育人民委员部(Наркомпрос РСФСР)做出关于通过合并彼得格勒大学的东方语言系和历史语文系,建立社会科学系的决定。研究人员指出:"……正是在1919年彼得格勒大学三所机构的重组过程中,产生了第一次重大的结构性破坏:建立统一的社会科学系,取消法律系、历史—语文系和东方语言系,这给社会科学带来的只有害处。"②

在一些俄罗斯汉学家的自传中反映了新政权下首都的汉学教育组织机构的情况。例如,1917年,彼得格勒工学院学生舒茨基(Ю. К. Щуцкий)转至东方研究院。第二年他又转至彼得格勒大学,且于1922年毕业于社会科学系汉学教研室。1918年,德拉古诺夫进入彼得格勒大学东方系学习。然而他的大学学习很快就由于参加红军和疾病被长期中断了。同样在1918年,孟泽列尔(Г. О. Монзелер)进入东方系日—汉语专业学习,并于1923年学成毕业。

虽然老教师们留在"新的"高等学校继续工作,但这些老教师们没有对他们的讲义内容做出任何重大的改变。正如著名的汉学家彼得罗夫(В. В. Петров)所言,"革命后的最初几年,阿列克谢耶夫所授的大学课程目录和内容没有实质性的变化,过了一段时间之后才开始添

---

① С июня 1918 по октябрь 1919 г. назывался Первый Петроградский университет, в 1919—1921 гг. -Единый Петроградский университет.

② Петров В. В. Петроградский университет в годы Гражданской войны // Межвузовская научная конференция «Гражданская война в России: проблемы истории и историографии». Сборник докладов. -СПб.: Издательство СПбГЭТУ «ЛЭТИ», 2014. С. 194.

加新的资料和新的思想让这些课程丰富起来……"①在其他研究者们看来,这段时间俄罗斯汉学学科教学史开始进入质变的新阶段。汉学家 П. Е. 斯卡奇科夫指出:"阿列克谢耶夫不仅提议从了解某些诗人的作品开始研究中国文学,而且自己也将其践行了。"②

俄罗斯汉学家在内战时期不仅在彼得格勒大学工作,还在其他高等学校工作,并举办公开讲座。1919年的一份报告中指出:阿列克谢耶夫在首次佛教展览委员会组织的系列讲座中做了关于"中国民族宗教中的佛教"的公开讲座,在地理学院做了"关于原始现象和科学观察"的讲座,这一讲座内容是他在地理学院讲述的"关于中国文化和民族宗教中的佛教和基督教"这一课程的引言部分。这位彼得格勒大学和地理学院的教授,同时还是艺术史学院的教师。他还举办了这样一些公开讲座:在卢图金大学做了关于"中国文化"的公开讲座;在"世界文学工作室"做了关于"中国文学"和"中国诗歌"的公开讲座,暑假期间还在那里举办了"中国诗歌学习坊"③。

俄罗斯军事汉学研究起源于内战时期。在由斯涅萨列夫(А. Е. Снесарев)④和马克西莫夫斯基(П. Н. Максимовский)签署的《1918年9月25日至1920年9月1日工农红军总参谋学院(Академия Генерального штаба РККА)的工作报告》中写道:"已故的达夫列特申(А. А. Давлетшин)于1919年9月20日提交了在总参谋学院设立单独的东方语言部的方案……该项目获得了共和国革命军事委员会(РВСР)的批准,并于1920年1月29日下达了第137号命令,下令自1920年2月1日起开设这些课程。同时他还制定了该部门的相关章程……该章程获托洛茨基同志批准。根据该章程,东方部中应有40人学习,其中20人是学院的学员,另外20人是外交人民委员部指派

---

① Петров В. В. В. М. Алексеев и Ленинградский университет // Литература и культура Китая. С. 113.

② Скачков П. Е. На рубеже веков // Проблемы Дальнего Востока. —1975. № 3. С. 185.

③ Отчет о деятельности Азиатского музея Российской Академии наук за 1919 год. С. 131—132.

④ Снесарев Андрей Евгеньевич (1865—1937).

的人员。学院院长斯涅萨列夫负责该部的组织工作……塔拉诺夫斯基(А. Д. Тарановский)①任该部门主任……自2月11日起,该部门开始常规教学工作……东方学部教授下列语言,且以对语言的实践研究为基础:1. 汉语——А. И. 伊万诺夫和尼科利斯基(Никольский)老师,助教 Лян-Кун……目前老师的一系列著作已准备好交付印刷……如 А. И. 伊万诺夫的《汉语语法》……"②1920年,汉学家科洛科洛夫也成为了莫斯科的总参谋学院东方学部的学员。

俄罗斯东方地区的汉学

1917年革命导致了整个原俄罗斯帝国的变革与转型。在这种情况下,在苏维埃政权尚未最终确立之前,各地区就开始了对大学体系的改革。与首都城市不同的是,在俄罗斯的东方地区政权长期掌握在反苏维埃政府的敌对分子手中。在伊尔库茨克,布尔什维克最终建立自己的政权是在1920年初,而在符拉迪沃斯托克——则是在1922年。

符拉迪沃斯托克是俄罗斯东方地区最重要的科学与教育中心。在1917年革命后的最初几年,原来的东方学院继续培养汉学家,这里对革命的理解也各不相同,发生了很多人事调整与变动。例如,1917年4月26日,鲁达科夫(А. В. Рудаков)"因病"卸任东方学院院长一职,但他继续以教授的身份留在学院工作,其他的汉学家也在符拉迪沃斯托克继续自己的工作。屈纳(Н. В. Кюнер)继续积极地发表自己的讲座演说,例如,1919年发表了他的"1918—1919学年在符拉迪沃斯托克的历史-语文系所做的古代东方史方面的讲座讲义"③。随后他做了"1918—1919学年在国立远东大学东方系二年级所做的关于中

---

① Тарановский Александр Дмитриевич (1883—?).

② *Арцибашев В. А.*, *Даниленко И. С.* «Сделано даже больше того, чего можно было ожидать ». Отчет о деятельности Академии Генерального штаба РККА за 1918—1920 гг. // Исторический архив. 2012. No 4. С. 140.

③ « Известия Восточного Института » (начало XX века): из фондов библиотек Владивостока: библиографический указатель / Дальневосточный федеральный университет, Научная библиотека; авт. -сост. С. А. Баубекова; науч. ред. О. П. Еланцева, библиогр. ред. Т. В. Поликарпова. -Владивосток, 2014. С. 98.

国物质和精神文化最重要基础的发展史"的讲座①。阿列克谢耶夫院士在对这些讲座长达数页的评论中写道:"屈纳教授在所有这些讲座中对'中国文化'这个概念所给出的定义十分客观、公正且全面……在举办了阐述各国过去和现在的关系的讲座之后……他转向对文献的概述和对考古文物的分类……这样我们才有了第一本俄文版的关于中国文化的讲义……随着东方文化教学的扩展超出了专业学术机构的范畴,该讲义的必要性完全凸显,我们能做的只有欢迎它的出现。"②

在革命年代,许多著名的汉学家都在东方学院接受过教育。例如,著名苏联汉学家卡扎宁就是于1917年至1920年在这里学习。再比如,第一批苏联的汉学教授之一帕什科夫(Б. К. Пашков)于1917年从东方学院毕业之后,作为旁听生留了下来,学习了蒙古—中国专业的全部课程且学习了朝鲜语。同时,他在第十四城市初级职业技术学校组织了面向工人的晚课,他在那里教授中文。1919年中期,帕什科夫受东方学院领导的推荐,以及伊尔库茨克国立大学讲授委员会的邀请,前往西伯利亚。

在革命和内战的困难年代,俄罗斯汉学家没有中断自己的科学研究。例如,在《尼古拉·瓦西里耶维奇·屈纳……学术著作清单》中,有六份出版物和两份手稿的日期被标注为1917年,清单中还指出了他接下来几年发表的作品③。汉学家潘克拉托夫(Б. И. Панкратов,中文名为"潘克甫")以题为"生活在巴尔格的达斡尔族人的语言研究"

---

① Кюнер Н. В. Лекции по истории развития главнейших основ китайской материальной и духовной культуры, читанные на II курсе Восточного Института, Восточного Факультета Государственного Дальневосточного Университета в 1918—1919 акад. году. (Введение в общую историю народов Центральной и Восточной Азии с древнейших времен до начала сношений их с новыми европейскими народами.) С тремя таблицами рисунков и двумя картами. Издание Н. В. Репина. -Владивосток: Типография Государственного Дальневосточного университета, 1921.

② Алексеев В. М. [Рецензия] Проф. Н. В. Кюнер. Лекции по истории развития главнейших основ китайской материальной и духовной культуры // Записки Коллегии востоковедов при Азиатском музее АН СССР. Т. IV. -Л.: Изд-во АН СССР, 1930. С. 266-268.

③ Вопросы истории стран Азии. -Л.: Изд-во Ленинградского университета, 1965. С. 87.

的论文通过答辩(1916年)之后,留在其毕业学院蒙古文学教研室讲授蒙古语和满语,并为获得蒙古文学教研室的教授称号作准备。在东方学院的教学岗位上,潘克拉托夫一直工作到1919年,随后被派往中国长期出差,以进修汉语、蒙古语、满语和藏语方面的知识。他在自传中写道:"1917年我被学院派往北京出差以进修中文。1917年末返回符拉迪沃斯托克……1919年根据学院会议的决议,我被派往中国和蒙古长期出差,专门进修语言。"①总的来说,全俄的汉学家,不管当时他们处于哪个政府的统治之下,都没有放弃自己的事业。1919年夏,著名的俄罗斯汉学家科罗特科夫就自己的手稿《俄汉词典及其资料》事宜与"图书中心彼得格勒分部"进行了通信往来②。就在同一时期,这位汉学家就《通(通古斯)-俄词典》的问题与科特维奇也进行了通信往来③。

革命性的变革没有绕过"反苏"的符拉迪沃斯托克,虽然它处在远离布尔什维克政权中心的地理位置。这里在东方学院的基础上建立起了国立远东大学。研究人员写道:"在远东俄罗斯国家历史档案馆(Российский государственный исторический архив Дальнего Востока, РГИА ДВ)中……保存了委员会1919年7月15-17日关于制定远东大学东方系教学计划的会议记录……委员会成员确立了大学东方系的主要原则:东方系的教学大纲应符合以下两点:1.对东亚国家及其语言的理论研究严格要求;2.切合实际的需要,以地点、时间和整个国家的利益要求为导向,符合实用东方学的广泛目标。由此他们建立了东方系工作的一般原则:为培养具有法律、经济和历史-语文学素养的东方学家提供详尽的材料。"④东方学家委员会确立了两个专业方向——东方语文学方向和东方经济学方向,其中,东方经济学方向下设两个班——商务班和行政班。1919年下半年,东方学院全体人员同意与历史-语文系合并,由两个系组成的国立远东大学的筹划草案

---

① АВ ИВР РАН. Ф. 152. Оп. 3. Д. 464. Л. 19.
② АВ ИВР РАН. Ф. 132. Оп. 1. Д. 1.
③ АВ ИВР РАН. Ф. 132. Оп. 1. Д. 5.
④ Ермакова Э. В. Архивные материалы рассказывают... // Известия Восточного института ДВГУ. 1999. No 5. С. 63-64.

也准备就绪。

　　大学的开办由于鄂木斯克政府资金短缺而推迟了,要知道俄罗斯东部的所有领土都在该政府的管辖范围之内。直到1920年春,国立远东大学才成立,随后"远东临时政府——滨海边疆区地方自治章程"批准了国立远东大学的人员编制名册:"1.原在编的东方学院教授、东方历史学硕士屈纳·尼古拉·瓦西里耶维奇——担任在编的东方历史学教研室教授…… 2.原在编的东方学院教授、汉语言文学硕士鲁达科夫·阿波利纳里·瓦西里耶维奇——担任在编的汉语言教研室教授…… 3.原在编的东方学院教授、汉语－满语语言文学硕士施密特·彼得·彼得罗维奇(Шмидт Петр Петрович)——担任在编的汉语言文学教研室教授"①。此外,在编人员中还有四位讲师,其中包括满语讲师德辛格(Дэсингэ)和汉语讲师Жуй-Инь。东方学院前图书馆馆长、日本学家斯巴利文(Е. Г. Спальвин)教授,担任国立远东大学东方系主任。第一任大学校长是波茨塔温(Г. В. Подставин)教授。1922年校长前往中国,并将自己的职位移交给斯巴利文。

　　国立远东大学东方系的教学大纲同之前相比最初基本上没有什么变化。对于东方学院所有的专业,中文都是公共必修课——每周28个小时。东方系有五个东方语言教研室,其中包括汉语言文学教研室和满语言文学教研室。汉语言文学教研室设有"汉语"课程和"中国文学史"课程。

　　1920年,东方系开设了专门的东亚史教研室,在该教研室设有:"中国物质和精神文化发展及其在东亚和中亚其他民族间的传播历史概述"和"中国与俄罗斯以及其他欧洲大国的关系发展影响下的中国现代史"等课程②。东亚民族学和地理学教研室设有包括"东亚的自然和风俗习惯,以考察中国风俗习惯为主"在内的课程。而在东亚政治、法律和经济体制教研室中设有诸如"对满洲的历史地理和工商业

---

① Из истории востоковедения на Российском Дальнем Востоке. 1899—1937 гг. Документы и материалы. -Владивосток, 2000. С. 62.

② Там же. С. 71.

述评：关于满洲的史料"……这样的课程①。

俄罗斯汉学家生活的困难处境在不同的文献中都得以反映。格列比翁希科夫（А. В. Гребенщиков）在自传中写道："1918年，我被选举和批准成为东方学院的编外教授，1920年和1921年经国立远东大学东方系和教授委员会一致同意成为编内教授。尽管大学提交了两次呈文给州地方自治管理政府，最后只是给我确认了编外教授的身份。在1922年，因为不想留在梅尔库洛夫（Меркулов）和季节里赫斯（Дитерихс）的'政府'（极右组织、'日本'集团在符拉迪沃斯托克的势力），在春天，我把同意成为国立人民教育学院普通语言学教研室教授候选人的最终意向书发往赤塔（远东共和国）。在人民教育学院的教授委员会上的选举获得一致通过之后，我获得了远东共和国人民教育部的批准……1923年，根据申请，我被调至已建立起苏维埃政权的符拉迪沃斯托克的国立远东大学，我的家人也生活在那里；1923年2月，我经远东革命委员会批准成为东方系满语教研室的教授。"②

当时东方学院学生的道路也相当曲折。热布罗夫斯基（В. А. Жебровский）在自传中写道："1914年，我进入东方学院汉语—满语专业，但没有顺利毕业，因为在1916年5月，我被动员并被派往伊尔库茨克的军事学校进行速成培训。1917年初，我已经以机枪队初级军官的身份在前线战斗了。1918年春，由于被震伤且不适合服役，我复员了，同年来到了莫斯科，在得到相应的许可后，前往符拉迪沃斯托克，并再次进入东方学院。1920年3月，作为曾经的军官我被动员参加了高尔察克的军队，且同年10月份擅自离开了白军，担任过翻译人员。高尔察克军事独裁政权被推翻后我担任远东共和国军队司令部情报处副处长。当滨海边疆区被白军占领时，我被留在符拉迪沃斯托克做地下工作，但是1922年2月，不得不终止这项工作而被派往哈尔滨工作，之后以外交信使的身份从那里离开，并前往大连（参加关于日本的会议），随后又去了北京，在那里被留下来在罗斯塔—远东通讯社北京分社

---

① Из истории востоковедения на Российском Дальнем Востоке. 1899—1937 гг. Документы и материалы. -Владивосток, 2000. С. 72.

② АВ ИВР РАН. Ф. 152. Оп. 3. Д. 174. Л. 33.

工作。1924年我被派往上海,在苏联驻上海总领事馆工作……"①格列比翁希科夫也写道:"我知道热布罗夫斯基同志,他作为国立远东大学东方系的学生曾在我的指导下研究过满学(1920/1921学年,1926/1928学年)。"②

符拉迪沃斯托克出版了东方学杂志《东方学习坊》。研究人员指出:"《东方学习坊》杂志阐述了国立远东大学东方系……六所研究室在东方学领域取得的成就……最著名的汉学家鲁达科夫教授……审定了汉学研究室的著作;远东地区历史地理专家屈纳教授担任东亚文化史研究室的编辑……东方学界的资源是如此之少,以至于《东方学习坊》杂志的发行本都是靠打字机打印的。"③在这片混乱且矛盾尖锐的地区,1921年,屈纳在符拉迪沃斯托克出版了两本教学参考书,分别为《中国物质和精神文化最重要基础的发展史讲义》和《中亚和东亚民族从古代直到与新的欧洲民族建交的通史概论》。应当指出的是,俄罗斯史学家过于批判性地评价了他的著作。尼基福罗夫写道:"屈纳在符拉迪沃斯托克发表了几部作品。远东地区政权更迭的时代条件,自然不利于其工作,因此他在内战时期的著作在深度上远不及其战前的作品。"④

1922年,滨海边疆区建立了苏维埃政权,该地区进入了俄罗斯联邦版图。1922年,国立远东大学的教授尼基福罗夫离开前往哈尔滨。大学的第一任校长波茨塔温也离开去了中国。1923年,历史-语文系和社会科学系被关闭。东方学家们陆续离开了符拉迪沃斯托克。

* * *

革命时代带来了高校体系的扩张,促进了东方学教育在俄罗斯地区(尤其西西伯利亚和东西伯利亚的中心地区)的发展。1917年革命后,托木斯克大学开设历史-语文系,但是并没有开设东方学方向的专业和

---

① АВ ИВР РАН. Ф. 152. Оп. 3. Д. 226. Л. 5.
② АВ ИВР РАН. Ф. 152. Оп. 3. Д. 226. Л. 7.
③ Баубекова С. А. Деятельность научных обществ на Дальнем Востоке в 1920-е годы // Гуманитарные исследования в Восточной Сибири и на Дальнем Востоке. 2012. No 1 (17). С. 22.
④ Никифоров В. Н. Советские историки о проблемах Китая. -М., 1970. С. 71.

教研室的计划。诚然,在内战时期,有这样一些东方学家连同其他撤离人员一起抵达西西伯利亚,如中亚文化研究专家、后来担任莫斯科东方博物馆馆长、以其关于中国艺术方面的著作而闻名的德尼科(Б. П. Деник)。但在1919—1920年期间,他在托木斯克大学讲授的课程与东方学毫无关联。1920年,杰出的西伯利亚学者和社会活动家波塔宁(Г. Н. Потанин)与世长辞,自此,西伯利亚旅居者研究中国的妙趣横生的历史画卷被尘封了。

伊尔库茨克大学于1918年8月成立,随即在这所大学里开设了历史－语文系。与此同时,《伊尔库茨克日报》中写道:"德高望重的学者们……制定了东西伯利亚第一所大学的章程,将东方专业纳入历史－语文系的框架之内。换言之,这所新的大学应当成为目前为数不多的俄罗斯东方学中心之一。"①

伊尔库茨克大学成立之时,来自俄罗斯中心地域的著名印度学家米罗诺夫(Н. Д. Миронов)被推举成为大学的编外教授。伊尔库茨克大学东方学的奠基人正是这位莫斯科大学的副教授、社会革命党活跃人士。1917年春,彼得格勒大学的编外副教授米罗诺夫作为临时政府领导人的拥护者,在彼得格勒反侦察机关担任领导职务。布尔什维克在彼得格勒执掌政权后,米罗诺夫被迫离开去往伊尔库茨克。

1918年8月22日,《事务》报上刊登了米罗诺夫教授的长篇文章《伊尔库茨克大学的东方学》。文中这位学者－政治家全面论证了在东西伯利亚发展高校汉学的必要性。米罗诺夫写道:"不仅是经济学家,而是所有居民都亲眼见证了蒙古肉类、日本制品、中国和朝鲜劳工对东西伯利亚消费者的重要意义。难怪早在彼得大帝时期,在伊尔库茨克(沃兹涅先斯基修道院),在主教因诺肯季·库里奇茨卡奥的支持下就创办了俄蒙学校……我们需要研究我们的边界地区,研究其过去和现在……我们不是在谈论外来的中国人和朝鲜人,但是研究他们则不能不学习中国和朝鲜的文化……东方、东方学是过于笼统和宽泛的学科……通常我们将东方学理解为研究亚洲和部分非洲的古代和现代文化。看来,我们将不得不在此作出一些界定……从现实角度来

---

① Дело. 1918. 22 августа.

看,对我们来说意义最为重大的是这样一些国家和民族……蒙古、中国、日本、朝鲜……这些国家和民族很多在一定程度上都和佛教有很深关联。这引领我们走近佛教的发源地——印度……沙皇时期,彼得堡远东政策的严重错误让俄罗斯付出了高昂的代价。多少次的政策错误都是由于拙劣的无知导致的啊!如果我们想要变得强大,希望东西伯利亚在经济和精神上得到发展(现在我们对此是多么渴望),我们就应当理性地研究我们的邻居——东方民族。"①

米罗诺夫教授对未来伊尔库茨克大学汉学的研究准则和内容进行了展望:"也许关于教学性质的问题更为重要,要知道教学既可以追求理论上的目标,也可以追求实践上的目标。彼得格勒大学东方语言系追求开展更偏向理论层面上的工作……成立符拉迪沃斯托克学院同时也意味着培养东方学家和实践型的人才……关于东方学的纯粹科研工作学院做得很少。遗憾的是,在实践方面学院也辜负了大家的期望:学院毕业生中只有一小部分将自身知识运用于生活中并献身于实现该校创办目标的事业之中。显然,需要找到一条折中的道路……以使科学和实践的要求都不遭受损害。在柏林,对于这件事情的安排就十分合理。这里的大学存在只追求理论价值的东方语言教研室,与此同时,也存在只进行纯粹广泛意义上的东方学实践课程的东方语言神学院……在这种情形下,教授(和非常有限的学生圈)可以贡献自己的力量进行科学研究,例如,研究中国语言、文学和文化……那时,作为一个称职的、有实践经验的教师会利用报纸、官方和商业报道实例等对活生生的语言研究进行指导。当然,在神学院中除了学习语言之外,还要学习商业地理、本土法律,还教授有关国际法的必要知识、俄罗斯(西伯利亚)与东方国家的关系史等相关课程。在我们看来,东方专业和历史-语文系的其他专业(历史专业、俄罗斯-斯拉夫专业、古典专业等)类似,也就是说,专业化学习自第五个学期才开始。神学院不仅接收大学生,而且允许所有有意愿且拥有最低学历的人参加。"②伊尔库茨克大学的东方专业开设于1919年,讲授梵文、蒙古语、汉语、

---

① Дело. 1918. 22 августа.
② Дело. 1918. 22 августа.

藏语和日语。1920年米罗诺夫教授主管东方学研究室。

1919年,东方学院的毕业生帕什科夫来到伊尔库茨克大学工作。1917年,他同时从东方学院的满语、日语两个专业方向毕业,之后还额外学习了蒙古语和韩语。在伊尔库茨克,他很快就成为了一名有前途的学者、优秀的组织者。

伊尔库茨克的东方学教育以及大学本身都面临着严重的困难。高尔察克政府倒台后,很多大学的学者离开了西伯利亚。例如,1920年夏,一下子就有11名教授、16名教师及其他人员离开了伊尔库茨克大学。新的苏维埃政权既没有能力也没有意愿支持高校的教育,特别是人文学科方向。虽然最初几年伊尔库茨克大学仍在继续发展,但高等教育的物质条件迅速恶化。在1923年,西伯利亚革命委员会的官方刊物就指出:"我们亟待解决的第二个问题是:教师的工资极其微薄。目前,俄罗斯各文化中心的教学力量开始进入低谷……革命前用高薪酬吸引人才来到此地,如今这样的情况已不复存在。是的,我们现在已经不是在谈论吸引人才的问题。我们只希望,西伯利亚学校培育出来的人才不会流向俄罗斯的欧洲部分……西伯利亚文化力量的流失非常严重。"①

可见,俄罗斯始于1917年的革命性的变革,给俄罗斯科学和教育带来了重大变化。许多高校和研究机构都被重组,但科学院汉学和高校汉学,不但保存了下来,而且获得了进一步发展的新动力。

1.2 俄罗斯汉学在中国

俄罗斯的革命和国内战争使大批俄罗斯人侨居至世界各地。在革命结束后的初期,有相当一部分俄罗斯逃难者在中国定居。在这些俄罗斯逃难者中有许多学术界代表人物,他们中的一些人在异国他乡仍然坚持自己的事业,继续从事科学研究。在中国的俄罗斯侨民具有自己的特点:逃难者们来到业已形成的俄罗斯侨民密集居住区,他们保留了自己的社会政治制度和宗教制度。

---

① Жизнь Сибири. 1922. No 3. C. 87.

由于各种各样的原因,大部分侨民俄罗斯汉学家都来到了中国。此外,20世纪20年代在中国生活和工作的数万俄罗斯公民中,有许多人是汉学家或者是在中国就职期间成为了汉学家。俄罗斯汉学家前往中国既有经济原因,也有政治原因,而且政治原因也是各式各样,一些人为了逃离布尔什维克来到了邻国,另一些人响应内心的召唤或是根据党的指示来到中国,帮助中国发展革命。然而经济原因也同样现实,在饥荒和经济衰落的条件下,俄罗斯汉学家们在中国境内找到了待遇不错的工作,或者是以苏维埃国家公职的身份来到了这个符合自己专长的国家。作为受过高等教育的人,俄罗斯汉学家能够给自己在大学找一份工作,或者是在其他活动领域从事自己喜欢的科研工作。

首先逃离苏维埃政权来到中国的是旧沙皇政府的军官们,他们当中就有汉学家。例如,身为东方学院的毕业生和第一部中俄军事词典编纂者的冯·沙伦贝格-肖莱马(В. Н. фон Шаренберг-Шорлемер)上校于1922年10月携家眷从符拉迪沃斯托克来到中国东北,并在那里担任了一年多的"中东铁路职员岗前培训班汉语理论教师"[①]。接下来他的工作也还是和当地的国民教育有关。像冯·沙伦贝格-肖莱马一样,大部分侨居的军官-东方学家只是偶尔从事汉语教学。例如,格列博夫(Н. Д. Глебов)上校从1927年开始在东方与商务学院担任授课讲师,然后从1929年开始在哈尔滨陀思妥耶夫斯基中学教授汉语。拉什克维奇(А. Ф. Лашкевич)上校于1932年在哈尔滨东方学院担任汉语老师。

在1922年底,苏维埃政权还未完全在俄罗斯远东地区建立,俄罗斯学者们可以自由出入国境,既可以在符拉迪沃斯托克工作,也可以在邻国工作。希罗科戈罗夫(С. М. Широкогоров,中文名为"史禄国")教授的经历就是一个典型的例子。研究人员记载道:"在国立远东大学东方系,希罗科戈罗夫总共工作了约8个月……9月份出差来到上海。还在中国的时候他遇上了俄罗斯滨海边疆区的政权更替,于是失去了回国的机会……也正是在这个时候他完成了两本新书的写

---

① *Буяков А. М.* Офицеры-выпускники Восточного института: годы и судьбы // Известия Восточного института ДВГУ. 1999. № 5. С. 109.

作。第一本新书是《满洲社会结构》，后来在中国出版了英文版本……希罗科戈罗夫生命的最后一段日子(1922—1939)是在中国度过的，他在上海和北京的不同高校任教。他对自己的侨居感到十分苦恼，希望能够回到祖国怀抱，但这个梦想最终都没能实现……史禄国教授(希罗科戈罗夫在中国以这个名字为人所知)培养了许多专家学者，其中就包括……费孝通。"①

哈尔滨

哈尔滨是俄罗斯汉学在中国的重要中心，也是俄罗斯人在中国生活的重要中心。在这里，汉学在高等院校中，以及在社会科学组织的领导下逐渐发展起来。划时代的事件发生在 1920 年，据研究人员记载："在高尔察克落败后，西伯利亚和远东地区的教授和教职工们来到哈尔滨，建立了高等院校。"②需立即指出的是，专门的东方学高等院校一开始在哈尔滨并没有出现，1926 年梁赞诺夫斯基(В. А. Рязановский)教授公正地指出："……当哈尔滨还没有一位具有学位或者哪怕是具有学术声誉的东方学家时，在这里创办东方学院其实就是在欺骗自己，欺骗社会。"③这是因为，1917 年革命开始前，俄国的汉学仅存在于彼得格勒和符拉迪沃斯托克，这些为数不多的俄国汉学学者们认为自己无法接受苏维埃政权，宁愿迁往北京和天津。

在哈尔滨，俄罗斯汉学始于对汉语和地方志学的研究。在这里，俄罗斯居民有机会在专门的语言培训班学习汉语，这种语言培训班在 20 世纪 20 年代开始广为流行。例如，在 1923 年的杂志《亚细亚时报——俄罗斯东方学家协会通报》上刊登了这么一则公告："本机构拟在哈尔滨针对大专毕业生开设汉语培训班"。公告中说道："培训班的目的是为了让那些准备在铁路部门就职的年轻人们熟识汉语以及汉字的基础知识。除了汉语，在培训班上老师还讲授中国满洲的历史地

---

① Ермакова Э. В., Кузнецов А. М. Приват-доцент Восточного факультета ГДУ С. М. Широкогоров // Известия Восточного института ДВГУ. No 6. 2001. С. 9—10.

② Павловская М. А. Востоковедение на Юридическом факультете Харбина (1920—1937 гг.) // Известия Восточного института ДВГУ. No 6. 2001. С. 11.

③ Там же. С. 13.

理、中国政治体制和工业贸易活动概况,远东地区商业地理……培训班为期 2 年……免学费……培训班由波茨塔温教授(Г. В. Подставин)负责。"①

汉学课程在哈尔滨走进了中等院校,例如商务职业学校。一位商务职业学校的毕业生回忆道:"教我们东方学的是东方学家鲍威尔·瓦西里耶维奇·什库尔金(Павел Васильевич Шкуркин),他出版了科学著作,精通汉语,除了东方学,他还在有中国老师的男子学校教授汉语课。"②这里需要指出的是,什库尔金在哈尔滨教授汉语一直到1927年他离开哈尔滨去了美国。

哈尔滨的各种俄罗斯中等院校定期开设汉语课。马尔基佐夫(Л. П. Маркизов)回忆起自己在 1925 年创立的普希金中学求学的经历:"谢尔盖·维克多罗维奇·古里耶夫(Сергей Викторович Гурьев)和中国的'先生'一起教授汉语。"③于 1926 年开设的陀思妥耶夫斯基中学非常重视汉学教育,在这里所有的教学都只用英语来完成。一位来自这所中学的毕业生回忆道:"我没有忘记汉语,我想对尼古拉·德米特里耶维奇·格列博夫老师和来自国民教育部的楚先生表达我的赞誉与感谢,在他们的帮助下我们认识了不少汉字。并且在毕业考试上,当我们在进行口语考试和在黑板上听写汉字的时候,我们不慌不忙,镇静自若。"④此外,陀思妥耶夫斯基中学还开设了东方学课程。毕业生们回忆道:"利奥尼德·格里高利耶维奇·乌里扬尼茨基(Леонид Григорьевич Ульяницкий)教授讲授其精通的东方学,他的主要著作还进入了哈尔滨的俄日学院。"⑤在哈尔滨的汉学家中,根据 1924 年的一份文件记载,"汉学家佩捷林(И. И. Петелин),临时居住于哈尔滨,

---

① Вестник Азии. № 51. -Харбин, 1923. С. 356.
② Левитский В. В. История в мифах и воспоминаниях. Вокруг КВЖД: Историко-филологическое обозрение 2. -Краматорск, 2003. С. 209.
③ Маркизов Л. П. До и после 1945. Глазами очевидца. -Сыктывкар, 2003. С. 33.
④ Левитский В. В. История в мифах и воспоминаниях. С. 225.
⑤ Маркизов Л. П. Указ. соч. С. 37.

在这里管理一所私人汉学学校"①。在1926年的《东省杂志》中刊登了这样一则信息:"属于职业技术教学机构的有:(1)旨在培养俄罗斯代表的汉语培训班,(2)旨在培养中国代表的俄语培训班……"②

著名的俄罗斯汉学家巴拉诺夫在1929年对这些俄罗斯学校的汉语教学发展作了总结,他写道:"目前在哈尔滨和东省特区并不是所有的俄罗斯中学都在进行汉语教学,而且也不是按照相同的教学大纲来授课。讲授汉语的学校,如中东铁路哈尔滨商务学校,该校授课对象是苏联公民的孩子们,还有第一铁路中学(原霍尔瓦特铁路中学),位于绥芬河站(也称边境站)、一面坡站和博克图站的苏联中学以及其他中学。苏联铁路中学一共有9个年级,从5年级开始开设汉语课,一直到9年级结束,但是语言课每个年级一个班一周只上3个小时。只有中东铁路商务学校的高年级才大幅度地增加了汉语课时。所有的汉语教学都是由两类老师完成的:中国本土教师和俄罗斯汉学家。"③

其实关于在哈尔滨开设一所自己的大学的问题从1915年就开始讨论了。由于受俄国革命的影响,这里的中学毕业生不能去俄罗斯的大学继续深造,因此建设一所自己大学的问题上升到了一个新的高度。1918年6月成立了"以商务学校校长博尔佐夫(Н. В. Борзов)为首的哈尔滨高等院校筹建委员会"。正如著名的汉学家梅利霍夫所写,"委员会表明了希望在哈尔滨建立一所包含法律系和科技系的这种类型大学的诉求。"④法律系还应该有经济专业和东方学专业。

1920年,俄罗斯在第一批发展汉学的哈尔滨大学中建立了法律系。在1922年之前,它被称为"高等经济法律讲习班",这所教学机构从1920年3月1日开始运行,第一批招生学生由75名大学生和23名

---

① Из истории востоковедения на Российском Дальнем Востоке. 1899—1937 гг. Документы и материалы. -Владивосток, 2000. С. 134.

② Вестник Маньчжурии. Под ред. И Ли-чуна и Е. Г. Лиманова. -Харбин. 1926. No 5. С. 39.

③ Баранов И. Г. Преподавание китайского языка в русской начальной и средней школе Особого Района Восточных Провинций // Вестник Маньчжурии. 1929. No 7—8. С. 10.

④ Мелихов Г. В. Российская эмиграция в Китае (1917—1924 гг.). -М., 1997. С. 120.

旁听生组成。① 研究人员指出:"和旧俄帝国以及外国的同类学校相比,该校的特点在于将东方学课程囊括在教学大纲之内并创办了扩展研究东方学的专业。"② 很快法律系校董会开设了中国国家法律与诉讼程序课程班。时人这样写道:"在努力实现在革命前完成俄罗斯法律系的共同教学计划的同时,法律系从下一个学年(1923/1924)开始逐渐偏向区域研究:开设了中国国家法和民法课程。"③ 研究人员进一步指出:"教学计划体现了对区域研究鲜明的倾向性,即使是在法律专业都有所体现,而这种倾向性在东方经济专业分支则更为明显。这里对现代汉语的研究设置,在欧洲汉学家看来,具有开拓性的特点,并且在研究汉语口语方面开辟了新的道路。"④

1925年在法律系经济学专业分出了东方经济学学科。哈尔滨的侨民汉学家梅利霍夫写道:"为了达成公众和学生们的期望,同时也为了迎合时代的要求,法律系在1925年1月14日和23日的会议上确定在系内开设经济专业,该专业由两门'学科'组成——铁路商业和东方经济……这项改革……使得法律系成为了哈尔滨培养东方学人员,即高专业水平的汉学家和日本学家的中心之一。"⑤ 法律系主任梁赞诺夫斯基给列宁格勒的汉学家阿列克谢耶夫写信说道:"1923年在我的建议下法律系开始讲授中国法并研究中国法(这一汉学领域尤其不受重视)。中国法的研究在我孜孜不倦的调查下进行至今,并且很快将出版有关中国刑法、行政法和贸易法等方向的新作品(如果系里有

---

① 该校于1920年成立,被称为高等经济法律讲习班,1922年更名为哈尔滨法政大学,1929年更名为东省特别区法政大学,后多次易名,如北满特别区哈尔滨法政学院、滨江省立哈尔滨法学院、哈尔滨法学院,1937年停办。其中需指出的是,1929年以前,哈尔滨法政大学的俄文校名为 Юридический факультет в Харбине。哈尔滨法政大学的负责人被称为系主任,而非校长,也是为区别于法政大学扩充后由中国人担任的校长,因此在译文中,译者采用直译的方式,将原文的 Юридический факультет 翻译为法律系,将 Декан Юридического факультета 称为系主任。——译注

② Павловская М. А. Указ. соч. С. 12.

③ Автономов Н. П. Юридический факультет // Русский Харбин. 2-е изд., испр. и доп. -М.: Изд-во МГУ: Наука, 2005. С. 52.

④ Автономов Н. П. Указ соч. С. 56.

⑤ Мелихов Г. В. Указ. соч. С. 129.

资金的话)。作为系主任,我在本系于1925年开设了经济专业,1926年又开设了东方部,也就是说本系的区域研究倾向性的范围越来越广了。其中,我是一部已选定的汉学大型著作的编辑之一。当然,没有系主任的支持、帮助和经常性的提议,系里的科学工作就无法整体顺利地发展。我同时努力将系里的人员的工作系统化,制定具体的任务(研究中国法、中国财政、中国当前形势的整体概况)。当然,作为系主任,我不得不承受最近这一年半以来对系里的大部分打击。并且我个人还是努力地参与指定的工作,既参与了民法和民事诉讼程序的研究工作,也参与了对东方法律特征的研究。"①

法律系里东方学学生学习东亚国家的地理、中国的贸易以及货币制度、中国法律和历史。到了四年级每周都会排出10小时来上汉语课。系主任梁赞诺夫斯基在写给阿列克谢耶夫的信中说道:"法律系在中国的这七年半都是按照适应中国法律和俄罗斯学术传统的特殊情况来运行的。中国的'博士(боши)'和'硕士(шоши)'以及俄罗斯的'博士(доктор)'和'硕士(магистр)'都可以成为教授。我们有两位优秀的汉语教师:巴拉诺夫先生和乌索夫先生。"②1928年底,在梁赞诺夫斯基接下来的一封信中写道:"我们计划完成一项伟大的新作:出版三卷本的《汉学》集,编者是切普尔科夫斯基(Е. М. Чепурковский)、我和季基(Г. Н. Дикий)。"③

当代研究者们指出:"为了讲授东方学,1924年法律系邀请了巴拉诺夫……他曾教过汉语、中国文学、中国文化史、中国商务传统、中国满洲的地理与民族学。同样在1924年,编外副教授苏林(В. И. Сурин)开始教授满洲经济……切普尔科夫斯基主讲东亚地理和民族学……在1928—1929年从圣彼得堡大学毕业的东方学家阿韦纳里乌斯(Г. Г. Авенариус)教东亚史……乌斯宾斯基(К. В. Успенский)1928—1936年教授汉语(据其他资料显示是满语)以及汉语研究和中

---

① Письма В. А. Рязановского В. М. Алексееву // Восточный Архив. 2001. № 6—7. С. 67.
② Там же. С. 65.
③ Там же. С. 66.

国史导论。"①系里的教研室主任是中国法律领域的著名专家恩格尔费尔德(В. В. Энгельфельд)。从1924年开始,哈尔滨商务学校和法律系的毕业生 С. Н. 乌索夫开始教授汉语,按一位著名德国汉学家的话来说,他"既创造了完美的理论与实践体系,也创造了完美的课程教学体系"②。从1922年到1937年,С. Н. 乌索夫在哈尔滨的不同学校教授汉语。

法律系主任梁赞诺夫斯基于1929年写道:"我们在科学领域也继续努力钻研。翻看《法律系学报》③第六卷,您会看到我们在中国法律领域的成果。不过这只是一部分,科研工作仍在继续。我们也完成了一些关于中国经济和汉学的研究工作,尤其是开始着手完成庞大的集体项目——三卷本的关于中国现状的系统阐述。总而言之,再给我们五年,哪怕是三年的时间潜心研究,我们系定能在汉学研究领域留下举足轻重的印记。但是我们是否能拥有这样的三年和五年呢?这不是我们的错,并不是我们意志薄弱。不,情况可能比我们想象的要严重,现在我们仍在工作,将来也会工作下去的。"④

闻名至今的哈尔滨中俄工业学校(Харбинский Политехнический институт,ХПИ,现为哈尔滨工业大学)诞生于1920年,开始是一所中等技术学校。后来在该校的教师中出现了著名的汉学家巴拉诺夫。但是该校并没有成为满洲的俄罗斯汉学中心。

1925年在哈尔滨成立了东方与商务科学学院。符拉迪沃斯托克的东方学院毕业生、库伦前任总领事西奥宁(А. П. Хионин)是东方与商务科学学院创始人之一,并且直到1940年之前都是该院的常任院长。在最初关于学院成立的描述中提到,该学院的建立是因为"急需培养优秀的经济学-东方学人才"。接下来这份材料指出:"在东方经济系最主要是学习东方语言和一些课程,包括远东国家的地理、历史、经济、社会政治体系、风俗、法律、精神和物质文化、文学、宗教和社会

---

① Павловская М. А. Указ. соч. С. 14—15.
② Там же. С. 17.
③ 又译作《法政大学院季刊》。——译注
④ Письма В. А. Рязановского В. М. Алексееву. С. 66.

思潮等。"①东方经济系主要学习国情课程,但是汉语作为必修课在两个系(包括商务系)都开设了。按照东方经济系的教学计划,在4年的学制内每周要上8小时汉语课,而在商务系要每周6个小时。学院的学生在一所中学的大楼里上晚课。

在第一学年有五名俄罗斯汉学家和两名中国汉语讲师加入师资队伍。汉学家们讲授下列课程:丹尼连科(Ф. Ф. Даниленко)——"东方物质与精神文化史"和"中国文学和社会思潮史";诺维科夫(Н. К. Новиков)——"汉语"和"远东国家政治机构";西奥宁——"汉语"和"远东国家经济";什库尔金(П. В. Шкуркин)——"远东国家地理和历史";希罗夫斯基(С. В. Шировский)—"汉语"②。

研究人员指出西奥宁对汉学教育发展所做出的贡献:"为了帮助学生掌握汉语的奥妙,西奥宁准备了精挑细选的文章,帮助学生熟识法律、管理和商务术语,了解报刊体裁和远东国家各种社会思潮趋势。"③该学院的一些毕业生,例如斯塔里科夫(В. Стариков)、塔斯金(В. С. Таскин)、马利亚夫金(А. Г. Малявкин)等后来成为了著名的苏联汉学家。

在中国满洲,俄罗斯教育的命运非比寻常。20世纪20年代末以来,当"伪满洲政府"承认蒋介石南京政府后,形势变得异常尖锐。之后发生了1929年苏中军事冲突,这正是在满洲这个进行过大学教育改革尝试的地方。法律系主任给阿列克谢耶夫的信中写道:"我认为,随着南方人的到来,由于他们的民族主义和沙文主义,这里的俄罗斯学校的境况还会更加糟糕。"④

* * *

在中国满洲,俄罗斯东方学家们从革命前就已经有了自己的科学社会组织。哈尔滨是俄罗斯东方学家协会(Общество русских ориенталистов, ОРО)的中心。1917年俄国革命后这个东方学组织在

---

① Вестник Азии. № 53 (вып. 1925 г.). -Харбин, 1926. С. 407.

② Там же. С. 411.

③ *Каневская Г. И.* Оправдавший надежды Приамурского генерал-губернатора // Известия Восточного института ДВГУ. № 6. 2001. С. 25.

④ Письма В. А. Рязановского В. М. Алексееву. С. 66.

满洲继续运转并出版自己的杂志《亚细亚时报—俄罗斯东方学家协会通报》①。协会的名誉主席是霍尔瓦特（Д. Л. Хорват），1919 年至 1924 年协会主席是贡达狄（Н. Л. Гондатти），副主席是巴拉诺夫。后来协会的实际领导人是副主席西奥宁。历史民族部的主席是巴拉诺夫，他的副手是尼卢斯（Е. Х. Нилус）。在该部做的第一批报告中有：《满洲的萨满教》（罗维尼斯基 П. В. Ровеньский）、《我是如何在胡匪（红胡子）家做客的》（什库尔金）、《满洲历史地图》（巴拉诺夫）、《人，动物与上帝》（斯佩什涅夫 Н. А. Спешнев）等。20 世纪 20 年代末历史民族部由 74 人组成，汉学家什库尔金领导该部直到 1927 年。

俄罗斯汉学的发展在协会的机关刊物中得以体现。1918 年第一期《亚细亚时报》刊登了博利沙科夫（С. Большаков）的巨著——由汉语译为俄语的《中国度量衡总指南》（1908）以及《中华民国政府对中国度量衡改革的不同法令和指示》②。在接下来一期杂志中刊登了汉学家索福克洛夫（Г. А. Софоклоф）翻译的一篇伦敦大学国际法博士的论文，是一个刁姓的中国人用英文写成，在北京刚刚问世。论文的原题是《中国与各国间条约引发的法律责任问题》③，译者为了方便读者将其改名为《外国人在中国的地位》④。

1918 年哈尔滨《亚细亚时报》第三期刊登了俄罗斯汉学家什库尔金的巨作——《远东国家历史手册》。在前言中作者指出："每一位对远东历史感兴趣的人，或是学习中国和其他邻国历史或者从事这一领域工作的人都经常需要了解准确的日期……弄清楚统治者的名字等等。但与此同时，却没有这样的俄文版的关于远东国家历史的手册来满足上述的查询需求。在其他欧洲语言中有完整的年表和历史大事对照年表……但它们都太片面了。"⑤在整个什库尔金的作品中，他对"年号和帝王的统治年代"进行了分析并将其系统化⑥。

---

① 又译《亚洲通报》。——译注
② Вестник Азии. № 45. 1918. Вып. 1
③ 据考证，该书原作者为刁敏谦（1888—1970）。——译注
④ Вестник Азии. № 46. 1918. Вып. 2.
⑤ Вестник Азии. № 47. 1918. Вып. 3. С. I.
⑥ Вестник Азии. № 47. 1918. Вып. 3. С. VII.

俄国国内战争导致《亚细亚时报》接下来的一期直到1922年才在哈尔滨出版。这一期杂志主要是为了纪念在1920年逝世的俄罗斯东方学家多布罗洛夫斯基(И. А. Добрололовский)。1922年的《亚细亚时报》上有众多汉学家的作品,在这一期刊登了已故学者多布罗洛夫斯基的几篇文章,什库尔金的两篇文章,丹尼连科翻译的两篇中国短篇小说,以及屈纳、阿韦纳里乌斯、巴拉诺夫等人的文章。在1923年出版的《亚细亚时报》上同样也刊登了当地俄罗斯汉学家的作品。1924年的《亚细亚时报》是关于对已故教授波茨塔温的纪念。

远东地区的政治事件给俄罗斯东方学家协会的活动带来了不利影响。在1922年度工作报告中提到:"在铁路沿线地带发生的五月事件,以及在中国和滨海边疆区发生的事件给协会正常活动造成了不利影响,这使得协会活动在公众宣传方面没有前两年那么活跃了。"①然而哈尔滨的汉学家继续积极地从事社会活动。例如,1922年什库尔金做了好几次公开讲座,其中包括"关于在中东铁路沿线地带学校学习汉语的必要性问题"以及"苏俄的东方研究"。

俄罗斯东方学家协会积极与苏俄社会科学组织及学校建立联系。例如,1922年和伊尔库茨克大学以及赤塔人民教育学院建立了联系。

20世纪20年代,俄罗斯东方学家协会在哈尔滨遭遇了组织和财政问题。因此他们决定将协会作为独立部门并入满洲地区研究协会(Общество Изучения Манъчжурского края, ОИМК)。在1926年的《亚细亚时报》中明确了:"最近(从1925年起)有人萌生了将俄罗斯东方学家协会和满洲地区研究协会合并的想法。该合并想法是由满洲地区研究协会提出的……目前正在确定合并所需的所有必要条件。"②

* * *

1922年满洲地区研究协会在哈尔滨成立。满洲地区研究协会委员会成员包括中东铁路协会领导人:铁路管理局局长奥斯特罗乌莫夫(Б. В. Остроумов)、丹尼列夫斯基(С. И. Данилевский)、尤仁фэн、李绍庚、波格列别茨基(А. И. Погребецкий)、李家鳌等。协会创

---

① Вестник Азии. No 51. -Харбин, 1923. C. 376.
② Вестник Азии. No 53 (вып. 1925 г.). -Харбин, 1926. C. 447.

始人中包括曾经在赤塔居住的科兹明(Н. Н. Козьмин)教授和律师马雷赫(П. П. Малых)。俄罗斯皇家地理学会外贝加尔部主席库茨涅佐夫(А. К. Кузнецов)也给哈尔滨满洲地区研究协会的创办人发来贺信。在中东铁路变为苏中共有财产之后满洲地区研究协会荣誉主席是拉舍维奇(М. М. Лашевич)和邮春汉。协会的第一位主席是"王博士"①,副主席是梅谢尔斯基(А. С. Мещерский)。

1922年11月,在哈尔滨出版了杂志《满洲地区研究协会通报》的第一期。在卷首语"来自编者的话"中表明了:"三大文化应在协会的研究工作中碰撞交融,并在《通报》中体现:中国文化、俄罗斯文化和满文化。"②在杂志的第一期上刊登了《满洲地区研究协会历史－民族学部主席报告(1922年10月29日全体大会)》,报告是这样开头的:"协会民族学部的主要任务是考察和研究迁居满洲的部落和民族的文化。"③《满洲地区研究协会博物馆和中东铁路周年纪念展公报》作为《满洲地区研究协会通报》杂志的附录在哈尔滨出版。1923年在《满洲地区研究协会博物馆公报》上刊登了巴拉诺夫的长篇文章《满洲古迹研究》,文章的开头写道:"历史－民族学部将满洲古迹研究定为其研究计划中的一项。"④在这篇文章中俄罗斯汉学家一共列举了26个中东铁路区的重要考古遗址。

早期满洲地区研究协会的总体工作情况构成了协会杂志的主要内容。例如,在1924年2月这一期《通报》杂志中刊登了巴拉诺夫的文章《萨满教》、阿拉金(Я. И. Аракин)的《枚乘诗歌》、赛凯(Л. Сейкей)的《中国民俗艺术》、叶利谢耶夫(С. А. Елисеев)的《满洲的法律与法院》、什库尔金的《民族故事集》。

在《1926年满洲地区研究协会活动工作报告》中提到了:"历史－民族学部希望扩展民族和历史方面的研究范围,所以学部引入了一些人员加入研究工作中,这些人的业务活动范围以及他们对当地语言的

---

① 即"王景春"。——译注
② Известия Общества изучения Маньчжурского края. № 1. 1922. Ноябрь. С. 1.
③ Там же. С. 4.
④ Бюллетень Музея Общества Изучения Маньчжурского края и юбилейной выставки К. В. Ж. Д. № 1. -Харбин. 1923. Июнь. С. 26.

熟识程度都对协会有益。带着这个目的,学部前主席巴拉诺夫和副主席什库尔金在汉语培训班上做了有关民族学区域研究任务和方法的报告……学部成员秋宁(М. С. Тюнин)前往海拉尔城市区域考察古代城市遗址……由学部成员什库尔金、潘捷列耶夫(Д. Н. Пантелеев)、波卢莫尔德维诺夫(А. И. Полумордвинов)组成的考察队前去考察白城遗址附近的城市遗址……"①在满洲地区研究协会稳定运转的时期(1922—1928)一共出版了 87 份刊物,其中包括 10 期《满洲地区研究协会通报》和 9 部满洲地区研究协会成员发表的作品②。1928 年《满洲地区研究协会通报》12 月刊中登载了巴拉诺夫的总结性文章《满洲的历史过往(满洲地区研究协会历史—民族学部 1923 年至 1927 年间对满洲古迹进行考察工作的成果纪要)》,这篇文章展示了协会历史学家、民族学家和考古学家对满洲地区进行的大量研究活动③。

  1927 年 2 月附属于满洲地区研究协会的语言学小组成立,后来这个小组很快就变成了满洲地区研究协会的语言学部。在学部 1928 年报告中提到:"学部成员之间意见的交流是以报告和座谈会的形式来进行的。例如,加利奇(А. И. Галич)做了题为"雅弗语学理论(马尔院士的新语言学理论)"的详细报告。С. Н. 乌索夫就汉语教学法问题做了题为"自然汉语教学法"的报告,吸引了众多听众。鉴于 С. Н. 乌索夫的这篇报告,人们顺势提出了关于中国人自己进行汉语教学面临的问题以及有关现代"国语"问题的讨论……根据佩捷林的报告《按专业学习汉语》人们提出了一个决议:"汉语教学应与成年学习者的职业和专业相适应,但是应该开设针对所有学生的汉语公共入门课程"。根据这一报告还提出了一个关于词典编纂法的决议……这一决议在中东铁路的汉语培训班中得到响应……④同年在语言学部的一次会议上成立了满语口语及书面语学习计划制定委员会,该委员会由季托夫-图马诺夫(Е. И. Титов-Туманов)、潘捷列耶夫(Д. П.

---

① Отчет о деятельности Общества Изучения Маньчжурского Края за 1926 год (4-й год существования). -Харбин, 1927. С. 8.
② Автономов Н. П. Юридический факультет. С. 312.
③ Известия Общества изучения Маньчжурского края. № 7. 1928. Декабрь. С. 1.
④ Там же. С. 89.

Пантелеев)、柳巴（В. Ф. Люба）、卡巴诺维奇（И. И. Гапанович 中文名为：噶邦福）组成。

1928 年春，东省特区（Особый Район Восточных Провинций, ОРВП）政府实际上已经撤销了满洲地区研究协会，将其易名为东省特区研究协会，废除了章程，并将其划归为东省特区教育部所属。东省特区的行政长官张寰湘回绝了俄国学者关于以原有形式保留满洲地区研究协会的请求。

《东省杂志》社是俄国人在满洲科学组织中心之一。该杂志在哈尔滨由中东铁路局出版，并由中东铁路印刷厂印刷。这本杂志刊登了俄罗斯汉学家们关于中国经济、历史和文化各种问题的文章。杂志中刊登有区域学研究的成果，例如普林（А. А. Пурин）的《山东（简要历史经济概述）》。这篇文章中有一部分十分有趣，就是《农村人民的生活》①。在 1926 年的几期《东省杂志》中刊登了托尔加舍夫（Б. П. Торгашев）的优秀研究成果《中国的茶业生产》。这位俄罗斯汉学家在 1922 年就出版了这本书的法语版，1926 年出版了英语版。

* * *

俄罗斯汉学家因为在哈尔滨出版了大量研究成果而在满洲享有盛名。俄罗斯东方学家亚什诺夫（Е. Е. Яшнов）的成就值得被肯定，这不仅归功于他对某些科学实践问题的研究成果，还归功于他个人的社会发展理论。研究人员写道："叶甫盖尼·叶甫盖尼维奇·亚什诺夫从哈尔滨东方学家－经济学家和农业专家学派的杰出代表中脱颖而出。在革命前他作为一名俄国诗人享誉俄国……1919 年至 1921 年他居住在符拉迪沃斯托克并在那里发表作品。迁居满洲（哈尔滨）后，亚什诺夫在中东铁路经济部任职……他撰写并发表了百余篇研究和统计报告，实际上涵盖了中国及其区域经济和农业的所有领域。亚什诺夫的著作……《北满洲的中国农业》……《中国的历史和经济特

---

① Пурин А. А. Шаньдун (Краткий историко-экономический очерк) // Вестник Маньчжурии. Под ред. И Ли-чуна и Е. Г. Лиманова. -Харбин. 1926. № 10. С. 56.

点》……赢得了东方学家们的一片赞誉。"①亚什诺夫在他作品《远东地区的中国和俄国农业》的开头写道:"两位邻居——俄国农民和中国农民——早就已经相邻而居,并肩作伴,但是对彼此的了解非常少……如今双方互相了解的时代来临了。"②

著名的汉学家库利平(Э. С. Кульпин)如此评论这位哈尔滨同行的成就:"实际上,立足于社会自然事实,对中国文明进行分析的首次基础性尝试是由亚什诺夫完成的。在发表了一系列关于20世纪初中国农业的基础研究作品之后,他对中国社会发展进行了全面的阐释。"③这位苏联学者得出的结论至今仍具有现实意义:"在我们看来,亚什诺夫的创作遗产不应该被遗忘半个世纪之久,他的思想在我们的时代都仿若新生,他的许多观点至今仍具有现实性,他的某些见解,例如周期思想,还仅是从现在才开始认真仔细地被研究……"④

什库尔金是著名的俄罗斯侨民汉学家之一,他在哈尔滨出版了自己的几十部作品。他的出版物大多与中国历史和史料学有关。其中包括《中国历史手册》(1918)、《蒙古问题》(1920)、《中国神话》(1921)、《中国历史传说》(1922)⑤。什库尔金常常做各种主题的公开报告和讲座,例如"中国古代史料中记载的俄罗斯土地数据资料"或"中国汉字与拉丁化新文字"。20世纪20年代,什库尔金在杂志上发表了一些中国文学作品的译作⑥。

什库尔金还是一名中国宗教的研究者。他于1926年出版了极具

---

① *Белоглазов Г. П.* Теория эволюции аграрного строя Китая и Маньчжурии в трудах ЕЕ. Яшнова(20-е годы XX в.)// Россия и АТР. 1998. No 4. С. 64.

② *Яшнов Е. Е.* Китайское и русское крестьянское хозяйство на Дальнем Востоке (опыт сравнительной характеристики) // Вестник Маньчжурии. Под ред. *И Ли-чуна и Е. Г. Лиманова*. -Харбин. 1926. No 9. С. 1.

③ *Кульпин Э. С.* Человек и природа в Китае. -М.: Наука. Главная редакция Восточной литературы, 1990. С. 27.

④ *Кульпин Э. С.* Указ. соч. С. 30.

⑤ *Шкуркин П. В.* Легенды в китайской истории // Вестник Азии. No 50. 1922. Вып. III. С. 1—160.

⑥ *Шкуркин П.* «Тонкая ива»(китайская повесть) // Вестник Азии. No 49. 1922. Вып. II. С. 197—232.

分量的著作《道教概略》①。该作品由三部分组成,最后一部分完全是立足于中国史料。作者本人在前言中写道:"八仙过海这一部分的内容是独立完整的,它是中国著名作品《修仙,八仙》(Сюй-сянь ба-сянь)的第一卷;据我所知,这完全是新的材料,至今未在欧洲文学中出现过,也是首次用俄语出版。"②

另一位对中国宗教研究做出巨大贡献的学者是哈尔滨著名的汉学家巴拉诺夫。这位汉学家多次发表了描写中国庙宇③的文章并出版了中国文学的译本。他在其中一部作品的开头写道:"所有古老民族宗教观念的大部分内容都是针对阴间的。中国人民也创造了自己的宗教观念,即人们死后会遇到什么……在民族宗教的基础上形成了相当严谨的关于人死后的报应和来生的理论体系。在其他史料中,关于这一体系的论述可以在一本名为《玉历至宝钞劝世文》④的有趣中国古籍中找到。"1929 年谢列布连尼科夫(И. И. Серебренников)在哈尔滨发表了文章《中国民间迷信传说》。作者指出:"在此我们只关注中国人对鬼神、对因果报应的敬畏,同时也关注那些人们日常生活中与鬼神和因果报应息息相关的事物。"⑤

俄罗斯汉学家在哈尔滨还从事中国文学的翻译工作。1926 年阿拉金出版了中国诗歌翻译集。在《东省杂志》中指出:"阿拉金……出版了一部关于中国诗歌的历史文选,从至今 2300 年前的中国诗人,到当代中国诗人,阿拉金先生的书中一共介绍了 33 位中国诗人,该书有中文原本和俄文译本。"⑥在《俄罗斯哈尔滨文化生活大事年表

---

① Вестник Азии. No 53(вып. 1925 г.). -Харбин, 1926.
② Вестник Азии. No 53(вып. 1925 г.). -Харбин, С. 117.
③ *Баранов И. Г.* По китайским храмам Ашихэ // Вестник Маньчжурии. Под ред. Президиума Торгово-Промышленной Секции ОИМК / Отдел изучения края. -Харбин, 1926. No 1—2; *Баранов И. Г.* Чертог всеобщей гармонии (Даосский храм в Маоэршане) //Вестник Маньчжурии. -Харбин. 1928. No 7.
④ *Баранов И. Г.* Загробный суд в представлениях китайского народа (По «Книге Яшмовых Правил »)// Вестник Маньчжурии. -Харбин. 1928. No 1. С. 53.
⑤ *Серебренников И. И.* Китайские народные поверья // Вестник Маньчжурии. 1929. No 3.
⑥ Вестник Азии. No 53(вып. 1925 г.). -Харбин,1926. С. 460.

(1900—1945)》中关于1926年有记载:"出版了书籍……阿拉金的诗集:中国诗歌(译本)、梦想与思想、幸福岛";"庆祝诗人和翻译家阿拉金20周年文学纪念日。阿拉金——第一位在中国出版了中国诗歌俄语文选的作家。书籍由双语书就,内容包括33位诗人(从唐朝到当代)的诗歌"①。

俄罗斯学者对研究中国东北史做出了巨大贡献。例如说,以各种古迹为基础对古代和中世纪早期满洲历史进行综合研究。汉学家巴拉诺夫在一篇总结性文章中指出:"研究当地古迹可以带来益处,尤其是对有关拓跋族迅速崛起的中国史料的对比叙述和详尽阐释很有价值,要知道,拓跋族以前只是一个弱小民族,后来在短时间内占领了中亚和中国。"②

俄罗斯汉学家研究传统中国社会的社会制度问题。汉学家阿韦纳里乌斯写道:"在古代中国,同乡会、手工业协会和行会是开始民族自治仅有的体现……虽然在旧中国同乡会和职业组织从来不是由国家政权来制定章程,但是它们在公法功能领域的权限要远远宽于那些地方自治机关(如欧洲的农村和城市公社)的权限。"③

哈尔滨汉学家在语言学方面也取得了巨大成就。据《俄罗斯哈尔滨文化生活大事年表(1900—1945)》记载,第一本针对汉学家的教材出版于1922年——它是 С. Н. 乌索夫和 Чжен Айтан 合编的《汉语口语教程》④。什库尔金的作品《汉语学习教程》(1922)广为流传。20世纪20年代末至30年代初,汉学家斯库尔拉托夫(И. С. Скурлатов)的汉语语言学作品在哈尔滨出版:《汉语口语理论汇编》(1929)和《第一步:汉语口语教程第一册》(1931)。С. Н. 乌索夫和他的同事及学生在

---

① Русский Харбин. С. 317—318.

② Баранов А. М. Историческое прошлое Маньчжурии (Очерк работы Историко-Этнографической секции ОИМК по обследованию памятников старины в Маньчжурии за 1923—1927 гг.) // Известия Общества изучения Маньчжурского края. № 7. 1928. Декабрь. С. 19.

③ Авенариус Г. Г. Землячества и цеховые объединения в Китае // Вестник Маньчжурии. Под ред. И Ли-чуна и Е. Г. Лиманова. -Харбин. 1926. № 5. С. 92.

④ Автономов Н. П. Юридический факультет в Харбине (историческая справка) // Изв. Юридического факультета. Харбин, 1925. С. 312.

哈尔滨共同出版了完整系列的汉语教材。这位汉学家与人合著出版了《俄汉学生词典》(1929)①、《汉语口语汇编教程》(1930)。С. Н. 乌索夫的作品《汉字书写问题研究》则未能出版。

词典编撰工作对于俄罗斯汉学来说具有特殊价值。在哈尔滨的第一批俄汉词典中有一部由格列吉亚金（Л. И. Гредякин）所编著的词典于1921年出版②。一些俄罗斯汉学家因为编著的词典而在满洲享有盛名。研究人员指出："西奥宁在其科研生涯中推动了几部字典的出版：《法律、国际经济、政治和其他术语词典》（哈尔滨 1927；400 页）；《最新汉俄词典（两卷）》（哈尔滨 1928；1930；总页数为 1302 页）。词典按照图解体系编目，包含有 1 万多个汉字词条和约 6 万个词组……"③研究人员阎国栋记载了关于法律系教师西奥宁的两卷本大汉俄词典④——"《最新汉俄词典》（两卷）（哈尔滨：商业印刷厂，1928，1930）"⑤。俄罗斯专家参与了与中国学者的共同编著工作。阎国栋还提到了由程耀臣和介木秦（Ю. Н. Демчинский）合著的《华俄袖珍铁路工业词典》，该词典于 1927 年在哈尔滨出版⑥。

1927 年在奉天⑦出版了俄罗斯上校格雷戈里（Е. В. Грегори）的《中国军事术语词典》。编者写道："在担任炮兵教官的两年多的时间里，当我不得不用中文给中国军官做关于炮兵学的讲座时，我就确认必须编著这样一本词典……该词典是我受张作霖元帅和杨宇霆元帅委托，在参谋长于国翰将军的支持下编著的，于国翰将军从总司令部

---

① *Усов С. Н.*，*Е Цзунжэнь*. Русско-китайский словарь: Для учащихся. -Харбин, 1929.

② *Гредякин Л. И.* Русско-китайский словарь с русской транскрипцией китайских иероглифов: 3000 слов, достаточных для разговора. -Харбин: Коммерч. Пресса. 1921. 146 с.

③ *Каневская Г. И.* Оправдавший надежды Приамурского генерал-губернатора // Известия Восточного института ДВГУ. № 6. 2001. С. 25—26.

④ *Хионин А. П.* Новейший китайско-русский словарь. Более 10 000 иероглифов и ок. 60 000 сочетаний. По графической системе. -Харбин: Изд-во ОИМК, 1928—1930. Т. I. 8—559 с.; Т. II. 560—1305 с.

⑤ *Янь Годун.* Первый китайский словарь русского языка. Пер. с кит. О. П. Родионовой // Институт Конфуция. 2012. № 1. Вып. 10. С. 15.

⑥ Там же. С. 19.

⑦ 沈阳的旧称。——译注

挑选军官成立专门委员会来对我的词典进行仔细的审校。在编著这本词典时,我不仅收录了纯军事和军事技术术语,还努力地将军事文学中普遍常见的表达也收录其中……"①词典的容量很大:共451页,包含了8384个词条。在引言中格雷戈里指出:"该词典由三部分组成:1.汉俄词典,2.关键词索引,3.词典中的俄语词汇索引。汉俄词典部分由三栏组成。第一栏是汉字,第二栏是汉字的汉音俄拼,第三栏是相应的俄语释义。中文词汇按照汉音俄拼的字母顺序排列……在这本词典中我遵循了著名的俄罗斯汉学家修士大司祭巴拉第(Палладий)提出的标准俄语音译(汉音俄拼体系)。大多数俄罗斯汉学家认为该音译方法是最成功的。"②

1924年马拉库耶夫在《满洲地区研究协会通报》上发表了自己的第一篇中国计量学文章③。不久之后这位汉学家又在哈尔滨发表了一部关于中国计量学的作品。马拉库耶夫在1927年写道:"该作品的作者早在1924年就提出了仔细研究这一学科的必要性,只有掌握了这门学科的知识才能让我们的研究者和经济工作者有机会深入地了解中国经济;立足于近些年的工作经验他编写了这部作品……"④除此之外,东方学家马拉库耶夫在《东省杂志》上还发表了关于中国当代经济的一系列的作品⑤。

哈尔滨的俄罗斯研究者们研究有关当代中国发展的不同问题。首先他们对政治问题、军事政治派别斗争很感兴趣,研究者们试图弄

---

① [*Грегори*] Словарь китайских военных терминов. Составил Инструктор Артиллерии при штабе Маршала Чжан Цзо-лина Е. В. Грегори. -Мукден,1927. С. I-II.

② Там же. С. III.

③ *Маракуев А*. Метрология Китая (Конспект) // Известия Общества изучения Маньчжурского края. No 5. 1924. Май. С. 1—3.

④ *Маракуев А. В.* Очерк метрологии Китая // Вестник Маньчжурии. Отв. ред. И. С. Горшенин. -Харбин. 1927. No 1. С. 72.

⑤ *Маракуев А. В.* Шанхай -торговая столица Китая // Вестник Маньчжурии. Отв. ред. И. С. Горшенин. -Харбин. 1927. No 3; Маракуев А. В. Внешняя торговля Китая и ее место в мировом товарообмене // Вестник Маньчжурии. Отв. ред. И. С. Горшенин. -Харбин. 1927. No 5.

清楚政治体制的运行机制①。而国民教育问题一直是具有现实意义的问题之一②。与此同时,俄罗斯汉学家甚至对中国的邮政事业发展都进行了阐述③。

20世纪20—30年代满洲的俄罗斯汉学对中国的法律研究做出了巨大贡献。一部文献中指出:"当代学者重视汉学家阿韦纳里乌斯关于中国法的巨著《中国诉讼法》和巴拉诺夫的《1923年中华民国宪法》的科学意义。④ 还可以提及埃斯别洛夫(Н. Е. Эсперов)的作品《中国人民大会选举体系》。金斯(Г. К. Гинс)教授出版了关于法律的几部作品,如《中国贸易法概要》(哈尔滨,1930)等。法律系老师基里切尔(М. Э. Гильчер)撰写了关于中国民法问题的作品。与之相对比,同期在苏联只出版了一部关于这一方向的作品——《中华民国当代刑法概要》⑤。

恩格尔费尔德在中国法领域的成果令其名声大噪。在1928年出版的《中国行政法概要》的前言"来自作者的话"中,这位法学研究家写道:"引人注目的第一版《中国行政法概要》并不奢求对中国行政法律的所有方面进行彻底地阐释……必须向巴拉诺夫、阿韦纳里乌斯、布伦纳特(И. С. Бруннерт)、Янь Шоу-юнь先生、Ли Чен-жуй先生、Чжу Синь-мын先生和崔女士致谢,感谢他们对汉语文本的翻译以及在翻译过程中作出的权威解释。"⑥上述提及的作品中的第一部分名为"中国的警察——中国警察法研究经验",第二部分为"关于北满洲

---

① *Энгельфельд В. В.* Последняя гражданская война в Китае и ее итоги // Вестник Маньчжурии. Харбин. 1925. № 1—2; Энгельфельд В. В. Китайские политические партии // Вестник Маньчжурии. -Харбин. 1925. № 3—4.

② *Филиппович К.* Система народного образования в Китае // Вестник Маньчжурии. Отв. ред. И. С. Горшенин. -Харбин. 1927. № 5.

③ *Баранов И. Г.* Китайский новый год // Вестник Маньчжурии. Отв. ред. И. С. Горшенин. -Харбин. 1927. № 8.

④ *Павловская М. А.* Указ. соч. С. 15.

⑤ *Камков А. А.* Очерки современного уголовного права Китайской Республики. -М., 1932.

⑥ *Энгельфельд В. В.* Очерки китайского административного права. Вып. I. -Харбин: Отделение типографии КВЖД, 1928.

林业的中国林业法"。

20世纪20年代,梁赞诺夫斯基教授在哈尔滨出版了一些关于法律的作品,如《民法讲义》《中国当代民法》等。在哈尔滨工作期间,梁赞诺夫斯基与阿列克谢耶夫保持着通信往来。例如,在1927年12月7日的信中他提到:"我会定时给您寄送我的汉学作品。同时借此次机会向您寄送《中国当代民法》第二辑"①。在另一封信中梁赞诺夫斯基抱怨道:"我从1921年开始发表关于东方民族法律的作品,这八年的时间里我都在发表它们。在这期间我知道的只有一篇针对这些作品的评论,那就是佩尔加缅特(Пергамент)教授于1928年底写的评论。我不能说这些作品有多优秀,但是我知道,它们几乎是这一领域唯一的俄语作品,并且它们中的任一作品都是值得称赞且激励着自己的同胞进行下一步研究工作。而在该领域几乎彻底的沉默是无法带来这种激励效果的。顺便提一下,在这些作品中,《中国当代民法》第一辑和《中国民法基本制度》已于1927年译成英文版本。我知道有3篇针对它们的外文评论,应该还有更多。1928年巴黎比较法学会选我担任委员。这让我得到了些许精神上的安慰(遗憾的是,这一安慰并不是来自于我的祖国)。一个月前,我用英文出版了上述作品的第二部分,三四个月之后我希望能出版英文版的《蒙古部落习俗法》,并在这一版中较之俄文版(1923/1924)增添些许内容。最近的一部俄语作品我没有单独出版,而是发表在《亚细亚时报》上,因为我还是希望能对其进行补充和修改。现在,完成了长达五年的中国法研究工作后,我希望在今年重新开始研究蒙古法。期待能从库伦的扎姆察莱诺(Ц. Ж. Жамцарано)那儿获得新的有趣的材料,然后对之前的作品进行补充和修改,最终出版专题著作:《蒙古法(以习俗法为主)》。预计这一目标的达成时间为1929年,之后我希望能研究中国习俗,但是在目前条件下无法预测那么遥远的未来②。"

其他关于中国的重要研究成果包括帕格列别茨基(А. И. Погребецкий)的《中国货币流通与财政》(1929)和罗戈夫(В. Н.

---

① Письма В. А. Рязановского В. М. Алексееву. С. 65.
② Там же. С. 68.

Рогов)的《中国水路交通》(1932)。在哈尔滨出版了关于茶叶贸易的总结性巨作。时人还指出了哈尔滨人对制图学做出的贡献。阿列克谢耶夫写道:"若不是地理名称的转译特别不合适,那么1972年在哈尔滨出版的中文版俄罗斯大地图本将会是一项大事件。"①这里提到了相关作品《中国内陆地图》,中国地名的翻译和转录由巴拉诺夫和 Е Гуй-нянь 完成,科学院院士 А. И. 伊万诺夫教授担任责编,由苏林任总指挥的中东铁路经济部出版。

如此一来,布尔什维克在俄罗斯取得胜利后,哈尔滨这座将俄罗斯东方学在满洲的发展潜力融合在一起的城市,成为了最重要的俄罗斯汉学中心。20世纪20年代哈尔滨各学校都制定了实用型汉学家的培养计划。许多著名的侨民学者开始研究中国当地的材料。苏联和中国政府都支持俄罗斯实用汉学的发展。20世纪20年代,在一些研究方向(非马克思主义历史、法学、词典编纂)上,哈尔滨汉学在整个俄罗斯汉学界处于领先地位。

北京

1917年革命后中国最重要的俄罗斯汉学研究中心还有北京,在这里仍保留了小规模的俄国侨民(数百人左右)。俄国侨民区引人注目且分布不均。这里仍然有古老的传教士团和外交使团。俄国人带着不同的目的从俄国或中国其他地区前往北京,并且这些侨民对苏联政府的态度也各不相同。20世纪20年代初,远东共和国和苏俄代表们开始前往这座中国旧都,他们中的许多人都是汉学家。

北京的部分俄国侨民(主要是年轻人)支持苏维埃政权。符拉迪沃斯托克东方学院②和彼得格勒大学毕业生波列伏依(С. А. Полевой)于1917年来到南开大学工作。来到北京后,他和中国大部分左派领导合作,那时这位俄罗斯汉学家还结识了毛泽东。支持布尔

---

① Алексеев В. М. Рабочая библиография китаиста. Книга руководств для изучающих язык

② 该学院于1898年7月9日建立,培养实用性东方人才,大多从事翻译和教学工作,东方学院直到十月革命后因创办国立远东大学而撤销。——译注

什维克的还有韦廖夫金(И. Н. Веревкин)、霍多罗夫(А. Е. Ходоров)和其他汉学家。1927年至1930年А. А.伊万诺夫教授担任《真理报》驻华记者,后来他回到了苏联。1921年潘克拉托夫因为亲苏倾向而被逐出汉口,后来他被邀前往北京的俄罗斯通讯社(РОСТА)中国部工作。再后来,正如潘克拉托夫在自传中所写,"1923年我受邀前往驻华大使馆担任大使馆领事司的汉语和英语翻译,并在那里工作直至1929年。"①

俄罗斯汉学最古老的中心——俄罗斯传教士使团20世纪20年代在北京开始衰落。原因在于大主教因诺肯季(Иннокентий,菲古罗夫斯基)把团内的物资发放给了俄罗斯难民。尽管如此,团内的出版社仍继续运转,出版关于汉学的科教读物。并且,东正教传教士自己也没有中止他们的汉学研究工作。例如,在1926年出版了大主教因诺肯季的《新汉俄词典》②。"据研究人员记载,另一个实际出版书籍的机构是中东铁路局北京办事处。这里的主要工作是出版词典"③。位于天津的圣因诺肯季中国东正教传教士团副主席涅达钦(С. В. Недачин)在北京因诺肯季的葬礼上指出:"作为汉学家-语言学家大家庭中的一员,我不得不提及已故大主教在中国语言文学领域的伟大著作,该著作在欧洲享有盛誉。他认真地编纂和出版了词典以及有关中国的学术文章,最主要的是他冥思苦想将祈祷书准确并充满灵感地译成了汉语,并对之前的译本进行了修改,这使得他成为了我们最伟大的汉学家之一,传教士团的先驱者之一。"④

俄国侨民在北京的各所大学里工作。索邦神学院⑤毕业生沙畹(Шаванн)的学生А. А.伊万诺夫从1917年至1927年在北京大学担任教授。曾在苏联学习的一位中国学生盛岳在自己的回忆录中写道:

---

① АВ ИВР РАН. Ф. 152. Оп. 3. Д. 452. Л. 6.

② Иннокентий (Фигуровский). Карманный китайско-русский словарь. -Пекин, 1926.

③ Кузнецова Т. В. Русская книга в Китае (1917—1949) / Отв. ред. А. И. Букреев. -Хаба-ровск: Дальневост. гос. науч. б-ка, 2003. С. 63.

④ Китайский Благовестник. 1930. No 5-6. С. 10.

⑤ 法国巴黎大学旧称。——译注

"20世纪20年代初伊万诺夫是北京大学的教授,他讲授俄语。但是他的研究方向是汉学,在该领域他是杰出人物。我记得在1923年,胡适在北京举办了纪念清朝伟大学者戴震(戴东原)的研讨会。我参加了会议并有幸听到伊万诺夫用他无可挑剔的汉语宣读了自己的报告。"①说起在北京的俄罗斯人,研究者们提到了中国俄语语言文学学院:"这是一所中国的学校,在当时这所学校主要是由俄罗斯人出资建立的……教师队伍主要由俄罗斯人组成。他们中工作时间最长的是韦廖夫金和卜郎特(Я. Я. Брандт)。1921年恩格尔费尔德教授加入了教师队伍。"②

上文提到,符拉迪沃斯托克东方学院和彼得格勒大学毕业生波列伏依于1917年来到天津的南开大学工作,后来迁往北京。汉学家斯佩什涅夫是土生土长的北京人,他引用了祖父1924年10月的信件中的一段话:"我昨天去了北京大学,北京大学的俄语系由波列伏依教授管理,我看到俄语专业的学生在表演译成汉语的俄语剧目……"③20世纪20年代后期在北京出版了由波列伏依编写的词典④。1932年这位俄罗斯汉学家在北京出版了自己的俄语教材。该教材的全称为——《新道路——针对中国人的俄语口语教程》(第一册和第二册,北京,1932)。在前言中作者写道:"……教材第一册的素材实际上来源于编者多年来在国立北京大学和北平其他大学进行俄语讲学的经验。"

1921年潘克拉托夫被中国外交部直属俄语学院聘用。他自己记载:"1921年至1927年我在中国外交部直属俄语学院和其他中国大学

---

① *Шэн Юэ*. Университет имени Сунь Ятсена в Москве и китайская революция. Воспоминания. Пер. с англ. Л. И. Головачевой и В. Ц. Головачева. -М., 2009. С. 68—69.
② *Кузнецова Т. В.* Русская книга в Китае (1917—1949). С. 64.
③ *Спешнев Н. А.* Жизнь русской эмиграции в Пекине (20 — 40-е гг. XX в.) // Восток-Россия-Запад. Исторические и культурологические исследования. К 70-летию академика В. С. Мясникова. -М.: Памятники исторической мысли, 2001. С. 160.
④ [*Полевой*] Китайский указатель к Словарю юридических, дипломатических, политических, экономических, философских и др. научных терминов. Сост. В. А. Полевой. -Пекин, 1927.

担任俄语教师。"①后来,正如潘克拉托夫在自传中写的那样:"1929 年我受邀前往哈佛大学中印研究院担任助教。1929 年至 1935 年我在那里从事佛学专业(汉语、蒙语和藏语)和阿尔泰语言学(蒙语、满语和部分土耳其语)的教研工作。在中印研究院我着手出版了中文版、藏文版和梵文版的《金刚经》以及四种语言版本的关于喇嘛的乾隆上谕。"②后来,在 1948 年外交部对潘克拉托夫的鉴定中证实,他"同时兼任北平城燕京大学附属中印科学研究所的副所长和一级研究员"③。这位东方学院毕业生讲授了"喇嘛教哲学文献"和"佛教肖像学"两门课程,还研究下列主题:"中印关系史"和"佛教哲学(中国、蒙古和印度的佛教)",同时还研究梵文。到了 1929 年潘克拉托夫完成了《元朝秘史》的翻译手稿。潘克拉托夫被该学院辞退的原因不明,也许这跟 1934 年俄国侨民-东方学家叶利谢耶夫被聘为该学院院长有关④。

  有关北京各大学俄国教师的信息在俄国侨民谢列布连尼科夫的回忆录中有所体现:"北平大学⑤有 5 位俄国教师:韦廖夫金、布伦纳特、列布林(П. П. Ребрин)、华西列夫斯基(К. И. Василевский)和奥斯特罗乌莫夫(А. С. Остроумов);北京大学有波列伏侬;清华大学有切佐夫(Ф. А. Ченцев)(不久前从巴黎来到北京)和史禄国;中国北方语言学校有卜郎特;北京协和医学院(洛克菲勒研究所)有库罗奇金(Т. И. Курочкин)、苏达科夫(П. С. Судаков)、巴拉诺夫等教授……男爵施特尔-荷斯坦(Сталь-Гольштейн)和他的助理潘克拉托夫在这里为美国的哈佛大学研究梵语学和佛学问题"⑥。在《东省杂志》中提

---

① АВ ИВР РАН. Ф. 152. Оп. 3. Д. 452. Л. 19.
② Там же. Л. 6.
③ Там же. Л. 38.
④ *Марахонова С. И.* Институт Гарвард-Яньцзинь и образовательная политика США в Азии в 1930—1950-е годы (по источникам архива Кембриджа, США) // Письменные памятники Востока. 1913. № 1 (18).
⑤ 北平大学和北京大学不是一个学校,国立北平大学,是民国时期南京教育部设立的大学组合体,由隶属于一个校名的五个学院构成,分别为:医学院、农学院、工学院、法商学院、女子文理学院。——译注
⑥ Китай и русская эмиграция в дневниках И. И. и А. Н. Серебренниковых. В 5 т. Т. 1. -М., 2006. С. 282.

到,托尔加舍夫于 1922—1923 学年在北京大学执教。

　　许多苏联专家集科教工作和苏联机关职务于一身。А. И. 伊万诺夫教授就在苏联驻北京的全权代表处担任翻译。1924 年作为全权代表处工作人员来到中国的坎托罗维奇(А. Я. Канторович)在北京大学讲授法律,同时担任了《劳动报》和《经济生活报》的特约记者,在 1927 年还为在中国被捕的苏联公民辩护。1924 年列宁格勒国立大学教授佩尔加缅特(М. Я. Пергамент)领导贸易协定缔结委员会。20 世纪 20 年代在北京大学讲授苏联文学的特列季亚科夫(С. М. Третьяков)还担任了《真理报》的记者。

　　尽管在北京工作,苏联教授们仍然对在不同国家工作的自己以前的学生提供科研帮助。著名的日本学家、汉学家涅夫斯基 1925 年来到北京,他回忆道:"我拜访了我在彼得堡大学学习时的老师 А. И. 伊万诺夫教授,他现在是北京苏联大使馆的翻译。我们谈论的话题是我感兴趣的西夏文,教授向我展示了一些用西夏文写就的书籍和文件"①。研究人员列舍托夫指出:"如果我们认为 А. И. 伊万诺夫是俄罗斯国内西夏学的开创人,那么毫无疑问涅夫斯基是对西夏学问题研究作出更多基础性贡献的学者。1926 年至 1927 年他已经在日本用英文和日文发表了自己的第一批西夏学研究成果。他的西夏学成果集在其逝世后于 1960 年在俄罗斯公开发表……并且在 1962 年被授予当时最权威的科学奖项——列宁奖。"②

　　20 世纪 20 年代中期广东和其他地区的苏联军事顾问研究中国的各种问题。据研究人员记载:"一些年轻专家加入了博罗金(М. М. Бородин)的团队,按照卡扎宁的说法,他们组成了一个'智囊团'——有塔尔哈诺夫(О. С. Тарханов 真名为:拉祖莫夫 С. П. Разумов 其他笔名:埃德贝格 О. Эрдберг)、约克(Е. С. Йолк)、沃林(М. Волин)等。博罗金在广东的郊区府邸中有一台生产石印出版物的设备。其中沃

---

① *Громковская Л. Л.* Великий филолог // Петербургское востоковедение. Вып. 8. - СПб., 1996. С. 250.

② *Решетов А. М.* Н. А. Невский как этнограф. К столетию со дня рождения ученого // Петербургское востоковедение. Вып. 8. -СПб., 1996. С. 374.

林和约克就出版了石印本作品《广东省农业关系》①。1925年9月阿布拉姆松(М. М. Абрамсон)从开封给迈斯基(И. М. Майский)写信说道:'我再次尝试着去实现自己的愿望:在中国哪怕工作一年,以此来巩固我的汉语知识,所以我现在除了学语言什么都不做'"②。

虽然在北京的苏联机构工作的汉学家不少,但是阿列克谢耶夫批判性地指出:"1924年至1927年从莫斯科聘用到北京工作的人中不仅有对复杂的中国文化毫无概念的人,还有对中国完全不了解的人。他们(使馆全权代表处的工作人员)中的大多数人似乎从未研究过汉语和中国。"③

北京汉学与哈尔滨东方学不同,它有自己的特点。研究人员指出:"汉学家们在北京积极地出版词典,但是在这些当地的俄罗斯汉学家中几乎没有一个人研究中国的经济、民族和历史。"④他们还指出:"那时候编写汉俄科学术语词典是亟需解决的问题,因此出版了许多这类作品,它们是由俄罗斯大使馆的前译员科列索夫(Н. Ф. Колесов)、布伦纳特和居住北京多年的俄罗斯汉学家——中东铁路局北京办事处翻译员奥西波夫[Н. И. Осипов 中文名为:朱武尚(音译:Чжу Ушан)]编写的。"⑤

的确,俄罗斯汉学家在北京出版了一些大词典和各种各样的汉语手册。早在1923年就已经出版了囊括约一万个术语的《汉俄法律政治术语词典》⑥。在北京的外交使团的前成员们受中东铁路局的委托编写了词典。1927年在北京出版了波列伏依的两部作品:《俄汉法律、外交、政治、经济、哲学及其他科学术语词典》(626页)和《中国法律、外交、政治、经济、哲学及其他科学术语词汇索引》(242页)。中国学者阎国栋指出,1927年波列伏依(鲍立维)"在北京独立出版了《新俄华辞

---

① *Кузнецова Т. В.* Русская книга в Китае, с. 87.
② АРАН. Ф.1702. Оп. 4. Д. 313. Л. 2 об.
③ *Баньковская М. В.* Алексеев и Китай: книга об отце. С. 197.
④ *Кузнецова Т. В.* Русская книга в Китае (1917—1949). С. 64.
⑤ Там же. С. 63.
⑥ Китайско-русский словарь юридических и политических терминов / Сост. Н. Ф. Коле-сов, И. С. Бруннерт. -Пекин, 1923.

典》,之后于1934年通过国立北京大学出版部出版了《续新俄华辞典》"①。

中国研究者们批判地评价了俄罗斯汉学家编写和出版的俄汉词典及其他作品的水平。阎国栋教授写道:"尽管有这么多词典,然而由于编写者仅限于对俄语词汇的简单汉译,忽视了对于俄语学习者至关重要的词汇的语法意义、修辞意义以及配例说明。因此,日本人编写的体例更为完备、释义更为准确的俄日词典传入之后,很快就取代了俄国人所编俄汉词典。"②也许问题在于俄罗斯汉学家的作品并不针对学习俄语的中国人。

20世纪30年代初很多苏联公民离开了已经失去国家首都地位的北京,但仍有小部分十月革命后逃往国外的白俄侨民留了下来。著名汉学家斯佩什涅夫写道:"根据北京市公安局提供的苏联侨民名单和白俄侨民名单……列有4位苏联公民和94位白俄侨民——共计98人。在这4位苏联公民中,除了一位在从事教学,其他三位自1927年4月起被判处6年徒刑……在白俄侨民中有15位是俄罗斯传教士团成员……另外包括8位教师、16位商人、11位音乐家……"③斯佩什涅夫认为,到1933年在北京只剩下一位苏联汉学家——那就是潘克拉托夫。20世纪30年代至40年代在俄国侨民中最著名的大学教师是卜郎特和布伦纳特。

* * *

20世纪20—40年代俄罗斯侨民密集居住在中国的不同地区。俄罗斯学生在有俄罗斯中学的几座城市学习汉语。位于青岛的公立俄罗斯中学的校长季亚科夫(И. А. Дьяков)在1934年写道:"……俄罗斯学校,其中包括在中国的俄罗斯侨民学校的教学课程应该这样设计,毕业后,除了俄语,学生们还应该精通英语和汉语,为了实现这一

---

① 2Янь Годун. Первый китайский словарь русского языка. Пер. с кит. О. П. Родионовой // Институт Конфуция. 2012. № 1. Вып. 10. С. 15.

② Там же. С. 15.

③ Спешнев Н. А. Жизнь русской эмиграции в Пекине (20 — 40-е гг. XX в.) // Восток-Россия-Запад. Исторические и культурологические исследования. К 70-летию академика В. С. Мясникова. -М. : Памятники исторической мысли, 2001. С. 158.

目标我们需要用这些语言来讲授一些课程,同时还要开设一些具有实践意义的课程。"①

20世纪20—30年代中国内陆最大的俄罗斯群体还是照旧居住在天津、武汉和上海。20世纪30年代初天津的俄罗斯侨民数量接近两千人,而上海——接近两万人。20世纪初在天津已经建立了俄国租界,发展俄国贸易,但它始终未能成为俄罗斯汉学的中心,甚至连科教中心都算不上。诚然,在当地的大学有俄罗斯人从事教学活动,但是他们都努力想往北京发展。1936年在天津组织出版了杂志《华俄月刊》,杂志的主编是伊万诺夫(В. Н. Иванов)。他写道:"总的来说,'研究中国这个庞大的、历史的、文化的、民族的、宗教的世界'是我们杂志的宗旨,是杂志号召俄罗斯读者要达到的目标。"②在该杂志(共发行了5期)发表文章的作者中,包括一些著名的俄罗斯汉学家,如卜郎特。

1918年至1921年来自远东的年轻汉学家潘克拉托夫在湖北省汉口市讲授俄语和英语。在这里他研究湖北省和湖南省的方言,同时学习暹罗语、缅甸语、安南语和马来语。但是这位东方学院的毕业生因为亲苏倾向而被当地法院逐出武汉。

一些俄罗斯学者来到了中国南方。巴黎大学毕业生、民族学家希罗科戈罗夫于1922年从符拉迪沃斯托克来到上海,他于次年出版了专著《民族共同体——种族和民族现象变化准则研究》,然后很快他被新建的厦门大学聘为教授③。

关于俄罗斯汉学在上海的发展情况可以引用当代研究人员的观点:"上海的学术活动比起哈尔滨甚至是北京和天津都要贫乏得多。"④在上海直到1933年才开了一所俄罗斯高等院校机构——高等

---

① Китайский Благовестник. 1934. № 5—6. С. 43.
② Поланский П. Русская печать в Китае, Японии и Корее: Каталог собрания Библиотеки им. Гамильтона Гавайского университета / Предисл., пер. с англ. и науч. ред. А. А. Хисамутдинова. -М.: Пашков дом, 2002. С. 59.
③ Решетов А. М. С. М. Широкогоров: китайский период жизни и деятельности (1922—1937) // Зарубежная Россия. 1917—1939. Сборник статей. Кн. 2. -СПб., 2003.
④ Русские в Китае / Под общ. ред. А. А. Хисамутдинова. -Шанхай, 2010. С. 195.

商务一法律培训班,班容量为 30 人。在那里开设了汉语、中国法律、汉学、中国文化史等课程。汉学家阿尔诺多夫(Л. В. Арнольдов)是该校的教师之一,他同时也是《上海曙光》①的主编。在以前俄罗斯侨民的回忆录中有对 20 世纪 30 年代上海汉学的介绍:"在很好地掌握了北京话之后,我的兄弟列夫很快又学会了上海话。他运用英语资料(尤其是霍克斯·波塔(Хокс Пота)的教材)编写了上海话教材,这是唯一一本用俄语写的针对俄罗斯人的教材。他的教材在刚来上海的俄罗斯人群中十分畅销。"②研究人员列举了俄罗斯汉学在上海发展的例子:"前彼得堡公证员科捷涅夫(А. М. Котенев)成为了上海市政委委员并用英语撰写了关于中国以及位于中国的外国政府及法律机构的历史的作品。"③

俄罗斯侨民同在苏联的同行们保持着学术联系。希罗科戈罗夫在写给阿列克谢耶夫的信中提出了自己对中国文化综合体问题的看法,他指出:"1)中国文化作为一个民族综合体开始的时间还不清楚;2)这种综合体只可能在中国出现……4)按照史料文字记载来复原中国文化综合体是非常危险的方法……"④。1927 年阿列克谢耶夫在中国尝试与希罗科戈罗夫联系,并建议他回俄国。但是后者避而不见。据研究人员记载:"显然,在阿列克谢耶夫的帮助下,希罗科戈罗夫如今也参与了列宁格勒的学术生活,即便是非当面参与"⑤。俄罗斯侨民之后也和苏联学者保持了学术联系。例如,在 1932 年希罗科戈罗夫写给阿列克谢耶夫的信中提到:"现在在北京有许多重返北方的学

---

① *Ван Чжичэн*. История русской эмиграции в Шанхае. -М.: Русский путь, 2008. С. 425.

② *Слободчиков В. А.* О судьбе изгнанников печальной... Харбин, Шанхай. -М.: Цен-трполиграф, 2005. С. 195.

③ *Ипатова А. С.* Российская эмиграции в Шанхае: эмигрантские благотворитель-ные и общественные организации (1920—1930-е гг.) // Восток-Россия-Запад. Истори-ческие и культурологические исследования. С. 179.

④ *Кузнецов А. М.* Переписка В. М. Алексеева и С. М. Широкогорова // Известия Вос-точного института. 2012. № 1 (9). С. 124.

⑤ Там же. С. 123

者,如胡适、顾颉刚、张氏①(马可波罗的翻译者)。去年秋天在河南出土的文物给我们提供了许多新资料。我看见了这些藏品。让我高兴的是这些藏品证明了司马迁中国历代帝王名录的正确性。"②

20世纪20—30年代在北京生活和工作的俄罗斯汉学家们对俄罗斯国内汉学和世界汉学做出的贡献是极为重要的。在一些领域,例如语言学或中国法研究领域,中国的俄罗斯学者做出的贡献比苏俄学者做出的贡献还要大。后来大部分汉学家回到了苏联,他们的作品也成为了俄罗斯汉学不可分割的一部分。

---

① 张星烺。——译注

② *Кузнецов А. М.* Переписка В. М. Алексеева и С. М. Широкогорова // Известия Вос-точного института. 2012. № 1 (9). С. 129.

第二章

20世纪20年代的俄罗斯汉学

2.1 汉学在高等院校

20世纪20年代初,苏俄形成了新的东方学教育体系。即使受到各种改革试验的压力,古典大学在俄罗斯还是保留了下来,并且在此基础上开办了许多新大学,还出现了新的专业型高校(例如东方学院)。在这新的体系中,旧俄汉学与新苏联汉学紧密联系、相辅相成。

随着苏俄高校体系的改革,高校研究机构也发生了变化,为汉学领域的新学科研究发展奠定了基础。1921年7月14日俄罗斯苏维埃联邦社会主义共和国教育人民委员部通过了《关于高校科学研究所及协会条例》。1921年8月在彼得格勒大学成立了维谢洛夫斯基(А. Н. Веселовский)东西方语言与文学比较历史研究所。在研究所的六个部中就包括东方部,研究所的正式成员中有阿列克谢耶夫、科特维奇等人。东方部的研究人员包括:一级研究员斯梅卡洛夫(Г.

Ф. Смыкалов)、二级研究员 Б. А. Васильев等。正如研究人员指出的那样,"高校研究所应当组织科学研究……培养科研工作者,普及科学知识……至 1926 年,在苏俄教育人民委员部的管理下已经有 28 所高校研究所……"①

彼得格勒大学的汉学研究

革命结束后,彼得格勒大学②的东方学教研室被并入社会科学系(Факультет общественных наук, ФОН)。根据人民委员部 1921 年 3 月 4 日的决议,社会科学系的历史部和语文部被撤销。时人这样记述道:"从实践层面来看,这可以归结为社会科学系的总体变革,自 1921 年秋天起,彼得格勒大学社会科学系被分成五个专业:社会教育专业、民族语言学专业、文学艺术专业、法律专业和经济专业。东方学的课程主要集中在民族语言学专业,只有部分课程安排在社会教育专业和文学艺术专业。自 1922 年 7 月 1 日起学校将考古研究所纳入社科系,增设了第六个(考古学)专业"③。1925 年列宁格勒大学社会科学系转变为语言与物质文化系(Факультет языка и материальной культуры, Ямфак),该系持续运转至 1929 年。经历类似命运的还有全国各处的历史语文系。

尽管过渡时期动荡不安,彼得格勒大学仍正常培养出了一批东方学人才。例如,1922 年在社会科学系民族语言学专业汉学教研室,杰出的汉学家舒茨基(Ю. К. Щуцкий)通过了题为《唐诗》的论文答辩。同年另一位有名的汉学家 Б. А. 瓦西里耶夫和著名史学家加利佩林(А. Л. Гальперин)从该校社会科学系毕业。1925 年(或 1926 年)德

---

① Малявина Л. С. Организация и деятельность Дальневосточного краевого научно-исследовательского института (1923—1931 гг.) // Вестник Дальневосточного отделения РАН. 2009. № 5 (147). С. 158.

② В 1921 г. Единый Петроградский университет переименован в Петроградский государственный университет; с января 1924 г. Петроградский государственный университет стал называться Ленинградским государственным университетом.

③ Востоковедение в Петрограде 1918—1922. Памятка Коллегии Востоковедов при Азиатском музее Российской Академии наук. -Пг., 1923. С. 35.

拉古诺夫和什图金（А. А. Штукин）从该系毕业。德拉古诺夫在其自传中写道："我在列宁格勒国立大学接受了高等教育，于1925年从该校前社会科学系民族语言学专业的汉语方向毕业，1927年在该校汉语和西藏语专业方向完成研究生学业"①。

汉学家们的求学之路总是漫长而曲折。例如，弗卢格（К. К. Флуг）于1927年完成了列宁格勒国立大学语言与物质文化系汉学方向的学业。但是他早在第一次世界大战爆发前就进入圣彼得堡大学东方系，在中国以家庭教师的身份在汉学家科洛科洛夫的家中生活了3年，并且从20世纪20年代初开始作为旁听生在列宁格勒现代东方语言学院学习汉语②。所以弗卢格在成为列宁格勒国立大学学生时就已经是一位经验丰富的汉学研究者了。另一位汉学家杜曼（Л. И. Думан）在自传中写道："1920年3月我开始在新西伯利亚市粮食部门做通信员……1923年末我进入高等成人夜校一边学习，一边工作。1925年至1926年我就职于西伯利亚边区财务处，担任会计员。1926年我前往列宁格勒求学，进入列宁格勒国立大学语言与物质文化系东方学专业，于1930年从该校汉学方向毕业。"③

享誉盛名的汉学家А. И. 伊万诺夫和阿列克谢耶夫是当时彼得格勒大学社会科学系第一批汉语教授。在相关文献中记载："民族语言学专业1922年至1923年公布了下列东方学课程……远东文化语言部：1. 蒙古语文学，弗拉基米尔佐夫（Б. Я. Владимирцов）教授……2. 满语文学，科特维奇教授：满语文学概论，满洲标准语基础，语文学文本，满语－蒙语－汉语碑铭古文献。满洲标准语中的外来因素，通古斯方言概述。3. 中国语文学，А. И. 伊万诺夫教授：汉语基础课，现代中国文学小说（研讨课），儒教和道教（研讨课）。阿列克谢耶夫教授：汉语学习导论（汉语言学发音学说和语音学习），中国白话文小说（今古奇观），中国文言小说（聊斋），孔子学说，中国诗歌，中国散文。4. 日

---

① АРАН. Ф. 407. Оп. 6. Д. 69. Л. 3.
② *Флуг К. К.* Чао Гун-у и его библиография «Цзюнь чжай Ду шу чжи». Предисловие и публикация И. Ф. Поповой // Труды востоковедов в годы блокады Ленинграда (1941—1944) / сост. и отв. ред. И. Ф. Попова. М., 2011. С. 237.
③ АВ ИВР РАН. Ф. 152. Оп. 3. Д. 208. Л. 18.

本语文学……"①

　　在列宁格勒最早的一批汉学家教师队伍中还有斯梅卡洛夫,他是1902年圣彼得堡大学汉语－蒙古语－满语方向的毕业生,自1919年在大学的工农速成班讲授中国地理。斯梅卡洛夫从1920年开始在彼得格勒东方学类的各高校中担任汉语教师②。据人事考核的人员登记表显示,斯梅卡洛夫于1922年获得教授称号③。

　　后来,正如研究人员所记载的,"从1922年至1924年,在А.И.伊万诺夫教授离开前往中国后,阿列克谢耶夫不得不独自教授所有的关于汉语和中国文学的课程。他重新开设了'汉语学习导论'(汉语言语发音学说和语音学习)和现在被称作'中国语文学导论'的基础课程,该基础课程由'每年更新的介绍性技能和总结'组成,这些(新的)技能和总结开辟了用科学的方式对中国进行研究的前景。"和以前一样,阿列克谢耶夫带领学生们一起阅读"中国白话文小说"——《今古奇观》、"中国文言小说"——《聊斋志异》和其他中国古代诗歌和散文范本,然后从第二学年开始便开设半年的专业课程,如"孔子学说"或"老子学说",这些专业课程建构的基础是按主题选文本并进行历史－语文学的分析,而且所选文本的内容每年都在更新。例如,按照1923年12月针对社会科学系中国教研室制定的计划,"孔子学说"这门课程的内容包括:1.总体介绍带有传统朱熹注释和相关术语评论的《论语》文本;2.通过文中最重要的术语来系统地阐述孔子学说;3.孔子的生平活动……4.分析编年体史书《春秋》……5."礼"之学说的特点……类似原则也适用于文学专业课程……④

　　研究人员斯莫林指出,"为了完整起见,需指出的是,在阿列克谢耶夫初级课堂讨论材料中有规范的朝代史——《元史》……早在20世纪20年代中期瓦西里·米哈伊洛维奇在这些课程的'书单'中引入了

---

① Востоковедение в Петрограде 1918—1922. Памятка Коллегии Востоковедов при Азиатском музее Российской Академии наук. -Пг.,1923. С. 36—37.

② АВ ИВР РАН. Ф. 153. Оп. 3. Д. 564. Л. 3 об.

③ АВ ИВР РАН. Ф. 153. Оп. 3. Д. 564. Л. 3.

④ *Петров В. В.* В. М. Алексеев и Ленинградский университет // Литература и культу-ра Китая. С. 113.

魏源(1794—1857)的《圣武记》,之后引入了梁启超(1873—1929)的论著《中国历史研究法》,以及一些与太平天国运动相关的资料……"①汉学家 B. B. 彼得罗夫指出 20 世纪 20 年代阿列克谢耶夫在课程教学上的发展:"这种发展尤其体现在对当代中国学者作品、对当代中国生活研究的方方面面,以及对中国文学中的新现象所表现出的浓厚兴趣"②。

20 世纪 20 年代末,阿列克谢耶夫定期收到来自中国的材料,这些材料对于教授汉语语言文化来说都是必不可少的。这一点在他与哈尔滨的梁赞诺夫斯基教授的通信中可以证明:"尊敬的瓦西里·米哈伊洛维奇,约两周前我给您寄送了第二批中国公文,在给您寄送本信的同时附上第三批,希望这些公文能到您手中并且对您的教学有所裨益。我认为,我发送的各大名人的讣告是很有趣的汉语范本——它们的文体、风格和结构(例如,成多禄的讣告)。但也许我是错的,毕竟这不是我的专业。希望我所寄的资料中能有部分是对您有用的"。1929 年 1 月,他在寄给阿列克谢耶夫的各类信件中附寄了一些材料,并附有便条:"寄给您 4 篇汉字范本以供教学";"再寄给您一批汉字范本:5 篇婚礼请柬和 1 篇婚礼仪式日程,2 封私人信件和 1 首当代中国诗人创作的诗歌……"③

阿列克谢耶夫教授在大学积极从事科研工作。汉学家 B. B. 彼得罗夫指出:"在 1921 年至 1927 年间阿列克谢耶夫是大学体制内所建的东西方文学与语言对比研究所的正式成员"④。

在 20 世纪 20 年代中期的阿列克谢耶夫的"自我总结报告"中,汉学家这样评价自己的教学水平:"作为大学教授,我在自己 15 年的教

---

① Смолин Г. Я. Академик В. М. Алексеев и преподавание истории Китая в Санкт-Петербургском университете // Востоковедение и африканистика в университетах

② Петров В. В. В. М. Алексеев и Ленинградский университет // Литература и культу-ра Китая. С. 113.

③ Письма В. А. Рязановского В. М. Алексееву // Восточный Архив. 2001. № 6—7. С. 68.

④ Петров В. В. В. М. Алексеев и Ленинградский университет // Литература и культу-ра Китая. С. 114.

学生涯中,制定出了一系列语文学教学法,并且该教学法和此前的教学法大不相同……从教学法的角度来看,我颠覆了以前的教学体系,带领学生对孔子学说进行系统研读,从各个方面来解读孔子思想,但是这都是建立在传授学生自主理解和批评的方法基础之上。这与之前的死记硬背的教学体系恰恰相反……在汉语实践教学中,我遵循科学的教学周期……在讲授中国相关问题时,率先引入了系统的中国文化教学,将其视作儒家学说和教育的必然产物。这取代了格奥尔吉耶夫斯基(С. М. Георгиевский)的科学混乱状态……舒茨基和Б. А. 瓦西里耶夫是我的学生,他们中已有人开始讲授汉语……"①

德拉古诺夫是求学于20世纪20年代上半期的著名汉学家之一。在他的自传中说道:"在大学期间我在阿列克谢耶夫教授的指导下学习汉语,在谢尔巴茨基教授的指导下学习藏语,师从谢尔巴教授学习普通语言学问题和实验语言学。(我还学习了拉丁语、梵语、哥特教会斯拉夫语和俄语……)我所接受的语言学教育使我能够在大学的最后一年就开始进行独立的研究工作"②。东方系学生有机会前往其他地区实习。例如,1929年夏天杜曼被派往远东与中国接壤的伊曼站区域实习。

自20世纪20年代中期起列宁格勒大学编制人员得到扩充,不仅有本校毕业生留校任教,还有外地的汉学家前来执教。汉学家В. В. 彼得罗夫关于阿列克谢耶夫的事迹这样写道:"在20年代后半期……他开始组织教学人员参与语言与物质文化系的汉学的系列课程,并邀请了自己的学生……以开展汉语课程和召开系列讲座。舒茨基和Б. А. 瓦西里耶夫两人在阿列克谢耶夫的指导下打下了坚实的语言和汉学教育基础……汉语语法和方言课程由德拉古诺夫讲授"③。1924年专业评定委员会准许舒茨基以副教授身份在大学讲授汉学课程。在

---

① Три неизвестных архивных документа: к биографии В. М. Алексеева (публикация А. Н. Хохлова) // Неизвестные страницы отечественного востоковедения. Вып. III. -М.: Восточная литература, 2004. С. 434—436.

② АВ ИВР РАН. Ф. 152. Оп. 3. Д. 207. Л. 2.

③ *Петров В. В.* В. М. Алексеев и Ленинградский университет // Литература и культу-ра Китая. С. 114.

魏源(1794—1857)的《圣武记》,之后引入了梁启超(1873—1929)的论著《中国历史研究法》,以及一些与太平天国运动相关的资料……"①汉学家 B.B. 彼得罗夫指出 20 世纪 20 年代阿列克谢耶夫在课程教学上的发展:"这种发展尤其体现在对当代中国学者作品、对当代中国生活研究的方方面面,以及对中国文学中的新现象所表现出的浓厚兴趣"②。

20 世纪 20 年代末,阿列克谢耶夫定期收到来自中国的材料,这些材料对于教授汉语语言文化来说都是必不可少的。这一点在他与哈尔滨的梁赞诺夫斯基教授的通信中可以证明:"尊敬的瓦西里·米哈伊洛维奇,约两周前我给您寄送了第二批中国公文,在给您寄送本信的同时附上第三批,希望这些公文能到您手中并且对您的教学有所裨益。我认为,我发送的各大名人的讣告是很有趣的汉语范本——它们的文体、风格和结构(例如,成多禄的讣告)。但也许我是错的,毕竟这不是我的专业。希望我所寄的资料中能有部分是对您有用的"。1929年 1 月,他在寄给阿列克谢耶夫的各类信件中附寄了一些材料,并附有便条:"寄给您 4 篇汉字范本以供教学";"再寄给您一批汉字范本:5篇婚礼请柬和 1 篇婚礼仪式日程,2 封私人信件和 1 首当代中国诗人创作的诗歌……"③

阿列克谢耶夫教授在大学积极从事科研工作。汉学家 B.B. 彼得罗夫指出:"在 1921 年至 1927 年间阿列克谢耶夫是大学体制内所建的东西方文学与语言对比研究所的正式成员"④。

在 20 世纪 20 年代中期的阿列克谢耶夫的"自我总结报告"中,汉学家这样评价自己的教学水平:"作为大学教授,我在自己 15 年的教

---

① Смолин Г. Я. Академик В. М. Алексеев и преподавание истории Китая в Санкт-Петербургском университете // Востоковедение и африканистика в университетах

② Петров В. В. В. М. Алексеев и Ленинградский университет // Литература и культу-ра Китая. С. 113.

③ Письма В. А. Рязановского В. М. Алексееву // Восточный Архив. 2001. № 6—7. С. 68.

④ Петров В. В. В. М. Алексеев и Ленинградский университет // Литература и культу-ра Китая. С. 114.

学生涯中,制定出了一系列语文学教学法,并且该教学法和此前的教学法大不相同……从教学法的角度来看,我颠覆了以前的教学体系,带领学生对孔子学说进行系统研读,从各个方面来解读孔子思想,但是这都是建立在传授学生自主理解和批评的方法基础之上。这与之前的死记硬背的教学体系恰恰相反……在汉语实践教学中,我遵循科学的教学周期……在讲授中国相关问题时,率先引入了系统的中国文化教学,将其视作儒家学说和教育的必然产物。这取代了格奥尔吉耶夫斯基(С. М. Георгиевский)的科学混乱状态……舒茨基和Б. А. 瓦西里耶夫是我的学生,他们中已有人开始讲授汉语……"①

德拉古诺夫是求学于20世纪20年代上半期的著名汉学家之一。在他的自传中说道:"在大学期间我在阿列克谢耶夫教授的指导下学习汉语,在谢尔巴茨基教授的指导下学习藏语,师从谢尔巴教授学习普通语言学问题和实验语言学。(我还学习了拉丁语、梵语、哥特教会斯拉夫语和俄语……)我所接受的语言学教育使我能够在大学的最后一年就开始进行独立的研究工作"②。东方系学生有机会前往其他地区实习。例如,1929年夏天杜曼被派往远东与中国接壤的伊曼站区域实习。

自20世纪20年代中期起列宁格勒大学编制人员得到扩充,不仅有本校毕业生留校任教,还有外地的汉学家前来执教。汉学家В. В. 彼得罗夫关于阿列克谢耶夫的事迹这样写道:"在20年代后半期……他开始组织教学人员参与语言与物质文化系的汉学的系列课程,并邀请了自己的学生……以开展汉语课程和召开系列讲座。舒茨基和Б. А. 瓦西里耶夫两人在阿列克谢耶夫的指导下打下了坚实的语言和汉学教育基础……汉语语法和方言课程由德拉古诺夫讲授"③。1924年专业评定委员会准许舒茨基以副教授身份在大学讲授汉学课程。在

---

① Три неизвестных архивных документа: к биографии В. М. Алексеева (публикация А. Н. Хохлова) // Неизвестные страницы отечественного востоковедения. Вып. III. -М.: Восточная литература, 2004. С. 434—436.

② АВ ИВР РАН. Ф. 152. Оп. 3. Д. 207. Л. 2.

③ *Петров В. В.* В. М. Алексеев и Ленинградский университет // Литература и культу-ра Китая. С. 114.

列宁格勒,舒茨基讲授中国语文学历史、汉语以及汉语中的粤语课程。Б. А. 瓦西里耶夫在自传中写道:"我 1922 年从列宁格勒国立大学毕业。1927 年通过资格论文答辩。专业方向是中国文学与语言……1927 年开始以副教授的身份在列宁格勒东方学院和列宁格勒国立大学进行教学工作"①。在德拉古诺夫的自传中提到:"我大学毕业后(从 1925 年开始)在以下院校进行专业教学工作:托尔马乔夫军事政治学院(1926—1929;1935)、列宁格勒国立大学、列宁格勒东方学院、国家艺术史研究所、东北少数民族培训班……"②

同期,远东历史学家-汉学家屈纳(Н. В. Кюнер)在列宁格勒国立大学讲授"东亚民族史""中国文化基础"以及远东国家经济地理和民族学课程。阿列克谢耶夫院士写道:"屈纳教授的讲座和书籍将纯语言学习和语言学习的历史-语文学方法论紧密结合在一起,这种方法论对于理解受限于相应语言固定表达方式的远东文化来说是必不可少的……而现在……随着作者本人来到列宁格勒,所有的伪装都是多余的,但愿,这位享誉盛名的历史学家能按照自己事业所有固有的本质和意愿开展工作,不再受任何事情的阻挠。"③

大学图书馆的东方藏书对俄罗斯汉学的发展具有重要意义。20世纪 20 年代初,时人记载道:"我们收到了来自乌斯宾斯基(Я. В. Успенский)教授的捐赠(其已故父亲——乌鲁木齐前任总领事乌斯宾斯基(В. М. Успенский)的书,其中包括中文书籍)……其中著名的包括:1920 年通过革命博物馆获得的……满语《甘珠尔》印刷卷;中文文集手稿……《元朝典章》[来自波波夫(П. С. Попов,中文名"柏百福")的遗孀];九卷本著名中国百科全书《永乐大典》……"④

---

① АРАН. Ф. 407. Оп. 6. Д. 37. Л. 3.
② АРАН. Ф. 407. Оп. 6. Д. 69. Л. 4.
③ [Алексеев В. М.] Проф. Н. В. Кюнер. Лекции по истории развития главнейших основ китайской материальной и духовной культуры (Рецензия) // Записки Коллегии востоковедов при Азиатском музее АН СССР. Т. IV. -Л. : Изд-во АН СССР, 1930. С. 265—266.
④ Востоковедение в Петрограде 1918—1922. Памятка Коллегии востоковедов при Азиатском музее Российской Академии наук. -Пг. , 1923. С. 54—55.

20世纪20年代苏联高校的整体氛围和教育内容是落后于大学体系形式变化脚步的。苏联东方学家波佩(Н. Н. Поппе)院士在美国出版的回忆录中对彼得格勒大学社会科学系进行了描述："值得一提的是,在全系都出席的答辩会上,气氛十分友好……约四十位教授以及众多的副教授参加了答辩。系主任宣布答辩会议正式开始,他说'我们会议的第一项议程是进行尼古拉·波佩的硕士论文答辩,尼古拉·波佩来自一个良好的家庭,他的父亲是俄罗斯帝国的驻华总领事,并且是我们学校的毕业生'。但三年后彼得格勒大学被无产阶级化并且聘请了许多研究社会科学(如马克思主义)的教师……像系主任彼得罗夫(Д. К. Петров)所做的那种会议开场白不复存在了。到了1923年,彼得格勒大学还是那所历史悠久的优秀的高等学府,可系主任 Д. К. 彼得罗夫却已自杀身亡……"①

列宁格勒现代东方语言学院(Ленинградский институт живых восточных языков)

新政权在刚刚建立的最初几年里对建立新的东方学教育体系非常重视。根据俄罗斯苏维埃联邦社会主义共和国人民委员会于1920年9月7日颁布的法令,在莫斯科成立了中央现代东方语言学院(Центральный институт живых восточных языков, ЦИЖВЯ)②。文件中说道："1. 为了开展东方学现代东方语言课程的教学,位于莫斯科的前拉扎列夫学院(如今的亚美尼亚学院)变更为中央现代东方语言学院(在亚美尼亚学院彻底转变之前该学院因技术原因暂时在彼得格勒办学)③。"如此一来,该法令为两所现代东方语言学院(即莫斯科学院和彼得格勒学院)的成立奠定了基础。其实在创办中央现代东方语言学院之前就存在着校址争议,是列宁坚决要求将学院建在莫斯科。

---

① Алпатов В. М. Советское востоковедение в оценках Н. Поппе // Монголика-III. - СПб., 1994. С. 40.

② Крюков М. В. Улица Мольера, 29. Секретная миссия полковника Попова. -М., 2000.

③ Документы и материалы // Становление советского востоковедения. -М., 1983. С. 166.

时人记载道:"由于技术条件的原因,学院是由前拉扎列夫学院转变而来……这便是为什么彼得格勒学院最初被称为中央学院。最初学院的运行管理是按照在 1920 年 9 月 7 日人民委员部颁布的法令执行的,但是自 1922 年 9 月 27 日起,学院的体制开始向 1921 年秋天开始执行的高等学校总则规定转变,同时废除了'中央学院'的称号……按照教学课程学院分成了几个分部:……所有分部都讲授相应的东方语言:书面语和口语(北京方言)以及国情学,国情学包括相应国家的地理和近代史、文学史、政治经济概论……此外还教授西欧语言……学院有两名科研人员:沃罗比约夫和科津(С. А. Козин)。"①

摆在新的俄罗斯东方学教育面前的任务是对实用型专家的培养。《彼得格勒现代东方语言学院条例》由 29 条规定组成②。总而言之,该学院成为民族事务人民委员部管辖下的第一所高等院校。在中央现代东方语言学院的条例中提到:"学院的宗旨是为准备在东方开展实践活动或从事与东方相关领域实践活动的人们提供获得东方学知识的机会……同时培养教师和高水平辅导员以讲授东方学实践课程……"③。条例中还明确规定:"……学制通常为三年,其中两年在学院学习,一年由学院出资并委派至苏俄境内或境外的东部地区出差……学院为学员准备了宿舍。学院的学生、培训人员和职工按照工农军校指挥课程学员的标准享受不同标准的补贴……"④1922 年秋,学院内的"有效学生"共计 125 人,其中包括 2 位蒙古人、2 位中国人⑤。

1922 年秋,民族事务人民委员部考虑将东方学院合并为一所学院,并将该学院设于彼得格勒。但是该项计划未能实现,因为俄罗斯两大首都城市的东方学校均数量众多。全俄东方学家协会主席团于

---

① Востоковедение в Петрограде 1918—1922. С. 42—44.
② СПбФ АРАН. Ф. 820. Оп. 2. Д. 203.
③ Хейфец А. Н., Шаститко П. М. В. И. Ленин и становление советского востоковеде-ния // Становление советского востоковедения. С. 21.
④ Базиянц А. П. Из истории советского востоковедения в 1917—1922 // Становление советского востоковедения. С. 56.
⑤ Востоковедение в Петрограде 1918—1922. С. 45

1923年12月7日承认东方学院转由苏联中央执行委员会管理是合理的。研究人员指出:"1922年初苏联东方学两大阵营自发组织了一场非当面的论战,结果是'旧'东方学派取得胜利"。1920年9月,彼得格勒现代东方语言学院的工作实际上完全处于"旧"东方学派代表的监管之下。

彼得格勒现代东方语言学院第一任院长是杰出的俄罗斯东方学家科特维奇。事实上,这位学者是波兰人,受到新波兰政府方面的打压,并于1923年离开前往利沃夫工作。1922年萨莫伊洛维奇(А. Н. Самойлович)教授成为了彼得格勒现代东方语言学院的院长,他的副手是罗马斯克维奇(А. А. Ромаскевич)和沃罗比约夫。自1923年起,彼得格勒现代东方语言学院实际上是由著名汉学家、东方语言系中国—满语—蒙古方向的毕业生(1915)沃罗比约夫领导。这位汉学家还于1921年被委任为中央现代东方语言学院办公室主任。沃罗比约夫对彼得格勒现代东方语言学院的领导[1924年开始领导列宁格勒现代东方语言学院,1927年开始领导列宁格勒叶努基泽(А. С. Енукидзе)东方学院(Ленинградский восточный институт,ЛВИ)]一直持续到1932年。这位汉学家在学院开设了"俄中关系史"课程。

在沃罗比约夫个人档案里保存的鉴定中提到:"除了其满学家的工作,沃罗比约夫还肩负大量具有科学和政治意义的苏联东方学教育前线的组织工作。多年来他担任列宁格勒东方学院院长,对列宁格勒东方学院东方学的科研工作有了深刻的理解,获得了很高的威信①。"现代东方语言学院曾坐落于教堂街(布洛欣街),自1925年起学院迁至马克西米利安(皮罗戈娃)巷7号。

在《列宁格勒现代东方语言学院1924/1925学年手册》中提到:"1924年春是自学院成立以来最具决定性意义的时刻,当时正在探讨关于学院的归属问题,因为民族事务人民委员部已被废除……苏联中央执委会主席团在1924年4月11日召开的会议上作出了关于这一问题的最终决定:列宁格勒现代东方语言学院和莫斯科东方学院转由

---

① АРАН. Ф. 407. Оп. 6. Д. 45. Л. 3 об

苏联中央执委会主席团管辖。"①巴甫洛维奇（М. П. Павлович）被任命为苏联中央执委会莫斯科和列宁格勒学院的全权代表。

1925年3月临时的《列宁格勒现代东方语言学院条例》（代替了1922年的版本）制定了35条规定。条例中提到："学院旨在培养：1. 在东方或与东方相关领域从事实践活动的工作者，2. 东方学高等教育机构的科研工作者……科研工作者分为：a. 教授——他们开设独立的课程或者管理学院的某个教学科研机构，由国家学术委员会从学院董事会推荐的候选人中选取；b. 教师与讲师——他们开设辅助课程或者在某位教授的领导下开展独立工作，由学院董事会从学科委员会指定的候选人中选取；c. 科研工作人员——他们辅助教授和教师……按照完成教学计划的程序，学院有权派遣学生去所学语言国外派交流……年满17岁符合招生规定的公民（不限性别）都可以成为本院学生……学院建有宿舍……学院有权开设工农速成班……学院董事会由5名成员组成，他们由中央执委会主席团或其全权代表委任，分别是：院长（兼任董事会主席和对学院事务承担全部责任）以及4位董事会成员：中央执委会代表1名，教授代表1名，学生代表1名……学院内成立了2个学科委员会：1. 语言－国情学和2. 社会－政治学……"②

在彼得格勒现代东方语言学院从事教学工作的还有一些大学的汉学家。正如 B. B. 彼得罗夫所写："十月革命后阿列克谢耶夫……参与现代东方语言学院组织培养实践专业型汉学家的工作，但是他并未切断自己和大学的联系，继续在东方语言系教学……"③阿列克谢耶夫不仅是一位老师，还是学院的创始人之一，他制定了一些有趣的项目。例如，1924年阿列克谢耶夫提出出版《列宁格勒现代东方语言学院汉学》杂志。

列宁格勒东方学院的汉学家－教师中包括1912年圣彼得堡大学毕业生鲁多夫（Л. Н. Рудов）。鲁多夫是一名会计，他在业余时间研

---

① Справочные сведения по Ленинградскому институту живых восточных языков за 1924—1925 уч. гг. -Л., 1925. С. 3.

② Там же. С. 12－14.

③ Петров В. В. В. М. Алексеев и Ленинградский университет // Литература и культу-ра Китая. С. 113.

究中国早期古代史问题和中国象形文字理论,研读中国经典作品。后来他开始在列宁格勒东方学院用汉语讲授"银行事务"和"国际结算"课程。

列宁格勒现代东方语言学院的第一批学生中包括著名的汉学家П. Е. 斯卡奇科夫,他早在1917年革命前就开始接受汉学教育,在红军服役期间努力自学语言,1920年初,在新尼古拉耶夫斯克向自己的中国邻居学习汉语。在米亚斯尼科夫整理转述的斯卡奇科夫回忆录中说道:"1922年我被复员并派往处于半战争状态的彼得格勒现代东方语言学院。学院当年位于教堂街(布洛欣街)一处完全不适合作为教育机构的楼里。学院有几个带小房间的套间。最小的房间被用做语言课教室,因为每个方向的学生只有2至3人,小房间配备了儿童课桌椅,成年人坐这种课桌椅并不舒服。"①

阿列克谢耶夫是彼得格勒现代东方语言学院唯一的汉语教师。虽然汉学专业只有一名学生,但是他同意在学年伊始对其进行授课,前提是他需复习并通过俄语语法考试。在米亚斯尼科夫整理转述的斯卡奇科夫回忆录中说道:"我们是在瓦西里·米哈伊洛维奇(指阿列克谢耶夫)的房间上了第一堂课,他的房间兼办公室是在一栋两层多高的楼里,瓦西里·米哈伊洛维奇告诉我(直到寒假结束我都是他唯一的学生)该用什么字典,推荐我阅读瓦西里耶夫(В. П. Васильев)的一些作品,建议我仔细研究他的作品《司空图的〈诗品〉》等。在下一堂课里瓦西里·米哈伊洛维奇便开始跟我一起阅读并翻译《聊斋》,同时穿插介绍了汉语的特点并提议下一堂课之前由我自己来翻译聊斋'卷本'中的哪怕几行句子。"②

在彼得格勒现代东方语言学院接下来的学习中,斯卡奇科夫回忆道:"寒假过后上课的学生又增加了三位:分别是亚历山德罗夫娜(А. В. Александрова),来自中国哈尔滨的伊萨克·波多利斯基(Исаак Подольский)以及从彼得格勒大学转来的彼得·拜科夫(Петр Байков)。瓦西里·米哈伊洛维奇的课一周上两至三次,每次两小时。

---

① Мясников В. С. Кастальский ключ китаеведа. Т. 1. -М. : Наука, 2014. С. 315.
② Там же. С. 315.

他的要求十分严格,所以我们不得不花许多时间来做课前准备。在寒假和暑假,瓦西里·米哈伊洛维奇给我们布置了大量的中国文言文作品翻译任务……第二年我们研读《辞源》词典……第三学年我们翻译各类文章……"①

曾在彼得格勒现代东方语言学院教学的著名中国专家中,还有东方局工作人员霍多罗夫。他开设了关于中国国民经济的课程。

1925年第一批的四位汉学学生全部获得由学院颁发的带有"红色东方学家"称号的毕业证书和巴托尔德(В. В. Бартольд)所著的《东方研究史》,并附带赠书题词。根据斯卡奇科夫回忆录的记载,在苏俄时期汉学家很难找专业对口的工作,因此他独自前往中国。第一批毕业生是很成功的,但是随后出现了新的问题。在《列宁格勒现代东方语言学院手册》中提到:"新的生源由工农速成班的学生或从劳动学校毕业的学生组成,他们不具备也不可能具备上述毕业生那样在进入学院前就已经接受了高等教育的基础。这就是为什么必须特别关注教学与材料学习方法的转变,考虑新学生们的现实可能性,在各方面来简化他们的学习内容,实现最优结果。"②

正如上面所提到的,尽管出现了革命和新的意识形态,苏俄的汉学教育仍在旧俄学派的力量下建立形成。斯卡奇科夫回忆道:"斯梅卡洛夫的主要教学工作贯穿于苏联时代。1913年至1914年以及1922年至1925年期间,我成为了格奥尔吉·费奥法诺维奇③的学生,我必须着重强调,他对每一个学生的态度总是非常友好。"④著名远东历史学家—汉学家屈纳从1925年开始在现代东方语言学院工作。东方语言系的毕业生彼得罗夫(А. Н. Петров)在1923年至1925年间的一段时期,负责领导现代东方语言学院教研室。他早在1910年就出版了其第一部关于中国的作品,并且在中国的大学积累了教学

---

① *Мясников В. С.* Кастальский ключ китаеведа. Т. 1. -М. : Наука, 2014. С. 316.

② Справочные сведения по Ленинградскому институту живых восточных языков за 1924—1925 уч. гг. С. 5.

③ 即斯梅卡洛夫。——译注

④ *Скачков П. Е.* Международные связи русских синологов // Проблемы Дальнего Востока. 1975. № 4. С. 167.

经验。

彼得格勒的汉学家对开展科普讲座很感兴趣。1924年底,在列宁格勒现代东方语言学院,以下汉学家举行了科普讲座:沃罗比约夫("中国东部铁路""当代中国政治局势""中国近些年的政治史");阿列克谢耶夫("中国文化""新中国与中国教育问题""中国历史(概要)""汉语""中国文学""中国书籍""中国人的中国研究(中国国学)""西欧的中国研究(欧洲汉学)""俄罗斯的中国研究(俄罗斯汉学)");斯梅卡洛夫("中国报纸");康拉德("日本的中国研究(日本汉学)")①。

"旧学派"的存在与新教学机构的任务存在分歧。在《列宁格勒现代东方语言学院手册》中指出:"学院基于这样一个前提条件,即成立高等实践型东方学学校……十分困难,并且这种成熟的案例在欧洲和美洲都不存在。所以在学院的教学计划中并不能给所有人足够的空间,这加大了完成学习现代语言这一基本任务的难度,违背了学院的直接宗旨。因此,将那些只具有科学理论意义的课程从教学大纲中除去,是必然的结果"②。学院领导削弱了学院作为科学理论教育基地的作用,而加强了"思想-政治压力"。在上述手册中提到:"过去几年的薄弱点在于学生对公共政治-经济这类不具有典型东方学专业特点的课程关注度不够。所以从1924/1925学年开始,学院对这一方面给予了极大的重视:在学院教学计划中引入了政治经济学和帝国主义公共课程……尤其是在1924年秋季入学时,人们认识到提高学生们的政治和文化水平极具现实意义,不仅学院董事会,连俄共(布)成员以及政治-教育学生组织都将其放在首位"③。

尽管存在上述情况,但在列宁格勒东方学院还是有机会获得基础性教育。汉学家布纳科夫(Ю. В. Бунаков)在自传中写道:"我上的那所大学为东方(苏联以及国外)培养了实践型工作人员、外交人民委员部、对外贸易人民委员部等机构的工作人员。然而从一年级开始我感

---

① Справочные сведения по Ленинградскому институту живых восточных языков за 1924—1925 уч. гг. С. 50.

② Там же. С. 5.

③ Там же. С. 6.

受到了对研究汉语材料的强烈兴趣,在学院领导的准许下,学院从二年级开始就为我制定了专业个人研修计划。计划中包含一系列课程,这些课程让我有机会为我选择的事业做好准备。其中,我在列宁格勒国立大学当时的语言与物质文化系听了一些关于中国文学史等内容的课程(在二年级和三年级我的兴趣更加倾向于中国文学史,1930年我所写的第一篇未发表的学术论文就是关于所谓的中国'文学革命')"①。档案中保存了布纳科夫从东方学院毕业的证书。上面写道:"在上述专业学习期间,公民布纳科夫顺利上完下列课程并完成研讨课论文:1.汉语,2.英语,3.日语,4.中国地理与民族学,5.中国国民经济,6.中国现代文学,7.苏联政府与宪法理论学说,8.联共(布)历史和列宁主义,9.政治经济学,10.经济法,11.历史唯物主义,12.统计学,13.世界经济,14.国际法,15.军事地形学,16.战术学,17.射击术,18.军事行政学,19.军事地理学。"②

在列宁格勒现代东方语言学院教学大纲的说明中提到:"教学课程,其中包括去东方出差交流……学制为三年,一周的课时数绝不能超过24小时(18—24)……学生所选择研究的东方国家的相应语言是其东方学的主要课程……除了一门东方语言课,学院还小范围地开设一门辅助语言……在讲授东方语言的同时,还通过选取相应的文章和话题进行讨论的方式来对该国的各方面进行讲授学习,研究它的过去与现在……"③在汉学方向一年级开设了下列课程:"中国研究概论""语音与象形文字学习""口语与书面语语法""关于语言与书法的实验研究入门""公共-政治基础知识""语言学导论""亚洲地理""东方历史研究导论""英语"。第二学年确立了下列课程计划:"报刊—科学语言""讲演课程""中国国情学""新中国文学史""东方帝国主义和殖民政策""英语"。第三学年开设了下列课程:"报刊""官方语言""科学语言""讲演课程""中国史""中国国情学""东方的民族问题""英语"④。

---

① АВ ИВР РАН. Ф. 152. Оп. 3. Д. 104. Л. 7—8.
② АВ ИВР РАН. Ф. 152. Оп. 3. Д. 104. Л. 13—13 об.
③ Справочные сведения по Ленинградскому институту живых восточных языков за 1924—1925 уч. гг. С. 26—27.
④ Там же. С. 31—32.

此外,在列宁格勒现代东方语言学院还举办了一些单独的系列讲座。例如,在1924/1925学年霍多罗夫做了主题为"帝国主义与中国"的系列讲座。

针对汉学方向毕业生的考核大纲是:"能用汉语来阐述简单的话题"、"翻译对话口语篇章"、"翻译用白话文和文言编撰的报刊"、"借助字典翻译已被研究过的和新的公文语体范本"、"翻译商务信函范本"、"翻译文言作品"、"能听写简单文本",能研究中国现代史(从清代开始)、中国地理－经济概况、中国政治制度①。

20世纪20年代列宁格勒东方学高校迎来了新的汉学家成员——苏联高校的毕业生们。其中,舒茨基成为列宁格勒现代东方语言学院的一名教师。列宁格勒国立大学社会科学系毕业生德拉古诺夫从1928年开始在列宁格勒东方学院和列宁格勒国立大学工作。施泰因(В. М. Штейн)从1928年开始在列宁格勒东方学院教学,至20世纪20年代中期,这位汉学家在经济专业方向的科学教育机构中担任多个职位,但在1925年,他被派往蒙古,之后又被派往中国。在中国工作期间,他研究了中华民国的银行和金融体系,关于这一问题,在其编写的第一批关于汉学的著作中可以见到。П. Е. 斯卡奇科夫从中国回国后于1929年担任了列宁格勒东方学院图书馆馆长并进入研究生部学习。北京大学毕业生奥西波夫于20世纪20年代后半期在列宁格勒东方学院工作。与此同时,一些著名的东方学家在列宁格勒东方学院完成了学业,包括蒙古学家－历史学家卡扎凯维奇(В. А. Казакевич)(1926)、历史学家茹科夫(Е. М. Жуков)(1927)、汉学家－历史学家帕帕扬(Г. К. Папаян)和科金(М. Д. Кокин)(1929)。

学校的学生开始逐渐发生变化,关于这一点在当时相关文件中有专门的记述。《列宁格勒现代东方语言学院1924/1925学年手册》中提到:"无产阶级领导核心逐渐占据社会生活的主动权,这一领导核心也非常积极地参与了学院所有组织和机构的生活。如果将学生在1920/1922学年里对学院的教学和其他方面产生的影响与在刚过去的

---

① Справочные сведения по Ленинградскому институту живых восточных языков за 1924—1925 уч. гг. С. 57—58.

1923/1924 和 1924/1925 学年里采用无产阶级方式所取得的成就相比,那么后者的成就十分显著:除出现和成立了一系列学生组织外……我们发现有组织的无产阶级学生开始渐进地对学院的教学大纲和教学方法进行批判性评价……花费许多时间和精力来讨论关于东方语言教学与学习方法的问题"①。根据列宁格勒现代东方语言学院新的招生规定,只有俄共(布)党员和全俄列宁共产主义青年团有两年团龄的团员才能报考东方学专业。然而,也有许多个例。布纳科夫在自传中写道:"1927年在莫斯科从九年制劳动学校毕业后,到东方学家协会出差,我的母亲从 1922 年开始在这个地方工作,担任了十多年的图书馆馆长,1927 年秋我进入了列宁格勒东方学院,并于 1931 年 4月从汉学专业方向毕业……而在大学,我通过了三年级的考试且绝大部分的课程获得了四分,并于 1930 年春提前从大学毕业。"②

列宁格勒现代东方语言学院的发展促使其必须建立自己的科学杂志。学院院长沃罗比约夫写道:"叶努基泽列宁格勒现代东方语言学院的科学工作者很早就意识到建立专门科学机构的必要性,一方面可以让我们有机会进行东方学领域的集体科研工作,另一方面还可以让我们在严谨科学的基础上找到解决学习实践现代东方语言所遇到问题的共同方法"③。在针对沃罗比约夫的鉴定中提到:"在组织列宁格勒东方学院科学工作方面,值得被提起的是列宁格勒东方学院辉煌的出版事业,它成为了当时东方阵线上最大的学科出版机构之一。"④

除了列宁格勒国立大学和列宁格勒东方学院外,汉学家们还在列宁格勒的其他一些高校中开展工作。1920 年国民经济学院对外(东方)贸易专业开始讲授汉语课程。虽然自 1921 年开始这所学院中断了语言教学,但关于远东国家经济的课程保留了下来,由汉学家波兹涅耶夫(Д. М. Позднеев)授课,波兹涅耶夫教授还在彼得格勒神学院讲授"基督教在远东地区传播史"课程。

---

① Справочные сведения по Ленинградскому институту живых восточных языков за 1924—1925 уч. гг. С. 3—4.
② АВ ИВР РАН. Ф. 152. Оп. 3. Д. 104. Л. 6—7.
③ Восточные Записки. Т. I. -Л.: Издание ИЖВЯ им. А. С. Енукидзе, 1927. С. 3.
④ АРАН. Ф. 407. Оп. 6. Д. 45. Л. 3 об.

从 1921 至 1922 学年地理学院开设了两门专业培训课程:"中亚"(格鲁姆—格尔日迈洛)(Г. Е. Грум-Гржимайло)和"远东文化"(阿列克谢耶夫)。1923 年增加了关于远东民族学的专业课,由康拉德授课①。在德拉古诺夫的《科学工作手册》中提到:"我于 1925 年结束列宁格勒大学的学习,1927 年结束在该校研究生阶段的学习。自 1925 年起在列宁格勒国立大学、东方学院、托儿马乔夫军事政治学院、艺术历史学院等院校开展教学活动……"②

莫斯科东方学院(Московский институт востоковедения, МИВ)

俄国革命导致了前拉扎列夫(亚美尼亚)东方语言学院的"东方学扩张"以及莫斯科汉学的出现。俄罗斯苏维埃联邦社会主义共和国人民委员会 1920 年 9 月 7 日颁布的法令奠定了莫斯科东方学院形成的基础,前拉扎列夫学院转变成了中央现代东方语言学院。1921 年 10 月 27 日通过了全俄中央执行委员会主席团的决定,将莫斯科所有的东方学教育机构合并为莫斯科东方学院③。据苏联中央执委会主席团 1925 年 8 月 21 日的决议,东方学院以苏联中央执委会前任主席纳里马诺夫(Н. Нариманов)的名字命名。

在 1920 年 11 月的教务委员会会议上选出的第一任莫斯科中央现代东方语言学院院长是阿拉伯学专家阿塔亚(М. О. Аттая),但是很快韦利特曼(М. Л. Вельтман,笔名:巴甫洛维奇 М. П. Павлович)被任命为第一任校长。在学院的领导中包括著名的军事学家斯涅萨列夫。斯卡洛夫(Г. Б. Скалов)曾在 1922 年和 1927 年的某段时间对该校进行领导,他还曾在 20 世纪 20 年代担任过驻华参赞。这位别着红旗勋章的年轻东方学家给学生们留下了深刻的印象,然而他并没有接受过任何高等教育。

莫斯科东方学院院长,红军总参谋学院的前负责人斯涅萨列夫邀

---

① Востоковедение в Петрограде 1918—1922. Памятка Коллегии востоковедов при Азиатском музее Российской Академии наук. -Пг. , 1923. С. 48.

② АВ ИВР РАН. Ф. 152. Оп. 3. Д. 207. Л. 1.

③ 莫斯科东方学院成立于 1921 年,1930 年开始设置研究生部,1954 年并入国立莫斯科国际关系学院,成为该学院的东方部。——译注

请旧学派汉学家波波夫(М. Г. Попов)前来汉语教研室。在苏联东方学的组织者中包括拉扎列夫东方学院和彼得堡大学的毕业生波波夫－塔季瓦(Н. М. Попов-Татива),他带领语言学家鄂山荫和科洛科洛夫、军事专家和共产国际工作者马马耶夫(И. К. Мамаев)走上了该学科的道路。

莫斯科东方学院初期的工作非常艰难。学院从自己的教学楼里搬出,迁至"苏联亚美尼亚文化之家"名下。后来学院很快搬至新址:大兹拉托乌斯金街1号。然而老师的人数和学生的人数都不稳定。1921年1月学院招收了420名学生,到学期期末只剩下195人。

1924年中国部招收了19人,汉学专业三个年级的学生共计32名。1924年第一批学生毕业,共28人,其中中国部3名①。1925年中国部三年级有8人完成学业,但在当年的东方学院毕业生中却一位中国部的学生代表都没有。

时人写道:"自1922/1923年起,学院开始进行改造尝试,明确了学院的实践教学目标:培养东方学方面的实践型工作人员,掌握一门现代东方语言,通晓一门或两门西欧语言并且了解所学语言国家经济和当代社会政治形势下的相关知识。"②1925年巴甫洛维奇指出:"东方学院应重点关注东方语言和东方国家地理、社会经济,同时关注历史革命方面的学习……我坚决反对不求甚解的学术研究态度……我们在东方学院以及东方学协会对……东方的研究不会比西方对东方的研究差,我们能比西方研究得更好。"③

东方学院的一份手册指出了下列问题:"东方学院教学工作在很大程度上依赖于它所使用的相应的东方学课程指南和教材,我们不仅要使用俄语书就的教材,还要使用东方语言书就的教材……然而这类出版物在书籍市场购买不到……书籍市场上偶尔出现的关于东方的书并不能完全满足我校的教学需求。东方学院出版社给自己设定了

---

① Институт Востоковедения имени Н. Н. Нариманова. Справочник. -М., 1926. С. 20.
② Там же.
③ Там же. С. 6.

一个目标:尽可能地填补这一空白。遗憾的是,拨给出版社的资金不够,这使得任务的完成率大打折扣。即使如此,出版社还是能够在本学年向东方学院学生提供一些急需的指南和教材。例如:科洛科洛夫的'汉字分析'、屈纳的'中国地理''俄罗斯——远东条约与协议''苏联——远东条约'……在1925/1926学年期间图书馆从国外购买了1036卷东方学相关书籍,其中英文书226卷、法文书142卷、中文书126卷,在上述时间段图书馆还购买了1235卷俄语书籍(关于经济—政治学科与东方学)。"①

1925年东方学院迎来了它的第一个五周年纪念日。不同机构和部门的代表以及贵宾出席了庆祝活动。在报告中提到:"在典礼大会期间,前来参会的国民革命军大元帅②、广州国民政府委员胡汉民③同志登上了讲台……胡汉民同志用汉语发表了长篇演讲,代表广州国民政府国民党和中国南方劳动人民向学院表示祝贺。然后胡汉民同志介绍了伟大的中国文化遗产以及中国人民群众的觉醒。作为回应,东方学学院学生阿尔库斯(Аркус)同志也用中文发表了演讲……按照学生们的意愿巴甫洛维奇同志宣布胡汉民同志成为学院汉学方向的荣誉学生。以斯大林同志为代表的苏联共产党中央委员会向大会发来了贺电。典礼大会以学生向院长巴甫洛维奇同志致辞而结束④。"

据参考资料显示,1925年"东方学院由以下教学人员组成:社会科学教授18名,东方语言教授7名,社会科学教师14名,东方语言教师12名,欧洲语言教师8名,社会学科研工作者2名,东方语言科研工作者3名,共有64名科研工作人员……几乎所有的东方语言学科教授都服务于工农红军总参谋学院东方部,一些教授在列宁格勒现代东方语言学院开设临时课程。除了上述列举的现有东方学院科学工作人员之外,列宁格勒现代东方语言学院教授康拉德和屈纳于1925/1926

---

① Институт Востоковедения имени Н. Н. Нариманова. Справочник. -М., 1926. С. 37—39.
② 1925年孙中山在北京病逝,胡汉民一度代行大元帅职权。——译注
③ 胡汉民(1879—1936).
④ Институт Востоковедения имени Н. Н. Нариманова. Справочник. -М., 1926. С. 25.

学年在莫斯科东方学院也开设了课程。前者开设了关于明治时代之前的日本历史课程,而后者开设了日本和中国自然地理课程①。"

科洛科洛夫是莫斯科汉学研究的创始人之一。正是他于1922学年在纳里马诺夫东方学院讲授的汉语课为莫斯科的汉学研究人员开启了系统的学习之路。在科洛科洛夫教授修订的《汉语学习四年计划》中明确了教学内容,第一学年:"A. 学习汉语基础知识。1. 汉语的语音要点。2. 汉语语法结构。B. 汉字基本要素研究。1. 原始汉字及其特点。2. 复合型汉字及其构成方式……"②第二学年:"汉语口语与书面标准语(文言)的概念"和"汉字派生结构研究";第三学年:"标准语(文言)特点"和"汉字的图形和语义变化";第四学年:"标准语体复杂化"和"汉字图形复杂化"。针对一年级的学生,科洛科洛夫只推荐了由其所编纂的《中俄学生词典》和《汉字基本要素分析》作为教材。针对二年级的学生他推荐了《以部首和音节检字的中俄词典》由佩休罗夫、因诺肯季、巴拉第和波波夫等编纂③。在被推荐的教材中包括卜郎特的《汉语标准语(文言)自修课本》,以及欧洲和中国的词典及教材。

莫斯科东方学院的第一批教师中包括符拉迪沃斯托克的东方学院毕业生卡扎宁。他讲授"中国国际关系"课程,但没有持续太久。1923年这位汉学家前往欧洲,在莱比锡和伦敦的大学求学,1925年从伦敦大学东方专业毕业。1925年学院开始建系。远东系主任是霍多罗夫。霍多罗夫教授在东方学院负责"中国国民经济"课程。自1926年秋天起帕什科夫开始在莫斯科纳里马诺夫东方学院工作。这位远东汉学家还在学院开设了白话文课程。

在1926/1927学年,教学大纲中为中国部一年级学生规定了下列课程:"语言学概论""汉语""汉字""英语""历史唯物主义""政治经济学""中国地理",一周共26个课时。在二年级的课程中,三门语言课

---

① Институт Востоковедения имени Н. Н. Нариманова. Справочник. -М., 1926. С. 34.
② Там же. С. 106.
③ Там же. С. 107.

程保留了下来,还增加了:"中国国民经济""帝国主义""中国历史""国际法""法律总论""中国的法律与国家制度""苏联贸易政策""远东条约、协定、公约""贸易合同法""统计学"。针对"外交方向"学生,每周额外增加两个学时的"领事服务"和"苏联与欧洲国家签订的条约"课程,而对于"经济方向"的学生则增加了"商品学"和"银行事务/会计学"课程①。

东方学院领导人尤其重视招生问题。在手册中提到:"在1925/1926学年,学院大量招收学生,很快学生的人数就几乎翻了一倍。二年级和三年级招收了176名学生,一年级招收了148名"②。其中220名学生获得奖学金,160名学生被提供了宿舍。

学生中俄罗斯人大约占总人数的一半。绝大部分学生是男生,第一批录取的学生中工人出身的仅占8%,绝大部分学生是"劳动知识分子"出身。如果说在20世纪20年代中期以前大部分学生是无党派人士,那么到了1925年75%的学生是俄共(布)成员③。1925年中国部招收了24名学生,而该部二年级和三年级分别有14名和10名学生。在所有的系部中,汉学专业的学生最常被派往所学国家。1925年共有8名东方学院学生在中国进修学习。

1926年4月颁布了《1926/1927学年苏联中央执委会管理下的莫斯科纳里马诺夫东方学院招生规定》。文件中说道:"1. 东方学院旨在培养在贸易、外交以及东方学研究领域工作的东方学专家。2. 东方学院的学年制为四年……4. 1926/1927学年东方学院所有系都进行招生,总招生人数不超过60人。5. 其中40%的名额提供给根据俄共(布)中央委员会和苏联中央执委会分配经由党组织派遣的学员,剩余的名额提供给个人申报的学生。6. 所有报考东方学院的学生将要进行选拔测试,测试其在接受东方学大学教育后的知识水平……8. 在其他条件不变的情况下,东方学院招生的优先权从苏联和外国东方的少

---

① Институт Востоковедения имени Н. Н. Нариманова. Справочник. -М., 1926. С. 65—66.
② Там же. С. 20.
③ Там же. С. 35.

数民族转向工人和农民。9. 未满 20 岁者不予招收……"①

20 世纪 20 年代中期著名历史学－汉学家卡拉－穆尔扎（Г. С. Кара-Мурза）在莫斯科东方学院学习。这位汉学家的学生和后继者们记载道："在莫斯科东方学院学习的四年是格奥尔吉·卡拉－穆尔扎不断成熟的四年。那时领导学院的是米哈伊尔·巴甫洛维奇·巴甫洛维奇（1871—1927），这位职业革命家兼学者同时也是当时苏联东方学的领导者。在格奥尔吉·谢尔盖维奇②的作品中可以感受到莫斯科东方学院院长提出的思想对其产生的影响……学院的课程是从被压迫民族的解放斗争这一角度来研究当代东方。除了严格的语言培训，学院还讲授政治经济学、历史唯物主义、党史、帝国主义与殖民政策、列宁主义、民族和殖民地问题、帝国主义列强战后经济、国际法、领事事务、统计学、苏联对外贸易、苏联经济。350 名学生中工农青年占了'很大一部分'，其中 75% 是党员③。"

20 世纪 20 年代中期，国内专家的短缺导致教学时而中断。一位中国学者在其描写罗加乔夫（А. П. Рогачев，中文名"罗高寿"）的文章中指出："当他在莫斯科东方学院三年级学习时，由于其出色的汉语知识以及外界对专业人才的需求，罗加乔夫被派往中国学习……1925 年罗加乔夫被任命为冯玉祥将军指挥的国民军司令部的翻译和顾问……1927 年反动派发动政变……罗加乔夫和其他人……收到返回苏联的命令……回到苏联后罗加乔夫从莫斯科东方学院毕业，然后被分配至中国劳动者共产主义大学工作……被任命为翻译处处长④。"值得注意的是，罗加乔夫在伊尔库茨克大学的同学爱伦堡（Г. Б. Эренбург）更早些就从莫斯科被派往哈尔滨，后来被派往蒙古（1923 年

---

① Институт Востоковедения имени Н. Н. Нариманова. Справочник. -М., 1926. С. 51－52.

② 即卡拉－穆尔扎。——译注

③ *Тодер Ф. А.*, *Юрьев М. Ф.* Штрихи к портрету профессора Г. С. Кара-Мурзы (1906—1945) // Слово об учителях. Московские востоковеды 30－60-х годов. -М., 1988. С. 82.

④ *Гао Ман*. Вспоминая Алексея Петровича Рогачева. К 110-летию со дня рождения // ПДВ. 2010. № 2. С. 122－123.

夏天)①。爱伦堡出差回国后很快便从莫斯科东方学院毕业了,毕业时间为1927年。在莫斯科东方学院第一批毕业生中有汉学家—历史学家波利亚科夫(А.С. Поляков)(1925)。毕业于莫斯科东方学院的著名汉学家还包括1929年中国部毕业生韦秋科夫(Н.Н. Ветюков)。

军事学院东方系

自1920年起工农红军军事学院(Военная Академия Рабоче-крестьянской Краснойармии,ВА РККА)东方系成为了培养苏俄汉学家的主要中心之一。工农红军军事学院东方系于1920年初由学院领导斯涅萨列夫亲自创建。该系自1920年2月11日起便已开始定期授课。

А.И.伊万诺夫和尼科利斯基(Никольский)②是军事学院的第一批汉语教师,中国人Лян Кунь担任口语课授课老师。著名汉学家科洛科洛夫是第一批学生中的一名,后来成为了工农红军军事学院东方系的一名教师。作为驻华俄罗斯外交官之子,他在传统的中国学校接受了基础教育,在中国的美国学校和圣彼得堡的亚历山大学校接受了中等教育。科洛科洛夫从国内战争前线被召回工农红军军事学院,并于1920—1922年在此上学。当他1920年进入该学院东方学系时,已经对中国和汉学有了很好的了解。自1922年起科洛科洛夫成为了该学院东方系的一名教师,一直工作到1937年。自1923年起俄罗斯东方学泰斗之一波兹涅耶夫开始在军事学院讲授东方学课程。他在列宁格勒居住和工作,虽然年事已高,却依然每周前往莫斯科工作。

苏联元帅崔可夫(В.И. Чуйков)在回忆录中就自己所接受的汉学教育进行了描述:"和许多国内战争的积极参与者一样,1922年我考入伏龙芝军事学院学习。1925年从该院毕业后,我被推荐去该院东方系中国专业继续深造……我们带着极大的热情刻苦学习。日以继夜地背诵汉字……苦心研究中国历史……我至今还记得我们的老师:科

---

① Юрьев М. Ф., Панцов А. В. Учитель китаеведов Г. Б. Эренбург (1902—1967) // Слово об учителях. Московские востоковеды 30—60-х годов. С. 104.

② Возможно -Нейман Владимир Абрамович.

洛科洛夫、Лян Кунь、史学家霍多罗夫教授等。经常有一些去过中国的同志来拜访我们系……我们常常去纳里马诺夫东方学院……1926年东方系的一些学生获得了前往中国的机会。我也被外派进行实践,完成外交信使的职责……"①

尽管20世纪20年代在莫斯科出现了汉学教育。然而在年轻的苏维埃国家的首都,翻译和中国专家还是十分短缺。对于苏联领导层来说,通过开办专业学校可以解决译者的短缺问题。俄共(布)中央委员会政治局中国委员会于1925年10月作出决定,需要在莫斯科建立一所100人规模的翻译学校。

在20世纪20年代汉学家们不仅仅是在专业高等院校工作。著名的汉学家彼得罗夫(А. Н. Петров)于1923年至1929年期间担任普列汉诺夫(Г. В. Плеханов)国民经济学院对东贸易协定教研室主任,在莫斯科国立大学为一年级学生讲授东方历史课程。1930年 А. И. 伊万诺夫不仅在莫斯科东方学院授课,还担任中国劳动者共产主义大学汉学研究室主任、中央民族学博物馆远东部主任兼学术秘书,并且曾在国立物质文化史研究院莫斯科分院和列宁图书馆工作②,自20世纪20年代初在红色教授学院开始筹备"中国史"专业。

伊尔库茨克大学

国内战争时期,当时的西伯利亚政府建立了伊尔库斯克大学。20世纪20年代初,该学校在汉学教育方面取得了一定发展。虽然苏维埃政权于20年代初在东西伯利亚首都得以建立,但是布尔什维克保留了由上届政府创办的大学。

伊尔库茨克汉学的创始人是刚从符拉迪沃斯托克东方学院毕业的年轻的汉学家帕什科夫。当苏维埃政权在西伯利亚建立后,他没有像大学里其他工作人员一样离开苏俄。帕什科夫在伊尔库茨克大学

---

① Чуйков В. И. Миссия в Китае. Записки военного советника. -М., 1981. С. 18—19.
② Алпатов В. М. Два века в одной книге // Общество и государство в Китае. Том XLIV. Часть 1 / Ученые записки ИВ РАН. Отдела Китая. Вып. 9. -М.: ИВ РАН, 2014. С. 525.

担任汉语和日语教研室主任,同时是蒙语教研室创始人之一,并于1923年被授予教授职称。后来其同事们记载:"在汉语教研室,帕什科夫首次在中国境外的大学实践课中加入了白话文课程。他除了领导汉语教研室,还负责日语教研室,并且还建立了蒙语教研室……同时他还教授满语选修课……帕什科夫是第一批红色教授中的一员;1923年初,他经由国家学术委员会批准成为伊尔库茨克大学中文标准语教研室教授①。"

在伊尔库茨克,这位年轻的汉学家将教学组织工作及科研活动相结合。早在1921年《伊尔库茨克国立大学教授及教师成果集》中就已经刊登了帕什科夫的作品《〈聊斋志异〉目录学试析》。1922年夏帕什科夫完成了他的第一趟中国科研之旅,此次来中国是为了向中国学校学习其母语的教学方法以及完善白话文知识。后来其同事们指出:"这位年轻的教授关注蒲松龄的作品《聊斋志异》,并且根据中国,特别是满洲地区的当地文献资料首次在欧洲汉学界对这部古代作品进行了全面的评析"②。后来,帕什科夫离开西伯利亚,在伊尔库茨克还出版了他的一部著名作品《林琴南及其学派——中国文学运动评述》③。

伊尔库茨克大学的东方学研究是在社会科学系中发展起来的。1923年初该系共有41名教师,391名学生(按照学生人数来看这是学校四个系中规模最小的)。在《1924年伊尔库茨克地址电话查询簿》中,由教师卡特费尔德(К. Г. Каттерфельд)负责的汉语研究室被称作是伊尔库茨克国立大学社会科学系的教学-辅助机构。卡特费尔德为东方学院的毕业生,并且长期在俄罗斯反情报机构工作,这位汉学家具有在伊尔库茨克军区部队组织汉语教学的经验。他是一名被俘的白匪军官,逃过了被枪杀的命运,并从1920年6月起开始在伊尔库茨克人民大学和伊尔库茨克国立大学讲授汉语。1922年3月29日,罗曼诺夫(Н. С. Романов)在伊尔库茨克纪事中指出:"曼斯(Г. Ю.

---

① К 70-летию со дня рождения проф. Б. К. Пашкова // Народы Азии и Африки. 1962. No 1. С. 214.

② Там же.

③ Бюллетень No 1 Иркутского филиала Всесоюзной научной ассоциации востоковедения.-Иркутск, 1926.

Маннс)教授和大学教授卡特费尔德创办了伊尔库茨克语言培训班（英语、德语、法语、日语、汉语、蒙古－布里亚特语）①。"卡特费尔德在伊尔库茨克讲授汉语一直持续到20世纪20年代末。在《伊尔库茨克大学东方系教职员工名单(1918—1925)》中有五位中国人担任助教，讲授汉语和书写实践课程，他们分别为 Ман-Чин-Гуань、Ван-Кан-Чинь、Лю-ше-Чин、Джао-Дзун-Сан、Джау-Си-Ку。

说起伊尔库茨克汉学，可以引用俄罗斯汉学史研究人员尼基福罗夫作品中的内容："一些人在当时离开了伊尔库茨克，他们都对中国充满新的、转变式的兴趣。扬松(Я.Д.Янсон)于1920年发表了一篇有关中国的文章，他是伊尔库茨克布尔什维克组织的领导之一……临近革命时在伊尔库茨克出现了马克思主义学生小组……亚基莫夫(А.Т.Якимов)是小组的积极分子，后来成为了历史学家－蒙古学家。'伊尔库茨克三姐妹'莫西纳姐妹(Ю.В.，З.В. и Н.В. Мосины)也是该小组成员……其中妹妹尼娜成为了扬松的妻子；姐姐尤利娅成为了著名汉学家伊文的妻子，伊文曾写了大量有关中国的文章和手册；第三位姐妹卓娅，曾有一段时间在中国进行外事工作，后来成为著名的历史学家、西方国家专家、史学博士②。"

一些著名的东方学家曾经在伊尔库茨克大学学习过。东方学专业的第一批学生中有出生于伊尔库茨克的爱伦堡和罗加乔夫。但是由于东方学专业被撤销，他们不得不离开西伯利亚前往莫斯科完成学业。然而还是有一定数量的年轻东方学家在（伊尔库茨克）大学接受过教育。1922年伊尔库茨克城市纪事中指出："8月29号从伊尔库茨克大学东方语言培训班毕业的学生有30名，他们完成了两年的学业。"③

伊尔库茨克高等人文教育的衰落首先是由于经济原因。1923年在西伯利亚革命委员会官方出版物中指出："我们的第二大问题是教

---

① Романов Н. С. Летопись города Иркутска за 1902—1924 гг. -Иркутск：Восточно-Сибирское книжное издательство. 1994. С. 453.

② Никифоров В. Н. Советские историки о проблемах Китая. -М.，1970. С. 81.

③ Романов Н. С. Летопись города Иркутска за 1902—1924 гг. -Иркутск：Восточно-Сибирское книжное издательство. 1994. С. 459

师的劳动报酬极其微薄。目前师资力量开始向俄罗斯文化中心外流……革命前这里凭借加倍的劳动报酬吸引人才,然而这种情形如今已经不复存在。我们甚至都不说去引进人才了,我们只希望西伯利亚学校培养的人才不要流入俄罗斯的欧洲部分……西伯利亚文化力量的流失十分可怕。"①西伯利亚革命委员会官方出版物中公布的数据表明,1923年初所有类别的大学教职工的工资只有官方规定的这类职工的最低水平的四分之一,而教授的工资则是任何一位处长的工资的六分之一,甚至比当地行政机关(国民经济最高委员会西伯利亚工业局)里擦地板的女工和门卫的工资还低②。

在远东加入苏俄后,西伯利亚革命委员会认为,汉学在他们管辖的区域是多余的。在1923年2月15日的决定中特别提到了这一点:"由远东革命委员会承担伊尔库茨克大学部分开支的事宜"③。1924年包含东方学专业在内的社会科学系被废除。伊尔库茨克大学东方专业虽然成为了俄罗斯汉学的重要区域中心,但是大学在其形成过程中遇到了严重的困难。1924年伊尔库茨克的当地人写道:"大学设施配备不齐,几乎没有暖气,教师们为了维持生存不得不去做一些与自己专业毫不相干的兼职。在这样的条件下当然不指望师资力量的流入,相反,有许多人离开,这是一段非常危急的时期。例如,在1920年夏,伊尔库茨克大学一下失去了11名教授、16名教师和7名助教。"④

1924年含有东方学专业的社会科学系被改造成了教育、法律和经济系。东方学专业没有进入到大学的新体系中,并且根据人民教育委员部的决定该专业被撤销。专业被撤销后,东西伯利亚的首府并未对中国史研究问题置之不理。科兹明⑤(Н. Н. Козьмин)教授在伊尔库茨克工作,他不仅在俄罗斯地理协会担任高级职务,还被选为东方学家协会的正式成员。科兹明是著名的中亚历史问题研究员,他提出了

---

① Жизнь Сибири. 1922. No 3. С. 87.
② Жизнь Сибири. 1923. No 1. С. 67.
③ Жизнь Сибири. 1923. No 2—3. С. 73.
④ Сибирский календарь на 1925 год. Издание Государственного Иркутского университета. -Иркутск, 1924. С. 123.
⑤ Козьмин Николай Николаевич (1872—1938).

自己的理论——"土耳其-蒙古封建主义"。这位西伯利亚研究员翻译过欧洲的作品,并出版过一系列关于亚洲人民历史和民族学的经典作品。

我们可以引用一封信作为展示20世纪20年代伊尔库茨克汉学情况的一个例子,中国领事 Чжан Вэй 曾在英国接受教育,这封信是由其俄国妻子写的:"我先生在大学的考古学部举办了题为'中国人在西伯利亚和贝加尔湖的足迹'的小型报告。此外,他还在东方学协会做了一个小型报告。普特莱克(Петрэк)教授(考古学家、民族学家)和其他教授常常到我们这儿来。他们带着自己的'作品'过来,这些作品与民族学、古人类学、土著人、(考古)挖掘、艺术、萨满、新石器时代等有关。所有的一切都十分有趣。不久前我们读完了格鲁姆-格尔日迈洛的作品……其中作者提出了关于'狄'和丁零族的理论,并且坚信周朝和所有中国文化都来源于'狄'。我先生很愤怒……并写了一篇批评性的评论,这篇评论将刊登在俄罗斯地理学会东西伯利亚分会的作品中。我丈夫还是考古学部的成员以及俄罗斯地理学会东西伯利亚分会的成员。"①

如此一来,20世纪20年代前半期在俄罗斯东部成功地组建起了一个新的大学汉学基地。但是由于极端贫困和当权者对其发展的不重视,伊尔库茨克虽然在苏中关系体系中占有重要位置,但仍未成为汉学中心之一。

符拉迪沃斯托克

20世纪20年代,符拉迪沃斯托克也是俄罗斯培养汉学家最重要的中心。1922年苏维埃政权确立了在滨海地区的统治,与此同时国立远东大学(Государственный Дальневосточный университет,ГДУ)的校长波茨塔温离开俄罗斯前往中国。在此之后,前东方系主任斯巴利文教授开始主持学校工作。东方系主任职务则由格列比翁希科夫担任,他于1907年毕业于东方学院汉语-满语专业。格列比翁希科夫在自传中写道:"1923—1927年我担任苏维埃国立远东大学的东方系

---

① *Соловьев А. В.* Тревожные будни забайкальской контрразведки. -М., 2002. C. 78.

主任。在这之后1923年又当选为新成立的国立远东大学科学工作者分会的主席,由于要履行系主任的职责,我很快便放弃了科研工作。1923年5月—8月担任学校代校长"①。

随着苏维埃政权的确立,国立远东大学的人文科学和教育也发生了变化。时人写道:"1922年秋滨海地区加入苏维埃政权,1923年1月远东地区仅有的三所高校被重组合并为国立远东大学,下设四个系。1923年夏,学校的组成又发生了新的变化:教育人民委员部又撤销社会科学系……1923年9月……兼并国立赤塔大学"②。1923年历史语文学系和社会科学系被关闭。此时开始有东方学家离开符拉迪沃斯托克,其中就包括前往莫斯科的东方语言系的学生、经济与合作制教研室老师、汉学家А.Н.彼得罗夫。在20世纪20年代中期,远东大学共有114名科学工作者,其中23名是教授。学生共计1145名,而在东方系学习的只有185人③。

从时人的著述中,可以反映出当时符拉迪沃斯托克东方学教育的发展问题。马拉库耶夫写道:"东方系十年内的基本目标发生了几次转变。开始学校是为外交人民委员部和对外贸易人民委员部的驻外机关培养专家,1927年东方系收到任务,要为我们自己的经济机构培养经济学—东方学人才。"④远东的研究者这样描述东方学专家的问题:"1920年东方学院成为新成立的国立远东大学(1928年后更名为远东国立大学——ДВГУ)下的东方学系。那些依照之前传统和工作经验以及学科兴趣的东方学专家都很难与大学的结构相协调。他们

---

① АВ ИВР РАН. Ф. 152. Оп. 3. Д. 174. Л. 36.

② Иольсон Л. Государственный Дальневосточный университет в его прошлом и настоящем // Вестник Маньчжурии. Под ред. И Ли-чуна и Е. Г. Лиманова. -Харбин. 1926. No 3—4. С. 56.

③ Там же. С. 58.

④ Маракуев А.В. Десять лет востоковедения на Советском Дальнем Востоке. -Владивосток: Дальгиз, 1932. С. 4.

以前的工作方向不再符合新学校的目标①。"而针对20年代这一时期，一些研究员对此持其他的观点："随着苏联政权的建立，1922年部分东方系的专家迁居国外，但以斯巴利文教授为首的当地东方学学校不仅保存了下来，还凭借各种学制的毕业生和来自列宁格勒的东方学家得以壮大②。"必须承认的是，虽然人文科学家由于苏联政权在远东的确立而遇到新的困难，但是远东大学的老师和学生们还是成功延续了东方学院的传统。

苏联机关长期缺少中国方面的实践人才，这成为学生获取基本大学教育的一个重大阻碍。由于这个原因，甚至是初学者都被派去当翻译和顾问。例如斯克沃尔佐夫（Т. Ф. Скворцов）这位日后的东方系主任和远东大学中文教研室主任于1923年进入远东大学学习汉语，学习不到两年后便被派往苏联驻北京全权代表处担任翻译。1926年他回到符拉迪沃斯托克，被派往去《工人之路》报纸编辑部工作。1927年从远东大学毕业后，斯克沃尔佐夫紧接着就开始在大学讲授汉语。

前东方学院的校长鲁达科夫被新当局任命为中文和汉学教授。他之前的学生斯拉德科夫斯基（М. И. Сладковский）在回忆录中反映了鲁达科夫在苏联政府确立政权初期的工作状况："安波利纳里·瓦西里耶维奇③在中国助手的搀扶下走进教室。他走到讲台，坐在椅子上。他具有一副典型的俄罗斯教授的面孔，是刚进入大学校园的学生特别渴望见到的那种人。安波利纳里·瓦西里耶维奇的第一堂课讲授了中国象形文字的诞生史。与许多其他俄罗斯和中国历史学家一样，他把中国汉字的诞生同伏羲联系在一起。他可以引人入胜地讲解所提到的每一个汉字。对于他来说，汉字并不只是一个符号，而是一种象征，他将其视为中国丰富的精神与物质世界的图形展示，视为中

---

① *Малявина Л. С.* К истории становления китаеведческого центра на Российском Дальнем Востоке // Дальний Восток России -Северо-Восток Китая: исторический опыт взаимодействия и перспективы сотрудничества. Материалы международной научно-практической конференции... -Хабаровск, 1998. С. 68.

② *Донской В. К.* Разгром Восточного факультета ДВГУ // Вестник ДВО РАН. 1996. No 1. С. 95.

③ 即鲁达科夫。——译注

国几千年的历史①。"鲁达科夫教授一直在远东大学工作,直到1939年被肃清。汉学家维亚特金(Р. В. Вяткин)曾是鲁达科夫的学生,他回忆道:"安波利纳里·瓦西里耶维奇的课不仅教授我们丰富的汉语知识,还讲解中国的历史和文化。"②

关于屈纳教授,斯拉德科夫斯基写道:"来上他课的不仅是东方系的学生,还有其他系的学生,以及老师、军人旁听生、中学教师等等。他给我们讲述了独特的中国汉族形成假说。屈纳同许多西方历史学家的观点一致,这其中就包括英国人帕克(Паркер)的观点。屈纳认为汉族的祖先大约在公元前三千年迁居到黄河谷地,他们之前可能住在南里海或幼发拉底河沿岸,并且他认为汉族曾是游牧民族……然后他为我们介绍了持续到公元前1766年的中国历史,这是一段富有传奇色彩的时期。尼古拉·瓦西里耶维奇③对中国接下来几个历史时期的讲授则更为有趣。"④

说到在符拉迪沃斯托克推行培养汉学家的新方法,旧学派代表鲁达科夫这样写道:"我们要在远东大学东方系推行试验小组方法,这是为讲授东方语言课程建立一个特有体系的前提。在共同的工作体系下新的教学方法对课程具有辅助意义,并且会提高学生的学习积极性,促使学生自主研究教学材料。当然这也就需要新的教学参考书。通过新参考书,学生们可以比以前更自主地参与到对东方国家文本的研究中来。"⑤

远东大学的"旧学派"不是只有东方学家。斯拉德科夫斯基回忆自己1924年刚到学校的日子时写道:"我们对于奥戈罗德尼科夫(Огородников)教授的第一堂课有着不同的感受……课上他对十月革

---

① *Сладковский М. И.* Знакомство с Китаем и китайцами. -М., 1984. С. 43.

② *Врадий С. Ю.* Профессор китаеведения А. В. Рудаков // Известия Восточного института Дальневосточного государственного университета. No 5. -Владивосток, 1999. С. 73.

③ 即屈纳。

④ *Сладковский М. И.* Знакомство с Китаем и китайцами. -М., 1984. С. 44—45.

⑤ *Рудаков А.* Практический словарь служебных слов литературного китайского языка. Ч. 1. Служебные слова односложные. Вып. 1. -Владивосток: Типография Гос. Дальневосточного ун-та, 1927. С. 1.

命及其伟大的新思想只字未提。但是却详细议论了包括俄罗斯民族在内的欧洲民族在亚洲的伟大教育使命,论述了高等教育对人类的重大意义……一些人很生气,称教授为'反革命分子';另一些人则为此辩护,他们解释说课程有缺点只是因为教授是一名历史学家,不应该要求他从社会学角度作出分析。"①总的来说,远东大学东方系甚至还保留着旧俄学校的外部环境:"演讲厅里摆着四张不大的长椭圆形黑桌子,我们就坐在这些桌子后面上课。所以它被称为汉学研究室也是理所应当。能盖住整面墙的大柜子里摆满各种各样的展品,展示着中国的物质与精神文化……墙上还挂着镀金边的木板标语牌,上面用汉字写着孔子著作中的名言警句。"②

原东方学院的师资力量在远东大学通过吸纳学校毕业生得以扩充。马特维耶夫(З. Н. Матвеев)是东方学院和远东大学历史语文系的学生。1922 年他毕业留校,在东方历史教研室为获得教授职称做准备。他一边管理图书馆一边在学校教课,其所授课程为"基于俄罗斯、欧洲和美洲文献书目的东方研究史"。自 1927 年 4 月起,他开始担任东方历史教研室副教授,讲授远东国家历史课程。

哈伦斯基(К. А. Харнский)和马拉库耶夫负责讲授远东国家历史课程。哈伦斯基是太平洋地区国家政治与经济教研室主任,被认为是符拉迪沃斯托克第一批马克思主义东方学家之一。1928 年马拉库耶夫从哈尔滨回到俄罗斯。他之前在中国积累了丰富的工作经验,是一位自学成才的汉学家。还有一些学者从莫斯科被"流放"过来,普里戈任(А. Г. Пригожин)就是其中之一,他在这里待了一学年(1927/1928)。克拉斯京(П. Ю. Крастин)也于 20 年代初期在符拉迪沃斯托克工作。文献中是这么评价他的:"他是一位年轻的汉学家,制定了一套新的语言教学体系,该体系以大量应用实践需要的词组、单词和短语以及汉字的难易程度分布为基础。"③

---

① Сладковский М. И. Знакомство с Китаем и китайцами. С. 41.
② Там же. С. 42.
③ Из истории востоковедения на Российском Дальнем Востоке. 1899—1937 гг. Документы и материалы. -Владивосток, 2000. С. 133.

帕什科夫从西伯利亚回到了符拉迪沃斯托克。1923年8月他被选为教授并担任远东大学中文标准语教研室主任。在学校里,帕什科夫讲授这样一些课程:"汉字分析与历史""中国方言比较语音学""当代中文媒体语言"等。苏联研究人员这样记述:"20世纪20年代帕什科夫在符拉迪沃斯托克用中文完成了政治经济文选(共28印张,1925年,天津)的编写,文选内容丰富。帕什科夫选取的文章表现了对苏中关系史的探索,同时也表达出对语言修辞学的兴趣。在符拉迪沃斯托克他还写了另外两部文章,分别是《林琴南及其学派——中国文学运动评述》和《汉语发展的主要阶段》……第一篇文章是研究'中国革命与文学'主题的一部分。帕什科夫在第二篇文章中介绍了一系列有关中文历史及其阶段划分的新发展。"① 1925年7月远东大学派帕什科夫前往中国指导东方系学生的语言实践,并继续研究白话文。帕什科夫对远东大学中文教研室的领导一直持续到1926年。上文提到的在符拉迪沃斯托克出版的《汉语发展的主要阶段》是帕什科夫在此期间的科研成果。该书虽然篇幅不大,但其内容却有十足的分量。

1923年远东大学建成了自己的研究所。关于科研所建立的倡议小组吸纳了一些当地的东方学家:斯巴利文、屈纳等等。这个被称为"人类"的边疆区研究所共分为三个部,其中一个由屈纳领导。该部由14名工作者组成,下设四个分部,其中包括历史学和考古学。这样一来,研究所并没有研究中国历史的任务,但是在某一时期,像鲁达科夫、格列比翁希科夫、屈纳和斯巴利文这些留在符拉迪沃斯托克的东方学家,他们的活动依旧被纳入到研究所的范围。远东的汉学家们没有停止各自方向的科研工作。例如,在东方学家档案馆的格列比翁希科夫个人馆藏中就保存着他的机打原稿《中国的民间节日(中国的民间创作)》(1921)和《满洲地理概况》(1929)②。除此之外,1926年他开始整理满洲(齐齐哈尔)的档案资料,即使是在1928年把文献寄往"中央档案馆"后,这位汉学家仍继续为保存和研究丰富的档案馆藏奋

---

① К 70-летию со дня рождения проф. Б. К. Пашкова // Народы Азии и Африки. 1962. No 1. C. 214.

② АВ ИВР РАН. Ф. 57. Оп. 1. Д. 19, 12.

斗着。

1929 年远东大学成立了东方学协会①,盖斯曼(Гейцман)成为协会主席。汉学家马拉库耶夫写道:"协会的纲领性文件中提到,其主要任务是研究东方经济。协会分为政治—经济部、语言学部和历史—地理部。第一部的工作是以东方学为主题作报告并开展一些大众化的讲座。政治—经济部进行的唯一一项科研工作是尼科诺夫(С. П. Никонов)教授带领的远东大学学生对符拉迪沃斯托克边疆区中国工人经济状况的调查(180 人),遗憾的是,调查材料并没有发表出来。语言学部要比其他两组成功一些,除了做报告,还开设了外语(东方语言和欧洲语言)实践学院,如今它们还都在符拉迪沃斯托克发挥着作用并更名为'远东边疆区约翰·里德(Джон Рид)生产语言培训班',而翻译局如今则隶属于符拉迪沃斯托克西方商会东方分部……截至 1930 年 1 月东方学协会一共有 86 名成员,其中 74 名为大学生,12 名为科学工作者以及其他身份的人……1929 年 11 月 6 日重新选举了领导班子,但是在新领导(维亚伊尼奥·普凯(Вяйне-Пуккэ)同志担任协会主席,科利亚达(К. Коляда)同志担任责任秘书)的带领下,协会并没有开展大型活动,在出版了一期公报后便不复存在。"②

在苏联历史文献中特别提到了符拉迪沃斯托克的学校在研究中国历史方面所做的贡献:"符拉迪沃斯托克学校的汉学家早在本世纪之初就取得了一系列成果,而屈纳和哈伦斯基的著作就是以这些成果为基础的。至于说到俄国革命前的另一个汉学中心列宁格勒,20 年代这里主要研究的是语言学和文艺学(阿列克谢耶夫),只有个别学者的文章与历史有关(描写考古发掘出来的文物或者博物馆的展品等)。"③

东方系的学生数量在 20 世纪 20 年代保持逐渐增长。汉学家马拉库耶夫肯定地说:"1923 年到 1929 年招生数量不断增加,东方系的

---

① 文中 общество востоковедения, общество востоковедов 是指同一个协会,译者统一将其翻译为东方学协会,也是为与后文出现的全俄东方学家协会做区分。——译注

② Маракуев А. В. Десять лет востоковедения на Советском Дальнем Востоке. -Владивосток: Дальгиз, 1932. C. 5—6.

③ Очерки истории исторической науки в СССР. Т. IV. Ред. М. В. Нечкина. -М., 1966. C. 804.

学生也从109人逐渐增至262人"①。20世纪20年代符拉迪沃斯托克汉学的发展并没有带来汉学毕业生数量的增加。东方系主任斯克沃尔佐夫在1932年的报告中指出:"东方学院的产物——远东大学东方系呈现出以下特点:1. 在苏联确立对滨海区的统治前,也就是到1922年底,共有约250名专家毕业,其中不包括军事班的毕业生。2. 在苏联确立统治后有115名毕业。"②还存在如何留住这些人才的问题,不过话说回来,在20年代中期,就连符拉迪沃斯托克汉学家的两位领军人物屈纳和帕什科夫都离开了远东,分别前往列宁格勒和莫斯科。尽管存在这些问题,国立远东大学的东方系仍旧是培养俄罗斯汉学家最大的中心。远东边区国民教育处1927/1928学年度的报告中提到,东方系中文口语专业的在读生有149人。

在远东有着各式各样的中文学校,这还要归功于远东大学以及东方学院保存下来的传统。格列比翁希科夫在自传中写道:"我是远东大学东方系东方学协会创始成员并担任为期两年的协会主席,是东方学协会为期一年的中文班创始成员。1927年中文班改为外语实践学院,我成为其创始成员"③。

在20世纪20年代,建立大学前的中文教学体系是非常迫切的,很多汉学家也都为此发声。哈尔滨的汉学家巴拉诺夫写道:"研究像中文这样与俄罗斯为邻的民族的语言,不能够只在高校中进行,不可以只为专家授课。远东的一些大中心城市,如符拉迪沃斯托克、哈巴罗夫斯克、布拉戈维申斯克以及尼科利斯克—乌苏里斯基都应该尽可能地扩大当地学校对中文的研究。"④

如此一来,20年代的苏联便形成了一整套的高等汉学教育体系。传统大学、东方学院以及一些机关大学都在培养汉学家。俄罗斯帝国

---

① Маракуев А. В. Десять лет востоковедения на Советском Дальнем Востоке. С. 4.

② Из истории востоковедения на Российском Дальнем Востоке. 1899—1937 гг. Документы и материалы. -Владивосток, 2000. С. 75.

③ АВ ИВР РАН. Ф. 152. Оп. 3. Д. 174. Л. 37.

④ Баранов И. Г. Преподавание китайского языка в русской начальной и средней школе Особого Района Восточных Провинций // Вестник Маньчжурии. 1929. № 7—8. С. 8.)

时期只有两个汉学家培养中心,分别是彼得格勒和符拉迪沃斯托克,在苏联时期又添加了莫斯科和伊尔库茨克。至 20 年代中期西伯利亚的大学汉学教育被取消,符拉迪沃斯托克也显现出类似的萧条景象,而莫斯科则始终保持着汉学教育的发展。

2.2　20 世纪 20 年代的学院派汉学

在苏联学院派科学发展之初,科研—实践汉学在很大程度上在俄罗斯科学院和共产主义研究院的体系中获得了发展。在新的历史条件下,东方学问题的研究没有脱离俄罗斯科学院的主持。而且,科学院已长达半个世纪鲜少参与中国问题的研究,却在 20 世纪 20 年代几乎成了唯一一个收集和保存中国文献与资料的中心。因此,经过了长期的中断,很多俄罗斯汉学家们于 1923 年被选为俄罗斯科学院通讯院士也并非偶然,其中包括科特维奇和阿列克谢耶夫。在鄂登堡、科科夫采夫(П. Коковцев)、马尔(Н. Марр)①、巴托尔德②(Б. Бартольд)和克拉奇科夫斯基(И. Ю. Крачковский)这些科学院院士共同签署的《关于阿列克谢耶夫学术著作的报告》中写道:"瓦西里·米哈伊洛维奇·阿列克谢耶夫是俄罗斯科学中汉学这门重要的东方学学科的著名代表……阿列克谢耶夫对中国的深入了解和深刻见地为他赢得了当代汉学家中的荣誉地位,并成就了他数量众多的作品……我们认为将阿列克谢耶夫评选为通讯院士以表彰其重大科学功绩是公正的。"③在所附的阿列克谢耶夫的科学著作清单中列出了 56 部已发表的学术作品(包括书评),以及数十部"已交付印刷"或"准备印刷"的作品。

列宁格勒苏联科学院出版社出版了《苏联科学院亚洲博物馆东方学家协会论丛》。该出版物全面反映了苏联汉学家的科学活动。例

---

① 应该是指 Н. Я. Марр。——译注
② 应该是 В. В. Бартольд。——译注
③ Известия Российской Академии Наук. VI серия. Том XVII. -Л., 1923. С. 373—374.

如,在 1930 年出版的论丛中同时刊登了对苏联和外国汉学家作品的几篇长篇评论①。在其他与中国研究相关的科学院机构中,值得一提的还有成立于 1928 年的佛教文化研究所(Институт буддийской культуры, ИНБУК),该研究所的学术委员会的成员都是苏联著名汉学家②。科学院主席团 1928 年 10 月 2 日的会议纪要中写道:"科学院人文科学部今年 9 月 26 日关于录用下列工作人员进入佛教文化研究所的会议纪要,他们分别是 Б. А. 瓦西里耶夫、沃斯特里科夫(А. М. Востриков)、奥别尔米勒(Е. Е. Обермиллер)和屠比扬斯基(М. И. Тубянский)。"③

20 世纪 20 年代,俄罗斯汉学家以及整个科学院的情况都异常艰难。例如,在俄罗斯科学院副院长斯洛夫佐夫(В. А. Словцов)院士 1922 年所作的报告中就有这样的语句:"无论过去还是现在,政府始终在各种大小事务上寻求科学院的帮助……科学院正在跌回到 200 年前在安娜·约安诺夫娜(Анна Иоанновна)或安娜·利奥波多夫娜(Анна Леопольдовна)时期所处的绝境……学者们的物质状况可能比罗蒙诺索夫时代的要好……但是科学院在其他方面的情况却正在变得比罗蒙诺索夫时代更糟糕。"④俄罗斯科学院在苏维埃政权初期的物质状况不佳是必然的,因为当时国内面临全面崩溃,而且科学院那时与新政权的关系并不紧密,无力服务于新的社会精英并参与保护其利益。在 1924 年,其官方公文用纸上还写着旧文"АКАДЕМІЯ НАУКЪ"⑤就可以说明这一点。在 20 世纪 20 年代,俄罗斯科学院基本上保留着俄罗斯科学的旧传统,以及由此而产生的所有优缺点。

苏俄时期,负责收集中国历史和文化方面文献的主要机构为亚洲

---

① Записки Коллегии востоковедов при Азиатском музее АН СССР. Т. IV. -Л. : Изд-во АН СССР, 1930. С. 265—274.

② Ермакова Т. В. Документы о деятельности акад. Ф. И. Щербатского 1920-х - начала 1930-х гг. //Четвертые востоковедные чтения памяти О. О. Розенберга. -СПб. : Институт восточных рукописей РАН, 2011.

③ АВ ИВР РАН. Ф. 152. Оп. 3. Д. 115. Л. 20.

④ Академия наук в решениях Политбюро ЦК РКП(б)-ВКП(б)-КПСС 1922—1991 / 1922—1952. Сост. В. Д. Есаков. -М. , 2000. С. 27.

⑤ "科学院"的古俄语写法。——译注

博物馆。国内战争一结束,亚洲博物馆就开始与新力量一同工作。年轻有为又有发展前景的各类人才增强了该机构的学术潜力。1920年,亚洲博物馆录用了曾在阿列克谢耶夫的教研室学习过的彼得格勒大学社会科学系大学生舒茨基。Б. А. 瓦西里耶夫自1920年10月1日至1926年4月1日在亚洲博物馆任二级研究员①。他在自传中写道:"1921年,我作为初级研究员进入科学院亚洲博物馆工作,在那里一直工作至今,级别由二级研究员升为一级研究员,最后升为专家学者。"②

1921年5月,亚洲博物馆成立了以联合东方学领域的科研工作者为主要目的东方学家委员会③。研究者们指出:"在组建自己的学术团队这个问题上,团队所有人员都是由彼得格勒的'老一派'东方学家们确定的。"自1921年5月15日起,俄罗斯科学院亚洲博物馆设立的协调机构(东方学家委员会)开始运转,其相关规定中指出,该机构"就国家和社会机构提出的以及委员会自身产生的所有涉及东方研究和东方学教学的问题进行讨论并给出结论"④。1925年10月,原国立萨尔蒂科夫-谢德林(М. Е. Салтыков-Щедрин)公共图书馆的东方部工作人员弗卢格成为亚洲博物馆的科研技术人员。他从这里被派往列宁格勒大学东方系学习,并于1927年在那里完成了中国方向的全部课程。

1928年,德拉古诺夫硕士毕业之后进入亚洲博物馆工作。在他的个人卷宗中保存了致亚洲博物馆馆长的申请函:"请允许我以实习生的身份进入亚洲博物馆的中国部工作。我可以帮助博物馆准备编撰汉俄字典所需的材料……编制各类目录索引;对西夏文手稿进行译解、描述、分类等工作,以及与其他语言(汉语、藏语、暹罗语和缅甸语)

---

① АВ ИВР РАН. Ф. 152. Оп. 3. Д. 115. Л. 15.
② АРАН. Ф. 407. Оп. 6. Д. 37. Л. 3.
③ Востоковедение в Петрограде 1918—1922. Памятка Коллегии востоковедов при Азиатском музее Российской Академии наук. - Пг., 1923. С. 5.
④ *Томазишвили* А. О. Владимир Александрович Гурко-Кряжин: судьба бойца «востоковедного фронта» // Неизвестные страницы отечественного востоковедения. Вып. III. -М.:

有关的所有类型的工作。"①在亚洲博物馆工作的头几年,德拉古诺夫研究了汉语的历史语音问题。1928年,他的第一部作品在巴黎出版发行,该作品用法语书就②。

在其他科学院博物馆中也有汉学研究。例如,20世纪20年代初期,汉学家А. И.伊万诺夫教授就在主持俄罗斯科学院人类学及民族学博物馆"亚洲文明民族"部的工作。

剧烈动荡的时代不利于"人事的稳定",党和国家最大限度地利用忠诚于他们的学者。例如,Б. А.瓦西里耶夫早在1924年就被派往北京任苏联总领事馆秘书。而学术机构则利用一切机会将研究者们派往符合他们研究兴趣的国家出差。Б. А.瓦西里耶夫的出差行程就是由俄罗斯科学院历史学和语文学部指派和办理的。此次行程的目的是为了"与新的中国学者们建立联系,厘清当代中国学术运动最令人感兴趣的方面,并为亚洲博物馆的中国藏书挑选必要的文献"③。在科学院常务秘书鄂登堡签署的会议纪要中写道:"秘书向亚洲博物馆研究员Б. А.瓦西里耶夫呈报了关于延长亚洲博物馆高级馆员学者阿列克谢耶夫去中国的差旅行程至1925年1月1日,并向其发放200卢布用于为亚洲博物馆购买中国书籍的申请。应予以批准并请求董事会发放指定金额。"④1925年博物馆的确从Б. А.瓦西里耶夫那里收录了376种内容多样的资料。

1926—1928年,汉学家们开始出现从国家公务员返回到学术界的情况。在当代的一些出版物中有这样的评价:"Б. А.瓦西里耶夫于1924年通过总领事馆来到中国,他接触到了苏联的远东政治及其所有复杂之处和特征,(1928年)回国之后,他几乎成了在戏剧界中国主题方面的主要专家,研究了众多问题和事务,沉浸于新价值观、新成语、

---

① АВ ИВР РАН. Ф. 152. Оп. 3. Д. 207. Л. 3

② Там же. Л. 1.

③ Юсупова Т. И. Поездка П. К. Козлова в Пекин в мае 1925 г.: биографический факт в историко-научном аспекте (по страницам дневников Монголо-Тибетской экспедиции 1923—1926 гг.) // Российско-китайские научные связи: проблемы становления и развития. -СПб., 2005. С. 76.

④ АВ ИВР РАН. Ф. 152. Оп. 3. Д. 115. Л. 4.

'新道德'的世界……"①

汉学逐渐在苏俄取得了新的发展机遇。苏联研究者们指出："1917—1922年新的中国文学几乎没有进入苏俄,但是从1922年起中国书籍就开始如洪流般大量涌入"②。弗拉基米尔佐夫(Б. Я. Владимирцов)院士以科学院的官方名义组织了中苏间的学术文献交流。科学院还从日本学者那里以捐赠或交换的形式获得了一些中国书籍。

在与苏联汉学家合作的过程之中,东方学者和政治家们致力于追求本民族的利益。例如,1925年5月20日中国学者们在苏联大使馆接见旅行学者科兹洛夫(П. К. Козлов)时,表达了"自己对俄罗斯历史学的赞赏之情",但也提出了于1900年被运至俄罗斯的满洲手稿的归还问题③。

早在20世纪20年代初期,俄罗斯科学院就已经能与东西方的同行们建立持久稳定的联系了。1922年,著名的法国汉学家保罗·佩里奥④(Поль Пеллио)被评为俄罗斯科学院通讯院士。在此之前科学院总共只有一位东方文学方向的汉学家—通讯院士,是来自纽约的弗里德里希·吉尔特(夏德)(Фридрих Гирт, F. Hirth)。关于将一名法国人评为俄罗斯科学院通讯院士一事,《俄罗斯科学院通报》上还刊登了一篇署名为鄂登堡、克拉奇科夫斯基和乌斯宾斯基的《关于保罗·佩里奥的学术著作的报告》。报告中写道:"保罗·佩里奥教授是法兰西铭文与美文学院成员,当前最著名的汉学家之一,著名的旅行家……佩里奥认为,对第一手材料的研究不透彻以及对其现实意义认识不足

---

① Долинина А. А. Переписка В. М. Алексеева и И. Ю. Крачковского (1916—1950) // Неизвестные страницы отечественного востоковедения. Вып. III. -М.: Восточная литература, 2004. С. 153.

② Меньшиков Л. Н., Чугуевский Л. И. Китаеведение // Азиатский музей -Ленинградское отделение Института востоковедения АН СССР. -М., 1972. С. 86.

③ Юсупова Т. И. Поездка П. К. Козлова в Пекин в мае 1925 г.: биографический факт в историко-научном аспекте (по страницам дневников Монголо-Тибетской экспедиции 1923—1926 гг.) // Российско-китайские научные связи: проблемы становления и развития. -СПб., 2005. С. 78.

④ Pelliot Paul (1878—1945).

是阻碍现代汉学家取得成功的根本障碍之一。而佩里奥则以其出色的连续性及其所掌握的系统且广泛的材料对文献进行研究……对我们俄罗斯人来说,佩里奥的作品还有一个在我们的西方同行们的作品中比较少见的特征:由于佩里奥熟练掌握俄语,因此他非常熟悉关于东方学的俄罗斯文献,并将其广泛运用到自己的著作之中。综上所述,我们非常乐意吸纳保尔·佩里奥教授作为通讯院士参与我们以东方学为重的科学院的工作。"①阿列克谢耶夫称保尔·佩里奥是"所有到过欧洲且用非汉语写作的汉学家中最伟大的一位"②。1925 年 9 月,保尔·佩里奥本人来参加了列宁格勒亚洲博物馆东方学家委员会的会议。

苏联著名汉学家阿列克谢耶夫在 20 世纪 20 年代还到访了欧洲各汉学中心。1923 年 7 月,他前往莱比锡,又从那里赶赴伦敦,随后又前往巴黎。在 1926 年,科学院通讯院士阿列克谢耶夫在伦敦和巴黎的主要汉学中心发表了演讲。院士的女儿,汉学家班科夫斯卡娅(М. В. Баньковская)写道:"对阿列克谢耶夫来说多少有些意外的是,整个 1926 年他几乎都是在国外度过的。3—4 月,他去伦敦出差,在伦敦大学的东方学院开设了一系列的讲座……而在 6 月,被苏联科学院任命为由弗拉基米尔佐夫领导的赴蒙古民族语言考察团的汉学专家,该次考察是由人民委员会设立的组委会组织的……那时候,也就是在 1926 年的春天,阿列克谢耶夫收到了来自巴黎方面的邀请,去法兰西学院举办一系列有关中国文学的讲座……"③科学院通讯院士阿列克谢耶夫确实于 1926 年 3 月在伦敦东方学院做了 5 场关于中国戏剧的讲座,而同年 11 月——又在巴黎做了讲座。

结束北京之行后,阿列克谢耶夫在自己的报告中记录道:"我成功

---

① Известия Российской Академии Наук. VI серия. Том XVI. Л., 1922.

② *Циперович И. Э.* Академики-востоковеды Эдуард Шаванн (1865—1918) и Поль Пеллио (1878—1945) // Петербургское востоковедение. Вып. 9. СПб., 1997. С. 461.

③ Баньковская М. В. За книгами. Через Монголию в Китай (этнолингвистическая поездка Б. Я. Владимирцова и В. М. Алексеева летом 1926 г.) // Восток-Запад: диалог цивилизаций: историко-литературный альманах: 2007—2008 / под ред. акад. В. С. Мясникова. М., 2009. С. 14.

地与最著名的中国科学家们、各历史博物馆的馆员们建立了私人关系和学术联系,这让亚洲博物馆不再孤立,而开始与同类型的机构进行来往。"①在去北京出差期间,苏联的东方学家们结识了许多中国年轻的历史学家。阿列克谢耶夫记录道:"在袁同礼②家中用午膳。在场的还有马衡(历史学家),谦称自己并无建树,以及顾颉刚(年轻的历史学家—批评家)……两位都是研究元朝历史的历史学家……虽然已与他们开始接触,但是是否能够成功地打开缺口呢?当然,我本该采取另一种方式的:应当在这里生活,读他们的作品,关心他们的工作……下一位要拜访的学者仍旧是与元朝研究有关——他就是著名的《新元史》的作者柯劭忞。"③阿列克谢耶夫写道:"我都不曾想过我在北京竟然不被准许进入图书馆!简直荒谬,但这是事实,对此我只好耸耸肩!"④然而在私下,著名的中国学者们则处处向其提供帮助,准许他进入私人图书馆。例如,北京国家图书馆馆长袁同礼就帮助过这位汉学家。也是在北京,阿列克谢耶夫获得了赵元任编写的关于中文语音教材的留声机片。多亏了这张留声机片,后来的苏联院士们才得以在20世纪30年代掌握汉语的基础。

邀请中国历史学家来苏俄变得更困难了。例如,在1925年,在98位应邀来莫斯科参加科学院周年纪念活动的外国学者中,仅有一位中国代表,李教授,他代表的还是地理学。1926年夏,胡适⑤访问了俄罗斯。但是阿列克谢耶夫并没有"认出"这位伟大的社会活动家、这位在中国人尽皆知的历史学家,而将其称为"不成功的诗人"。后来这位苏联院士不止一次因此事"受到指摘"。20世纪20年代在北京工作过的俄罗斯汉学家几乎与所有著名的中国历史学家都合作过。例如,波列伏依与这些著名的中国学者和社会活动家们都建立了密切的联系:胡适、陈独秀、李大钊、鲁迅、郭沫若,甚至还有毛泽东。

20世纪20年代,俄罗斯汉学家甚至与日本汉学家之间也建立起

---

① *Баньковская М. В.* За книгами. С. 24.
② 袁同礼(1895—1965). Директор Национальной библиотеки в Пекине.
③ *Баньковская М. В.* За книгами. С. 25—26.
④ *Баньковская М. В.* Алексеев и Китай: книга об отце. С. 194.
⑤ 胡适(1891—1962).

了直接的联系。1927年,在日本工作过的涅夫斯基与自己的日本同行们一起成立了以中国历史学家和语文学家王国维命名的东方学家协会。在纪念该协会成立的代表大会上,康拉德作了题为"苏俄时期的东方学"的报告。亚洲博物馆是以汉学文献交流的形式与王国维东方学家协会开展合作的①。1928年,科学院派年轻学者舒茨基前往日本进修,以了解日本汉学家的工作经验同时获取学术文献。

俄罗斯汉学家们不仅与外国人合作,还与俄罗斯侨民合作。此外,在国外的俄罗斯学者和教师们也会向俄罗斯汉学家们寻求支持。在一封由法律系主任梁赞诺夫斯基于1927年12月7日写给阿列克谢耶夫的信中写道:"我们有两名优秀的汉语教师:巴拉诺夫先生和乌索夫先生。系里想让巴拉诺夫着手准备并通过硕士考试(即硕士口试)。不知您是否能在这件事上为法律系和巴拉诺夫提供帮助,为我们寄来硕士学位的口试大纲及对巴拉诺夫的指导性指示……虽然哈尔滨就在中国,但仍然有很多汉学方面的信息在这里无法获取,甚至连严肃的汉学家都没有。"②阿列克谢耶夫寄送了大纲并表示愿意提供帮助。作为答复,阿列克谢耶夫收到从哈尔滨发来的工作和教学所必需的资料和文献。在下一封信中(1928年底),梁赞诺夫斯基写道:"我们打算进行一项庞大的新工作:出版'汉学'集,为此切布尔诺夫斯基(Е. М. Чепурновский)给您写了信,并已收到您同意参与的回信。不知还有没有您的哪位同事会参加呢,例如康拉德教授?"③总体来说,阿列克谢耶夫重视自己的侨民同事的著作。在法律系主任梁赞诺夫斯基的信中指出:"您在最近的一封信中写道,您视我们如俄罗斯科学和文化的前哨,这让我倍感欣慰。"④

俄罗斯汉学家与国外同行们的积极协作使我们看到了苏联科学的问题并对苏联科学的前景作出评价。1923年10月22日,克拉奇科夫斯基在日记中记录道:"今天晚上,阿列克谢耶夫(在彼得格勒现代

---

① Икута М. Рождение ученого // Восточная коллекция. 2012. No 3 (50). С. 39.
② Письма В. А. Рязановского В. М. Алексееву // Восточный Архив. 2001. No 6—7. С. 65.
③ Там же. С. 66.
④ Там же. С. 67.

东方语言学院)谈了自己在国外的感受。国外的经历很有趣,但也令人感到残酷和令人忧愁——我们在科学上的落后完全是无可救药的,且在无法发表自己作品的情况下想去弥补这个缺口,是毫无希望的"①。

20世纪20年代,随着亚洲博物馆的发展,汉学家们看到了俄罗斯汉学向高质量发展的新前景。阿列克谢耶夫在关于亚洲博物馆的中国和朝鲜藏书的概述中写道:"作为一门科学,俄罗斯汉学的发展是由新力量以及在科学院的全新支持下构建而成的,一个新的科学实验室也将被创建,在这个实验室里饱含着我们对中国真诚、全面而清晰的认识,很显然,把我们与中国紧密联系起来的不仅仅只是那些边远的国界线。"②1927年,有19名研究人员、2名实习生和4名技术工作者在亚洲博物馆工作。该机构的领导人中除了鄂登堡,还有克拉奇科夫斯基、巴托尔德和乌斯宾斯基。

亚洲博物馆在20世纪20年代集合了大部分的汉学学者。汉学家们对中国进行了综合性的研究,康拉德在给舒茨基有关《易经》的博士毕业论文的遗著版作序时,写道:"舒茨基先后对中国古代文学和中国中世纪文学进行了研究,在研究过程中他极为关注反映哲学思想发展的文献……对于中国历史学家来说,这不仅开辟了'汉学'这项特殊学科的研究轨迹,更是转向了全人类历史学领域的研究道路……"③苏联学者们还进行过实地研究。例如,在阿列克谢耶夫于1930年5月4日写给苏联科学院太平洋委员会主席卡马罗夫(В. Л. Комаров)的信中说道:"申请为施普林钦(А. Г. Шпринцин 中文名:史萍青)额外提供……在日本海沿岸一带出差的机会,目的是为收集中国人、俄罗斯人以及汉化的土著居民有关民间口头创作和语音规则的资料,尤

---

① Долинина А. А. Переписка В. М. Алексеева и И. Ю. Крачковского (1916—1950)//Неизвестные страницы отечественного востоковедения. Вып. III. М.: Восточная литература, 2004. С. 363.

② Баньковская М. В. Алексеев и Китай: книга об отце. -М., 2010. С. 134.

③ Щуцкий Ю. К. Китайская классическая «Книга перемен». -М., 1960. С. 5—11.

其是他有之前对这些民族所作的学术调查作为基础。"①

科学院学者在 20 世纪 20 年代做出的最重要的贡献在于对保存在亚洲博物馆的中国文献进行了研究、系统化和编目,福鲁克和德拉古诺夫就在做这方面的工作。总的来说,俄罗斯汉学家尽一切努力来拓宽其学术研究的文献和史料基础。阿列克谢耶夫作为民族语言考察团的成员之一,于 1926 年赴蒙古从事库伦学术委员会中国书籍的整理工作"②。后来,汉学家甚至不得不从库伦经满洲和大连绕道来到北京。在北京的时候,阿列克谢耶夫写道:"我们碰到了出售稀有书籍的商人。其中用三种语言(蒙语、满语、汉语)书就的手稿《满洲源流考》,共八本,带插图,写于康熙年间,售价 2400 卢布,真是让我们大跌眼镜……我在琉璃厂和商务印书馆逗留了一整天,按照自己的清单进行浏览和挑选……所有的书目都被标记为学院用书和军事用书……收集的资料质量越来越好,我为博物馆采购资料,为学院采购胡适的作品……在琉璃厂为自己买了大量书籍;袁同礼……盛情地向我们展示了《新元史》这本巨著,以及梁启超对其所作的评价。"③

在初期,俄罗斯东方学家们显著地影响着整个科学院的活动。然而在 20 世纪 20 年代,苏联院士中仅有一位汉学家——阿列克谢耶夫。他于 1923 年被评为俄罗斯科学院通讯院士,1929 年被评为苏联科学院院士。这位苏联学院派汉学的创始人虽然不是共产党员,但是连苏联党内最高领导人也未曾试图将阿列克谢耶夫从科学院开除。例如,联共(布)中央委员会政治局制定的秘密名单"院士候选人"中共有三组:"联共(布)成员""向我们靠拢的候选人"和"可以接受的候选人"④。阿列克谢耶夫就属于第三组,人数最多的那一组。

苏联科学院相对平稳的发展阶段结束于 1929 年,那时苏联科学

---

① *Хохлов А. Н.* Академик-китаист В. М. Алексеев под угрозой остракизма в 1938 г. // Неизвестные страницы отечественного востоковедения. Вып. III. -М. : Восточная литература, 2004. С. 462.

② *Баньковская М. В.* За книгами. С. 17.

③ Там же. С. 22—24.

④ Академия наук в решениях Политбюро ЦК РКП(б)-ВКП(б)-КПСС 1922—1991 / 1922—1952. Сост. *В. Д. Есаков.* -М. , 2000. С. 53—54.

院解雇了128名编内工作人员和520名编外工作人员,随后有近百人被逮捕。由于东方学家的数量较少、影响较小,因此几乎没有受到伤害,而历史学家们则遭受到了沉重的打击。鄂登堡就被暂时解除了所有的领导职务。汉学领袖阿列克谢耶夫也被列入拟开除名单,但是幸免于难,并在以亚洲博物馆为基础创立的苏联科学院东方学研究所中继续引领着汉学的研究方向。

东方学科学社会组织

革命时代促使各种不同形式的社会运动活跃起来,人文科学也不例外。此外,当局由于缺乏经验和资源,许多问题的解决都需要社会团体的参与。

苏俄中央执行委员会下设东方学协会(即全俄东方学家协会Всероссийская научная ассоциация востоковедов/востоковедения,ВНАВ)。这是一个从根本上对俄罗斯东方学研究的内容进行重大修正的新协会。该组织根据全俄罗斯中央执行委员会(Всероссийский Центральный Исполнительный Комитет,ВЦИК)于1921年12月12日下达的命令成立。协会章程中写道:"1. 全俄东方学家协会以全面研究东方国家及传播相关学术知识和实用知识为目标。2. 为达到上述目标,协会将:1)联合苏俄境内追求类似目标的所有团体和组织……2)与现存的学术团体、组织以及位于不同国家的个人之间建立联系……3)收集并整理资料……4)修建图书馆……5)召开国际代表大会和全俄代表大会……6)组织考察活动……7)出版学术著作、杂志……"①

全俄东方学家协会由民族事务人民委员部管理,并在莫斯科设有管理总局。全俄中央执行委员会下达的关于全俄东方学家协会的决定表明了,在当前情况下需要有效的机关联合东方学家团体以保证对东方学的研究。创建者们认为,全俄东方学家协会应当是苏维埃国家东方学的组织和领导中心,将"旧"学派的学者们与年轻的马克思主义者—东方学家们紧密地联合起来。在《全俄东方学家协会条例》中写

---

① *Документы и материалы* // Становление советского востоковедения. -М. , 1983. С. 168.

道,协会以全面研究东方国家为目标。根据章程规定,该协会应至少一年召开一次全俄东方学家协会代表大会,且出席人员代表应占协会总人数的十分之一。

全俄东方学家协会的领导机关批准成立了由9名成员组成的董事会,其中的3名由政府任命,6名由选举产生。全俄东方学家协会主席团主席为该协会会长。该协会的学术成果发表在《新东方》杂志(1921—1930)上,这本杂志被认为是苏联最好的刊物之一,在国外也享有盛誉。全俄东方学家协会发表的大部分作品都具有政论特征,虽然没有对社会现象的深入剖析,但反映出明显的社会学趋势。全俄东方学家协会的组织委员会的宣言中也指出了这一点:"研究新东方的科学应当关心被剥削阶级和民族是如何生活和受难的……为取代关于过去的科学,我们应当建立关于现在、关于亚洲未来发展前景的科学……从地理学到经济学和政治学。"①

东方学家协会的第一任会长为职业革命家巴甫洛维奇,在该协会于1924年进行重组之后,他开始担任全俄东方学家协会董事会主席一职。在东方学界,对于这位全俄东方学家协会的董事会主席有着批判性的声音:"老共产党巴甫洛维奇-韦尔特曼,对东方语言一窍不通,除了马克思和恩格斯的小册子他没有读过一本有益之书,倒是出版了厚厚一本关于帝国主义和东方解放运动的著作"②。然而正是巴甫洛维奇担任着全俄东方学家协会唯一的实际领导人。在他去世之后,协会进入了危机时期。难怪在此时列宁格勒东方学院院长——汉学家沃罗比约夫给全俄东方学家协会学术秘书的信中写道:"我愈发坚信,米哈伊尔·巴甫洛维奇的去世对苏联东方学是一个沉重的打击。那个用各种方式将研究东方的所有力量联合在一起的人走了,我完全没有看到另一个哪怕是能部分替代他的人。"③自1922年2月1

---

① *Кузнецова Н. А.*, *Кулагина Л. М.* Всесоюзная научная ассоциация востоковедения // Становление советского востоковедения. -М., 1983. С. 137.

② *Томазишвили А. О.* Владимир Александрович Гурко-Кряжин: судьба бойца «востоковедного фронта» // Неизвестные страницы отечественного востоковедения. Вып. III. -М.: Восточная литература, 2004. С. 56.

③ Там же. С. 95.

日起,古尔科－克里亚任(В. А. Гурко-Кряжин)成为全俄东方学家协会的学术秘书。尽管有政府的支持,全俄东方学家协会还是没能避免财政和编制的问题。1922年,该组织中实际只有5名人员工作,而不是24名在编工作人员。

根据章程,全俄东方学家协会在包括西伯利亚和远东在内的区域都成立了自己的区域分会。1922年1月,在伊尔库兹克开设了全俄东方学家协会区域分会,汉学家帕什科夫任会长,随后在赤塔开设分会。格列比翁希科夫在自传中写道:"1922年,我成为全俄东方学家协会赤塔分会的发起人和创始人。"①

在符拉迪沃斯托克开设全俄东方学家协会区域分会的事宜大概是由于政治原因而被耽搁了。文献中记载道:"早在1922年9月12日就着手尝试建立远东部了,但是由于莫斯科方面不熟悉情况,所以没有建成。在筹备开设远东部的过程中,成立了由阿布拉姆松、格列比翁希科夫教授、马特维耶夫–伯德雷(Матвеев-Бодрый)、奥戈罗德尼克科夫(Огородников)和西佐夫(Сизов)组成的筹备处。虽然筹备处的存在时间不长,但是它成功地在远东革命委员会完成了注册,并从那里得到了300金卢布的资助、前外交部的图书馆和打字机。"②在普遍的支持下,以格列比翁希科夫教授为领导的全苏东方学家协会远东部符拉迪沃斯托克分部于1922年12月成立。格列比翁希科夫在自传中指出,该事件发生在1923年初,且他连续四年担任会长。董事会理事会成员包括屈纳、哈伦斯基及其他汉学家。

俄罗斯汉学家在协会内积极举办讲座以及开展社会活动。早在1923年1月,协会就已为屈纳教授、编外副教授克拉斯京和列宾(Н. В. Репин)等汉学家的公开讲座做好了准备。这其中包括屈纳教授的"孔子学说和中华民国""现代中国工业""中国当下的问题——缩减军队、财政整合与重组",克拉斯京的"中国民间诗歌""中国人的宗教哲学体系""中国的行政制度""中国的思想革命"和列宾的"中国的工人

---

① АВ ИВР РАН. Ф. 152. Оп. 3. Д. 174. Л. 36.
② Из истории востоковедения на Российском Дальнем Востоке. 1899—1937 гг. Документы и материалы. -Владивосток, 2000. С. 124.

运动"。①

　　20 世纪 20 年代后半期,全俄东方学家协会的积极性有所下降,协会工作的不稳定性开始凸显。例如,符拉迪沃斯托克的分部早在 1926 年就几乎中止了活动,但后来又恢复了。汉学家马拉库耶夫(可能是不准确的)写道:"该组织在其形成过程中受到了来自远东边疆区舆论界和中央东方学联盟机构的极大支持,存在了一年的时间,留下《新远东》这本杂志作为自己活动的纪念文献。然而该杂志按照极为广泛的纲领构思而成,并没有发表严肃的学术论文,而是充斥着各种新闻报道的资料。杂志于 1923 年 8 月停刊,随后其出版机构也解散了。全俄东方学家协会的哈巴罗夫斯基分部存在的时间则稍久一些。"②

　　苏俄时期的全俄东方学家协会始终致力于完成联合苏联学者以全面研究东方国家与民族的任务,直到其于 1930 年停办。虽然不是对中国进行研究的组织者,但是全俄东方学家协会还是为汉学在俄罗斯的发展、为中国历史与文化在苏联的普及做出了一定贡献。在该组织的框架内实现了一些外国文献的翻译及发表。例如,1925 年,全俄东方学家协会出版了 19 世纪德国学者对太平天国运动研究作品的译文③。全俄东方学家协会的东方封建制度委员会对中国的社会经济制度问题进行了研究。杜布洛夫斯基《有关"亚细亚"封建主义生产方式、农奴制和商业资本的本质问题研究》④这部作品的发表成为了委员会在这一领域的第一个研究成果。

　　还有一个以改革俄罗斯东方学和联合国内学术力量为使命的组织,这就是共产主义研究院下设的马克思主义东方学家协会(Ассоциация марксистов-востоковедов при Коммунистической академии)。共产主义研究院成立于 1918 年,是宣传马克思主义以及研究社会主义、共产主义理

---

① Из истории востоковедения на Российском Дальнем Востоке. С. 124—125.

② Маракуев А. В. Десять лет востоковедения на Советском Дальнем Востоке. - Владивосток: Дальгиз, 1932. С. 5.

③ Шпильман. Крестьянская революция в Китае. Восстание тайпинов (1850—1860). -М., 1925.

④ Дубровский С. М. К вопросу о сущности «Азиатского» способа производства феодализма, крепостничества, и торгового капитала. -М., 1929.

论问题的马克思主义科学理论中心。但是大概由于在国内几乎没有共产主义东方学家,所以共产主义研究院中也没有产生专门的东方学研究所,而只有马克思主义东方学家协会。该协会以分析东方国家的经济和政治,研究东方殖民地国家的民族革命运动和阶级斗争的新道路,寻求消除苏维埃东方经济和文化落后的途径为目标。该协会的成员在共产主义研究院的各种杂志上发表了自己的作品,如《农业前线》《历史学家－马克思主义者》《中国问题》《革命和民族》等。

在苏维埃政权的初期,俄罗斯地理协会(Русское географическое общество,РГО)没有把对中亚和东亚的研究搁置一旁。时人记述道:"虽然该协会中并没有专门研究东方的部门,但是所有专业都很关注这一问题,尤其是自然地理系和民族学系。他们亲自前往亚洲各个国家进行考察,尤其是对中亚进行了考察,并出版了他们的著作,为东方学做出了巨大贡献。"①1923 年 2 月,人民委员部通过一项决议:"认定俄罗斯地理协会派旅行家科兹洛夫率领考察团赴蒙古和中国西藏地区进行为期三年的考察是适时且合理的。"②该考察为研究中国史做出了重大的贡献。1926 年刊登在布里亚特杂志上的一篇简讯《科兹洛夫考察团》中写道:"科兹洛夫本人率领的第三分队的工作,从挖掘位于肯特山脉支脉的匈奴单于和达官贵人的墓地开始。墓地建于公元 1—2 世纪。通过这次挖掘成功地确立了中国与古埃拉多斯和拜占庭之间毋庸置疑的联系,这一联系通过蒙古建立。挖掘工作一结束,科兹洛夫的分队就着手鄂尔浑河上游的研究……在鄂尔浑河找到了带有扁平墓石和方尖碑的一系列古墓群……当年 8 月,考察团走到了死城哈喇浩特,在那里进行了一系列的挖掘工作。但是主要的发现是在返程,即在杭爱山脉的支脉附近。在这里科兹洛夫有几处成功的发现,如在诺颜乌拉地域发现了 18 世纪的中国城市的残遗。除了其他的发现,在这里还找到了刻有中文碑铭的磨光石板(1275)。石板上刻

---

① Востоковедение в Петрограде 1918—1922. С. 28.
② *Андреев А. И.* Почему русского путешественника не пустили в Лхасу. Новые материалы о Монголо-Тибетской экспедиции П. К. Козлова // Ариаварта. 1996. Начальный выпуск. С. 202—203.

着:Чан-Вен——'左翼近卫军千人长'在此地奉皇帝忽必烈汗之命建立要塞的故事。"①

在20世纪20年代,俄罗斯考古协会东方分会继续积极运转。在当时的参考文献中写道:"东方分会作为俄罗斯考古协会的一部分,实际上是为广义上的俄罗斯东方学的需要服务。巴托尔德(В. В. Бартольд)任分会会长,弗拉基米尔佐夫任秘书。最近几年,协会的活动持续不断,它甚至于1921年成功地出版了25册"会刊"(1917—1920)。自1921年1月1日起,在俄罗斯科学院常务秘书的办公室内召开了协会的系列会议,在会议上做过如下报告(关于中国和日本方面):阿列克谢耶夫的"胡适——一位已经欧化的中国人笔下的孔子学说""为新的中国标准语辩护",波利瓦诺夫的"与新的俄语正字法有关的汉字俄拼的变化""马来语和日本语的比较原则",斯梅卡洛夫的"关于《元朝秘史》的彼得格勒手稿的一些补充资料",科特维奇的"蒙古满文佛教文献""雷纳特和他的准噶尔地图",弗拉基米尔佐夫的"关于蒙古语与中亚印欧语言之间的关系"等②。

可见,1917年革命之后,学术性社会组织在组织东方学研究方面起到了重要作用。此外,社会科学中的重大改革任务,其中包括东方学方面,也被委托给这些学术性社会组织。

综上所述,1917年革命对俄罗斯的学院派团体产生了重大影响。然而,在20世纪20年代期间,不管是组织上还是内容上,俄罗斯科学院都没有发生根本的变化。在俄罗斯汉学的发展方面,科学院的作用只增不减。在苏维埃政权的初期,社会科学组织的意义不仅没有被削弱,反而增强了,这些组织对俄罗斯东方学家的活动进行协调并将他们团结在了一起。

2.3 为中国人创办的教学机构和俄罗斯汉学

专为中国人设置的教学机构成为20世纪20年代苏联时期汉学

---

① Жизнь Бурятии. No 4—6. Верхнеудинск. 1926. С. 134—135.
② Востоковедение в Петрограде 1918—1922. С. 24—25.

体系的重要组成部分,苏联承担起为实现中国革命培养骨干的重任。1917年以前,尽管一些中国人在俄国高等院校接受过教育,但是对于中国大学生来说,俄国仍旧没有什么吸引力。由于革命活动的开展、国际关系的变化和世界新形势的出现,许多中国人赴苏联求学,接受专业的党政和军事教育。为此,苏联政府迫切需要汉学方面的专家。而这些教学机构的存在也成为了俄罗斯汉学发展的重要因素。

莫斯科东方劳动者共产主义大学(Коммунистический университет трудящихся Востока, КУТВ)

1917年革命后,在俄罗斯出现了一批全新的大学,例如说莫斯科东方劳动者共产主义大学。1921年4月全俄中央执行委员会上通过了在莫斯科建立莫斯科东方劳动者共产主义大学的决议。布罗伊多(Г.И. Бройдо)①成为其创立者和第一任校长。截至1921年年底,该所学校共计培养了700多名学生,其中有四分之一是由鞑靼人、巴什基尔人,以及来自高加索、中国、朝鲜等共39个民族的代表组成。1922年,莫斯科东方劳动者共产主义大学成立外国部,下设中国分部。莫斯科东方劳动者共产主义大学位于普金科夫斯基巷,即原马林斯基中学校址。

东方民族的教学大纲中并没有特别开设汉学课程(只开设了"东方学"课程)。在莫斯科东方劳动者共产主义大学讲授这样一些科目,如:"人类史""古代俄罗斯历史""19世纪西欧阶级斗争史""俄罗斯共产党史"。而东方史和中国史并不包含在教学计划内,这大概是因为当时该领域的问题被普遍认为属于民族与殖民问题②。汉学家克雷莫夫(А.Г. Крымов,华人)在回忆录中提到,在该大学中,一些关于近现代史的课程是由中国革命家来讲授的:"蔡和森几乎每天都在学校,他开始讲授中国共产党史,李立三则负责中国工会运动史课程。这些

---

① Бройдо Григорий Исаакович (Герш Ицкович) (1883—1956).
② Жизнь национальностей. 1922. № 6 (135).

课程是对中国工人运动发展史系统阐述的第一次尝试"①。

1925年莫斯科东方劳动者共产主义大学下设东方科研小组。1927年科研小组转型为科学研究协会,研究苏联东部和东方国家的社会经济问题,并以研究民族与殖民问题而著称。例如,波利瓦诺夫和波波夫－塔季瓦编写的著名的《汉语音译教程》就是斯大林莫斯科东方劳动者共产主义大学科学研究协会东方国家部的出版物。《革命东方》杂志自1927年以来成为莫斯科东方劳动者共产主义大学主要的理论和科学刊物。该杂志很厚,多达200页,并配有精美插图。该刊在第二期上就刊登了以下几篇文章:《当代中国的封建残余问题研究》《中国的革命和语言》《中国的新字母——"注音字母"》《中国的厘金税制度》等。此外,在这一期杂志中还刊登了两篇中国人的文章,其中就包括毛泽东的《湖南农民运动考察报告》。20世纪20年代末期《革命东方》成为东方学研究的主要阵地,确定了苏联东方学的发展与走向。

中国劳动者孙逸仙大学(Университет трудящихся Китая имени СуньЯтсена, УТК 亦称莫斯科中山大学)

1925年在莫斯科建立的中国劳动者孙逸仙大学是专门为中国人创办的一所院校,后来更名为中国劳动者共产主义大学(Коммунистический университет трудящихся Китая, КУТК)。其第一任校长是拉狄克(К. Б. Радек),第一任的副校长米夫(П. А. Миф)于1927年接任第二任校长。

学校的正常运行离不开俄罗斯汉学家的帮助。著名历史学家—汉学家叶菲莫夫写道:"首先摆在我们面前的就是语言教学……因为学生根本不懂俄语,而教授和老师又极少有会说汉语的,所以主要课程都配有交替翻译,从俄语翻成中文,但也随之带来了翻译者的困难……给学生的教科书和参考书都被译成中文……在中国劳动者孙逸仙大学里有精通中文的老师鄂山荫、科洛科洛夫,除此之外,还有曾在北京大学担任教授的 А. А. 伊万诺夫……后来逐渐有从该校毕业的

---

① Го Шаотан (А. Г. Крымов). Историко-мемуарные записки китайского революционера. Предислов. Л. П. Делюсина. -М., 1990. С. 165.

学生回来从事翻译工作,这些学生俄语能力很强。"①

盛岳(即盛忠亮)曾就读于中国劳动者共产主义大学,在回忆录中他这样评价自己的俄语老师:"约克看上去应该是俄罗斯人,曾是列宁格勒现代东方语言学院的学生,他曾去中国进修,会说一口地道的北京官话,而且经常用汉语为学生授课。鄂山荫出生在哈尔滨,在北京读书,所以他的汉语比约克还要好,具有极高的翻译天赋……除了这些专家,还有老一辈的汉学家在中国问题研究所(Научный исследовательский институт по Китаю, НИИ по Китаю)担任顾问,例如伊万诺夫……著名的汉学家科洛科洛夫也在中国问题研究所工作。"②

在中国劳动者共产主义大学里的苏联历史学家、汉学家和其他领域的杰出代表还为中国学生研究设定了关于中国史的课程。中国专家达林(С. А. Далин)在自己的回忆录中写道:"1925年秋天学校开始上课。我很快就担任起老师的职务并同时在红军中任职。那时我在社会结构发展史教研室工作,该教研室开设的课程非常有趣,学生们都听得津津有味。该课程是以马克思(К. Маркс)和恩格斯(Ф. Энгельс)的理论为基础……重要的是,课程不仅介绍全人类文明,还尤其侧重中国史③。"叶菲莫夫还指出:"米夫也是这些教授和老师中的一员,他不仅深入而且全面地研究中国革命,还曾先后担任中国劳动者孙逸仙大学(后更名为中国劳动者共产主义大学)的副校长和校长。沃林、约克、马季亚尔(Л. И. Мадьяр)、库丘莫夫(В. Н. Кучумов)、安德烈耶夫(М. Г. Андреев)等汉学家在此担任教学工作。"④

---

① Ефимов Г. В. Из истории Коммунистического университета трудящихся Китая // ПДВ. 1977. № 2. С. 171.
② Шэн Юэ. Университет имени Сунь Ятсена в Москве и китайская революция. Воспоминания. Пер. с англ. Л. И. Головачевой и В. Ц. Головачева. -М., 2009. С. 68—69.
③ Далин С. А. Китайские мемуары. 1921—1927. -М., 1982. С. 191
④ Ефимов Г. В. Изистории Коммунистического университета трудящихся Китая. С. 172.

苏联研究人员指出:"中国劳动者孙逸仙大学老师所讲授的课程对中国革命史做了一定的总结。曾在这所学校学习的中国学生成为1927—1928年革命的中坚力量。学校聚集了一大批坚持以马克思主义为指导的优秀教师。后来许多学校的工作人员都开始在中国问题研究所或其他机构从事中国史的研究。"①1926年底到1927年初,拉狄克编写了十七讲的中国史,但是发行量不大。一位中国留学生回忆道:"拉狄克是个挺奇怪的人。他具有书虫的一切特质,但是对待工作他十分认真负责……他教的课是'中国革命运动史'。这是中山大学最受欢迎的课程,也是唯一一门不分年级集中授课的课程。莫斯科东方劳动者共产主义大学的学生、研究中国问题的学者和专家都会来此听课。拉狄克对于中国史的研究法和教学法非常准确且科学……总之他对政治制度的认识与了解远远超过了一般的历史学家,就更不用说那些只会机械地运用辩证唯物主义的人了。"②

20世纪20年代,对于苏联研究中国问题的专家来说,中国劳动者孙逸仙大学是一个重要的阵地。达林回忆说:"我们这些老师不管是了解古东方、古希腊和古罗马,还是中世纪和近代欧洲历史的,现在都去研究中国的经济史了。我们钻研马可波罗、马戛尔尼勋爵的作品,研读比丘林、库诺夫、扎哈罗夫、格奥尔基耶夫斯基和 K. A. 斯卡奇科夫的论著,研究英国的、德国的有关中国政治经济历史、土地关系等内容的作品。"③

中国劳动者孙逸仙大学(即之后的中国劳动者共产主义大学)始终把主要精力放在科研工作上。研究人员写道:"学校聚集了一群杰出的汉学家,并且和最具理论觉悟的中国同志团结在一起。"④其中一位学生说:"虽然中国劳动者孙逸仙大学只开办了短短五年,但是它的

---

① Очерки истории исторической науки в СССР. Т. IV. Ред. *М. В. Нечкина*. -М., 1966. С. 810.

② *Шэн Юэ*. Университет имени Сунь Ятсена в Москве и китайская революция. Воспоминания. Пер. с англ. Л. И. Головачевой и В. Ц. Головачева. М., 2009. С. 50—51.

③ *Далин С. А.* Китайские мемуары. С. 191—192.

④ *Ефимов Г. В.* Из истории Коммунистического университета трудящихся Китая. С. 174

三个补充机构在经过重组后都保留了较长时间。这三个机构分别是中国问题研究所、翻译局和中国印刷厂。"①20世纪20年代后半期中国劳动者孙逸仙大学形成了专门的科研结构。当代研究人员潘佐夫(А.В. Панцов)在书中写道:"1926年2月联共(布)中央委员会宣传鼓动部决定展开筹备建立中国问题研究所的组织工作。由于各种原因,组织工作被搁置,直到1928年1月1日汉学研究室才改组成中国劳动者孙逸仙大学中国问题研究所。"②叶菲莫夫写道:"一开始是在中国劳动者孙逸仙大学成立了汉学研究室……研究室的工作计划包括编写术语词典、整理两部有关中国历史的最新著作(其中包括梁启超的作品)、根据媒体材料撰写简评等。1927年研究室开始出版机关刊物《中国问题参考资料》,该杂志最初只作为内部刊物,后来开始公开销售。1926—1928年间,该刊物共发行了16期,其内容主要是与中国相关的文献和摘自中国媒体刊物的信函及译文。"③

汉学研究室改组成一个独立的研究所或许并非偶然。中国劳动者孙逸仙大学的学生盛岳认为,1927年国民革命失败是研究所建立的重要原因。他指出:"建立研究所是专为总结1925—1927年的革命经验和为日后的行动做规划,并且加深对中国问题的研究。"④于是在20年代后半期,根据新校长米夫的倡议,中国劳动者孙逸仙大学终于建立起属于自己的中国问题研究所。1928年其官方名称为"中国劳动者孙逸仙大学中国问题研究所""中国劳动者共产主义大学中国问题研究所",1930年又更名为"民族殖民问题研究会中国问题研究所"⑤。盛岳在回忆录中这么写道:"官方机构是在1929年初设立的,沃林教授出任所长。约克、鄂山荫等新一代中国方面的专家也加入进来。约

---

① Шэн Юэ. Университет имени Сунь Ятсена в Москве и китайская революция. С. 67

② Панцов А. В. Тайная история советско-китайских отношений. Большевики и китайская революция (1919—1927). -М., 2001. С. 246.

③ Ефимов Г. В. Из истории Коммунистического университета трудящихся Китая. С. 175.

④ Шэн Юэ. Университет имени Сунь Ятсена в Москве и китайская революция. С. 68.

⑤ Проблемы Китая. Записки Института / НИИ по Китаю при Ассоциации по изучению национальных и колониальных проблем. No 3. -М., 1930.

克应该是个俄罗斯人,曾在中国进修,会说一口地道的满语。像伊万诺夫这样老一辈的汉学家也在科研所担任顾问。从事研究工作的还有著名俄罗斯汉学家科洛科洛夫。"①

毕业于莫斯科东方学院的卡拉—穆尔扎是研究所最年轻的研究员之一。他的学生这样记录道:"中国问题研究所的大多数专家都比他年长,而且他们的政治和生活经验更为丰富。许多布尔什维克的地下工作人员和参加过内战的人都在此任职,他们的科研工作是在坚实的马克思主义学说以及斗争实践积累的基础上形成的。上任不久的外交官和记者也参与其中,他们中不乏欧洲老牌大学的毕业生。各种专业、不同命运的人凝聚在一起只为一个目的——认识中国,推动中国革命。这里还聚集了一批中国马克思主义历史学家。格奥尔基·谢尔吉耶夫·卡拉—穆尔扎就和这些人一起共事了八九年。"②

关于中国问题研究所的活动,在达林的回忆录中写道:"1927年2月我回到莫斯科,被任命为中国研究室的主任。该研究室于1928年更名为中国问题研究所(下属于中国劳动者孙逸仙大学)。像 A. A. 伊万诺夫、安德烈耶夫这些久负盛名的汉学家都曾在该研究室工作过,除此之外,还有一些懂汉语的年轻学者,例如什图金、爱伦堡、维什尼亚科娃(B. B. Вишнякова)等。我在学校工作的时候,就时常感觉自己好像回到了中国,而不是待在沃尔洪卡大街 16 号这个曾是男子中学的地方。"③曾担任中国南方小组军事顾问的随同翻译卡扎宁也来此地工作。莫斯科东方学院的毕业生,后来成为著名中国历史学教授的卡拉—穆尔扎④正是在这个中国研究室于 1927 年开启其科研事业的序幕。

谈到中国劳动者共产主义大学的科研工作时,当代研究人员指出:"编写术语词典、整理两部最新的有关中国史的著作(包括中国改

---

① *Шэн Юэ.* Университет имени Сунь Ятсена в Москве и китайская революция. C. 68—69.

② *Тодер Ф. А.*, *Юрьев М. Ф.* Штрихи к портрет упрофессора Г. С. Кара-Мурзы (1906—1945) // Слово обучителях. Московские востоковеды 30—60-х годов. -М., 1988. C. 84.

③ *Далин С. А.* Китайские мемуары. C. 365.

④ Кара-Мурза Георгий Сергеевич (1906—1945).

革运动领袖梁启超的著作)都在研究室的工作计划内。"①1928年中国劳动者共产主义大学出版集体专著《中国革命运动史》。其第一章"19世纪上半叶中国的社会政治与经济制度"②的作者是当时在中国劳动者共产主义大学和莫斯科东方学院担任教授的著名汉学家安德烈耶夫。这部作品中还阐述了包括太平天国起义、百日维新在内的一些革命运动的特殊阶段。

中国问题研究所定期出版自己的学术刊物。以1928年出版的第15期《中国问题参考资料》为例,这期杂志发行了1000册,政治版块主要刊登中国政党的文献,经济版块内容来源广泛,主要展示经济概况,土地问题部分则刊登中国的文章和文献,除此之外还有以下版块:农民运动、工人问题……

1928年《中国劳动者孙逸仙大学中国问题研究所学报》开始定期出版,之后改名为《中国劳动者共产主义大学中国问题研究所学报》。学报每月发行两期,里面详细介绍了中国的政治经济状况。其材料来源于来自欧洲国家、美国、中国和日本的报纸杂志的译文。图书简介是该杂志重要的部分,1928年3月的期刊中介绍了《中国媒体概述》和《欧洲语言的刊物概述》两部著作③。从1929年5月开始,学报的内容发生了一些变化。例如说,5月25日发行的学报分为以下几个部分:1.中国的道威斯计划;2.英国人在中国;3.德国与中国;4.蒋介石与他的独裁路;5.南京的财政状况……④而接下来一期的学报则是以介绍蒋介石和冯玉祥的关系问题的文章为开篇。1929年秋编辑部打算对学报进行调整,第一步就是减少年发行期数并出版某一主题的专刊,例如说发行了以"国民党的改组运动"为主题的专刊⑤。原则上来说,研究所学报在发行的几年里始终秉承着自己的风格。1931年发行的夏刊共150页,刊登的文章有:1.经济概述;2.工人运动报告;3.土地

---

① Панцов А. В. Тайная история советско-китайских отношений. Большевики и китайская революция (1919—1927). -М., 2001. С. 246.
② История революционного движения в Китае в XIX и XX вв. -М., 1928.
③ Бюллетень НИИ по Китаюпри УТК. № 9. Москва, 24 марта 1928 г.
④ Бюллетень НИИ по Китаюпри КУТК. 1929. № 11.
⑤ Бюллетень НИИ по Китаюпри КУТК. № 19—21.

问题;4.国民会议和广州起义;5.临时宪法全文;6.国民会议纪要;7.号召建立中国左翼作家联盟以反对白色恐怖;8.关于中国的新文献(书刊简介)。①

1929年4月,经过中国问题研究所的筹划准备,共产主义研究院发行了第一期《中国问题》杂志。其中刊登了 Цюй Хэсян 的《中国的机会主义史》、Тан Байлю 的《买办资产阶级》、安德烈耶夫的《中国资本主义阵营》、泰吉恩(И. Тайгин)的《日本与中国》。杂志中还有几页内容,探讨了太平天国起义存在的主要问题。在1930年第3期《中国问题》中登载了以下几篇文章:《中国的苏维埃运动和共产党的使命》《中国革命的任务和与取消主义的斗争》《中国的经济危机》《苏维埃政权在中国》《中国游击运动中存在的问题》。"概述与参考资料"部分刊登了《1930年中国无产阶级的斗争》《孟什维克、社会革命党、立宪民主党对中国1925—1927年革命的评价》(爱伦堡)、《中国的棉纺织工业和纺织品市场》《云南的经济地理状况概述》(卡扎宁)。杂志中还列有"学术争鸣""评论和荐书"及"大事记"版块。

1930年发行的某期《中国问题》上刊登了《中国问题研究所工作概述(1928.1—1930.5)》。文中提到了科研所创办的目的:"1.总结1925—1927年国民革命和群众革命运动(太平天国起义、义和团运动、1911年辛亥革命等)的经验和教训;2.研究当代经济、工农群众运动和当下中国革命存在的问题;3.推动中国劳动者共产主义大学的教育工作;4.使社会组织和机构增进对中国革命和有关中国问题的认识与理解"②。

1930年,科研所共设有六个不同方向的研究小组,分别是:经济学、中国共产党和工人运动、孙中山主义、历史学、语言学(下设中文拉丁化研究小组)和中国的当代建设经验。截至1930年历史小组的组长都是莫斯科大学的前任校长、富有科学党性的干部沃尔金(В. П. Волгин),除此之外,他还领导孙中山主义研究小组。该校学生盛岳写道:"研究所共有两个分部,分别研究中国的基础性问题和当今中国面

---

① Бюллетень НИИ по Китаю КУТК. № 76—77. 1931. № 7—8.
② Проблемы Китая. Записки Института / НИИ по Китаю при Ассоциации по изучению национальных и колониальных проблем. № 3. -М., 1930.

临的问题。前者主要采用纯理论和技术分析,因此大多数老一辈的汉学家都在这个部门工作。他们集中精力解决重大基础性问题,例如汉字改革……中国各时期的土地问题、古代中国的社会结构等。他们还编写了汉—俄词典。"①头两年多的时间里研究所筹备并进行了有关中国史的讨论,讨论内容主要围绕八篇报告,其中三篇是有关太平天国起义的[达林、修卡尔(Щукарь)、思卡尔比列夫(Скорпилев)]。此外,安德烈耶夫还做了名为"中国奴隶制"的报告,约克和科金则针对"古代中国社会制度"做了报告。

中国问题研究所开设了研究生部,《中国问题》杂志对该研究生部做了如下介绍:"为培养以马列主义为指导的高水平汉学人才,为中国革命培养预备干部,1929 年秋研究所设立研究生部。当年招收的学生中有一部分是来自纳里马诺夫东方学院事先约聘的毕业生,也有一部分来自在中国进行革命实践的同志以及中国劳动者共产主义大学讲师团的成员。1929 年上半年所里给研究生分别开办了汉学预科班,马季亚尔同志负责讲授中国经济,雅各布森同志负责讲授中国历史。在 1929 年秋,研究生入学考试之后有 19 名学生被录取。研究生的培养计划共涉及三个领域,分别是经济学、历史学和革命历史学,学制为三年。1929/1930 学年只有理论经济学和马克思主义方法论两个研讨课。两个研讨课都举办了 18 场报告讲座。除此之外,所里还组织汉语、英语和德语研究小组……暑假时,部分研究生还会被派往参与生产实践。"②在研讨课上研究生则要听取一系列报告,例如《中国手艺》(塔尔甘斯基[Тарганский])和弗拉基米洛娃(Владимирова)、《中国西南少数民族的社会经济制度》(卡拉—穆尔扎)、《中国农村分化现象》[伯杰帕罗夫(Потепалов)]、《19 世纪中国社会制度》[索尔兹(Сольц)]和《太平天国起义》(Ляо)。

在这种情况下,莫斯科东方劳动者共产主义大学和中国劳动者孙逸仙大学(后来的中国劳动者共产主义大学)就出现了一批优秀的汉

---

① Шэн Юэ. Университет имени Сунь Ятсена в Москве и китайская революция. С. 69.
② Проблемы Китая. Записки Института / НИИ по Китаю при Ассоциации по изучению национальных и колониальных проблем. № 3. -М. , 1930. С. 240—242.

学家,他们在这里工作并不断提高着自己的专业水平。这些大学同时也为俄罗斯东方学家提供了可以继续深造的研究生部。莫斯科东方劳动者共产主义大学和中国劳动者共产主义大学下设的中国问题研究所对中国问题进行专业研究,尽管他们所研究的问题范围较为狭窄并且具有特殊性。

2.4 20世纪20年代俄罗斯汉学家的成果

阿列克谢耶夫教授被认为是苏联汉学学派的奠基人和首位领导者。自20世纪20年代初起他的著作被视为古典俄罗斯汉学的延续。在那个时代,汉学研究趋向于社会化和政治化,阿列克谢耶夫从中看到了原始主义和教条主义的危险性。作为古典欧洲汉学的代表人物,这位苏联院士—汉学家首先是一位语言学家,并且认为"古典作品"才是高水平科学得以保证的基础。阿列克谢耶夫于20世纪20年代写道:"新汉学从知识行囊('文')中解放出来,所以研究中国看起来似乎更容易了,然而这是不切实际的:新中国比旧中国更复杂,就像新的数学知识比旧的数学知识更复杂一样。"①研究人员指出:"阿列克谢耶夫在评价《新东方》第一期杂志中关于中国的文章时写道,这些文章的作者在汉学界并不出名,然而他们那些'不可饶恕的错误却暴露了他们在任何领域都对中国完全不了解'……'毫无根据地音译中国名字对于书写和寻找严谨文章的人来说不是小问题'。"②

在20世纪20年代中期,在阿列克谢耶夫的《自我总结报告》中,他对自己的水平和对科学的贡献作出了如下评价:"按照'技能等级资格规定'我最接近于D(第四)类,即该类科学(汉学)的最主要代表,但是,当然,我不强求获得这一资格……我开辟了建立在语言学诠释的基础上的俄罗斯汉学的新方向……在中国文学研究方面,我将自己的

---

① Баньковская М. В. Алексеев и Китай: книга об отце. С. 388.
② Томазишвили А. О. Владимир Александрович Гурко-Кряжин: судьба бойца «востоковедного фронта» // Неизвестные страницы отечественного востоковедения. Вып. III. -М.: Восточная литература, 2004. С. 74.

中国文学理论建立在对孔子学说研究的基础之上……这与 В. П. 瓦西里耶夫、格鲁伯（Grube）等人的观点相悖……我创立了新的俄语翻译用语……作为民俗学家,我给俄罗斯汉学带来了新气象……作为艺术学家,我也是创新者……写了许多评论欧洲和中国汉学成就的科学文章……"①

文艺学与中国文学译作

20 世纪 20 年代初,国家开始对苏联东方学家作品的普及进行系统工作,首先是普及文学译作。在 1918 年的彼得格勒,在作家高尔基（М. Горький）的倡议下"世界文学"出版社成立,该社下设东方部。1919 年 4 月高尔基就已写明:"如今我们在组织出版东方文学作品,参与这项工作的有我们主要的东方学家、欧洲学家们。我们翻译并出版中国、日本……的文学"②。当代有研究人员记载:"1919 年第一本名为《东方文学》的汇编面世,书中详细地介绍了东方国家文学历程的特点。到了 1920 年出现了第二本相同书名的汇编,该书主要介绍远东民族的文学。"③该书以阿列克谢耶夫的文章《中国文学》开篇,此外,书中还收录了弗拉基米尔佐夫的文章《蒙古文学》、科特维奇的《满语文学》,以及叶利谢耶夫的《日本文学》。

阿列克谢耶夫在自己的文章中呼吁道:"也许我们唯一的任务就是丰富精选的中国文学作品的译本。我们目前还在'世界文学'出版社发起了一项关于新译作的大型项目,这些新的译作最终会给俄罗斯读者带来他们从汉学专家那里期待已久的知识。"④阿列克谢耶夫的研究秉承这样一个观点,即"公元前 6 世纪末,先进的中国思想尽管各

---

① Три неизвестных архивных документа: к биографии В. М. Алексеева (публикация А. Н. Хохлова) // Неизвестные страницы отечественного востоковедения. Вып. III. -М.: Восточная литература, 2004. С. 434—436.

② Андреев Ю. К. Из истории китайской книги в России в первые годы Советской власти // Вестник НГУ. Серия «История, филология». Т. 1. Вып. 2. Востоковедение. 2002. С. 78.

③ Литература Востока. Сборник статей. Выпуск второй. -Пб: Гос. изд-во, 1920.

④ Алексеев В. М. Китайская литература // Литература Востока. Сборник статей. Выпуск второй. -Пб: Гос. изд-во, 1920. С. 22.

不相同……但植根于同一种对待世界起源的态度和同一种史前渊源，探索生命意义的思想被分化为两种世界观"①，接下来他介绍了道家学说和儒家学说在中国文学中的地位。按照自己的逻辑，阿列克谢耶夫从奠定了整个未来中国文学基础的"孔子汇编的古代诗歌集（诗经）"②翻开中国文学的历史篇章。

在那些年第一批交由苏联读者评判的中国作家的作品，有来自《蒲松龄志怪小说集》(《聊斋志异》)的《狐魅集》和《神僧集》(1922—1923年，阿列克谢耶夫翻译并作序)，还有《7－9世纪中国抒情诗文集》(1923年，舒茨基翻译，阿列克谢耶夫编辑并作序)③。

1922年杂志《东方》在彼得格勒面世。这本官方定位为"文学、科学和艺术杂志"的刊物由"世界文学"出版社出版，发行量为每期3000份。编委会成员包括有汉学家阿列克谢耶夫。20年后阿列克谢耶夫本人对1921至1925年间在高尔基的全面指导下出版面世该东方学刊物作出了如下评价："……也许这是唯一的关于东方文化知识的科学－艺术推广刊物，包含了科学评论、东方大事记、东方文学名著翻译、关于东方艺术的文章以及其他部分。《东方》不仅为所有苏联的东方研究者们提供科学参考资料，更是苏联文化公民值得一读的刊物……"④

在第一期杂志中刊登了阿列克谢耶夫翻译的中国作品(蒲松龄的《聊斋》等)以及舒茨基的译作(诗人李白的作品等)。该杂志还试图将关于中国文化的作品与政治宣传的文章相结合，然而俄罗斯汉学家所

---

① Алексеев В. М. Китайская литература // Литература Востока. Сборник статей. Выпуск второй. -Пб: Гос. изд-во, 1920. С. 5.

② Там же. С. 22.

③ Андреев Ю. К. Из истории китайской книги в России в первые годы Советской власти // Вестник НГУ. Серия «История, филология» Т. 1. Вып. 2. Востоковедение. 2002. С. 78

④ Переписка В. М. Алексеева и И. Ю. Крачковского (1916—1950) // Неизвестные страницы отечественного востоковедения. Вып. III. -М.: Восточная литература, 2004. С. 320.

写的关于社会政治经济话题的文章受到了时人的批判①。1923年发行了《东方》杂志的第二期,其中也包含了阿列克谢耶夫的译作。此外,在这一期中还刊登了阿列克谢耶夫的《当代中国概要》一文。著名东方学家古尔科-克里亚任曾对阿列克谢耶夫的一系列问题进行过批判,但是在对第一期《东方》杂志的评论中,他对"中国文学名作《狐魅集》的翻译"给予了积极的评价②。

20世纪20年代中期"世界文学"出版社不复存在。研究人员指出:"在出版社关闭和并入国家出版社之前,在东方部的存稿中有准备发表的孔子、李白等的作品……"③

到了20世纪20年代末,中国文学作品译本的出版仍在继续。"青年近卫军"出版社拥有"现代中国文学作品"系列。汉学家 Б. А. 瓦西里耶夫在评价1929年出版的译作时写道:"我们在研究现代中国时,由于显而易见的原因,主要且几乎是唯一的方式就是运用政治经济材料,而暂时将研究中国精神文化置于第二位……文学作为几乎是描绘国家社会生活特点的最好的手段,在中国总是扮演着重要的角色,并且这一角色在当代物质生活状况下也并未消失……该书是一本由30篇现代中国文学作品译本构成的文学作品集……翻译是匿名的,但是根据译者的措辞,可以得知一些翻译难点的校订是由科洛科洛夫教授完成的。"④

语言学和文献学

在整个20世纪20年代中国语言学仍是新俄罗斯汉学的基础。而欧洲汉学的基础始终是文本批评。新俄罗斯汉学始于汉字、语言学

---

① *Томазишвили А. О.* Владимир Александрович Гурко-Кряжин: судьба бойца «востоковедного фронта» // Неизвестные страницы отечественного востоковедения. Вып. III. -М.: Восточная литература, 2004. С. 68.

② Там же.

③ *Андреев Ю. К.* Из истории китайской книги в России в первые годы Советской власти // Вестник НГУ. Серия «История, филология» Т. 1. Вып. 2. Востоковедение. 2002. С. 79.

④ [Васильев] Правдивое жизнеописание. Повести и рассказы. Перевод с китайского.

习、中国文学作品翻译和史料分析。

对于那个时代来说苏联著名党内活动家卡尔·拉狄克的观点是极具典型意义的,他在20世纪20年代中期写道:"我们懂语言的汉学家屈指可数,并且这些汉学家中的十分之九都是语言学家,他们充其量只是对中国的文化和宗教感兴趣,他们只是从俄罗斯知识分子的角度来接触中国,而不是从历史的角度、唯物主义的角度来认识中国。甚至把他们用作翻译人员也是十分困难的事,原因很简单,因为对公共教育不感兴趣的人是不理解文献资料的。"[1]

自20世纪20年代初起俄罗斯汉学界出现了一位才华横溢的汉学家－语言学家——年轻的汉学家帕什科夫,他还在伊尔库茨克工作时就已经完成了自己的第一批作品。在符拉迪沃斯托克的日子是他生命中富有成果的时期,后来汉学家迁至莫斯科。帕什科夫在远东完成了研究工作并发表了其研究《汉语发展的主要阶段》。他将汉语发展分成了四个时期。同时,最后一个时期——"汉语辩证发展时期"被他分成了三个阶段,最后一个阶段是"从13世纪至今的新汉语时期"[2]。帕什科夫的研究基础包括历史主义原则,他认为:"汉语作为一种拥有至少五千至六千年历史的语言,它的古老性不以语言事实研究为转移,本身就暗示了其漫长的演变。如果再加上在中国历史中明确提出的其他语言发展因素……那么汉语的多样化演变则是必然的。"这位俄罗斯汉学家明确指出:"从上述关于汉语进化时期或阶段的概述我们发现汉语的悠久历史至少可以追溯到至今六七千年以前。这样一个古老的又是与我们同时代的语言当然会引起语言学家的注意。它所历经的进化之路的特征在于词形变化逐渐消失,取而代之的是固定的词组,而这些固定词组发展了听者的纯逻辑分析能力,汉语的进化之路在某种程度上类似于印欧语言的进化之路,其中英语被认为是最发达的语言。而汉语在进化过程中相对于英语则被认为甚至

---

[1] *Панцов А. В.* Карл Радек-китаевед // Вестник Московского университета. Серия 13. Востоковедение. № 1. 2005. С. 23—24.

[2] *Пашков Б.* Основные этапы в развитии китайского языка / Труды Государственного Дальневосточного университета. Сер. VI, 1.-Владивосток, 1926. С. 11.

超越了它(英语)。"①

远东自学成才的汉学家马拉库耶夫针对帕什科夫的研究写道："在高本汉(Карлгрен Бернхард)作品的深刻影响下帕什科夫教授编写的手册基于汉藏源语思想，而这一思想与我们已接受的雅弗语学理论完全相悖。他的第二个观点——关于汉语的单音节问题——与关于这一问题的传统观点相反。书中自相矛盾地给出了汉语方言的定义，例如，作者认为粤语也属于方言的一种。总而言之，他的这一作品需要认真修订。"②

在东方民族文化研究所，帕什科夫作了以下报告："苏联汉学问题""关于中国的文学革命""关于汉语北方方言中唏辅音的方言进化特点""关于汉字语音范畴结构中所谓的语音的语义功能""中国人及其文化的蒙古起源理论分析""关于蒙古语字母及其语言的语音系统的相符程度""日本民间故事"(中日之间文化关系特征)等。1928年帕什科夫完成了自己的巨著《中国文字的起源与发展》。在书中他探讨了汉字的独特性和古老性的重要问题。然而帕什科夫的这部作品未能出版，只出版了一篇关于该研究话题的文章③。

著名东方学家波利瓦诺夫和波波夫－塔季瓦1928年出版的作品《汉语音译教程》成为了俄罗斯汉学史上的重要事件。该书前言中写道："东方学家科研工作实践中的一个主要困难，毫无疑问，就是音译的问题……这一观点奠定了东方劳动者共产主义大学研究协会拟定出版音译实用教材系列计划的基础，而第一部问世的作品就是由协会成员波利瓦诺夫教授和波波夫－塔季瓦教授编写的《汉语音译教程》。书中首先包含了西欧和俄罗斯汉学文献中采用的音译方法总结……总结之后给出了文献中最常遇见的汉语术语的音译实例……附录部分还刊登了波利瓦诺夫教授的语言学成果，这一成果可以作为汉学家

---

① *Пашков Б.* Основные этапы в развитии китайского языка / Труды Государственного Дальневосточного университета. Сер. VI, 1.-Владивосток，1926. С. 13.

② *Маракуев А. В.* Десять лет востоковедения на Советском Дальнем Востоке.-Владивосток：Дальгиз，1932. С. 9.

③ *Пашков Б. К.* Революция и язык в Китае // Революционный Восток. № 2. М.，1927.

研究中国语音学的系统指导,这一领域至今还研究尚浅。"①

该书中的附录文章《简述汉语(北京方言)语音特征》对俄罗斯科学具有独特的价值。该文开篇陈述了下列观点:"汉语和俄语,甚至欧洲语言之间最大的原则上的区别在于汉语音节表示法的重要性,它在很大程度上与俄语(及其他类似语言)中的最基础的语音表示方法(或音位)有着同样的作用。这就是为什么汉语的语音体系描述是从音节表示法分析开始的……原则上三种不同的音节特征(音节的、音调的和呼气重音的表示)同时在发出该音节时实现,但是却具有完全不同的语义与功能,它们的必要性程度也完全不同。"②俄罗斯汉学家指出:"因为……俄罗斯传统的语音体系被普遍认可,所以我们的任务不是创建一个新的用俄语字母传译汉语的体系,不是纠正我们汉学家传统的音译方法,而只是帮助正确使用该体系,为此必须制定出西欧(语言)和传统俄语拼写之间的等值对应表……为了在认识传统的字母对应的同时也介绍中国人发音时真实的复合语音结构,我们在该书中附上了《简述汉语语音特征》,目的是为了使用国际音标符号来传达汉语语音(附有必要的解释)。"③为了彻底地了解和展现这一问题全貌以及方便读者,汉学家提供了与俄语拼写相对照的英语和法语音标。

1925年斯梅卡洛夫在列宁格勒现代东方语言学院出版了自己的作品《汉语成语语法》。在20世纪20年代,科洛科洛夫从事汉语和汉字问题的研究,档案中保存了他的教科书《汉语语法简介》的机打副本,该书注明日期为1926年④。1927年科洛科洛夫撰写了文章《关于汉字分类的新数字方法》,该文于第二年在哈尔科夫用乌克兰语发表⑤。

汉学家 Б. А. 瓦西里耶夫从事中国语言和文学问题的研究。他针

---

① *Поливанов Е.*, *Попов-Татива Н.* Пособие по китайской транскрипции. -М.: Издание КУТВ им. И. В. Сталина, 1928. С. I-II.

② Там же. С. 69—71.

③ Там же. С. 6.

④ АВ ИВР РАН. Ф. 144. Оп. 1. Д. 76.

⑤ Там же. Д. 84.

对1929年刊物的长篇评论可以说明这一点①。中国问题研究所也在从事中国语言学问题的研究。发表在杂志《中国问题》上的文章《中国问题研究所的工作简要信息（从1928年1月至1930年5月）》②中提到了报告《关于汉语音译的原则》（卡拉－穆尔扎同志）和《关于翻译原则》[雷特(Рыт)同志]③。在俄罗斯汉学家中存在着对中国语言学问题的不同观点。

20世纪20年代这一时期以莫斯科东方学院1930年出版А. И. 伊万诺夫和波利瓦诺夫编写的《现代汉语语法》一书谢幕。著名的俄罗斯东方学家阿尔帕托夫对这项关于中国语言学的最大规模的研究之一作出了如下评价："毫无疑问，1930年汉语语法中波利瓦诺夫编写的部分，不仅在俄罗斯汉学界，而且在世界汉学界都是向前迈进的重要的一步。而А. И. 伊万诺夫编写的部分反映了汉语发展不可避免和历史必然的一个阶段，但是早在20世纪之前，汉语发展就已经经历过这一阶段了。"④对А. И. 伊万诺夫的汉语语法作品给予批判的还有同时期的作者——阿列克谢耶夫院士。

俄罗斯汉学家工作的主要方向是编纂汉语词典。大汉俄词典编纂工作的主要执行单位是科学院亚洲博物馆。编纂工作由阿列克谢耶夫领导。20世纪20年代该项工作不仅尚未完成，甚至都没有呈现出专业出版物的形式。但是，依靠列宁格勒汉学家的力量所做的这项工作在保存的档案文件中可以寻到踪迹。在德拉古诺夫1928年初致亚洲博物馆馆长的申请信中提到："我可以为博物馆的中俄词典编

---

① [*Васильев*] Правдивое жизнеописание. Повести и рассказы. Перевод с китайского. Редакция и вступительная статья А. Хархатова . С послесловием проф. В. Колоколова (серия «Художественная литература современного Китая») (Васильев Б. А.) // Записки Коллегии востоковедов при Азиатском музее АН СССР. Т. IV. -Л. : Изд-во АН СССР, 1930. С. 286－295.

② Проблемы Китая. Записки Института / НИИ по Китаю при Ассоциации по изучению национальных и колониальных проблем. No 3. -М. , 1930.

③ Там же. С. 239.

④ *Алпатов В. М.* Два века в одной книге // Общество и государство в Китае. Том XLIV. Часть 1 / Ученые записки ИВ РАН. Отдела Китая. Вып. 9. -М. : ИВ РАН, 2014. С. 539.

纂材料准备工作提供有利的帮助(去年我已经为亚洲博物馆完成了约7500张卡片)"①。莫斯科的汉学家在这一领域所取得的成就更为明显。科洛科洛夫的作品《汉俄简明词典》的手稿标注时间是1926年,共100多页②。这部作品于1927年在莫斯科出版。确实,由科洛科洛夫指导完成的《汉俄简明词典》③于1927年在莫斯科东方学院通过平版印刷的方式出版。俄罗斯汉学家们也提到:"在科洛科洛夫的指导下,在中国劳动者孙逸仙大学的中国学生的参与下,汉俄词典于1927年完成并通过平版印刷的方式出版,这本词典数十年来都是该类词典中的杰作。"④中国劳动者孙逸仙大学也主持了字典的编纂工作⑤。例如,1929年中国劳动者孙逸仙大学印刷发行了300份67页的小型的《针对斯大林〈列宁主义问题〉一书的俄汉同义词词典》⑥。参与汉俄词典编纂工作的还有俄罗斯元老级汉学家之一——政论家瑟罗米亚特尼科夫(С. Н. Сыромятников)。

鲁达科夫教授在符拉迪沃斯托克完成和出版了一些词典。在他的《汉语标准语(文言)虚词实用词典》的前言中他指出:"我们的词典无法涵盖汉字语法意义的所有情形,往往给出的都是一般的解释,而

---

① АВ ИВР РАН. Ф. 152. Оп. 3. Д. 207. Л. 3.
② АВ ИВР РАН. Ф. 144. Оп. 1. Д. 115.
③ *Колоколов В. С.* Краткий китайско-русский лексикон / Сост. при участии Лянь Куня, Хон Кимпио и М. Д. Кокина. -М. : Изд-во Вост. ин-та им. Нариманова, 1927.
④ *Юрьев М. Ф.*, *Панцов А. В.* Учитель китаеведов Г. Б. Эренбург (1902—1967) // Слово об учителях. Московские востоковеды 30—60-х годов. -М. , 1988. С. 107.
⑤ Русско-китайский словарь к некоторым статьям «Книги по русскому языку». -М. : Изд-во КУТК, 1926. 161 с. ; Русско-китайский постатейный словарь к «Книге по русскому языку». -М. : Изд-во КУТК, 1929. 32 с. ; Русско-китайский синонимический словарь к книге И. В. Сталина «Вопросы ленинизма». Составил *С. Э. Вильковский*. Под ред. Е. Рыта. Перевод Дербиша под ред. т. Колоколова. -М. : Изд-во КУТК, 1929.
⑥ [*Вильковский*] Русско-китайский синонимический словарь к книге И. В. Сталина «Вопросы ленинизма». Сост. *С. Э. Вильковский*. Под ред. *Е. Рыта*. Перевод *Дербиша* под ред. т. *Колоколова*. -М. : Изд-во КУТК, 1929.

这些一般的解释实际上很难阐明事物的本质。"①在1927年和1930年出版的两个版本中,该词典的第一部分分析了100多个助词。

中国历史研究

20世纪20年代中期拉狄克指出:"我们的汉学家……屈指可数……因为对公共教育不感兴趣的人是不理解文献资料的。可以这么说:就像我们拿在手里使用的最普通的欧洲史学家的书一样的关于中国历史的书,没有一本可以拿到手里使用的……唯一例外的是孔拉季(А. Конради)教授的作品,他最先尝试用一些科学的方法来了解中国的历史时期……"②

一些俄罗斯汉学家在20世纪20—30年代期间保留了研究中国外交史相关历史文本的旧传统,典型的例子就是关于《元朝秘史》《蒙古秘史》的众多作品。20世纪20年代,那些在中国工作过的俄罗斯汉学家还保留了这些研究传统。例如,在北京工作过的潘克拉托夫完成了蒙古文《元朝秘史》的音译转写、标音、翻译和词汇编纂工作③。阿列克谢耶夫院士指出"长期并且活跃地在中国担任苏联公职使潘克拉托夫成为了一名汉学实践家和理论家……"④

提到关于把新的历史文献资料运用于该学科的问题,可以指出的是,20世纪30年代初有一个任务是"研究齐齐哈尔档案",这份档案于1928年从符拉迪沃斯托克转寄至"中心档案馆"。该项工作的发起者是格列比翁希科夫教授,但是在1934年,"齐齐哈尔档案研究"任务交由沃罗比约夫教授完成。

对中国历史问题感兴趣的还有苏联古典汉学派的阿列克谢耶夫。

---

① Рудаков А. Практический словарь служебных слов литературного китайского языка. Ч. 1. Служебные слова односложные. Вып. 1.-Владивосток: Типография Гос. Дальневосточного ун-та, 1927. С. I.

② Панцов А. В. Карл Радек-китаевед // Вестник Московского университета. Серия 13. Востоковедение. № 1. 2005. С. 23—24.

③ Кроль Ю. Л. О работе Б. И. Панкратова над «Юань-чао би-ши» // Страны и народы Востока. Вып. XXVIII.-СПб., 1994. С. 132—142.

④ Старикова В. С. Научная и педагогическая деятельность Б. И. Панкратова // Страны и народы Востока. Вып. XI. -М., 1971. С. 7.

在20世纪20年代前半期为数不多的关于历史学科的出版物中,可以提到1924年发表的一篇文章——《中国考古学之命运》①。阿列克谢耶夫的作品《中国与欧洲的中国史研究》十分与众不同,它介绍了中国三千年的历史发展概况。这位苏联院士在这一作品中揭示了其对中国历史编纂学初始阶段的看法:"记录中国历史的首次尝试,如不出所料,应该是编写英雄传说,它或是采用本土的英雄人物,抑或是外国的,也很有可能是西方的英雄人物。记录在被称为《书经》的第一本编史古文献中的传说传到了孔子那里,令孔子着迷,被他宣扬传颂,不过他对这些传说进行了简化……自古以来在拥有最高权力的皇帝在其皇宫里有着宫廷占星师制度,这些占星师既是占星师也是历史编纂学家……孔子决定给本国民众讲课,告诉他们该如何编写历史。为此他在故国鲁国拿到了宫廷史学家的编年史,孔子认为在英雄故事的主线上来加工这些材料是行不通的,所以他仔细地逐字逐句地研究这枯燥的记录上的每一个字,并赋予其对人类行为的决定性的评判意义。为此他将广泛的同义词引入叙述的术语中……其实,整个后来的中国历史编纂学都是在孔子传授的历史编纂学的开端上直接发展而来的……司马迁详尽地叙述了整个古代史,只需要按部分来对其进行补充和延续……"②

汉学家阿列克谢耶夫提出了下列问题:"什么是经过中国历史编纂学家加工过的中国历史?这真的是历史还是只不过是细节堆砌的史书?"③在持续了几个世纪的世界汉学争论中,古典汉学代表的论点十分有意义,他们认为在中国历史编纂学中有对真理的追求,有"特别丰富和精准的材料以及附加的关于这些材料的批评文献",这意味着,传统中国历史是一门学科,"虽然它还是一门新的,需要普遍知识补充的学科"④。

阿列克谢耶夫在20世纪20年代的这一见解至今都具有现实意

---

① Алексеев В. М. Судьбы китайской археологии // Известия Российской Академии истории материальной культуры. Т. 3.-Л., 1924.

② Алексеев В. М. Китайская история в Китае и в Европе // Проблемы Дальнего Востока. 1975. № 1. С. 150—151.

③ Там же. С. 152.

④ Там же. С. 154.

义:"历史学家的创作是个人的历史假想,即在纷繁混乱的事实(其中包含偶然事件,拥有自身体系的人类存在所表现出的、未表现出的和没有完全表现出的形式)或遵循他人的假想(传统的、流派的、个人的假想;将想法从一个领域转移到另一个领域的假想)中积极寻求和确定真理,如果这是真的,那么关于中国历史我们可以说得比其他任何历史更多,中国历史就是在不断地创建人类的完全特有的假想";"今天人们因为害怕所以就这样给事物命名,等明天不再害怕了,就会换一种叫法,而历史学家,作为'诚实高尚的人',遵循一条绝对路径,即真理本身,并努力呈现这种真理。他的路径是一条永恒之路,长度是恒定的,而不是变幻无常的";"在所有时代,每一位有文化的中国人都保留了人的永恒的二元性;真理在哪儿——在真正的事实中还是在支配事实的东西中?因此整个中国历史编纂学不仅具有二元性,还具有关于历史原则论断(即史论)的极度多样性";"如此一来,受儒家假想影响的残缺的历史真相仍存在于书面的文献当中。也就意味着,我们只需能够将其(历史真相)提取出来,因此,在中国历史编纂学中史学家们也做其他国家的史学家做的事。"①阿列克谢耶夫还纳入了日本研究中国历史编纂学的经验,并详细地分析了欧洲人研究中国历史所遇到的问题。

阿列克谢耶夫得出了下列结论:"中国人不仅在各卷史书中自己书写自己的历史,这些卷宗数量与他们在持续不断的文化浪潮中生活的时间年数成正比,而且他们还研究历史,对史书的结构给予充分的补充和理论建构。没有一个问题是中国史学文献完全没有触及的,并且我可以仅根据一个1789年的200卷本的皇帝目录,利用它详尽的、最具学术价值的索引来书写关于中国史学和中国史学批评的历史、方法及内容,同时我还可以广泛地满足史学家的好奇心,全面地展示中国历史文献的全景……"②

阿列克谢耶夫对中国历史研究所做出的贡献还包括其对历史著

---

① *Алексеев В. М.* Китайская история в Китае и в Европе // Проблемы Дальнего Востока. 1975. № 1. С. 152—154.

② Там же. С. 154.

作作出的评论。1930 年《苏联科学院亚洲博物馆东方学家协会论丛》刊登了他对屈纳《关于中国物质与精神文化最重要基础的发展史》一文作出的评论。该评论于 1922 年完成,但直到 1930 年才发表,在这份 9 页的文章中阿列克谢耶夫提及了一系列中国历史的关键性问题①。

由工农红军军事学院东方系完成的专著《中国——国家、民族、历史》②是首批关于中国历史的苏联作品之一,该专著的作者是年轻的汉学家马马耶夫和科洛科洛夫。该书于 1924 年经由军事出版社发行了第二版。如此一来,苏联汉学创始人之一、基础词典的编纂者科洛科洛夫成为了首批苏联中国史学家中的一位。该书分为下列几个章节:"史前和古代的中国""君主制的中国""唐朝""宋朝"……作者认为,中国人的祖先是从近东来到黄河流域的。从语言和内容来看,作者试图用一种通俗易懂的方式来呈现中国历史。

在苏联史学中对上述提及作品有着矛盾的评价。在《苏联史学史概论》中指出:"截至 1927 年,马马耶夫和科洛科洛夫的书是对中国从远古时代开始的历史进行概述的唯一尝试。其中历史部分由科洛科洛夫编写,他是教师和极为杰出的汉语专家,但是他没有接受过历史方面的专业教育。他编写的关于英国文学的作品没有独创性,其中还有许多理论错误。"③而当代研究人员对这一作品的评价整体是积极正面的:"马马耶夫和科洛科洛夫首次尝试编写涵盖整个中国历史的史书,这是一本参考性质的书,历史部分占据全书约一百页。书中载有关于中国历史的有趣材料,但是作者显然无法超越其前辈们的理论

---

① [*Алексеев В. М.*] Проф. Н. В. Кюнер. Лекции по истории развития главнейших основ китайской материальной и духовной культуры (Рецензия) // Записки Коллегии востоковедов при Азиатском музее АН СССР. Т. IV. -Л. : Изд-во АН СССР, 1930. С. 265—274.

② *Мамаев И.*, *Колоколов В.* Китай. Страна, народ, история / под ред. А. А. Иорданского. Изд. 2-е, испр. и доп. -М. , 1924.

③ Очерки истории исторической науки в СССР. Т. IV. Ред. М. В. Нечкина. -М. , 1966. С. 800—803.

水平。例如,大规模的民众骚乱被解释为是因为人口增长和自然灾难。"①总而言之,杰出的汉学家科洛科洛夫多次探讨关于中国史的问题。在档案馆中保存了他的教科书《中国历史概论》的机打原稿②。

苏联史学界对霍多罗夫研究中国的作品给予了高度的评价,认为"霍多罗夫比20年代上半期的其他作者更接近于完成在马克思主义方法论的基础上建构中国历史总体框架的任务"③。事实上,霍多罗夫在自己对现代中国问题的研究中常常详细地回顾问题的历史。例如,研究"铁路"问题时,作者用了好几页文本来叙述:"中国铁路历史在很多有趣的细节中揭示了世界帝国主义在远东的侵扰。中国铁路建设的第一次尝试是在1863年……"④

在撰写关于中国历史作品的作者中必须提到东方学院的毕业生,东方学家—日本学家波波夫(А. Д. Попов)。他在"无产阶级"出版社出版了篇幅不大的五十余页的《中国历史概论》。在前言中А. Д. 波波夫写道:"俄罗斯读者们表现出的对中国时事的特别的兴趣把对我们伟大的邻邦进行更深入的研究的问题提上了日程。然而令人遗憾的是,关于中国的马克思主义文献还很缺乏,以至于找不到一本可以作为这个伟大民族的可靠向导的史书。中国仍在等待着自己的马克思主义历史学家,而这部概论只是尝试从广义上来介绍该国历史发展的经济先决条件。"⑤在《概论》一书中描绘了中国历史的"画卷",分为"文明的起源""游牧民族的侵袭""中国古代统治者和圣贤""朝代更替""农民起义""欧洲人在中国的初期""太平天国起义"以及"帝国主义者的侵略"等章节。

同时,1927年在苏联远东地区出版了苏联第一部关于中国历史的

---

① Серов В. М. К. А. Харнский-историк стран Дальнего Востока // Известия Восточного института Дальневосточного государственного университета. № 5.-Владивосток, 1999. С. 52—53.

② АВ ИВР РАН. Ф. 144. Оп. 1. Д. 143.

③ Очерки истории исторической науки в СССР. Т. IV. Ред. М. В. Нечкина. С. 800—802.

④ Ходоров А. Е. Мировой империализм и Китай. -Шанхай, 1922. С. 275.

⑤ Попов А. Д. Очерк истории Китая. -М. , 1925.

总结性巨著《自古迄今的中国》①。它的作者是远东国立大学太平洋周边国家经济和政治教研室主任、著名的苏联东方学家、东方学院1912年毕业生(尽管是日本学方向)哈伦斯基。这位苏联史学家—东方学家用自己的这本书来对太平天国起义的人物致以崇高的纪念。研究人员指出:"按照作者所说,该出版物是在'缺少研究我们伟大邻邦通俗历史书籍的条件下'出现的。哈伦斯基没有把完整地叙述中国历史定为自己的任务。他采用了另一种方法:他试图将对中国历史的理解与世界历史进程联系在一起。正如在研究日本的书中,哈伦斯基试图消除在西方史学中业已形成的关于中国'非史实性'、停滞性和永恒的落后性的观念。"②

阿列克谢耶夫对哈伦斯基的作品持批判态度,他认为,这位远东的汉学家没有使用中国的史料。阿列克谢耶夫写道:"这本书尤其危险的是语言优美能够吸引读者。但是书中科学素养不足,更不用说科学价值了。"③尽管有上述批评,但必须指出的是,哈伦斯基的书始终是迄今为止内容最丰富、最不受意识形态和官方思想影响的用俄语编写的关于中国历史的一部总结性著作。

在该书的前言中哈伦斯基说道:"该书所针对的读者群十分广泛,这些读者现在对中国的兴趣是如此之大,但是由于研究中国历史的通俗读物的缺乏,所以他们或是对我们伟大邻国的过往知之甚少,或者更糟糕的是有一些为中国剥削阶级利益服务而形成的关于中国的完全错误的观念……关于中国的过去有许多有价值的作品。但由于中国人民的经济活动史仍未被研究,所以还没有作品详尽地阐释了这个

---

① *Харнский К.* Китай с древнейших времен до наших дней. -Хабаровск-Владивосток,1927.

② *Серов В. М.* К. А. Харнский-историк стран Дальнего Востока // Известия Восточного института Дальневосточного государственного университета. № 5-Владивосток,1999. С. 56—57.

③ *Алексеев В. М.* Рабочая библиография китаиста. Книга руководств для изучающих язык и культуру Китая // Архив российской китаистики. Сост. А. И. Кобзев. -М.: Наука-Восточная литература, 2013. С. 261.

大国的整个历史。从这个意义上来说,中国历史还没有被写完。"①哈伦斯基如此描述自己作品的宗旨:"这本书中不含有任何迄今为止用欧洲语言编写的研究中国历史的作品中所未涉及过的事实。因此,如果该书的作者被称作是一个简单的编译器(即根据别人的著作来编纂的人),他也不会感到委屈……他给自己定下的任务就是对那些已知事实进行简单的系统化,这些事实的对比很好地说明了在'白种人的'欧洲和'黄种人的'中国的历史进程之间不存在根本性差别……除了主要的目的——即加快消除我们糟糕教育的残余,作者还有别的目的,那就是为了体现研究中国历史对于理解西方发生的事情来说是多么的重要。"②

还是在书的前言部分,哈伦斯基指明了自己研究基于哪些参考文献。其中包括用英语出版的中国作者的总结性研究作品,以及罗日科夫(Н. А. Рожков)的《比较历史解读下的俄罗斯历史》③。此外,哈伦斯基补充道:"在编写这本书时,笔者曾多次通过与远东国立大学科研工作者波戈金(В. Л. Погодин)、帕什克维奇(И. В. Пашкевич)、克拉斯京教授、帕什科夫教授、希托夫(Шитов)教授,尤其是那些在该书文本和注释中多次提到的东方学专家-史学家们进行了访谈对话,从而为该书增添了新的知识。"④作为苏联最早的东方学家-史学家之一,他的观点在过去的近百年时间里一直具有现实意义:"笔者相信,未来对中国及其邻国历史进行公正的研究工作将极大地改变现有的关于所谓的'世界历史'进程的观念。当然,这样的工作需要付出许多努力。首先,这项工作需要彻底杜绝这种有害的想法,即欧洲历史和人类历史是同义词。欧洲人不止一次地嘲笑中国人称自己的国家为天

---

① *Харнский К*. Китай с древнейших времен до наших дней.-Хабаровск-Владивосток,1927. C. VII.

② *Серов В. М*. К. А. Харнский-историк стран Дальнего Востока // Известия Восточного института Дальневосточного государственного университета. № 5.-Владивосток,1999. C. 56 — 57. Харнский К. Китай с древнейших времен до наших дней.-Хабаровск-Владивосток,1927. C. VIII-IX.

③ Рожков Николай Александрович (1868—1927).

④ Харнский К. Китай с древнейших времен до наших дней.-Хабаровск-Владивосток,1927. C. XI.

下的中心,现在到了嘲笑他们自己的'中心性'的时候了!"①

哈伦斯基的作品分为两部分,共八章(第一章为《序言》)。然而在正文前插入的"文献综述"具有重大的科学价值,它是一个独立的史学研究。首先作者对已出版的4位中国学者的英文作品和西欧学者的9部作品进行了简要的评述和介绍。然后还对国外的一系列研究进行了简要评述。在俄罗斯国内的学者中,作者提到了罗日科夫(Рожков)、屈纳、鲁达科夫、伊文、迈斯基、科洛科洛夫、马马耶夫、阿列克谢耶夫、坎托罗维奇、格奥尔吉耶夫斯基、瓦西里耶夫、康拉德、舒茨基、拉狄克、伊万诺夫、库丘莫夫以及图日林(Тужилин)等。在描写中可以看到这样的信息:"李美步(原名李彬华)的《中国经济史》……由美国哥伦比亚大学出版。作者李美步是曾在一位俄罗斯侨民(根据姓来判断②)的指导下在美国学习的中国姑娘……她显然倾向于马尔萨斯主义。尽管该书有一些不足之处,但它仍是独一无二的……不同于出售的其他同类作品。这本书的语言通俗易懂。《中国的进步与社会管理》(英文),其作者余天休是北京师范学院的老师,同时也是中国一本社会学杂志的主编,其著作是对中国的过去和现在进行社会学研究的尝试……作者的某些思想与坎托罗维奇的观点相近。但是与后者不同的是,他认识到了汉朝和唐朝时期的进步性……"③

哈伦斯基提出的中国历史发展逻辑和他对中国社会经济结构的观点都在目录中得以体现:"……Ⅱ. 中国古代。古老的中国,封建的中国——第一个中国帝国时期的世界——在发现希腊世界前的第一个帝国……从商人贵族的胜利到第一帝国的覆灭。Ⅲ. 新中世纪和第二帝国。分裂、战争与侵略时代——封建制度瓦解时期的意识形态——第二帝国时期的世界……宋朝时期的中国。Ⅳ. 处在历史的转折点。蒙古人对中国的侵略及其帝国……两百年的衰败——中国帝国的低谷时期——王位的有名无实。Ⅴ. 中国强盛时期。满族人及其统治下

---

① Харнский К. Китай с древнейших времен до наших дней.-Хабаровск-Владивосток,1927. С. Ⅹ.

② Симкович Владимир Григорьевич (1874—1959)。——译注

③ *Харнский К*. Китай с древнейших времен до наших дней.-Хабаровск-Владивосток,1927. С. ⅩL.

的中国……Ⅵ.亡国的开始。帝国的衰落……太平天国起义……Ⅶ.太平天国之后。最后的半世纪——瓜分中国的企图——百日维新——义和团……王朝被推翻——督军的起源……Ⅷ.新中国的诞生。1894—1927年经济变革——内战加剧时期——伟大的中国革命"。哈伦斯基的研究是关于元明时期历史问题的论战的重要组成部分,这是一场因资本主义在中国的起源问题而引起的论战①。萨法罗夫(Г.И. Сафаров)、康拉德和其他研究人员也参与了这场论战。

苏联研究者们早在半个世纪前就指出了哈伦斯基研究的高水准:"与屈纳、马马耶夫和科洛科洛夫的作品不同,哈伦斯基的作品毫无疑问是成功的。作者在世界历史的背景下展示了中国历史,强调了中国发展的总规律……"②而且这并不是偶然的,苏联史学家尼基福罗夫指出:"哈伦斯基很大程度上是一位历史学家……除了东方学教育,他还接受了历史学教育,他曾在士官武备学校听了罗日科夫(Н.А. Рожков)的讲座……后来哈伦斯基自学了世界史问题。"③如此看来,哈伦斯基近五百页的总结中国整个历史的大型作品成为了俄罗斯史学和汉学发展中的重要事件。哈伦斯基提出的思想和方法至今仍未失去其现实意义。

20世纪20年代末出现了一些关于中国历史的作品,这些作品的作者是因内部政治斗争而被"排挤"的政治家－汉学家们。例如,1927—1928年期间出版了前共产国际东方部部长、列宁最亲密的战友萨法罗夫的文章《中国历史的远古时期》和专著《中国历史上的阶级和阶级斗争》。

谈及研究中国历史,就必须要提到研究中国哲学和宗教历史问题的作品。20世纪20年代年轻的俄罗斯汉学家们从事中国哲学文本的研究。1922年舒茨基最先在西方开始翻译炼丹家－道士葛洪的哲学

---

① *Бокщанин А. А.* История Китая в период Мин (1368—1644) в отечественной историо-графии // Общество и государство в Китае: XXXVII научная конференция. -М., 2007.

② Очерки истории исторической науки в СССР. Т. IV. Ред. М. В. Нечкина. -М., 1966. C. 800—804.

③ *Никифоров В. Н.* Советские историки о проблемах Китая. -М., 1970. C. 116.

论著《抱朴子》(3—4世纪)。到目前为止该工程只保留了一部分翻译——《葛洪的道教思想》(1923)。1924年舒茨基完成了文章《"列子"文本历史中基本问题》,之后这篇文章刊登在《苏联科学院亚洲博物馆东方学家协会论丛》(1928)上。

1925年舒茨基完成了文章《佛教中的道士》,在文中汉学家明确指出:"虽然现在已经存在一些研究中国宗教的文献,但是我们对这一领域仍未研究透彻。我们甚至无法给出一个大概的关于中国宗教生活历史发展的全貌。"①在文中舒茨基写道:"在本文中我想详细地说明一个人,那就是在欧洲众所周知一位在东方佛教发展中十分重要的人物,即在东方非常著名的慧远,一般我们称之为'慧远大师'。"②舒茨基得出结论:"处在道教和佛教边缘的慧远穷尽一生来揭示这一边缘未来发展的雏形……慧远在佛教中接受了道教形象和概念,而在道教中接受了佛教体系。"③在其他汉学作品中需要提及的是中国劳动者孙逸仙大学教师扎科夫(М. П. Жаков)的作品《"孟子"中的封建思想体现》④。

保存在俄罗斯科学院档案馆的康拉德的个人馆藏表明他曾积极研究哲学历史问题。这位东方学家研究《易经》《论语》、王阳明以及其他思想家的作品⑤。他的第一批关于中国哲学历史的笔记上标记的时间是在1920—1921年间,并记录在奥尔洛夫斯基市长公文用纸上⑥。

在苏联科学和社会中对中国历史问题的兴趣引发了苏联历史科学的一场受人瞩目的方法论论战——"关于亚细亚的生产方式"。苏联东方学界这方面的权威人士,例如古别尔(А. А. Губер)在20世纪

---

① Щуцкий Ю. Даос в буддизме // Восточные Записки. Т. I. -Л. : Издание ИЖВЯ им. А. С. Енукидзе, 1927. С. 241.

② Там же.

③ Там же. С. 250.

④ Жаков М. Отражение феодализма в «Мэн Цзы». -М. , 1927.

⑤ АРАН. Ф. 1675. Оп. 1. Д. 107.

⑥ Щуцкий Ю. Даос в буддизме // Восточные Записки. Т. I. -Л. : Издание ИЖВЯ им. А. С. Енукидзе, 1927. Д. 61.

40年代初的总结性作品中写道:"必须提到东方封建主义性质问题及与其相关的所谓的关于亚细亚生产方式的论战,这场论战被提上日程,是因为1925—1927年中国革命引发了对中国历史问题研究的极速增长的兴趣。"①

在1929年出版的专著《论"亚细亚"生产方式本质问题》的序言中提到:"东方学家协会把研究东方封建主义土地关系列入首要工作计划之中。为此在东方学家协会中成立了东方封建主义问题委员会,该委员会的第一项成果是杜布洛夫斯基同志出版的《论"亚细亚"生产方式本质问题》……"②作者本人在书中"前言"开头写道:"本书是在东方学家协会(东方封建主义问题委员会),以及在后来的共产主义研究院(东方社会学部联合会议)所作报告的实录。乍一看,本书所研究的问题似乎是纯学术性的,但这只是乍看之下得出的结论。推崇'亚细亚'的生产方式和否认东方的封建主义,在很大程度上与我们对在东方国家,尤其是在中国发生的革命的错误理解有关,这一点可以在托洛茨基分子关于中国革命问题的演讲中得到反映。"③

苏联史学家尼基福罗夫表明,"伊文和霍多罗夫的争论成为了关于东方社会形态的论战的起点"④。研究者库利平指出:"在关于亚细亚生产方式的论战之初,学者们尝试探讨了中国社会生活的具体社会自然基础。其中重要的尝试是科金和帕帕扬对'井田制'的研究。根据马克思主义基本方法论原则,两位作者就中国古代社会生活问题进行了社会自然分析。他们的失败是因为受限于当时关于研究客体的认知水平十分低下……"⑤

参与苏联科学界这场论战的还有国外的研究人员,例如刚刚在德

---

① Двадцать пять лет исторической науки в СССР. -М.-Л., 1942. С. 279.

② Дубровский С. М. К вопросу о сущности «Азиатского» способа производства, феодализма, крепостничества и торгового капитала. -М.: Изд. Научной Ассоциации востоковедения при ЦИК СССР, 1929.

③ Там же.

④ Никифоров В. Н. Советские историки о проблемах Китая. -М., 1970. С. 151.

⑤ Кульпин Э. С. Человек и природа в Китае. -М.: Наука. Главная редакция Восточной Литературы, 1990. С. 32.

国出版了作品《觉醒的中国》的作者、德国共产主义者魏特夫（К. Виттфогель）。当代研究人员指出："1928年魏特夫访问莫斯科，在这里他会见了苏联关于亚细亚生产方式观的主要支持者马季亚尔和瓦尔加（Е.С. Варга）。此外，梁赞诺夫向他介绍了马克思关于亚细亚生产方式的极具价值的新精选文本。"①

1931年出版了《1931年2月发生在列宁格勒由马克思主义者—东方学家协会和列宁格勒叶努基泽东方学院主办的辩论的实录》一书②。戈德斯（М. Годес）在作品《关于亚细亚生产方式的辩论总结》中说道："1926—1927年期间广泛展开的关于中国革命特点的争论为关于亚细亚生产方式的争论和关于总的社会形态的争论奠定了基础。"③汉学家科金引用论据来支持亚细亚生产方式理论。许多汉学家参与了辩论。什图金在辩论中发表了言论，他提到："同志们，在近两年里，我一直在研究科金和帕帕扬感兴趣的那些问题，但是是以汉朝资料为基础……我顺利翻译了大量的文本……这些文本给我们带来了关于汉朝时期中国经济史的丰富的资料。"④什图金重点关注关于中国社会"停滞"这一思想。约克坚决支持"五种社会形态说"。其他的观点他称之为是可以被苏联的敌人利用的"反革命作品"，他认为"亚细亚生产方式"理论偏离了马克思列宁主义方法论，会引发错误的政治立场⑤。

中国的国情学和近代史

20世纪20年代初，在苏俄和国外均开始出现大量关于中国现代问题的出版物。苏联汉学学派的奠基人阿列克谢耶夫曾在社会政治

---

① Мун А. В. Предпосылки и истоки формирования концепции «восточного общества» у раннего К. Виттфогеля // Тихоокеанская Россия и страны АТР в изменяющемся мире. Сб. ст.-Владивосток, 2009. С. 13.

② Дискуссия об Азиатском способе производства. -М.-Л.: Государственное социально-экономическое издательство, 1931. С. 4.

③ Там же. С. 5.

④ Там же. С. 55.

⑤ Там же. С. 74.

领域进行过尝试,但是失败了。研究人员指出:"古尔科-克里亚任高度评价了第一期《东方》杂志中马尔(Н. Я. Мapp)、克拉奇科夫斯基和鄂登堡等人的作品。但是汉学家阿列克谢耶夫所有的文章和短文都受到他尖锐的批评。古尔科-克里亚任认为《俄罗斯作家作品在中国的翻译》这篇小文章毫无意义,其中大量关于社会特征的描述让人看了很不舒服。这些东西更像是那些装腔作势的假绅士写的,而不是一个汉学家。古尔科-克里亚任称阿列克谢耶夫的《中华民国》《中国的印刷业》和《中国贸易数据资料》这三篇短文毫无用处,甚至是有害的。他还并不那么隐晦地指责作者抄袭了《中华年鉴》(*China Year Book*)。"①连作家楚科夫斯基(К. И. Чуковский)也谴责阿列克谢耶夫参与这类争论。作家在日记中写道:"1922 年 3 月 22 日。我参加了'世界文学'出版社东方委员会召开的会议,他们同时也负责《东方》杂志的编辑工作。会上阿列克谢耶夫教授显得非常偏执。他说了许多乱七八糟的东西(他是个很糊涂的人)。当别人跟他说这篇文章不合适的时候,他就要花上一个小时的时间来证明这是篇非常好的材料。我对克拉奇科夫斯基院士说,他们的这个委员会可以叫'与阿列克谢耶夫的斗争协会'了。"②

对中国现代历史各种问题的概述第一次出现于苏联作家在中国写的著作中。1921—1922 年罗斯塔社的撰稿人、经济学家霍多罗夫出版了关于现代中国问题的论著③。1926 年霍多罗夫的《中国国民经济》一书出版。巴甫洛维奇在该书前言部分写道:"研究中国经济是非常重要的任务。因为只有在研究了经济的基础上,才能揭开中国对抗国内反动派和世界帝国主义的革命动力所在。霍多罗夫的著作是在革命后密切关注中国国民经济生活的一次尝试。该书弥补了关于中国经济领域文献的空白,为读者呈现了正在为独立斗争的中国国民经

---

① *Томазишвили А. О.* Владимир Александрович Гурко-Кряжин: судьба бойца «востоковедного фронта» // Неизвестные страницы отечественного востоковедения. Вып. III. -М.: Восточная литература, 2004. С. 68.

② *Чуковский К. И.* Собрание сочинений: В 15 т. Т. 12. Дневник (1922—1935). 2-е изд., электронное, испр. -М.: Агентство ФТМ, Лтд, 2013. С. 23.

③ *Ходоров А. Е.* Мировой империализм и Китай. -Шанхай, 1922. С. 275.

济的发展进程与数据。"①作者指出:"我在莫斯科和列宁格勒的东方学大学以及工农红军军事学院讲授的课程为《中国国民经济》一书的完成打下了基础。"②

霍多罗夫的巨作长达四百多页,即可用作研究与教学,也可视为参考资料手册。第一章共分以下几节:"经济地理学""文学""综合概述""人口流动""移民"和"外国人口"。第二章和第三章研究"中国河流体系的经济作用"和海洋课题。接下来的六章中作者详细分析了中国内地17个省的经济发展问题。引言中作者指出:"《中国国民经济》并没有包括研究满洲、新疆和西藏经济的章节。由于一系列原因,这些区域的生活条件与中国经济发展的平均值有所差异。对于大部分这些地区来说,中国就像是一个剥削资本家。"③该书的最后两章为"中国的农业和农民阶级"和"中国的内资与外资"。

同样在1922年,赤工国际在莫斯科出版了斯穆尔吉斯(Ю. Смургис)的反映20世纪初中国问题的总结性著作《中国及其工人运动》。作者以统计数据为基础,强调了中国资本主义的发展问题。除此之外,该著作中还涉及传统中国历史的一系列复杂问题,作者写道:"现代中国的土地所有制形式起源于唐代的一位皇帝,他早在公元1世纪快结束的时候消灭了封建制度。"④

上述提到的论著《中国——国家、民族、历史》⑤由马马耶夫和科洛科洛夫在工农红军军事学院的东方系完成,是苏联第一批关于中国国情学的著作之一。书中除了历史概述外,还包含章节讲述中国同外国的关系史以及《19世纪中国国内状况概览》《1911年革命》。约尔丹斯基(А. А. Иорданский)对两位的著作进行了评论。1924年由约尔丹斯基本人所著的小册子《中国的过去和现在》由军事出版社出版。

---

① *Ходоров А. Е.* Народное хозяйство Китая. С предисловием М. П. Павловича. -М.: Прометей, 1926. С. IV.

② Там же. С. 1.

③ Там же. С. 2.

④ *Смургис Ю.* Китай и его рабочее движение. -М., 1922. С. 4.

⑤ *Мамаев И., Колоколов В.* Китай. Страна, народ, история / под ред. А. А. Иорданского. Изд. 2-е, испр. и доп. -М., 1924.

该书的篇幅不大,有 70 页左右,分为几个章节。在第一章"总述"的"人口"一节中,作者指出:"中国大部分人口,有 90% 是汉族人。据科学考证,这是一个从西亚迁过来的外来民族,他们赶走了最初在中国生活的居民,还有一部分人则与当地人融合了。"①"中国历史"一章以简短的概述开篇,约尔丹斯基写道:"考察汉族人的起源非常困难。他们的历史书中虽然详细地讲述了公元前 3000 年内发生的事件,但是其传奇色彩浓厚,帝王君主形象被美化,使得这些有关久远年代的历史纪事看起来毫不真实……直到秦氏当政,中国的历史记载才变得可靠。秦朝的第一位皇帝——秦始皇在中国建立起君主专制统治,直到 1911 年才被推翻。那时已出现有关中国阶级关系存在、土地所有制、贸易以及手工业状况的准确记载。"②作者在一定程度上详细地阐述了清朝时期的中国历史问题,并特别关注了国际关系领域。最后一章"中国与苏联"开篇立论:"外国列强肆无忌惮瓜分中国,沙俄政府确实也在其中扮演了非常重要的角色,苏联政府的行动方针是唯一的亮点"③。书的最后描述了 1924 年秋中国东省铁路的管理权被移交到苏联代表手中这一事件。

1925 年苏联出版了几部有关中国问题的巨著。"劳动与书"出版社的《东方国家工人运动》系列还出版了东方学家 А. Д. 波波夫的另一部著作—《中国》。作者研究了其认为长达两千多年的世界殖民主义的历史后,试图揭示在对外扩张发展过程中中国落后的原因,他写道:"因为内海是所有内陆国航海事业的发源地,而中国根本没有内海,河流也是直接流入公海。这也解释了为什么控制海洋的都是西方人……他们开辟中国口岸来进行贸易活动"④。А. Д. 波波夫在序言中写道:"如果这本书可以成为我们的青年学生研究东方学的以马克

---

① *Иорданский А*. Китай в прошлом и настоящем. Популярный политико-экономический очерк с приложением карты Китая и 13 рисунков в тексте. -М., 1924. С. 4.

② *Иорданский А*. Китай в прошлом и настоящем. Популярный политико-экономический очерк с приложением карты Китая и 13 рисунков в тексте. -М., 1924. С. 17.

③ Там же. С. 68.

④ *Попов А*. Китай. -М., 1925. С. 40.

思主义为指导的基础性读物，那么作者的目的就完全达到了。"①但是书中有关中国近现代史的部分基本上都采用了科学文献中已被熟知的事实和评价。这一点拉狄克(К. Б. Радек)已在前言中指出："不得不说作者获取资料的文献性质给他的作品造成了不利影响。"②

1925年"军事通报"出版社出版了尼科诺夫(А. Никонов)的《中国军政通论》。作者在前言中提到，该书于1922年第一次出版，但是并没有"进入市场"。《中国军政通论》一书由红军侦查局分析部筹划出版。该书是"对经济、社会以及军事生活相互联系和发展下的国家状况进行阐述的一种尝试"③。书中作者为读者介绍了中国的领土和人口情况。书内章节的名称可以看出作者的研究范围："中国的经济资源""中国的国际局势""中国的经济发展""中国国内政治局势——中国革命的历史性概述""1922—1924年中国国内战争的激化""中国的武装力量""在中国建立国民军的问题""国民党内的工农运动""民族革命运动的现状与前景"。如章节名称所显示的那样，尼古拉耶夫特别关注中国武装力量的问题。例如，他这样写道："但是，张作霖军队的总体状况并不尽如人意。军队纪律散漫、逃兵频出、军人们叛变造反、偷盗抢劫，对正在进行的斗争没有一点坚定的信念。雇佣兵役制本身的所有不足都体现在军队中，而且缺乏战术训练，练兵方式严苛机械……尽管如此，张作霖的军队中还是有许多经过良好训练的优秀军官。"④

总之，20世纪20年代苏联红军非常关注中国问题。例如，1926年西伯利亚军区的军事科研组织提供了一份关于中国的《推荐书目》。书目中列出了由苏联不同的出版社于1924—1926年出版的15部专论中国问题的书和小册子。其中绝大多数是苏联研究人员的新著作，例如说波波夫－塔季瓦、伊文、萨法罗夫、马马耶夫、科洛科洛夫和维连斯基(Виленский)等⑤。这里需注意的是，政府并不是一直赞成汉

---

① Попов А. Китай. -М., 1925. С. 4.
② Там же. С. 3.
③ Никонов А. Китай. Популярный военно-политический очерк. -М.: Изд-во 《Военный вестник》, 1925. С. 1.
④ Там же. С. 79—80.
⑤ ГАНО. Ф. Р—47. Оп. 5. Д. 29. Л. 118.

学家在中国问题上的观点和立场,但是在 20 世纪 20 年代,政府也不得不开始考虑专家们的意见。例如,在 1923 年 4 月 5 日的《第 60 号政治局纪要》中就提到,"组织预备会议商讨库比亚克(Кубяк)同志提出的建议,与会成员包括托洛茨基、契切林和库比亚克,并且必须邀请萨法罗夫同志到场,尽管政治局并不认同他的观点。"①

1925 年苏联中央执行委员会东方学家协会出版了霍多罗夫与巴甫洛维奇合著的《为民族独立而战的中国》。这两位作者是敖德萨律师、东方学家兼革命家。该书的第一部分为"中国革命运动的阶段",由巴甫洛维奇所写。据第一页的注释,这部分内容有些是摘自 15 年前出版的文章。第一章原名为"现代中国的革命运动和政党(1898—1910)",对于 20 世纪来说,其开篇的论题相当奇怪:"中国是整个世界历史中的特殊现象。这个国家是众所周知的文明古国之一,保存了其神话般起源时期的原始形态。自夏朝建立已经过去四千多年。"②"为民族独立而战的中国"部分为霍多罗夫所写。他和巴甫洛维奇一样,都是以 19 世纪末的历史事件为起点。第一部分"中国和外国资本"以"义和团起义"一章来开篇,第二部分则以俄国 1896 年在满洲的扩张政策等内容开篇。

在 1925 年的出版物中,必须提到的是伊尔库茨克大学斯佩兰斯基(Б. Д. Сперанский)教授的篇幅不长的专著《中华民国——国家的制度与管理概要》③。作者在序言中指出:"中国如此广袤,如此多样,不仅在人口数量而且在生活的复杂程度上均远远超过欧洲和美洲国家,还使得常规的欧洲体制和等级标准对于中国来说并不适用。"④这位伊尔库茨克的学者不懂中文,只是靠着西方欧洲语言的文献和资料,就揭示出 19 世纪至 20 世纪初中国在政治发展中存在的问题并对其进行分析。最后作者以第九章"中国的政治理想——其可能出现的政治前景"作为结尾。

---

① РГАСПИ. Ф. 17. Оп. 3. Д. 346. Л. 3.
② Ходоров А. Е., Павлович М. П. Китай в борьбе за независимость. -М., 1925. С. 7.
③ Сперанский Б. Д. Китайская республика. Очерк государственного устройства и управления. -Иркутск, 1925.
④ Там же. С. 3.

20世纪20年代远东汉学家非常活跃。其中格列比翁希科夫出版的著作包括:《论中国货币史》(1922)、《中国的移民合作社》(1923)、《中国的土地问题》(1925)、《帝国主义列强的意图与中国》(1925)、《中国的土地问题》(1926)等①。

包括上述提到的几位作者,20年代大多数的俄罗斯汉学家都曾在中国工作,他们尽可能地研究现代中国的各种问题,一部分人还发表了自己的研究作品。例如,在中国和莫斯科的刊物上就刊登了塔尔哈诺夫的《广西省社会经济结构概要》一文。然而并不是所有作品都被刊登出来。例如,俄罗斯科学院档案馆就保存着沃林的《广东农民运动史概要》的手稿②。

由于汉学家在研究极具现实性和政治性的中国问题方面受到制约,政论家、苏联政治家以及党和工会工作人员的作品便有了很大意义。俄罗斯著名记者皮缅诺娃(Э. К. Пименова)的《中国革命手册》③可以算是研究现代中国问题的著作之一。这本手册以通俗易懂的方式为读者呈现了中国人民运动史。但是书中的某些引文缺少对文献来源的注解,且没有分析。该书的作者是一名海军少将的女儿,有着丰富的记者经历,她的这些观点吸引了读者的注意:"中国农民不得不亲自耕种,他们只能通过艰苦劳动获取粮食。"④文中作者对术语和名字采用了不同的音译和拼写方法,如:"Ке-минг-танг"(革命党)和"Син-Чжун-Хой"(兴中会),"Кан-Ю-Вэй"(康有为)和"Сун-Ятсен"(孙逸仙)等。在通俗百科读物《关于中国需要知道什么》一书中没有音译的问题⑤。这部百科读物在20年代后半期再版,其作者是汉学家巴拉诺夫斯基(М. И. Барановский)和从北京回来的外交人民委员部工作人员什瓦尔萨隆(С. К. Шварсалон)。而在再版的扉页中则添加附言:"А. И. 伊万诺夫教授检查了本书的音译部分。"

---

① АВ ИВР РАН. Ф. 152. Оп. 3. Д. 174. Л. 24.

② АРАН. Ф. 540. Оп. 4. Д. 3.

③ *Пименова Э.* Китайские революции. Как подготовлялся китайский 1905 год. -Л. -М. , 1925.

④ Там же. С. 6.

⑤ *Барановский М.* , Шварсалон С. Что нужно знать о Китае. -М. -Л. , 1927.

最能代表20世纪20年代中期的作品要属拉狄克的著作,拉狄克毕业于克拉科夫大学历史系,是苏联有名的党内人士,他曾上过莱比锡大学孔拉季教授的课,因此可以说受到过一些汉学方面的教育①。1925年拉狄克领导中国劳动者孙逸仙大学并讲授中国史方面的课程。1926年11月他在共产主义研究院马克思主义历史学家协会所做的题为"中国历史的争议问题"的报告获得了广泛关注。拉狄克指出:"……在这个领域我们还太无知……"②拉狄克早在1924年就提出,必须对中国进行新的研究。例如,1924年12月这位苏联活动家(拉狄克)在А.Д.波波夫《中国》一书的前言中写道:"关于中国的马克思主义著作还没有出现。"③1925年"星火"出版社出版了拉狄克的小册子《孙逸仙和中国革命运动》。书中作者研究了自19世纪中期以来中国历史的一系列问题。1927年拉狄克所教授的《中国革命运动史》讲义得以出版。同年《新东方》杂志刊登了拉狄克的《中国历史的基本问题》一文。除此以外,20年代后半期,各种汇编、报纸和杂志都刊登了一些他针对不同中国问题所写的文章。

拉狄克分析和评论过一些俄罗斯学者在中国问题上的观点,这其中包括世界经济和世界政治学院的校长瓦尔加和外交人民委员部工作人员坎托罗维奇。这位苏联政治活动家在当时(20年代)允许的范围内,积极引用出版的文章,评论各种学者的观点,得出这样的结论:"……资本主义科学及其在中国历史方面所做出的结论让我们信以为真,使我们失去了用科学的方法研究当代中国问题的机会。"④拉狄克也会进行自我批评:"我明白,仅参考两部史料只能对运动(太平天国运动——作者注)做粗略的梳理。但是我希望,这部作品可以为认真

---

① Конради Август (1864—1925).
② *Панцов А. В.* Карл Радек-китаевед // Вестник Московского университета. Серия 13. Востоковедение. No 1. 2005 г. С. 20.
③ *Попов А.* Китай. -М., 1925. С. 3.
④ *Панцов А. В.* Карл Радек-китаевед // Вестник Московского университета. Серия 13. Востоковедение. No 1. 2005 г. С. 22.

研究伦敦和上海图书馆的丰富馆藏提供一个起点。"①在拉狄克的作品中存在一些错误,例如,他把满族人说成是"蒙古族的"②。又如,其作品中中国的人名和术语不是按照俄罗斯汉学普遍接受的规则进行音译,而是从英语转译过来的,于是出现了像"Хунг"(洪)"Сун-Ят-Сен"(孙逸仙),以及皇帝"Тео-Квани""Чиса-Фонг(秦始皇)"这样的音译转写。

拉狄克作品中提出的一系列观点和主张,直到今天也没有失去其现实意义:"第一个问题是关于中国发展特殊性的:历史发展的一般规律是否适用于中国的历史发展?我们的历史体系对中国历史来说是否合适,还是说与我们打交道的是一个完全特殊的国家形式,它是在另一个法律体系下发展而来的。"③"中国第一次在社会及政治制度上反抗封建主义的尝试比耶稣降生还早三百年。于是,困难来了。研究更为久远的事情要简单得多,而最近的历史,例如说离我们更近的18世纪,研究起来则要困难许多。这整个时期都是货币经济建立、贸易资本固化和主要贸易资本影响中国历史发展的过程,是最为困难的时期。"④"从这个意义上来说,明朝的衰落和清王朝的建立是非常典型的。通常,我们的书中都会这么介绍,满族占领了中国。这种观点我们听了太久,但这绝对是错误的。明朝的衰落是阶级斗争的必然结果。"⑤"第二个问题:谁曾是统治阶级?"⑥

在俄罗斯汉学历史中,1927年是成果丰硕的一年。在这一年,许多出版社新出版了很多关于中国历史的著作。历史学家屈纳的鸿篇总结性著作《现代中国政治史概述》在远东出版。书中不仅详细地阐述了从19世纪

---

① *Радек К.* Сун-Ят-Сен и китайское революционное движение / Библиотека «Огонек» No 21. М., 1925. С. 4.
② Там же. С. 5.
③ *Панцов А. В.* Карл Радек-китаевед // Вестник Московского университета. Серия 13. Востоковедение. No 1. 2005 г. С. 24.
④ Там же. С. 25.
⑤ Там же. С. 32.
⑥ Там же. С. 33.

开始的中国历史,还细致地分析了20世纪初中俄关系史的问题①。

1928年国家出版社出版了一部《论中国》政治经济汇编集。其中包括有洛佐夫斯基(А. Лозовский)的《中国的革命之路》、鲁宾施泰因(М. Рубинштейн)的《中国的经济与社会关系》、黑勒(Л. Геллер)的《工人运动》、西蒙诺夫(Б. Семенов)的《中国与苏联》、加尔科维奇(М. Галкович)的《帝国主义列强与中国》、阿尔库斯(С. Аркус)的《外国资本》、塔尔莫辛(С. Тармосин)的《中国军政集团的武装力量》。由西蒙诺夫所著的《中国与苏联》中一大部分内容都是在讲述中东铁路的问题。作者写道:"第一个严重冲突是在铁路实行共同管理后不久发生的。事发缘由不大,从表面上看这件事并无企图。因为意欲夺取中东铁路的地方当局的政策,中国商人在把货放到哈尔滨铁路第八段的仓库后拒绝为自己的路段支付租金。受护路军司令部司令张焕相等当地中国官员的唆使,商人们坚决不缴费,还就铁路管理行为向张作霖元帅投诉。一开始张作霖站在商人这边,但是经过卡拉汉同志的坚决抗议⋯⋯张作霖建议商人们和中东铁路管理局中国部不要破坏铁路秩序⋯⋯一段时间后又出现新的冲突,情势也相当严峻。"②塔尔莫辛在《中国军政集团的武装力量》一文中对中国军队进行了详细的描述和分析:"军事集团都有一些共同特征:部队的组织成员多样。军队的中坚力量通常是最杰出将领所凝结的一批志同道合的人⋯⋯张作霖率领的奉系军阀是最为稳定的,不仅有富庶的满洲作基础,还有自己的军事工业⋯⋯只有北洋军阀才有骑兵队⋯⋯以当时中国的水平,张作霖的奉系军阀有最好的技术保障。"③这些描写引起了读者极大的兴趣:"安国军。安国军是所有中国封建军阀的后盾,于1926年11月在天津召开的著名北洋巨头会议上成立。安国军集合了:1. 张作霖的

---

① Кюнер Н. В. Очерки новейшей политической истории Китая.-Хабаровск-Владивосток, 1927.

② Семенов Б. Китай и СССР // О Китае. Политико-экономический сборник. Под ред. А. Лозовского. -М.-Л., Госиздат, 1928. С. 155—156.

③ Тармосин С. Вооруженные силы военно-политических группировок в Китае // О Китае. Политико-экономический сборник. Под ред. А. Лозовского. -М.-Л.: Госиздат, 1928. С. 201.

奉系军阀约 15 万人,包括 400 架机枪、300 架大炮和 40—50 辆飞机;2. 张宗昌的山东军阀,9—10 万人和 100 架大炮。其中包括涅恰耶夫(Нечаев)的白军部队;3. 孙传芳的军队——4—5 万人。虽然'安国军'在精神政治上的状况较差,但它仍是中国目前力量最强的军队。"①

20 世纪 20 年代后半期,苏联国家出版社出版了基尔日尼茨(А. Киржниц)的《在中国的边界上——中东铁路用地俄罗斯居民的生活概述》、哈尔哈托夫(А. Xaрхатов)的《沸腾的中国——在中国角力的各种势力》、萨韦利耶夫(Л. Савельев)的《中国农民》、特列季亚科夫的《中国》、约尔丹斯基的《中国及其力量——1924—1927 年的军事行动》(第二版修订增补本)等。

1928 年出版的小册子《转折中的中国革命》②照例分出"中国概况"和"中国的民族革命运动与帝国主义"等章节。1929 年的苏中冲突使研究者再次将目光转向 19 世纪末至 20 世纪前 25 年的俄中关系史③。

在革命后的复杂时期,俄罗斯东部与中国接壤的区域还有人在研究军事汉学。1923 年第五红旗军政治部于赤塔出版了《中国政治经济与地理概述》④,发行 3000 册。第一章"中国地理资料"向西伯利亚人介绍了中国的政治经济地理、人口、动物世界和植被状况。第二章"半原始的中国经济"讲述中国的农村、城市以及人口问题。接下来一章为"古老中国——其风俗、宗教、历史"。作者认为:"正是由于中国土地制度的特殊性,迄今为止农村多地和少地的农民之间还没有出现特别激烈的内部斗争……对于中国的农村生活来说,自然现象和灾害是

---

① Тармосин С. Вооруженные силы военно-политических группировок в Китае // О Китае. Политико-экономический сборник. Под ред. А. Лозовского. -М.-Л.: Госиздат, 1928. C. 205.

② Макар Е. Китайская революция на перевале. -М.-Л., 1928.

③ Терентьев Н. Советский Союз, империализм и Китай. Захват КВЖД и разрыв советско-китайских отношений. Изд. 2-е. -М.-Л., 1929.

④ Китай. Политико-экономические и географические очерки. Чита, 1923

最受关注也是唯一重要的事情。"①中国1842年以前的历史在书中占据单独一章,共三页半。第五章名为"国外资本改变中国"。剩下还有一大半书的内容都是研究当代中国的问题,其中特别关注中国的武装力量。该书最后介绍了1922年在中国南方发生的历史事件,并以如下观点作结:"中国南方第一次工人运动的伟大尝试以工人阶级政治上的完全胜利宣告结束。"②

苏联社会对于远东研究的兴趣可以从其大量有关东方学的定期出版刊物看出。20世纪20年代末汉学家马特维耶夫在《现代文学中的日本与中国》一文中写道:"关于东方学的定期出版刊物数量巨大,因此有必要列出其中最知名、最有价值的刊物:如《新东方》《亚洲东方》《东省杂志》《苏联科学院亚洲博物馆东方学家协会论丛》(列宁格勒)、列宁格勒现代东方语言学院机关刊物《东方论丛》。"③

无论俄罗斯汉学存在什么样的问题,20年代依旧进行着对实际资料的收集、形成新的概念等活动。于是出现了苏联学者研究中国语言、历史和文化领域不同问题的第一批出版物。但是这些工作还不足以为苏联社会建立起通俗易懂的中国历史与当代问题的完整图景。1931年"青年近卫军"出版社出版了译著《中国过往之路》,其前言中写道:"尽管我们的苏联年轻人对发生在东方国家的事件表现出极大兴趣,但对东方人民生活的认识仍是模糊不清的。尤其是在东方历史方面,不仅是认识不清的问题,有时候甚至是曲解。而本书总结了对东方发生的政治事件的完全不符合其历史的错误认知及其正确理解。"④

这样一来,20世纪20年代就成为俄罗斯汉学历史上重要且不寻常的一个时期。这一时期的俄罗斯汉学家非常高产,研究中国问题的

---

① Китай. Политико-экономические и географические очерки. Чита, 1923. С. 53—54.

② Там же. С. 200.

③ Из истории востоковедения на Российском Дальнем Востоке. 1899—1937 гг. Документы и материалы. -Владивосток, 2000. С. 143.

④ *Шервуд* М. Былые пути в Китай. Перевод и обработка Е. и Л. Некрасовых. -М., 1931. С. 5.

还有政治家和来自不同领域的专家。虽然苏俄汉学的发展遇到了重重阻碍,包括社会政治上的和材料方面的,但是由于社会的需要以及传统文化教育的要求,对该领域的研究仍有极大的社会需求。

第三章

20世纪30年代的俄罗斯汉学

3.1 20世纪30年代的"重大转折"和俄罗斯汉学

1929年是俄罗斯东方学乃至整个国家的历史转折点。这一年,俄罗斯迎来了革命性变革的高潮,这个高潮被称为"重大转折"。1929年危机和激进变革的基础是世界上各主要国家都遭受到的全球性的世界经济问题,俄罗斯则属于受其影响最大的国家之一。这些革命性变革的主要内容包括"工业化、集体化和文化革命"。尖锐的"文化革命"针对的是社会科学和人文科学。人文科学在系统、原理和内容上的革命性变革主要是由客观条件所决定的,是为了响应时代的召唤。

在远东大学东方系主任(汉学家斯克沃尔佐夫)的报告记录中写道:"在沙皇制度下,于19世纪末在太平洋沿岸成立东方学高等教育机构的目的是培养有助于帝国主义政治、侵占中国领土、奴役中国人民的人。而在无产阶级国家,东方学高等教育机构的任务则完全不同,即为促进东亚各国人民与苏联人民的相互理解培养人才,为争取独立和解放的斗争提供帮助……东方语言学研究所应当成为一个封闭的教育机构,只应招收党员和共青团员。"①

1929 年危机

苏联科学和教育中的危机是从外部引起的,但是也有一些内部前提。明显落后于时代需求的人文科学和教育在组织上和内容上的不足也激发着政府和社会进行激进的变革。在研究中国的问题上,这些缺点是显而易见的。因此革命性的变革获得了舆论的支持并非偶然,汉学界在这里也不例外。作为对反对言论的说明和不满情绪的表现,可以援引一位名为叶甫盖尼·安德里耶夫斯基(Евг. Андриевскоий)的学生于 1929 年在列宁格勒大学的《大学生真理报》上发表的《中国事务》这篇文章。文中写道:"这样安排教学的结果是,毕业生在毕业之时只知道死的中文文本但却不知道活的汉语口语,只知道所有的中国皇帝但却不知道中国的阶级斗争史,也就是说并不了解我们的中国。"②杜曼在其自传中写道:"至 1929 年,东方学专业中只有 2—3 名联共(布)成员和几名共青团员,他们肩上承载着从根本上改革大学教学、使之向社会主义建设靠拢并与反动教授作斗争的使命。而我作为大学生代表不得不主持这项工作(1928—1929 年)。"③

在"文化革命"的框架下爆发的主张对教授进行"再教育"的学生运动在 20 世纪 30 年代仍在继续。霍赫洛夫指出:"阿列克谢耶夫作为遵循由自身经验制定出大学生教学方法的教师,其观点在 20 世纪 30 年代初期成了经验不足但却拥有党龄的教师们的批评对象,他们轻易地参与到反对所谓的'异己'的意识形态的斗争之中,主张将大学教

---

① Из истории востоковедения на Российском Дальнем Востоке. 1899—1937 гг. Документыи материалы. -Владивосток,2000. С. 76—77.
② СПФ АРАН. Ф. 820. Оп. 2. Д. 193.
③ АВ ИВР РАН. Ф. 152. Оп. 3. Д. 208. Л. 22.

学过程政治化。"①的确,首先参与到"主张新汉学"的斗争之中的是一些年轻的汉学家们。1930年,卡拉—穆尔扎发表了一篇题为《马克思主义和资产阶级汉学》的文章,文中写道:"如今,在国内阶级斗争全面尖锐化的时期,意识形态斗争的战线有着特殊的意义……马克思主义的到来……使得对'汉学'这一意识形态战线组成部分的审视也被'提上日程'。这个部分(即融合一系列的马克思主义原理去研究中国的部分)是战线最落后的部分之一,旧资产阶级科学在其中的地位还很牢固,他们给我们留下自己的'汉学'遗产和整个资产阶级汉学'学派'。"②

研究人员指出:"1931年4月29日,在列宁格勒东方学院的东方语言教研室中,一群大学生发言批评了阿列克谢耶夫的教学方法……关于这一过分行为,阿列克谢耶夫在日记中记录道:……我被大家群起而攻之,说我的方法反动,说我需要更多地自我批评。我从来没有这么地鄙视和憎恶自己的学生,他们出于个人功利主义的目的想要降低教学大纲的要求,而我妨碍了他们。我对批评是很敏感的,但是这次我不接受这种不实的批评。我憎恶那些给人随便乱贴标签的人,尤其是那些年轻又愚蠢的人。"③

应当指出,俄罗斯汉学家们看到了时代所带来的一些问题。1929年,阿列克谢耶夫写道:"汉学已存在三个多世纪了,是时候对其进行总结并制定未来发展道路了。诚然,现在我们的科学越来越牢固地扎根于科学院的组织机构之中,同时也在远离那些曾在中国居住且讲中文的官吏和传教士们昔日不求甚解的不良风气,现在已经到了该考虑接下来应该怎么做的时候了,至于过去的遗产:则应考虑是要将之彻

---

① Хохлов А. Н. Академик-китаист В. М. Алексеев под угрозой остракизма в 1938 г. // Неизвестные страницы отечественного востоковедения. Вып. III. -М.: Восточная литература,2004. С. 453.

② Маракуев А. В. Десять лет востоковедения на Советском Дальнем Востоке. -Владивосток: Дальгиз, 1932. С. 1.

③ Долинина А. А. Переписка В. М. Алексеева и И. Ю. Крачковского (1916—1950) // Неизвестные страницы отечественного востоковедения. Вып. III. -М.: Восточная литература,2004. С. 369.

底淘汰,还是相反地,继续在其基础上发展……"①

汉学家们自己也提出了解决问题的方法。但是当局较少关注学者们"模棱两可"的建议。后来,在1935年,阿列克谢耶夫写道:"建立汉学实验室是一项庞大但必要的事业,1929年呈交的详细方案甚至都没有被仔细审查…… 现在会被认真对待吗?"②可以认为,以阿列克谢耶夫为首的俄罗斯汉学家们一直都保留着欧洲汉学的传统,从齐赫文斯基1972年作品中摘录的一段引文可以说明这一点:"虽然阿列克谢耶夫的历史眼光深受其最亲近的老师——法国资产阶级汉学家沙畹(1865—1918)的影响,并且被误解的'学院派'很长时间都将瓦西里·米哈伊洛维奇紧紧地抱在自己怀里,妨碍他研究和掌握马克思列宁主义历史观,然而,在苏联现实情况的影响之下……在30年代后半期,他已经能彻底放弃佯装的不问政治的立场了……"③总体而言,在20世纪30年代初期,政治意识形态性质的问题与汉语译员极度缺乏的问题交织在一起。例如,在1931年3月7日召开的出版社联合编辑部的成立大会的会议记录中就有"采取紧急措施以增加译员数量"的记载④。

1929年对于苏联学院科学来说是一个转折点。发生在1月份的"选举事件"预兆着未来的溃灭,哲学家-马克思主义者杰博林(А. М. Деборин)⑤、历史学家-马克思主义者卢金(Н. М. Лукин)⑥[布哈林(Н. И. Бухарин)的哥哥]和文学家弗里切(В. М. Фриче)⑦,这些共产党员们都在院士评选中落选了。在历史学家皮翁特科夫斯基(С. А. Пионтковский)⑧的日记中可以看出"党员学者们"对评选出的院

---

① Алексеев В. М. Китайская история в Китае и в Европе // Проблемы Дальнего Востока. 1975. № 1. С. 150.
② Баньковская М. В. Алексеев и Китай: книга об отце. С. 235.
③ Тихвинский С. Л. В. М. Алексеев и изучение истории Китая // Литература и культура Китая. С. 57—58.
④ РГАСПИ. Ф. 495. Оп. 78. Д. 83. Л. 5.
⑤ Иоффе Абрам Моисеевич (Деборин) (1881—1963).
⑥ Лукин Николай Михайлович (Антонов) (1885—1940).
⑦ Фриче Владимир Максимович (1870—1929).
⑧ Пионтковский Сергей Андреевич (1891—1973).

士们的态度,他在1929年2月记录道:"我结识了被重新选举为院士之一的东方学家弗拉基米尔佐夫①。他是一个在技术上完美武装的人,一个我们应当追赶的人,但也是一个在政治上饱经风霜的人,头号顽固分子,对我们恨之入骨……"②

这里必须指出,在1929年重新被评选出的院士中有阿列克谢耶夫。据时人回忆,当时有很多的反对者,只有鄂登堡的威望才使得与会者相信该选举具有充分的根据。后来,在1934年,又有一名东方学家被评选为苏联科学院通讯院士——康拉德。

在政治局1929年11月5日的"特殊文件"中记录了以下决定:"明天将关于解雇鄂登堡的6.11号通知交付打印……"③对科学院东方学的制裁活动是在反对整个人文科学活动的框架下进行的。在11月5日的"特殊文件"中有三份制裁实施计划报告:分别来自克日扎诺夫斯基(Г. М. Кржижановский)④、菲加特纳(Ю. П. Фигатнер)⑤和克雷连科(Н. В. Крыленко)⑥。克日扎诺夫斯基写道:"应当逐步清理科学院第二分部(人文科学分部)……同时将院士们交给党团处理,系统地吸收院士-东方学家参与涉及东方学的普遍研究工作…… 毫无疑问必须要大力加强科学院第一分部(物理数学科学分部)的物质基础,以保障相应的院士们享有有利于其开展学术工作的良好条件。"⑦1929年11月13日,《通报》报道:"列宁格勒研究人员局全体扩大会议召开了,会上科学院设备检查委员会代表菲加特纳同志作了报告。"苏联科学院副院长宣布了俄罗斯的发展道路,其本质在于清理人文科学以发展物理数学科学。党的领导阶层将人文方向划分至位于

---

① Владимирцов Борис Яковлевич (1884—1931).

② [Пионтковский] Дневник историка С. А. Пионтковского (1927—1934). Отв. ред. А. Л. Литвина. -Казань, 2009. С. 232.

③ Академия наук в решениях Политбюро ЦК РКП(б)-ВКП(б)-КПСС 1922—1991 / 1922—1952. Сост. В. Д. Есаков. -М., 2000. С. 80.

④ Кржижановский Глеб Максимилианович (1872—1959).

⑤ Фигатнер Яков Исаакович (Юрий Петрович) (1889—1937).

⑥ Крыленко Николай Васильевич (1885—1938).

⑦ Академия наук в решениях Политбюро ЦК РКП(б)-ВКП(б)-КПСС 1922—1991 / 1922—1952. Сост. В. Д. Есаков. С. 81—82.

"有机世界研究"之后的最后的"第六单元"。科学院人文科学的主要任务是"研究克服人们认知中的资本主义遗毒的方法"①。

工农检查人民委员部部长菲加特纳于1929年检查了苏联科学院的活动,在其秘密呈文中可以反映出党和国家就人事问题出台的新政策:"清理工作应当继续进行……还有不少无用之人,甚至是有害之人留在科学院……至于从事人文科学研究的院士们,如普拉东诺夫(С. Ф. Платонов)②、利哈乔夫(Н. П. Лихачев)③、鄂登堡、阿列克谢耶夫……应当将其逐出科学院。苏联科学和科学院本身只会因此而得益……如今我们已经成功地将旧的科学院摧毁了。"④

科学院迁至莫斯科标志着科学院系统的根本性变革的结束。在苏联科学院常务秘书沃尔金于1935年3月25日在莫斯科召开的科学院年度大会上所做的报告中说道:"1934年发生的一个事件对于苏联科学院的历史具有非凡意义:苏联人民委员会于4月25日作出关于将科学院从列宁格勒迁至莫斯科的决议。1934年4月25日的这一决议结束了科学院旷日持久且纷繁复杂的改革时期。"⑤

镇压

1929—1930年,在苏联掀起了针对人文领域学者的镇压浪潮。近百人因"学术活动"被逮捕,其中的一部分人与历史学家普拉东诺夫院士一起分别被判处不同刑期,数人被枪决。在整个苏联历史的初期担任科学院常务秘书的东方学家鄂登堡被撤职。苏联科学院历史和考古委员会,作为历史研究的基础性机构,其会长一职在1929至1931年期间更换了五任。

---

① *Комков Г. Д., Левшин Б. В., Семенов Л. К.* Академия наук СССР. Краткий исторический очерк. -М., 1974. С. 309.

② Платонов Сергей Федорович (1860—1933).

③ Лихачев Николай Петрович (1862—1936).

④ Академия наук в решениях Политбюро ЦК РКП(б)-ВКП(б)-КПСС 1922—1991 / 1922—1952. Сост. *В. Д. Есаков*. -М., 2000. С. 83—84.

⑤ *Волгин В. П.* Академия наук на новом этапе // Вестник Академии наук СССР. 1935. No 4. С. 3.

汉学在整个20世纪20年代期间都处于政治的风口浪尖。许多苏联汉学家由于政治动机问题遭受到了来自苏维埃国家方面的镇压。例如,身为莫斯科东方学院的毕业生和军事学院教师的汉学家—历史学家波利亚科夫从1928年起就不止一次因"反革命活动"而被逮捕。最终,他因于1935年2月"参与季诺维也夫反对派"而被逮捕,流放至雅库茨克,并在那里去世了。1929年,莫斯科东方学院的院长斯涅萨列夫和中文教研室主任波波夫(М. Г. Попов)被逮捕,并于第二年被判刑。

1929年的"语言学"冲突对东方学的研究人员造成了打击。1929年2月4日,汉学家波利瓦诺夫在共产主义研究院发表了言辞激烈的演讲反对具有影响力的语言学家马尔提出的"新学说"。研究人员写道,"持续了整个2月的论战,以叶甫盖尼·德米特里耶维奇①的彻底失败而告终,他因'资产阶级性'和'黑色百人团主义'被判有罪,那时候甚至波佩也给他打上了'塞进资产阶级的想法和理论'的标签。与波利瓦诺夫体系(即日语西里尔字母转写系统)的斗争开始了,其斗争的对象也因此决定在中亚避难……1929年秋天,波利瓦诺夫离开了莫斯科,后来他是被押送队押解回去的……"②

1930年,著名的东方学教育组织者和苏联时期第一批关于中国语言学的作品的作者之一波波夫—塔季瓦遭到了迫害。1930年12月3日,他被国家政治保卫总局委员会依据俄罗斯苏维埃联邦社会主义共和国刑法第58条第4项和第10项的规定判处为期10年的监禁。波波夫—塔季瓦在白海—波罗的海运河的工地上服刑,之后在卡累利阿的熊山③的集中营服刑。被提前从关押地释放之后,这位俄罗斯东方学家就去了塔什干。还是在1930年,著名的汉学家—经济学家及东方历史教师 А. Н. 彼得罗夫因子虚乌有的事件而被判剥夺自由10年。虽然汉学家很快就被释放了,但是不得不离开前往中亚。

1930—1931年,出于各种未知原因,一些汉学家突然离开了首都

---

① 即波利瓦诺夫。——译注
② *Алпатов В. М.* Два века в одной книге // Общество и государство в Китае. Том XLIV. Часть 1 / Ученые записки ИВ РАН. Отдела Китая. Вып. 9. -М. : ИВ РАН, 2014. С. 525.
③ 现为梅德韦日耶戈尔斯克。——译注

的学术中心,前往地方城市工作。1930年,帕什科夫作为师范系卡尔梅克分部的负责人,被"邀请"至萨拉托夫车尔尼雪夫斯基(Н. Г. Чернышевский)国立大学,随后他和分部一起转移到了阿斯特拉罕。直至1935年,这位汉学家才得以返回到莫斯科。1931年,苏联科学院人类学和民族学博物馆远东分部负责人、一级研究员、汉学家孟泽列尔作为经济学家前往摩尔曼斯克工作,直到1933年10月他才得以返回到列宁格勒,任苏联科学院宗教历史博物馆的研究员。

1930年,奥西波夫"因为与国民党员有关联以及有个人名利主义倾向"被联共(布)开除。Б. А. 瓦西里耶夫在自传中写道:"我于1932年提交了关于加入联共(布)①的申请。由于党内的运动,事情被延缓了。"②克里夫佐夫(В. Н. Кривцов)的命运具有典型的时代特点,他在自传中写道:"我向共青团委员会和学院理事会提交了一份声明,声明是关于我在加入共青团时隐瞒了自己的社会出身(或者是说隐瞒了我父亲在1923—1924年从商的事实),但我仍因此被共青团开除,随后又被学院开除。我决定去某个新工地工作,以用诚实的劳动来赎罪……来到奥尔斯克的第二天,我就因有嫌疑被逮捕了……我被逮捕的主要原因,正如随后向我解释的那样,是因为我是从列宁格勒来到这里的。在对我进行一番询问并弄清我无罪之后,我被释放了,并开始在机车制造队当钳工。1935年秋天,我回到了列宁格勒……并在工厂当钳工。后来我提交了申请,恢复了在列宁格勒国立大学语文系的学籍,并于1938年毕业,获得汉学方向的一级毕业证书。"③

1933年,世界经济与世界政治研究所中国问题研究所的研究员梅尔纳尔科斯尼斯(А. И. Мелналкснис)被逮捕了。很快就被释放的他直到1945年才得以重新进行汉学研究。1934年12月,共产国际工作者、汉学家萨法罗夫被逮捕,在第二年被苏联共产党(布)开除。

1932年围绕阿列克谢耶夫的《中国象形文字及其拉丁化》这部作品爆发的丑闻成了学界危机的表现之一。科布泽夫写道:"年轻的汉

---

① АВ ИВР РАН. Ф. 152. Оп. 3. Д. 444. Л. 20.
② АРАН. Ф. 407. Оп. 6. Д. 37. Л. 3.
③ АВ ИВР РАН. Ф. 152. Оп. 3. Д. 340. Л. 6 об.

学家们……在1932年签署了'支持还是反对拉丁化？'的政治举报文章……以官方宣传杂志《马克思主义问题》（1932，第三期，129—139页）为平台，对自己老师的一部论证充分的科普作品《中国象形文字及其拉丁化》（列宁格勒，1932）发表毁灭性的评论……阿列克谢耶夫的作品被批为可鄙的唯心主义的胡言乱语，被称"拥护李济及其资产阶级说客的唯心主义谬论……"①

《马克思主义问题》这本杂志中的确刊登了对阿列克谢耶夫的一本书的评论，以 Б. А. 瓦西里耶夫为首的六名年轻同事将阿列克谢耶夫称为"孔子学说的拥护者"。书评的作者是 Б. А. 瓦西里耶夫、德拉古诺夫、帕帕扬、波利亚科夫、斯卡奇科夫和施普林钦，他们批评阿列克谢耶夫很少提及亚金甫（Иакинф，即比丘林 Н. Я. Бичурин）的名字，同时他们还尖锐地指出了阿列克谢耶夫其他的"缺点"②。作为对此的回应，1932年秋天，阿列克谢耶夫向苏联科学院主席团呈交了报告书，报告书中写道："不希望因为我拒绝与那些我明确认为别有用心的人合作这件看起来十分合理的事，而导致我为之效力的整个科学院事务的混乱……我请求主席团，在审理了我的这份控诉书及对此书评的反批评之后，能够力排对于大局而言不必要且不利的干扰，作出让我能继续在东方学研究所工作的相应决议。"③最终，"论战"造成了冲突的局面，并被那些有自私的政治目标的阴险小人所利用。

整体的政治局势可能影响了阿列克谢耶夫院士对研究主题和出版物题材的选择。1933年，阿列克谢耶夫发表了《列宁选集的汉译原则》④和《列宁著作汉译》这两篇文章。阿列克谢耶夫院士写道："在一系列从俄语译成汉语的翻译作品中，这些译本理应占有一定的特殊位

---

① *Кобзев А. И.* Синологи，антропософы и тамплиеры в советском аду // Архив российской китаистики. Т. II Сост. *А. И. Кобзев*. -М.：Наука-Вост. лит.，2013. С. 398—399.

② *Баньковская М. В.* Алексеев и Китай：книга об отце. С. 405.

③ *Долинина А. А.* Переписка В. М. Алексеева и И. Ю. Крачковского (1916—1950) // Неизвестные страницы отечественного востоковедения. Вып. III. -М.：Восточная литература，2004. С. 373—374.

④ *Алексеев В. М.* Принципы переводов сочинений В. И. Ленина на китайский язык // Записки Института востоковедения Академии наук СССР. III. -Л.：Издательство АН СССР，1933.

置,且无论如何都应避免产生那些在其他汉译文本中极为常见的笑料和误解。某人应当为翻译的完整性和准确性负责……显然,这个'某人'首先应当是一名坚定成熟的列宁主义者,且应讲完全正确的列宁式语言。此外,他还应自如地驾驭好译者主体性,即译者的偏好和倾向……"①

在 20 世纪 30 年代,还有很多汉学家们因参与诸如"关于亚细亚生产方式"等类似的科学论战而被问罪。在"重大转折"时期迎来了"论战"高潮,这也是解决苏联科学界社会政治和意识形态生活中最复杂的一个学术问题的一次尝试。古别尔院士写道:"在亚细亚生产方式的拥护者中,有不少伪学者,他们试图用这一理论掩盖现代化进程在政治上的不利评价……"②

高校和研究所的重组

1930 年,苏联的人文教育遭到了沉重的打击。历史学家和语文学家被"逐出"各古典大学。1930 年,在列宁格勒国立大学历史语言学系的基础上成立了列宁格勒国立历史语言学研究所。莫斯科大学也做了类似的改革。改革并不是形式上的,其目的是用实践教育取代基础性教育。例如,研究所被认为应当培养的是译者而非语言学家、是地方志专家和博物馆工作人员而非历史学研究者。然而"实践主义"的统治时间并不长,在 1932 年,对历史学家和语言学家的培养就已经恢复到大学的标准了。

20 世纪 30 年代初期科学和教育机构的变革也影响了苏联其他地区。1930 年,国立远东大学关闭了,在国立远东大学东方系的基础上成立了人民经济研究所,该研究所设有两个部——经济学部和语言学部,不久之后这两个部就被改造成了哈巴罗夫斯克经济系和符拉迪沃斯托克东方系。1931 年,符拉迪沃斯托克的大学重新投入使用,但是名称又改为远东国立大学（Дальневосточный государственный

---

① Алексеев В. М. Ленин на китайском языке // Вестник Академии наук СССР. 1931. No 1. C. 16.

② Двадцать пять лет исторической науки в СССР. -М.-Л., 1942. C. 279.

университет，ДВГУ）。

"文化革命"使传统东方学教育以及整个高等教育都遭到了严重的打击。可以赞同现代西伯利亚学者们的观点："在高等教育的形式和内容完全国有化的条件下,高等专业教育的任务转变为了培养特定类型专家的国家需求,并促使高校教师从思想意识中将自己转变为国家公职人员。"①

20世纪20—30年代之交,人文学科方向的各科学院研究所和机构的系统进行了重组。根据1930年通过的章程,苏联科学院设有两个分部。社会学分部中设有三个组,其中包括东方学组。苏联科学院的新领导阶层对汉学发展的问题已经不那么感兴趣了。一个典型的例子可以说明：苏联科学院常务秘书沃尔金院士在自己于1935年3月25日在莫斯科举行的科学院年度大会上的发言中只字未提有关中国历史研究及整个汉学的内容②。值得注意的是,20世纪20年代末,正是沃尔金在中国劳动者共产主义大学下设的中国问题研究所主持"历史组"和"孙中山主义组"的工作。必须公正地指出,俄罗斯汉学家们仍然在继续积极地工作、宣传自己的著作。例如,还是在1935年,阿列克谢耶夫在科学院会议上做了关于中国民间口头创作的报告,并在苏联科学院学报上发表了自己的报告③。

在学院派科学重组的框架之下,1930年,在列宁格勒亚洲博物馆的基础上成立了研究所。关于这一点,上文所提到的菲加特纳于1929年写道："亚洲博物馆、突厥学研究所和佛教委员会——科学院的这三个组织机构在研究东方的文化问题。但是这些人实质上在研究什么——谁都不知道……没有针对其工作的监管制度。他们从世界观来讲是东方各种哲学体系的忠实追随者,我们没有足够的人员来保证所有这些机构都是马克思主义东方学家。因此就产生了有关合并这

---

① Интеллигенция Сибири в первой трети XX века: статус и корпоративные ценности. - Новосибирск, 2007. С. 167.

② *Волгин В. П.* Академия наук СССР на новом этапе // Вестник Академии наук СССР. 1935. № 4. С. 21—22.

③ *Алексеев В. М.* Китайский фольклор и китайская народная картинка.

些机构的问题,可以将之称为研究所或其他适当的名称。那时候我们将会更容易寻得共产主义者—东方学家,并将其任命为领导这个机构的院士代理人,使研究所的工作位于监管之下……为什么不能让鲍里斯·舒米亚茨基(Борис Шумяцкий)在这个研究所担任院士代理人呢。我与他进行了谈话,他表示愿意接受这份工作。现在正在领导列宁格勒叶努基泽现代语言学院的东方学家、共产党员沃罗比约夫教授,也请求得到这份工作。"①

重组的结果是,1930年10月,科学院出现了东方学研究所(即苏联科学院东方学研究所)。它分为两个部分:科研部和文献库。前者又细分为几个分部:历史经济分部、文艺学分部和语言学分部(最后一个分部成立得稍晚一些)。按照国情学原则,成立了一些研究室:高加索研究室、阿拉伯研究室、犹太研究室、土耳其研究室、伊朗研究室等。东方学分部的这一组织原则在接下来的几年一直保持不变,只有个别研究室的名称变化了。例如,中国—西夏研究室在1932年更名为中国满语研究室,而在1934年更名为中国研究室。

鄂登堡院士被任命为科学院东方学研究所所长。后来的研究所所长分别为萨莫伊洛维奇(突厥学家)、巴兰尼科夫(А. П. Баранников)(印度学家)、斯特鲁维(В. В. Струве)(古埃及学家)。1934年,莫斯科国家历史博物馆馆长、著名的汉学家沃罗比约夫被任命为苏联科学院东方学研究所副所长。然而他在这个职位上任职并不久,很快就遭到了迫害。东方学研究所1936年的学术秘书为杜曼。东方学研究所中不仅聚集了著名的学者,还有"从工人农民中提拔出的干部",按照研究人员的说法,他们"欠缺一般的文化知识(例如,30年代科学院东方学研究所的学术秘书穆拉托夫)。"②

阿列克谢耶夫院士任职于东方学研究所领导中国—西夏研究室,并为其常任负责人(除了在1934年由康拉德替任了几个月)。研究室

---

① Академия наук в решениях Политбюро ЦК РКП(б)-ВКП(б)-КПСС 1922—1991 / 1922—1952. Сост. В. Д. Есаков. -М., 2000. С. 84.

② Долинина А. А. Переписка В. М. Алексеева и И. Ю. Крачковского (1916—1950) // Неизвестные страницы отечественного востоковедения. Вып. III. -М.: Восточная литература, 2004. С. 149.

秘书为韦秋科夫,后来,在1933—1935年,这一职位由二级研究员、列宁格勒东方学院的毕业生 H. A. 彼得罗夫担任①。据文献记载,中国研究室秘书为舒茨基,1934年历史学家波利亚科夫接替其秘书一职。中国研究室最初一批成员包括 Б. А. 瓦西里耶夫、德拉古诺夫、弗卢格、斯卡奇科夫、施普林钦、谢尔吉延科、帕帕扬和涅夫斯基。1936年5月,涅夫斯基在自传中写道:"1929年秋天,受阿列克谢耶夫院士和康拉德教授的邀请,我终于返回了列宁格勒……受已故的鄂登堡院士的邀请,自1930年起开始在苏联科学院东方学研究所工作。自1934年起,我还在国立艾尔米塔什博物馆工作过。过重的研究和教学负担迫使我在1936年不得不拒绝在列宁格勒东方学院任教,也拒绝作为教授和专家学者在其他机构工作。我个人觉得在进行科研工作时最为快乐,因此认为在东方学研究所的工作与我的知识和能力最为相符。"②

1933年在苏联科学院东方学研究所工作的汉学家如下:阿列克谢耶夫、沃罗比约夫、Б. А. 瓦西里耶夫、弗卢格、德拉古诺夫、帕帕扬、舒茨基、波利亚科夫、施普林钦、H. A. 彼得罗夫、杜曼、斯卡奇科夫、斯梅卡洛夫、格鲁兹杰夫(Э. Л. Груздев)、布纳科夫、戈尔巴乔娃(З. И. Горбачева)、西蒙诺夫斯卡娅(Л. В. Симоновская, Л. В. Симонивская③)、屈纳等。在科学院东方学研究所工作的还有北京大学、中国劳动者孙逸仙大学和托尔马乔夫军事政治学院的毕业生奥西波夫。1934年秋天,他向研究院理事会提交了申请,其中写道:"请审查我关于以中国古代史研究员的身份加入贵研究所中国研究室的申请。"④阿列克谢耶夫同意了这份申请。1936年春天,奥西波夫提交了论文答辩申请,其论文题目为《中国古代社会的发展道路》,该论文得到了斯特鲁维和阿列克谢耶夫的肯定⑤。1935—1942年,从中国回来的潘克拉托夫任

---

① AB ИВР РАН. Ф. 152. Оп. 3. Д. 464. Л. 1.

② AB ИВР РАН. Ф. 69. Оп.

③ 书中出现这两种写法,译者认为指的是同一个人,故将文中出现的这两个名字全部统一翻译为了西蒙诺夫斯卡娅。——译注

④ AB ИВР РАН. Ф. 152. Оп. 3. Д. 444. Л. 1.

⑤ Там же. Л. 13.

科学院东方学研究所的研究员。汉学家克里夫佐夫在其自传中写道："自1937年10月起我以合同工身份在科学院东方学研究所工作,自1938年2月起成为编制内人员,任中国研究室的学术助理。在研究所工作期间,在履行研究室秘书的职责的同时,我还完成了20—25印张的翻译稿并交付印刷……"①

自20世纪30年代起,东方学研究所最重要的工作就是在科学院系统中培养研究生。这些研究生中既有研究所的年轻工作者们,也有准备在科学院从事科研工作的高校毕业生。在一封有代理所长沃罗比约夫和学术秘书签名的、给学院年轻学者的推荐信中写道:"韦秋科夫从纳里马诺夫东方学院汉学方向毕业,随后在中国西部工作了两年多。自1931年起,韦秋科夫同志开始在科学院东方学研究所中国研究室任研究员。韦秋科夫同志在专业和方法论方面的素养都很高。在最近的两年时间内,韦秋科夫同志写了三篇关于中国的作品,展示了他对从第一手材料中提取数据的科学归纳能力,以及在马克思列宁主义理论的基础上构建独创性理论的能力。韦秋科夫同志的研究领域为中国意识形态史。他在其撰写的关于孙中山的'三民主义'中的孔子学说元素的论文里提出了极具价值的问题,并在运用第一手中文材料的基础上尝试解决这个问题。科学院非常愿意接收韦秋科夫同志进入研究生部,因为毫无疑问,在研究生的三年期间,他一定能在这个极具现实意义且尚未完全从马克思主义角度研究的领域做出巨大的科研成果。"②

汉学家杜曼在研究生阶段的学习在其个人卷宗中可寻到踪迹。在教师奥西波夫给研究生一年级的杜曼所写的评语中说道:"杜曼同志非常了解汉语,不仅了解古汉语(不是指文言文),还了解现代汉语。现在杜曼同志和我一起在研读与新疆有关的各种文献(写于19世纪的文本)。"③在杜曼1933/1934学年的学习计划中写道:"在本年我将继续研究18—19世纪新疆的阶级斗争这个预计为期两年的课题……

---

① АВ ИВР РАН. Ф. 152. Оп. 3. Д. 340. Л. 6 об.
② Там же. Д. 124. Л. 2.
③ Там же. Д. 208. Л. 3.

同时将研究俄罗斯及国外文学。按照半工半读的教育路线研究各种语言:法语、德语、汉语……我将修读下列课程:关于民族殖民主义问题的课程、关于新哲学史的课程、现代资产阶级历史科学。我将按照下列计划开展科研工作。主题:1820—1828年新疆张格尔叛乱……"①苏联科学院于1935年7月10日下达指令:"自1935年7月1日起,准许已完成科学院东方学研究所研究生所有课程且完成了历史学副博士学位论文答辩的学生从科学院研究生部毕业,并安排杜曼和A.A.彼得罗夫在东方学研究所任职。"②

东方学研究所的中国研究室的人员组成不是一成不变的。汉学家们会被定期派往中国工作。例如,1935年9月10日,A.A.彼得罗夫从东方学研究所离职,随外交人民委员部前往满洲出差③。A.A.彼得罗夫在边境站(绥芬河)苏联领事馆担任秘书直至1937年,后因"妻子去世以及领事馆的废除回国了"④。1936年底,汉语-满语学家热布罗夫斯基来到了东方学研究所。他在自传中写道:"1930年9月,我被派往哈尔滨出差……1933年9月,在被胡匪俘虏三个月后返回了苏联,且在病愈后被任命为符拉迪沃斯托克远东边疆区旅游分局副处长。我一辈子都梦想能够从事科研性质的工作。我来到莫斯科是为了换一个我感兴趣的工作,因为在远东由于工作人员不足,无法调换至科研工作岗。自1934年起我开始罹患急性神经衰弱……为期一年的治疗让我重新站起来了,并自1936年12月起开始在东方学研究所工作。"⑤

在由米亚斯尼科夫整理转述的斯卡奇科夫回忆录中写道:"研究室工作人员以及受邀请的汉学家每周一都会在东方学研究所的中国研究室召开会议。在会上,由参会人员中的一人,通常是常任主席瓦西里·米哈伊洛维奇本人,做关于中国问题的新书的报告,并对新书做出详细的评论……什图金——研究室学术秘书,对这些会议作了非

---

① АВ ИВР РАН. Ф. 152. Оп. 3. Д. 208. Л. 6.
② Там же. Л. 12.
③ Там же. Д. 464. Л. 16.
④ Там же. Л. 20.
⑤ Там же. Д. 226. Л. 6.

常仔细的记录……除了上文提到的会议,研究室还定期举办由尤里·康斯坦丁诺维奇·舒茨基倡议的'复杂文本研究会'。"①

东方学研究所的汉学家们积极地与列宁格勒的各博物馆展开合作,研究人员写道:"在台湾,涅夫斯基收集了宝贵的邹族文化方面的民族学藏品,该藏品现在是彼得一世人类学和民族学博物馆中国民族学藏品中的珍宝。涅夫斯基在汉学领域的研究多样且深入……因此阿列克谢耶夫才有权这样说:'艾尔米塔什博物馆中西夏—中国艺术方面的新藏品的管理权只能交给他'。"②

苏联科学院东方学研究所保留并发展着自己与国外的联系。法国汉学家保罗·佩里奥在20世纪30年代仍是苏联科学院的通讯院士。1936年9月16日,在科学院东方学研究所中国研究室的一次会议上,法兰西学院中国语言和文学教授亨利·马斯伯乐(Анри Масперо)③做了报告。在《1936年度东方学研究所中国研究室工作综述》中写道:"马斯伯乐教授的课在实质上与我们相近,并且我们所有人都赞成马斯伯乐教授关于中国历史是世界史的一部分的这个观点。"④苏联科学院的领导阶层重视国际联系的建立。一份1936年4月1日写给东方学研究所所长萨莫伊洛维奇的、由科学院常务秘书戈尔布诺夫(Н. П. Горбунов)签字的申请书指出了这一点:"请您为潘克拉托夫的科研计划提供最大限度的协助……佩里奥和一系列其他的外国东方学家们都熟知潘克拉托夫。也请阿尔特同志协助潘克拉托夫在列宁格勒获得住所。"⑤

20世纪20年代,俄罗斯汉学家们同日本的学术联系取得积极进展,但20世纪30年代初期开始迅速地收缩。在苏联科学院主席团1930年10月1日的会议记录的摘录中写道:"在此通报关于Б. А. 瓦西里耶夫赴日出差进行科研工作并收集中国方面文献资料的申请。

---

① Мясников В. С. Кастальский ключ китаеведа. Т. 1. С. 322.
② Решетов А. М. Н. А. Невский как этнограф. К столетию со дня рождения ученого // Петербургское востоковедение. Вып. 8. СПб., 1996. С. 375.
③ Maspero Henri (1883—1945).
④ АВ ИВР РАН. Р. I. Оп. 1. Д. 162. Л. 38.
⑤ АВ ИВР РАН. Ф. 152. Оп. 3. Д. 452. Л. 15.

决议：延期审查瓦西里耶夫的申请。"①

阿列克谢耶夫院士一贯支持与中国历史学家们建立紧密且直接的合作。1934年，北京图书馆副馆长袁同礼教授访问列宁格勒。他在科学院东方学研究所中国研究室的会议上做了学术报告。清华大学教授、著名历史学家蒋廷黻和袁同礼一起参观了苏俄的科研机构。1937年，阿列克谢耶夫向苏联科学院主席团提出申请："请求主席团审查我关于邀请著名的中国人类学家和考古学家、中央研究院科研所所长李济博士在列宁格勒做系列付费讲座的方案。李济教授以自己在中国最古老的首都进行的古代城堡遗址发掘工作而取得的独一无二的成就而著称。"②然而在20世纪30年代后半期，国际合作没有那么密切了，而这位"中国考古学之父"也无法与苏联同行们分享自己在中国古代史领域的发现了。

* * *

20世纪30年代的苏联学院派汉学的发展并不局限于东方学研究所。汉学在以历史学见长的各研究所中得到了发展。早在1929年4月，在历史学家—马克思主义者协会的基础上就建立了共产主义研究院历史研究所，该研究所很快就将俄罗斯社会科学研究所协会的历史研究所纳为自己的一部分，并成为未来苏联科学院历史研究所的基础。在肃反时期受影响最大的苏联科学院历史和古文献委员会于1931年被改造为历史和古文献研究所。

与苏联科学院同时存在的共产主义研究院，于1930年被重组了。其中，东方学家协会被重组为中国问题研究所。米夫任中国问题研究所所长。中国问题研究所在结构上属于世界经济和世界政治研究所。1931年，甚至产生了冲突局面：中国问题研究所的学术秘书阿布拉姆松（后来成为世界经济和世界政治研究所的学术秘书）给共产主义研究院主席团呈交了一份有关经济研究所意图私自占用中国研究所场

---

① АВ ИВР РАН. Ф. 152. Оп. 3. Д. 115. Л. 30.

② *Хохлов А. Н.* Директор Пекинской национальной библиотеки Юань Тун-ли: поездка в СССР в 1934 г. и контакты с российскими китаеведами // Общество и государство в Китае: XXXV научная конференция. Сост. и отв. ред. *Н. П. Свистунова.* -М., 2005. С. 173.

所的报告书①。共产主义研究院中国问题研究所成了中国劳动者共产主义大学中国问题研究所的接班人,继续出版马克思列宁主义学派的《中国问题研究所通报》。20世纪30年代,这本杂志上还在继续刊登相关资料和作者述评。

一些汉学家在20世纪30年代初期在由瓦尔加领导的莫斯科共产主义研究院世界经济与世界政治研究所工作。1934年结束后,该研究所的下列工作人员获得了奖励,例如:沃伊京斯基(Г. Н. Войтинский)和阿博尔京(В. Я. Аболтин)获"每人200卢布的(文学专向)奖励"和"荣誉证书";卡拉-穆尔扎"因超额完成研究所以外的具有重大意义的社会工作而获荣誉证书"②。在1936年的"世界经济与世界政治研究所全体工作人员名单"中,有10位是"汉学家",其中包括杜巴索娃(З. С. Дубасова)、科努斯(Н. В. Конус)、巴什科娃(М. К. Пашкова)、佩尔林(Б. С. Перлин)、亚兰采夫(И. В. Яранцев)等③。

1933年,在教育人民委员部系统中成立了列宁格勒语言学研究所(Ленинградский институт языкознания,ЛНИЯ),继承了早在1921年就成立的东西方语言与文化比较研究所(Научно-исследовательский институт сравнительного изучения языков и литератур Запада и Востока,ИЛЯЗВ)的传统。该研究所中设有突厥-蒙古语言部和远东语言部。康拉德、Б. А. 瓦西里耶夫和涅夫斯基都曾在远东语言部工作过。

苏联科学院民族学研究所在20世纪30年代也研究汉学问题。其中,作为苏联元老级汉学家之一的屈纳自1932年起在苏联科学院民族学研究所远东分部任高级研究员。自1933年起,他开始领导远东分部。正如当代研究人员所指出的:"1935年,他获苏联科学院主席

---

① АРАН. Ф. 350. Оп. 1. Д. 471. Л. 45—47.
② АРАН. Ф. 354. Оп. 3. Д. 16. Л. 7.
③ АРАН. Ф. 411. Оп. 26. Д. 5. Л. 29—34.

团批准,没有参加学位论文答辩便获得了历史学博士的学衔。"①布纳科夫自 1937 年初起作为初级研究员在苏联科学院语言和思维研究所工作。由于他是那里唯一的汉学家,因此 1938 年春天,布纳科夫被调至苏联科学院东方学研究所。

苏联科学院在各地区都设有自己的机构。1932 年,在符拉迪沃斯托克开设了苏联科学院远东分部。其组织架构中没有一所东方学的研究机构,只有"远东边疆区民族研究室"。在此框架下,当地的东方学家可以在研究室谋得一个职位。在《1934 年度苏联科学院远东分所的工作报告》中写道:"远东边疆区和相邻国家民族研究室的研究方向如下:汉学、朝鲜学和远东边疆区民族研究。在汉学方面,正在进行以下几个方向的研究工作:汉语及其方言的拉丁化研究、远东边疆区中国居民在社会主义建设中的角色研究和满洲经济研究。学术专家德拉古诺夫撰写并发表了文章《汉语中的词类》。学术专家斯克沃尔佐夫完成了撰写《远东边疆区的中国劳动者及其在社会主义建设中的参与》这篇文章的资料收集工作。研究员施普林钦在 1934 年主持中国标准语(文言)的形成问题的研究工作。他完成了两篇文章……开展山东方言方面的研究工作,编制了方言调查表,正在收集资料。"②

汉学家马拉库耶夫为俄罗斯科学院(至 1934 年)远东分所图书馆的第一任馆长,而图书馆的馆藏是由东方学院以前的工作人员们收集的大量中文古文献手稿和刻本藏品转移而来的。图书馆对这些藏品进行了描述整理工作。

20 世纪 30 年代初针对各科研机构系统的重组与改革并未结束。1936 年 2 月,联共(布)中央委员会和苏联人民委员会下达了"关于撤销共产主义研究院"的决议。原共产主义研究院的各机构被转移至苏联科学院。1936 年,在共产主义研究院历史研究所的基础上建立了苏联科学院历史研究所。该研究所包括在列宁格勒被撤销的苏联科学

---

① Жуковская И. В., Решетов А. М. Фонды востоковедов в архиве Музея антропологии и этнографии имени Петра Великого РАН // Страны и народы Востока / под. общ. ред. акад. РАН М. Н. Боголюбова. Вып. XXXIII. -М. : Вост. лит. , 2010. С. 229.

② Отчет о работе Дальневосточного филиала Академии наук СССР за 1934 год. - Владивосток: Издательство ДВ Филиала Академии наук СССР, 1935. С. 24—25.

院历史和古文献研究所,以及原中国问题研究所。苏联科学院历史研究所设立了一个研究东方近代史的部门。研究人员写道:"历史研究所中该部门的成立,自然使它们与科学院东方学研究所的工作明显区分开来,科学院东方学研究所主要是研究东方的古代史和中世纪史。"①然而在《1936年10月25日苏联科学院历史研究所的工作人员名单》中却没有一位汉学家②。叶菲莫夫指出,可能被分解的共产主义研究院中国问题研究所的部分已融入成为东方学研究所的组成部分③。

苏联科学院历史研究所的殖民国家和附属国历史部在20世纪30年代后半期成了研究东方国家近现代史问题的东方学家们的主要联盟。这里有包括卡拉-穆尔扎在内的汉学家们在此工作。此外,正如苏联研究人员所言:"莫斯科东方学家们聚集在成立于1934年夏天的太平洋关系国际研究所……世界经济和世界政治研究所、农业研究所以及各教学机构……"④

这样,1929至1936年期间,苏联的科学、教育和文化领域都经历了革命性变革。这些变革无论在组织架构方面还是在研究内容上都以最直接的方式涉及俄罗斯汉学。总体而言,"文化革命"使俄罗斯的科学和教育遭受了巨大的打击,其中的汉学研究也未能幸免。受到俄罗斯社会绝大多数支持的苏联领导阶层,使科学和教育成为服务于国家的机器,试图把学者们变成"国家的仆人"。可以赞同现代研究者们的观点:"在高等教育的形式和内容完全国有化的条件下,高等专业教育的任务转变为了培养特定类型专家的国家需求,这促使高校教师从思想意识中将自己转变为国家公职人员。"⑤

---

① Двадцать пять лет исторической науки в СССР. -М.-Л., 1942. С. 279.
② АРАН. Ф. 411. Оп. 26. Д. 5.
③ *Ефимов Г. В.* Из истории Коммунистического университета трудящихся Китая // ПДВ. 1977. № 2. С. 175.
④ *Шаститко П. М.* Предисловие // Слово об учителях. Московские востоковеды 30—60-х годов. -М., 1988. С. 5.
⑤ Интеллигенция Сибири в первой трети XX века: статус и корпоративные ценности. -Новосибирск, 2007. С. 167.

3.2　苏联时期的中文拉丁化

自20世纪30年代初起,大部分的苏联汉学家－语言学家决定完成一项党的任务,即创立"中国的拉丁新文字方案"并将其付诸实践。著名的汉学家舒茨基在其著作《将速记引入中文拉丁化语言中》的前言中写道:"在汉学研究的范围内我们面临的一个很大的问题就是中文拉丁化,这个问题也是我们的友好同盟——中国的广大劳动群众所要面对的……中文拉丁化的这个问题吸引了许多汉学家的注意力……该问题经受住了理论的考验并马上进入实践检验过程,并在实践检验之后将该问题回归至理论研究,这时便又衍生出了一系列的新问题。"[1]另外一位著名的汉学家施普林钦在自己的著作《远东边疆区的汉语》中指出:"中文拉丁化新文字运动是在中国人民的抗日救亡运动的进程中展开的。"[2]可见,当局和社会正是把语言当作了一种可以达到政治目的的主要工具。

就苏联远东的情况,汉学家马拉库耶夫在1932年写道:"……在远东这里,东方学家所面临的不仅是理论上的,而且是最为重要的实践层面上的任务——在少数民族聚集的边疆地区(朝鲜人、中国人等)为'文化革命'而斗争,这项工作要求将科学的思想带到符拉迪沃斯托克中国人聚居的狭窄的街巷里去……"[3]

说到中文拉丁化,需要指出的是,当时文字拉丁化的问题在世界范围内引起了广泛的讨论。中华民国当局研究出了一套拼音文字方案,并尝试将其运用于中文。苏联则通过了将所有苏联民族的语言逐步转换为拉丁字母的方案。1930年在卢那察尔斯基(Луначарский)的提议下,甚至提出了有关俄文拉丁化的问题。这位苏联教育人民委员写道:我们的俄语字母不但将我们与西方的距离拉远,而且还把我

---

[1]　Архив востоковедов Института восточных рукописей РАН (АВ ИВР РАН). Разряд I (Китай). Оп. 1. Д. 165. Л. 1.

[2]　АВ ИВР РАН. Разряд I. Оп. 1. Д. 268. Л. 1–2.

[3]　Маракуев А. В. Десять лет востоковедения на Советском Дальнем Востоке.-Владивосток: Дальгиз, 1932. С. 3.

们与东方国家的距离拉远了①。

苏联的中文拉丁化工作由一些汉学机构组织开展，其中一个方案是由共产国际中国问题研究所研究出来的；另一个方案则由阿列克谢耶夫领导的新成立的苏联科学院东方学研究所中国研究室完成。值得一提的是阿列克谢耶夫早在1910年的时候就发表了《北京方言的语音研究》这一作品，在该作品中他首次采取了语音实验的方法来研究汉语。

苏联的第一个中国拉丁化字母方案于1929年由著名的中国社会活动家瞿秋白提出②。瞿秋白在20世纪20年代这一领域的成果在科洛科洛夫个人馆藏里一份名为《屈维它（斯特拉霍夫，瞿秋白笔名），中国拉丁化字母（文集）》③的档案中得到体现。1930年汉学家德拉古诺夫在中国问题研究所对现有的四种中国拉丁化字母方案进行了批判性分析，指出"除了斯特拉霍夫（瞿秋白）同志在《中国问题》第二期上发表的方案以外，同时还存在中国方案、美国方案和瑞典方案"④。马拉库耶夫指出，远东的中文拉丁化工作是由远东国立大学东方系的毕业生、中文杂志《工人之路》的编辑部秘书、汉学副教授斯克沃尔佐夫最先开始的⑤。

创立中国拉丁化字母的任务是由中国问题研究所负责，"语言学小组（和中文拉丁化分小组）"由汉学家科洛科洛夫领导。他在《中国问题》杂志上发表的《中国问题研究所工作简讯（自1928年1月至1930年5月）》⑥中提到，头两年多的时间里中国问题研究所筹备了两次有关中文拉丁化问题报告并对其进行了讨论。1929年科洛科洛夫

---

① ЦК ВКП(б) и национальный вопрос. Кн. 2. 1933—1945. -М., 2009. С. 192.

② Залесская О. В. Китайские мигранты на Дальнем Востоке России (1917—1938 гг.)-Владивосток, 2009. С. 160.

③ АВ ИВР РАН. Ф. 144. Оп. 1. Д. 142.

④ Проблемы Китая. Записки Института / НИИ по Китаю при Ассоциации по изучению национальных и колониальных проблем. № 3. -М., 1930. С. 239.

⑤ Маракуев А. В. Десять лет востоковедения на Советском Дальнем Востоке. -Владивосток: Дальгиз, 1932. С. 10.

⑥ Проблемы Китая. Записки Института / НИИ по Китаю при Ассоциации по изучению национальных и колониальных проблем. № 3. -М., 1930.

做了《中文拉丁化问题》的报告。

1930年,苏联在中文拉丁化方面的工作交由新成立的苏联科学院东方学研究所中国研究室进行①。首要问题就是为该项工作建立一个工作小组。1930年,在阿列克谢耶夫的建议下,对建立中文拉丁化临时委员会这一问题的讨论被推迟到下次会议。但很快阿列克谢耶夫就被确立为"中文拉丁化委员会"的主席,委员会的秘书则由德拉古诺夫担任。全苏新字母中央委员会(Всесоюзный Центральный Комитет Нового Алфавита, ВЦКНА)领导下的中文拉丁化委员会的成员还包括像舒茨基、施普林钦这样的著名汉学家。在1930年12月6日苏联科学院主席团的会议记录摘录中提到:"会议通报了东方学研究所关于成立中国研究室中文拉丁化临时委员会的申请。会议作出以下决议:确定委员会组成人员:主席为阿列克谢耶夫院士,秘书为德拉古诺夫,其他成员包括:舒茨基、斯卡奇科夫、瓦西里耶夫、涅夫斯基、波佩、研究生帕帕扬和波利亚科夫同志"②。1932年拉丁化的工作转交给中国研究室的秘书、汉学家—语言学家克拉伊诺夫(В. М. Крайнов)来负责③。在1930年委员会的工作开展得很顺利,在 Б. А. 瓦西里耶夫的自传中写道:"1930年中文拉丁化委员会凭借其卓越的表现获得苏联科学院颁发的奖金。"④

与列宁格勒同步,20世纪30年代,中文拉丁化的问题在符拉迪沃斯托克也进行了讨论。1930年5月23—24日召开了由符拉迪沃斯托克远东国立大学国民经济系汉学研究室组织的有关中文拉丁化问题的会议。会议记录显示,会议有近五十人参加,"其中包括汉学、日本学的老师还有学生,以及苏维埃党校的中国老师和中国党内积极分子们。"⑤远东大学的副教授斯克沃尔佐夫作了报告。马拉库耶夫表示:"针对这一报告……许多当地的汉学家都发表了自己的意见看法,为

---

① См.: СПбФ АРАН. Фонд 820 (Алексеев В. М.). Дело 《Документы по деятельности в Комиссии по латинизации китайской письменности 1930—1937 гг.》.
② АВ ИВР РАН. Ф. 152. Оп. 3. Д. 115. Л. 29.
③ АВ ИВР РАН. Ф. 152. Оп. 3. Д. 335.
④ АРАН. Ф. 407. Оп. 6. Д. 37. Л. 2 об.
⑤ ОР РНБ. Ф. 1200. Д. 207. Л. 3.

这个报告的主旨提供了许多宝贵建议。作为首次大规模探讨象形文字拉丁化问题的会议,其结果是:采纳了一系列具有实践意义的决策和建议,后来这些决策和建议均得到落实。"①

在符拉迪沃斯托克,一些当地的中国人不仅对斯特拉霍夫(瞿秋白)的中国拉丁化字母持批判态度,而且认为并不一定要给中文建立一个单独的字母表,字母表是不可能取代汉字的。但被派遣来到远东的列宁格勒的汉学家并不赞同。施普林钦在1930年5月的会议上提出:"我们不可能去谈到底需不需要中文字母表,问题只有一个;那就是如何制定字母表?"②远东汉学家马拉库耶夫在会上提出了以下观点:"假设字母表已被采用,那么会出现这样一个问题:中国人是否明白用拉丁字母拼出的'资本'一词的意思?我确信,他们是不明白的。改造问题是时间问题。但是首先要解决的是社会舆论的问题。必须激发广大中国人民的热情,而且绝对不能强制实施。"③哈伦斯基则表示字母的引进会使中文变得严重匮乏。

制定字母表的工作大体上是以苏联语言学家的实地研究材料为基础的。后来施普林钦写道:"生动的民间言语是中文及与之相近的东干语建设的基础,同时也是中文拉丁化的基础。"④例如,1929年至1930年施普林钦就受苏联科学院的委派来到远东边疆区学习中国人的语言关系⑤。

20世纪30年代初,帕什科夫在中央执行委员会下属的全苏新字母中央委员会工作。1931年,他所著的《新语言学说视角下的中国象形文字拉丁化的问题》(《东方语言与文化》7-8册,莫斯科,1931年)问世。如研究人员所写,帕什科夫在自己的文章中提到:"……发现了现代汉语语法结构中粘着构词法的意义,这些形式之前曾被看作是无

---

① *Маракуев А. В.* Десять лет востоковедения на Советском Дальнем Востоке. -Владивосток: Дальгиз, 1932. С. 10.
② ОР РНБ. Ф. 1200. Д. 207. Л. 4.
③ Там же.
④ АВ ИВР РАН. Разряд I. Оп. 1. Д. 268. Л. 1.
⑤ Там же. Л. 4.

形态的。"①帕什科夫在俄罗斯莫斯科和圣彼得堡以外的地方从事东方文字(其中包括汉语、日语、朝鲜语和蒙古语)拉丁化的工作。

1931年初,苏联的汉学家们制定了一个特别的集体报告,其中包括有关中文拉丁化、字母表、正字法和教学材料的基本规定。这次工作的结果在苏联科学院社会科学分部的会议上得到讨论,在会上阿列克谢耶夫指出:"引入拉丁字母和抵制象形文字在很大程度上是与政治目的挂钩的。"②1931年1月苏联科学院东方学研究所提出的方案与共产国际中国问题研究所的方案达成一致,并在全苏新字母中央委员会科学理事会会议上被通过。

在远东召开的有关中文拉丁化的专业会议上提出了采用新文字的议题。当时做出了如下决定:必须在所有的学校和纸质教材中使用拉丁字母,并且为消除文盲开设专门的培训班。

1931年9月26—29日在符拉迪沃斯托克召开了第一届中国文字拉丁化会议。会议流程如下:1.盛大的开幕式;2.新字母中央委员会报告(阿布拉姆松);3.苏联的中国劳动者的文化革命问题(萧三);4.有关中文拉丁化的问题(德拉古诺夫);5.正字法规则(布列宁Буренин);6.在拉丁化中文基础上建立标准语(施普林钦—史萍青);7.远东中国新拉丁化字母委员会选举。会议每天的召开时间为10点到15点和17点到21点。每个报告45分钟,补充报告30分钟,讨论10分钟③。在本次大会的全体会议上,萧三做了《苏联的中国劳动者的文化革命问题》的报告,而苏联的汉学家德拉古诺夫、布列宁、施普林钦还是将目光对准中文拉丁化本身的问题。大会做出如下决定:尽快在所有的学校、纸质教材中使用拉丁字母,并且为消除文盲开设专门的培训班。

1931年10月在远东成立了中文拉丁化字母委员会,在1932年4月改组成为远东地区新字母委员会(Дальневосточный Комитет

---

① К 70-летию со дня рождения проф. Б. К. Пашкова // Народы Азии и Африки. 1962. № 1. С. 214.

② Алексеев В. М. Китайская иероглифическая письменность и ее латинизация. -Л., 1932.

③ СПбФ АРАН. Ф. 820. Оп. 2. Д. 253. Л. 333.

Нового Алфавита，ДВКНА）。1932年10月，全苏新字母中央委员会主席团在远东地区新字母委员会责任秘书柳宾（Н. И. Любин）①的总结报告的批示中指出：培养骨干教师和工作人员的工作开展得很顺利，其中共有168名中国工作者。与此同时还建立了11个中国拉丁化新字母委员会，并开始出版三种用拉丁字母书写的中国报纸。例如在阿穆尔地区，1933年新字母委员会的成员由18位教师和6名工作人员组成，其中包括主席、副主席、秘书、两位指导员和一名会计②。

早在1931年，符拉迪沃斯托克就出版了第一本识字课本——施普林钦编著的《拉丁化专门规正读本》。这位汉学家很早之前就为在苏联的中国人编写教科书了。例如，在1931年出版的《远东边疆区中国工人俄语识字课本》的前言中写道：" 远东边疆区中国工人俄语教学用书计划——施普林钦的识字课本是编写该书的基础。"③

1933年施普林钦的书《新字母汉语教学法》④在哈巴罗夫斯克出版。这本书早在1932年9月19日就被交付印刷，但是直到1933年5月15日才被签字付印。值得注意的是，中文拉丁化取得了所谓"胜利"，可封面和序言都是用汉字书写的。

为了推进中文拉丁化的工作，德拉古诺夫从列宁格勒被派往远东。他在自传中写道："我在以下学校中从事与专业相关的教学工作：……远东中国列宁学院、远东国际师范学院、远东国立大学……1930年入选远东地区新字母委员会并于1931年被改选。1933年成为远东地区新字母科学委员会成员。"⑤在德拉古诺夫的科研工作证明中写道："……我在远东国立大学、国际师范学院、中国共产主义大学（教研室主任、中国人的汉语教师……）任教，是汉语和东干语拉丁化工作的领导者之一。1932—1934年间在远东边疆区主持中文的研

---

① ГАХК. Ф. П-2. Оп. 11. Д. 175. Л. 76.
② ГААО. Ф. Р-114. Оп. 2. Д. 6. Л. 3.
③ Русский букварь для китайских рабочих ДВК. Сост. Д. Д. Каупуж. Под ред. К. Би-галько. -ОГИЗ-Далькрайотделение, 1931.
④ СПбФ АРАН. Ф. 820. Оп. 4. Д. 146.
⑤ АРАН. Ф. 407. Оп. 6. Д. 69. Л. 4.

究工作。1932年起成为全苏新字母中央委员会成员。"①德拉古诺夫提到,他和他的妻子别凯尔(Е. Н. Беккер)共同发表了一些关于汉语和东干语方面的学术作品。鉴于其对远东边疆区中国人的语言建设工作所做的贡献,远东地区新字母委员会对其进行了奖励②。

在德拉古诺夫的报告《科学院远东分院中国分部语言学小组的工作计划、组织及任务情况》中写道:"该工作应研究远东中国人的方言(首要就是研究山东方言),应研究其音位体系、词汇以及语法,研究相混合的中俄语言,最后还应研究个别的语法问题。"③领导该课题的为科学院东方学研究所专家德拉古诺夫和科学院东方学研究所高级研究员施普林钦,两人应以每年五个月为周期轮流在远东工作。

20世纪30年代初,阿列克谢耶夫的一部篇幅不长的作品《中国象形文字及其拉丁化》在苏联东方语言学界引起了巨大反响。为了回应同事和学生们的抨击,阿列克谢耶夫于1932年夏天向科学院东方学研究所所长申请退出中文拉丁化委员会,并就此向中国研究室秘书提交了书面申请。阿列克谢耶夫院士对所谓的中文拉丁化必要性的信念在其同时期的其他作品中也有所体现。《列宁著作汉译》于1932年10月完成并于1933年在《苏联科学院通报》中登载。在这篇文章的结尾处,阿列克谢耶夫这样写道:"只有取消出版物的汉字封皮并将这些译著的全部文本拉丁化,才能使这项事业大跨步地向前推进。只有这样,我们科学院的劳动成果——中文拉丁化才能走向新的道路,因为运用拉丁字母转译,不怕遇到不认识的、主要是那些不确定的、千变万化的汉字,汉语扫盲任务以及建设中国工人图书馆的事业就将成为现实。"④

20世纪30年代,各种组织和机构都在团结力量发展并推行中文拉丁化,符拉迪沃斯托克和莫斯科成为了协调此项工作的中心。1932年出台了《1933年苏联科学院东方学研究所和远东地区新字母委员会

---

① АВ ИВР РАН. Ф. 152. Оп. 3. Д. 207. Л. 1.
② АРАН. Ф. 407. Оп. 6. Д. 69. Л. 5.
③ ОР РНБ. Ф. 1200. Д. 274.
④ *Алексеев В. М.* Ленин на китайском языке // Вестник Академии наук СССР. 1931. №1. С. 20.

关于汉字拉丁化及其相关研究领域共同工作纲领》，提出为完善文字书写，继续开展对苏联远东地区中国居民口语的研究。有以下中俄学者和社会活动人士参与此项工作："德拉古诺夫、施普林钦、柳宾、马丁诺夫、Б. А. 瓦西里耶夫、阿布拉姆松、萧三、Тин Шань、瓦列茨、克拉伊诺夫、斯米多维奇、Ван、普申尼琴、布连宁、湘宝①、布拉托夫（Шен Чио Булатов）、日尔诺夫、莱伊赫捷尔。"②苏联学者写道："……研究远东边疆区中国人的语言不仅对于汉语在苏联境内拉丁化的发展很重要，还对拉丁化在中国的发展和简化有着重要意义。"③

　　1932至1934年间名为"拉丁话"的新式中文被引进远东的中国学校，中国报纸也改为拉丁文。20世纪30年代前半期，政府当局还在远东以外的地区积极尝试推广中文拉丁化。例如，在1933年3月16日发布的《有关在赤塔地区东方工人的工作报告》中写道："1月份扫盲……142名中国人，在这些人中，10名学习俄语，16名学习中文，还有116名学习新中文字母，我们已经有50多个学员和积极分子完成了新字母的学习，并有15位扫盲人员学会了新字母。"④

　　俄罗斯汉学家在拉丁化方面的工作范围可以在类似《哈巴罗夫斯克市立中国学校教材及教科书名单》中得到说明。名单中记载了8册的中文口语教科书以及基础数学教材各200份；4册的基础算数教材、中国地理、自然科学教材和《儿童对话》各100份；还有《学校保健和卫生》《儿童体育和游戏》《儿童歌曲》等等。学校教材中包括带有中文标识的中国地图和世界地图、各种图表、地球仪、识字课本、200册的儿童丛书以及20册的教育丛书⑤。同时据1933年的记载显示："……拉丁字母的书籍缺乏，采用新字母的中文报纸的传播范围也不能令人满意，这导致学校毕业生们无法得到阅读材料、无从实践，最终忘记了新

---

　　① 即王湘宝（刘长胜）。——译注
　　② СПбФ АРАН. Ф. 820. Оп. 2. Д. 253. Л. 333. Л. 391.
　　③ АВ ИВР РАН. Разряд I. Оп. 1. Д. 268. Л. 6.
　　④ Государственный архив новейшей истории Иркутской области（ГАНИИО）. Ф. 123. Оп. 15. Д. 83. Л. 15.
　　⑤ ГАХК. Ф. П-2. Оп. 9. Д. 19. Л. 120.

字母,进而导致新字母教学变得毫无意义。"①

中文拉丁化的完善工作在 20 世纪 30 年代末仍在进行。1936 年,苏联科学院东方学研究所中国研究室下属的"中文正字－语法委员会"的工作仍在进行。在《1936 年 6 月苏联科学院东方学研究所中国研究室工作概览》中写道:"德拉古诺夫称,上半年他们在中文拉丁化方面进行了一定的工作。在他的参与下,全苏新字母中央委员会有关中文拉丁化问题的会议于 2 月筹备就绪并于 3 月召开。在会议上德拉古诺夫宣读了关于拉丁字母的报告。在东方学研究所中国研究室参与下制定的新中文字母和德拉古诺夫准备出版的报告均得到了全苏新字母中央委员会的赞许。在会议上成立了正字法委员会,但是该委员会无法全面展开工作,因为全苏新字母中央委员会实际上并没有给予他们资金支持。"②德拉古诺夫于 1936 年 5 月在自传中这样写道:"我以一个常任组织者和主要发言人的身份参与了就中国人和东干人语言建设问题召开的代表会议、全体会议以及讨论,同时还以组织者和参与者的身份参加了科学院东方学研究所、全苏新字母中央委员会和远东地区新字母委员会的所有关于汉语和东干语的考察活动……根据 1936 年列宁格勒州执委会的决议,我成为列宁格勒州新字母委员会的成员。"③

在中国研究室 1937 年的工作计划中有很多关于汉字拉丁化的任务,其中包括为俄罗斯成人编写一本汉语教材④。同样在 1937 年,还举办了第三届中国语言建设会议。1934 年 1 月的一份公文极具代表意义,其中写道:"新字母委员会的领导始终尝试,促使远东国家出版社（Дальневосточное государственное книжное издательство, Дальгиз)出版新字母版伯克洛夫斯基(М. Н. Покровский)的《俄罗斯历史》……应当出版汉字版伯克洛夫斯基的《俄罗斯历史》……我们党、党中央委员会以及区域委员会并未下达过此类指令,即在不考虑

---

① ГААО. Ф. Р-114. Оп. 2. Д. 6. Л. 4.
② АВ ИВР РАН. Разряд I. Оп. 1. Д. 162. Л. 24.
③ АРАН. Ф. 407. Оп. 6. Д. 69. Л. 4.
④ СПбФ АРАН. Ф. 820. Оп. 2. Д. 253. Л. 405.

现实可能性或不具备读者基础的条件下，将所有教学文献都仅以拉丁字母的形式出版。"①

20世纪30年代后半期，有关中文拉丁化字母的争论愈发尖锐。1936年3月28日举行了全苏新字母中央委员会会议，会上通过的《关于汉语字母与正字法问题的会议决议》中写道：为了彻底解决汉语字母问题，委托科尔科马索夫（Коркмасов）同志、季曼什杰（Диманштейн）同志与沃林同志研究所有争议性问题，并在下次主席团会议之前准备好提案，并应针对萧三同志与弗鲁贝尔（Врубель）同志在全体会议上的冲突做出结论以及政治评价②。

在1936年3月举行的中国研究室会议上指出：受到德拉古诺夫的影响，在讨论会上可能会就东方学研究所中国研究室参与下建立的拉丁化的中文字母体系似乎是以英语字母体系为导向这一问题进行讨论，并由此提出用单字母代替双字母的问题。德拉古诺夫认为，用单字母代替双字母还为时过早，因为建立起的字母体系已经逐渐在中国普及起来，此时进行改变可能会在中国拉丁字母支持者中造成混乱，并对苏联远东地区的中国居民与中国的中文拉丁化支持者间的文化交流造成困难③。1936年4月1日，在接下来的一次会议上提出："大会承认，在东方学研究所中国研究室的参与下建立的拉丁字母体系是参照了苏联人民的拉丁字母表，并且无需做任何修改。大会决定建立正字法委员会，委员会成员包括：主席В.М.瓦西里耶夫院士、学术专家德拉古诺夫、中国研究室研究员施普林钦。委员会的任务是在字母的基础上制定出汉语正字法规则。"④在联共（布）中央委员会科学部扩大会议上，阿列克谢耶夫受到指责，因为他似乎倾向于英语字母。但这位汉学家并未动摇立场，他强调说："全苏新字母中央委员会从一开始就推行全新的、含有一百多个符号的字母体系，这是不方便的。"⑤

俄罗斯的汉学家们一边推进汉字改革，一边完成俄罗斯汉学发展

---

① ГАХК. П-2. Оп. 11. Д. 175.
② ГАНО. Ф. Р-47. Оп. 1. Д. 3086. Л. 61 об.
③ АВ ИВР РАН. Разряд I. Оп. 1. Д. 162. Л. 14.
④ АВ ИВР РАН. Разряд I. Оп. 1. Д. 162. Л. 17—18.
⑤ Там же. Л. 19.

的任务。工作的开展应当遵循这样一个政策框架,即讲授的汉语应与中国人的生活现实紧密结合。这从施普林钦的手稿《远东边疆区的汉语》中可以看出。他写道:"研究现代汉语是汉语领域语言学研究最重要的任务之一,并不只是研究其书面形式,还要研究其多样化的口语……甚至在中国,关于民间言语的问题长期以来也是中国现实中十分尖锐且亟待解决的问题……诞生于1919年反帝运动中的白话文运动;第二个更加进步的阶段是在1934—1935年间展开的大众语运动;最后一个阶段则是开展于中华民族广泛抗日救国运动时期的中文拉丁化新文字运动,以上便是近年来中国语言发展的最重要的三个阶段。正如其他许多运动一样,该运动实践先行于理论,又促进了理论的发展,向研究者们提出了一系列问题,而这些问题从前大多都被汉学家们所忽视……"①

中文拉丁化运动的组织者们并未成功建立起高效的工作机制。1936年12月5日出台了远东地区新字母委员会主席团《关于1937年远东地区新字母委员会工作》的决议,其中写道:"远东地区新字母委员会主席团认为,委员会近两年来的工作不能令人满意。"②事实一再表明:在远东以外的地区所有中文拉丁化的工作都已停止。1937年9月苏联中央执行委员会决定撤销远东地区新字母委员会③。

中文拉丁化工作以及对苏联中国居民的再教育工作持续到20世纪30年代末。远东汉学家鲁达科夫的机打文章《新字母与中国语言改革》(《联共(布)十八大的前夕》)④上面标注的日期是1939年。但拉丁字母最终未能取代汉字。全苏新字母中央委员会被撤销,而几乎所有苏联民族的语言又都被翻译成基里尔文。至于苏联的中国居民,关于他们的文字和文化的问题已经不具有现实意义,因为当时在苏联的中国侨民几乎全部被清除了。美国研究者沃尔特·科拉尔兹(Вальтер Коларз)曾对此提出有趣的评论:在苏联的东方文字拉丁化

---

① АВ ИВР РАН. Р. I. Оп. 1. Д. 268. Л. 1—4.
② СПбФ АРАН. Ф. 820. Оп. 2. Д. 253. Л. 405.
③ *Залесская О. В.* Китайские мигранты на Дальнем Востоке России (1917—1938 гг.)-Владивосток, 2009. С. 163.
④ АВИВРРАН. Ф. 96. Оп. 1. Д. 60.

政策的影响下,文字拉丁化的想法在中国也流行起来,而正在此时(20世纪30年代末),苏联取消了拉丁化政策,其中就包括对汉字的拉丁化①。

最终,关于中文拉丁化的讨论和实际工作都在"斯大林的基调"下终止了。正如一份报告中所指出的:"斯大林同志使语言学混乱的概念清晰化……从斯大林同志的学说中,可以得出十分重要的结论,这一结论也同样适用于汉语研究。由此可以确信:存在一种统一的汉语,而不是多种……现代汉语的方言差异巨大,这是因为中国在经济上还未统一……未来这些差距必将缩小,趋近于无。"②俄罗斯对中国重新采取了传统的政策,遵循中国国家统一和领土完整的原则,这样,便使得中文拉丁化的政策不再具有现实意义。另外还有一个终止"拉丁化"的理由,就像李福清(Б. Л. Ривтин)指出的那样:"在1937年,有许多居住在苏联的中国人被逮捕,其他人也返回了祖国。中文拉丁化的问题自此便不再受到关注。"③

3.3　20世纪30年代的汉学教育

20世纪30年代的苏联,东方学人才的培养体系得以保留下来。莫斯科、列宁格勒和符拉迪沃斯托克的各大高校都在培养汉学家。

莫斯科

莫斯科的一些院校中开设了各种不同的东方学专业。在这个十年里,汉学在俄罗斯国内的一流大学——莫斯科国立大学出现了。然而在1931年,莫斯科大学分出了文史哲研究所(Историко-философско-литературный институт, ИФЛИ),所有莫斯科高校汉学

---

① Kolarz W. The Peoples of the Soviet Far East. -L. , 1954. C. 47.

② Смирнов Б. Значение трудов товарища И. В. Сталина по вопросам языкознания для изучения китайского языка (АВ ИВР РАН. Разряд I. Оп. 1. Д. 376. С. 4).

③ Рифтин Б. Л. О синологических словарях и справочниках, старых и новых // Архив российской китаистики. Сост. А. И. Кобзев. -М. : Наука-Восточная литература, 2013. C. 335.

资源都转至该研究所。自此,古典的高校汉学开始逐步回归。

1934年,苏联领导层改变了历史和语言方面的研究与教学方面的政策,采取了回归"古典主义"的方针:在全国各大高校开始恢复历史系。俄罗斯苏维埃联邦社会主义共和国人民教育委员布勃诺夫(А. С. Бубнов)于1934年4月3日发布的《关于在高校开设历史系》的指令中提到:"……在高校中恢复历史系。"①高年级实行专业化,其中包括"殖民地与附属国民族历史"等五个专业方向。1934年,莫斯科国立大学重设包括中国历史在内的各历史学专业。1934年5月15日,苏联人民委员会和联共(布)出台了有关在苏联各学校教授国家历史的决议,该决议规定应在1935年6月前准备好下列新教材:"古代世界史、中世纪史、近代史、苏联历史、殖民地与附属国近代史。"②古别尔院士写道:"1934年5月16日党和政府颁布了有关开设国家历史课程的决议,这标志着苏联东方国家历史进入了一个新的发展阶段。苏维埃高校面临着培养殖民地和附属国近代史方向的专家—教师人才的任务,这就要求开设……殖民地和附属国近代史这门公共课程。由于高校课程和专门人才的组织方式发生了变化,东方国家研究的本质也发生了变化。这是第一次完全按照历史进程的时间顺序对东方国家着手进行马克思主义的研究,理清殖民地世界历史发展的一般规律。"③20世纪30年代后半期,著名学者伊留申奇金(В. П. Илюшечкин)曾就读于莫斯科国立大学历史系。

自1934年10月1日起,莫斯科文史哲研究所开设了文学、艺术和语言系,并在该系的语言专业教授中文。

20世纪30年代,莫斯科培养东方学实践专家的主要高校只剩下苏联中央执行委员会下设的纳里诺夫莫斯科东方学院。在该学院执教的多是居住在莫斯科的汉学家,或是研究中国问题的相关专家。汉学家由东方学院国情教研室进行培养。

---

① Историческому образованию в Сибири 90 лет: Исторический факультет Томского государственного университета в воспоминаниях и документах / Сост. Д. В. Хаминов, С. А. Некрылов. -Томск: Изд-во Том. ун-та, 2008. С. 44

② Там же. С. 45—46.

③ Двадцать пять лет исторической науки в СССР. -М. -Л., 1942. С. 279.

科洛科洛夫是第一批莫斯科汉学家,他在东方学院工作的 15 年间,从普通教师晋升至教研室主任。1935 年 11 月 23 日在苏联中央执委会下设的东方学院学术委员会评定委员组的会议上,他被授予了汉语教研室教授和副博士(免答辩)的称号。

很多拥有在华实践工作经验的著名汉学家都在东方学院授课。研究人员写道:"1932 年爱伦堡开始在莫斯科东方学院授课。1935 年苏联中央执委会学术委员会授予其副教授称号。在东方学院工作的 4 年间,他与卡拉－穆尔扎为培养合格的汉学家、开设中国近现代史课程做出了很多贡献。"[①]也是在 1932 年,国民经济学院 1931 年的毕业生、日后苏联著名的汉学家－语言学家科罗特科夫(Н. Н. Коротков)开始在东方学院授课。

由于政治形势影响和人才缺乏,东方学院并没有充足的固定在编汉学家,经常是由借调来的老师来讲授中文。例如,1935—1936 学年的中文课是由远东对外关系人民委员部的工作人员罗加乔夫来兼职讲授的。自 1935 年起,伊萨延科(Б. С. Исаенко)也开始在学院半工半读。这位汉学家出生并成长于哈尔滨,在那里掌握了扎实的汉语知识。自 1937 年 9 月起,帕什科夫教授开始兼任纳里马诺夫莫斯科东方学院中文教研室主任。

20 世纪 30 年代后半期,费先科(П. И. Фесенко)教授担任莫斯科东方学院"中国国情教研室"的主任。他是研究新疆问题的专家,撰写了专题著作《新疆历史》(1935)、教学参考书《新疆省自然地理》手稿。有一段时间费先科领导着整个学院。著名汉学家杰柳辛(Л. П. Делюсин)回忆道:"费先科……这位识字不多的人当时可是莫斯科东方学院的院长!"[②] 1937 年学院的代理院长是莫斯卡列夫(В. С. Москалев)。1936 年,莫斯科东方学院转型成为类似科学院的机构,只接收受过高等教育的党员。

---

① *Юрьев М. Ф.*, *Панцов А. В.* Учитель китаеведов Г. Б. Эренбург (1902—1967) // Словооб учителях. Московские востоковеды 30—60-х годов. -М., 1988. С. 108.

② Российское китаеведение: устная история. Сборник интервью с ведущими российскими китаеведами. XX-XXI вв. / Под ред. *В. Ц. Головачева*. Том 1. -М.: Институт востоковедения РАН, ООО Крафт, 2014. С. 120.

20世纪30年代莫斯科汉学教育的大致情况,可以从《1937年莫斯科东方学院费多连科(Н. Т. Федоренко,中文名为:费德林)的一级毕业证书》这样一份文件中得知。这位日后的著名汉学家和外交家于1934年至1937年间在该学院中国部学习。在这份毕业证书上列举了9门课程,分别是"中文""英语""日语""中国自然地理""中国古代史"和"中国近代史",以及"军事学""政治经济"和"辩证唯物主义与历史唯物主义"。三门国考课程中除了中文和英语,还有"国情学(中国)"①。

莫斯科东方学院的教学内容似乎比不上古典高校的汉学课程。费多连科的同学艾德林(Л. З. Эйдлин)回忆道:"东方学院是一所一流的教育机构,提供极为广泛而全面的教育,传授有用的语言知识及所学语言国家的知识。我曾与费德林一起在学院的中文专业学习,并自1937年同费德林一起师从阿列克谢耶夫院士读研。阿列克谢耶夫直言我们学识的不足,鼓励我们学习高校所有的中国文化课程。"②

莫斯科高校汉学教育上的不足,部分原因在于莫斯科缺乏汉学家。东方劳动者共产主义大学的一些文件中也有指出这一点。必须指出的是,该校在连续五年暂停招收中国人后,1933年又开始重新招收中国人。1935年年底,中国班成为了东方劳动者共产主义大学最大的班级。该校校长莱杰尔(И. Л. Райтер)在报告中提到:"通晓中文的俄罗斯教师有两名[季洪年科(Тихоненко)和科兹洛夫],只有季洪年科同志是固定教师。中文稍弱的教师(暂时只是担任翻译职务)有3名[佩列韦尔泰洛(Перевертайло)、梅尔尼科夫(Мельников)和塔尔甘斯基],只有塔尔甘斯基同志是固定教师。其余5名教师既不懂中文,也不了解中国。"③莱杰尔提议:"联共(布)中央委员会应考虑有计划

---

① Хохлов А. Н. Китаист Н. Т. Федоренко в начале творческого пути // Общество и го-сударство в Китае. Т. XLII. Ч. 2. -М., 2012. С. 90.

② Эйдлин Л. З. О научных трудах Николая Трофимовича Федоренко // Изучение китайской литературы в СССР. Сборник статей к шестидесятилетию члена-корреспондента АН СССР Н. Т. Федоренко. -М., 1973. С. 5.

③ ВКП(б), Коминтерн и Китай: Документы. Т. IV. ВКП(б), Коминтерн и советское движение в Китае. 1931—1937. Ч. 2. -М., 2003. С. 935.

地培养联共(布)党员成为中国方面问题的专家,动员联共(布)党员学习中文和中国国情知识,把通晓中文和中国国情的党员集中起来……"①

1937年1月,根据米夫的提议,东方劳动者共产主义大学民族殖民问题研究所开设了研究生部,并决定在一年级开设一个由中文部的老师和翻译人员授课的班级。在三年学习期间,21名研究生应学习三个专业方向的课程,分别是经济方向、历史方向和汉学方向②。

莫斯科的一些机关直属高校也在培养汉学家。例如外交人民委员部直属的外交与领事人才培养学院也开设了汉学课程。工农红军军事学院的中国班和学术传统也相当出众。汉学家科洛科洛夫一直在莫斯科各大机关直属高校工作。著名的远东国家历史学家、彼得格勒东方学家学校毕业生霍尔珀林于1932年至1940年在科学院工作。

列宁格勒

20世纪30年代,列宁格勒仍然是苏联培养汉学家的主要中心。这里也对古典大学进行过重组。1930年,在列宁格勒国立大学历史—语言学系的基础上成立了列宁格勒国立历史—语言学研究所,并于1933年转变为列宁格勒文史哲研究所(Ленинградский историко-философско-лингвистический институт, ЛИФЛИ)(至1937年)。经过一段时间的"实践主义实验"之后,自1932年起,列宁格勒文史哲研究所开始按照高校教学大纲培养人文科学家,学习年限为四年,后增至五年。

在列宁格勒文史哲研究所语言学系授课的教师中,有几位重要的汉学家:科学院院士阿列克谢耶夫、苏联科学院通讯院士康拉德以及教授波佩。于1935年进入研究所的院士齐赫文斯基回忆道:"我的老师都是苏联杰出的汉学家。我们都兴致盎然地听他们讲课,如阿列克谢耶夫院士的中国文化和古典文学课程、Б. А. 瓦西里耶夫教授的当代中国文学、舒茨基教授的中国哲学课程、叶菲莫夫的中国近现代史

---

① ВКП(б), Коминтерн и Китай: Документы. Т. IV. ВКП(б), Коминтерн и советское движение в Китае. 1931—1937. Ч. 2. -М., 2003. С. 935—936.

② Там же. С. 1088.

课程、拉祖莫夫斯基(К. И. Разумовский)的中国造型艺术课程(尤其是他的肖像画课程)、布纳科夫和赫万(М. Ф. Хван)的汉字课程、索洛维耶娃(О. П. Соловьева)的日语课程。那时的系主任是著名的语言学家梅夏尼诺夫(И. И. Мещанинов)院士,他给我们讲授普通语言学课程。绍尔(Р. О. Шор)讲授语言学概论,谢尔巴教授则负责语音学的课程。"①

1931年,文史哲研究所东方语言与文学教研室由汉学家沃罗比约夫领导。他早在1929年就成了列宁格勒国立大学历史语言学系东方语言与文学专业的负责人。但不久之后沃罗比约夫就被迫离开了列宁格勒,被调至莫斯科担任国家历史博物馆的馆长。原东方语言系毕业生、著名的满学家鲁多夫在列宁格勒国立大学和列宁格勒东方学院讲授汉学课程。20世纪30年代初,涅夫斯基从日本回到了列宁格勒。1936年5月,他在自传中写道:"1929年秋天,受阿列克谢耶夫院士和康拉德教授的邀请,我终于返回了列宁格勒,并立刻被任命为列宁格勒国立大学和列宁格勒东方学院的副教授。受已故的鄂登堡院士的邀请,自1930年起开始在苏联科学院东方学研究所工作……过重的研究和教学负担迫使我在1936年不得不拒绝在列宁格勒东方学院继续任教。"②

为了举例说明汉学教育的内容,可以引用保存在"俄罗斯科学院人事管理局"档案中的杜曼个人卷宗中的文件:"兹证明公民杜曼·拉扎尔·伊萨耶维奇……于1926年进入列宁格勒国立大学,并于1930年完成了语言学与物质文化系东方文化(汉语)方向的全部课程,特发此证。"③证书中列出了杜曼通过考察的34门学科项目以及实践课程。其中包括:"远东地区历史民族学""远东地区民族学""东方研究史""远东古代史及中世纪史""远东近代史""中国文学史""远东现代史""中国当代文学""中国民族学概论""汉语概论""汉语(文言)""汉语"

---

① Тихвинский С. Л. Мой путь в востоковедение // Тихвинский С. Л. Избранные произведения. Кн. 5: Воспоминания дипломата и заметки историка. -М.: Наука, 2006. С. 171.
② АВ ИВР РАН. Ф. 69. Опись.
③ АРАН. Ф. 411. Оп. 62. Д. 616. Л. 16.

"英语"以及"日语"。证明文件中还记录道:"公民杜曼未在国家技术等级评定委员会进行技能鉴定,亦未进行论文答辩。根据苏俄人民委员会1925年7月8日通过的决议中第11和12条有关国家技术等级评定委员会的条款,公民杜曼被授予东方文化(中文)领域的专业资格认定,并已签字盖章确认。"①

杜曼在自传中写道:"我于1930年5月毕业,并留校从事科研工作。7—8月,临时担任列宁格勒国立大学东方图书馆副馆长,自9月起开始在历史—语言研究所攻读研究生,同时还担任研究所东方翻译专业的负责人(历时一年,1930年9月—1931年10月)。1932年9月考入苏联科学院东方学研究所攻读研究生,同时在历史—语言学研究所讲授中文。"②

20世纪30年代,列宁格勒各高校的年轻毕业生们不断地加入教师队伍中来。自1937年起,布纳科夫开始在列宁格勒国立大学语文系东方专业担任副教授,讲授中国文字史。20世纪30年代初,中国著名的俄罗斯学家、翻译家曹靖华在列宁格勒大学任教。

列宁格勒文史哲研究所的历史系培养了许多汉学家。自1935年起,汉学家—历史学家科金(列宁格勒东方学院1929年的毕业生,列宁格勒东方学院中国专业前负责人)开始主持列宁格勒文史哲研究所殖民地与附属国历史教研室和东方历史教研室的工作。列宁格勒国立大学殖民地与附属国教研室的研究生工作由汉学家屈纳领导。

1934年,列宁格勒大学恢复了历史系。古米廖夫(Л. Н. Гумилев)是这里的第一批学生,深受屈纳的影响。后来屈纳也一直在给年轻的历史学家—东方学家提供帮助。列宁格勒大学的语言学学科也最终得到了恢复。到了1937年,列宁格勒文史哲研究所的语言系和文学系改组成了列宁格勒国立大学的语文系。

在列宁格勒的教师—汉学家中,有一位是曾在苏联科学院东方学研究所兼职工作的德拉古诺夫,他致力于培养未来的汉学家和传播关于中国的一般性知识。他曾在托尔马乔夫军事政治学院、艺术史研究

---

① АРАН. Ф. 411. Оп. 62. Д. 616. Л. 16 об.
② Там же. Л. 7 об.

所、列宁格勒东方学院、列宁格勒国立大学以及远东国立大学的东方系和符拉迪沃斯托克的中国列宁学院任教。1935年6月15日,在苏联科学院主席团会议上,由于取得了大量的学术成果和教学成果,德拉古诺夫未参加论文答辩即被授予了语言学副博士学位。1938年,这位汉学家在列宁格勒国立大学的教学工作量为每周六小时。

在列宁格勒国立大学任教的不仅有德高望重的学者,还有年轻的汉学家们,例如 A. A. 彼得罗夫,1930年大学毕业,1935年获得了哲学副博士学位,自1936年开始任教于列宁格勒国立大学。杜曼自1937年起便开始在母校讲授中国历史。还有一些列宁格勒国立大学的毕业生被派往其他城市工作,例如,波兹德涅耶娃(Л. Д. Позднеева)于1932年开始在国立远东大学任教。

汉学家 B. B. 彼得罗夫指出:"在经历了不总是成功的教学实验和结构重组之后,大约从30年代中期开始,高校汉语教学便在新教学计划的实施和不断完善的过程中逐渐恢复。"① 研究人员指出:"30年代的时候,阿列克谢耶夫起初在列宁格勒历史—语言学研究所和列宁格勒文史哲研究所,后来在列宁格勒大学的语文系讲授'汉学概论''汉语研究概论''汉学家历史概论',并讲授各种文本(主要是古文)。"② 汉学教育中也出现过一些问题。齐赫文斯基在列举自己的诸位老师时指出:"然而在这些老师中并没有以汉语为母语的人,因此我们这些中国专业的学生只能满足于听中国语言学家赵元任的语音课录音带。"③

列宁格勒高校东方学有着深厚的物质基础。阿列克谢耶夫写道:"列宁格勒国立大学的藏书……是当时唯一存有大量中国方面教材的地方,这些文本可以允许我们给多达三十人的听众讲授任意经典的或抒情的文本,以及部分历史文本,并为每位听众提供同一版本的优秀

---

① *Петров В. В.* В. М. Алексеев и Ленинградский университет // Литература и культура Китая. С. 114.

② Там же.

③ *Тихвинский С. Л.* Мой путь в востоковедение // *Тихвинский С. Л.* Избранные произведения. Кн. 5: Воспоминания дипломата и заметки историка. -М.: Наука, 2006. С. 171.

文本……当然,列宁格勒东方学院中收藏的中国书籍在其他领域还具有教参性质。"①不少大学毕业生走上科研的道路并非偶然。例如,1934年毕业于列宁格勒文史哲研究所的汉学家－语言学家卡津(В. Н. Казин)在艾尔米塔什博物馆开始了研究生生涯,他的毕业论文《关于永乐大典》至今还保存在档案馆中②。

叶努基泽(А. С. Енукидзе)列宁格勒东方学院是实用主义东方学教育的中心。在这个学院授课的既有列宁格勒国立大学的学者也有自己的在编教师。1928—1935年间,施泰因在列宁格勒东方学院任教,1935年,他凭借研究中国经济问题的论文免答辩被授予了经济学博士学位。1933年,列宁格勒东方学院的毕业生马丁诺夫(А. А. Мартынов)开始在学院授课,并很快被调任至外交部。另一位教师——汉学家布纳科夫在自传中写道:"我于1930年春提前毕业,当时我已通过三年级的所有考试并完成了四年级的大部分课程,在那之后我就开始为在学院教书做准备,自1931年2月起,我开始担任中文(北方的北京话和南方的粤语)课的助教。也是在1930年,我在学院组织成立了马克思语言学研究室,并被院委会任命为该研究室的秘书……在梅夏尼诺夫的研修班上的工作暴露出我在教育方面的不足,也提醒我关于继续深造学习的必要性,科学院的研究生部为此提供了很好的机会,而我也于1931年秋考上了这里的预科专业。"③1934年4月至1938年6月,孟泽列尔一直在列宁格勒东方学院工作。自1936年9月1日起,科学院研究生部的毕业生、历史学副博士杜曼"被录用为列宁格勒东方学院教师……任中国方向的副教授,教学时间为70课时。"④

当时一些正在工作的年轻人经常被派往苏联高校的各个专业学习,其中也包括汉学专业。汉学家 Н. А. 彼得罗夫曾在年轻时当过铁

---

① *Алексеев В. М.* Рабочая библиография китаиста. Книга руководств для изучающих язык и культуру Китая // Архив российской китаистики. Сост. *А. И. Кобзев.* -М.：Наука-Восточная литература, 2013. С. 200.

② АВ ИВР РАН. Ф. 133. Оп. 1. Д. 1.

③ АВ ИВР РАН. Ф. 152. Оп. 3. Д. 104. Л. 8.

④ Там же. Д. 208. Л. 17.

匠,他在自传中写道:"1930年5月,维堡区党委会安排我前往列宁格勒东方学院学习。"①汉学家克里夫佐夫在自传中写道:"1930—1932年,我在电力厂做钳工时,加入了苏联共青团。1932年,我从电力厂的工农速成夜校毕业,并进入了文史哲研究所。"②

列宁格勒的汉学家们大学一毕业就开始从事自己专业方面的工作了。H. A. 彼得罗夫以学院毕业生的身份参与编写了《一年级中文课本》,该教材于1934年在东方学院出版了。后来从中国回来以后,H. A. 彼得罗夫于1938年年初在母校东方学院的中国研究室担任了大约三个月的主任。克里夫佐夫在自传中写道:"1938年,我从列宁格勒国立大学毕业,并获得了中文专业的一级毕业证书。自1937年10月起,我开始在科学院的东方学研究所工作,最初是合同工,自1938年2月起成为在编人员。"③

汉学教育在列宁格勒东方学院的发展情况可以在高级教授斯梅卡洛夫的个人档案资料中得到体现。在东方学家档案馆中保存着斯梅卡洛夫"现代汉语标准语""中国的国家体制""中国经济地理和中国经济(新疆课程)"(1937)这几门课程的教学大纲,还有二年级1935/1936学年的"法律文献"中文课程的教学大纲,以及与中国历史有关的课程"新疆地区"的教学大纲,《列宁格勒东方学院和莫斯科纳里马诺夫东方学院的汉语教学大纲》(1938)④。这里还有许多教学参考资料的手稿,如《官方函件往来副本中俄对照版(供列宁格勒东方学院教学使用)》⑤,如1937年签订的《列宁格勒东方学院出版社与斯梅卡洛夫之间关于出版〈报刊文选〉的合同》⑥。

为了说明形成于20世纪30年代下半期的汉学家培养体系,可以以历史学博士齐赫文斯基院士为例。1935年,他进入列宁格勒文史哲研究所,该研究所后来被改组成为列宁格勒国立大学语文系。齐赫文

---

① АВ ИВР РАН. Ф. 152. Оп. 3. Д. 464. Л. 31.
② Там же. Д. 340. Л. 6.
③ Там же. Л. 6 об.
④ АВ ИВР РАН. Ф. 97.
⑤ АВ ИВР РАН. Ф. 97. Оп. 1. Д. 142.
⑥ АВ ИВР РАН. Ф. 97. Оп. 2. Д. 75.

斯基回忆道:"我将一生铭记我 17 岁时在研究所上的第一堂课(1935 年 9 月 1 日),瓦西里·米哈伊洛维奇·阿列克谢耶夫院士是一个身形魁梧、体态肥硕的男人,脑袋上光秃秃的没有一根头发,穿着紧身黑色长礼服和带无浆立领和黑色领结的雪白衬衫,他走近教室,在祝贺我们开始大学生活后,他就马上拿起了粉笔,开始在黑板上写汉字,并让我们抄写在自己的练习本上。我们班上的大部分学生都是人生中第一次看见这种书写形式,因此,好不容易才把黑板上的字抄写下来后,这堂课就已经过去整整一个小时了。阿列克谢耶夫擦掉这些汉字,然后在黑板上写出他之前所写的文本的翻译,并给我们解释说,这是生活在公元前 5 世纪的学者、中国古代哲学家孔子的名言,是由他的学生们记录下来的。他让我们在下堂课之前将其背会,这句话的第一部分是这样说的:'学而时习之,不亦说乎!'①。"齐赫文斯基院士继续回忆阿列克谢耶夫的课:"同往常一样,穿着一件紧身黑色长礼服和白色的衬衫,提着一个笨重的手提箱,里面装着他分别写在小卡片上的讲义文本、摘抄、中国版画和年画的样品,阿列克谢耶夫定期来上课……冷淡地与在座的人打过招呼后,他便会揭开手提箱的盖子,然后开始例行讲课,有时候盖子把他挡住了,我们便看不到他本人。当通知课间休息或者课程结束的铃声一响,他就会默默地把自己的那些小卡片收进箱子里,关上箱子,然后通知我们下堂课的主题以及应当预习的文献,之后便离开教室。"②

汉学家 В. В. 彼得罗夫也回忆道:"阿列克谢耶夫认为,专题课程最符合大学的教学任务,因为它们能激发学术思维的自主性……传授准确翻译的技巧。"③1936 年,他讲了一堂关于刘勰诗学的专题课。正如研究人员所评述的,阿列克谢耶夫"展示了对《文心雕龙》这部作品研究和翻译的过程……阿列克谢耶夫是从如下这几个方面进行研究

---

① Тихвинский С. Л. Мой путь в востоковедение // Тихвинский С. Л. Избранные произведения. Кн. 5 : Воспоминания дипломата и заметки историка. -М. : Наука, 2006. С. 170—171.

② Там же. С. 172—173.

③ Петров В. В. В. М. Алексеев и Ленинградский университет // Литература и культура Китая. С. 115.

的：图书目录（古代文献的出版、注释、其他语种的译本、现代中国文学的文学批评）、传记、文献学、本文对比以及术语……"①

齐赫文斯基在回忆自己的学生年代时写到了关于中国历史课程的内容："早在学生时代，叶菲莫夫就激起了我对孙中山这个人物的兴趣，他讲授了中国历史方面的课程，并在那之前就已发表了两篇关于孙中山的文章。"②谈到历史专业，还可以引用齐赫文斯基对阿列克谢耶夫的一些回忆："瓦西里·米哈伊洛维奇在给大学生和研究生上课时特别重视史料学，要求对中文文本进行翻译时需具备高度的准确性和对等性、要求对不同出处的所有中国和西欧文学的文献资料进行批判性研究……虽然阿列克谢耶夫没有教授过一节有关中国历史的专题课程（除了有关史料研究的某些问题的课程），但他关于中国文学、绘画和戏剧方面的每一节课，都包含了丰富的历史性材料……"③

1935—1936年，Б. А. 瓦西里耶夫和舒茨基在列宁格勒文史哲研究所和列宁格勒东方学院编写并出版了汉语教科书。Б. А. 瓦西里耶夫则筹备出版教学参考资料《中国封建文学史》和《现代中国文学史》④。

大学生的小组活动课程是语文系教育体系中的重要一环。齐赫文斯基写道："我兴致勃勃地参加了由著名的汉语语言学专家德拉古诺夫教授领导的大学生学术小组。在他的指导之下，我写出了第一部由自己独立完成的作品《汉语中的叠字》。"⑤很多列宁格勒东方学院的大学生都认真地从事着学术工作。例如，布纳科夫1930年在列宁格勒东方学院读书时，完成了自己第一篇重要的学术论文——《所谓

---

① *Петров В. В.* В. М. Алексеев и Ленинградский университет // Литература и культура Китая. С. 115.

② *Тихвинский С. Л.* Мой путь в востоковедение // *Тихвинский С. Л.* Избранные произведения. Кн. 5: Воспоминания дипломата и заметки историка. -М. : Наука, 2006. С. 178.

③ *Тихвинский С. Л.* В. М. Алексеев и изучение истории Китая // Литература и культура Китая. С. 58.

④ АВ ИВР РАН. Ф. 152. Оп. 3. Д. 115. Л. 48 об. —49.

⑤ *Тихвинский С. Л.* Мой путь в востоковедение // *Тихвинский С. Л.* Избранные произведения. Кн. 5: Воспоминания дипломата и заметки историка. С. 172.

的中国文学革命的意义》》①。

20世纪30年代,列宁格勒的汉语教学方面取得了一些成就,但也有一些不足之处。例如,1935年4月,校报上再次发表了署名为"汉学家"的批判性文章《关于汉语教学质量欠佳的迫切问题》。文中指出:"汉语的研究与教学问题尚未得到充分研究。我们学院的这门主要语言好像还没有得到来自教职工及校委会方面的重视。列举几件事实:所有人都知道汉学家们在学院图书馆中搜寻汉语词典时的痛苦,因为汉语词典的数量极为有限,即便你能拿到它们的话,也已经破旧到几乎无法使用的地步。早在1932年,就有人有意编写一部中俄词典,但是这个倡议也最终只是说说而已——汉学家仍然没有词典可用。汉语教学方法的应用情况也没有好到哪里去……为什么汉语教师至今都不能制定出汉语教学法,或者说不能向英语教师们借鉴教学法……汉语教师们,例如斯梅卡洛夫同志,取得了什么成果呢?且不说他急于多翻译一些文本,他的汉语教学体系都还未成形。斯梅卡洛夫同志将文本与语法分离,而且完全是根据从文本中抽象出来的材料来讲授语法……采用了这种教学法也就难怪三四年级所有学生的2月份月考成绩都是'三分',还有'二分',除了 Лихун 和古瑟夫(Гусев)。同样也难怪在1月份的考试中,绝大多数学生的汉语成绩都只得了'二分'或'三分'。这似乎并没有让某些汉语教师感到很不安。学生们得了'二分'或者'三分'对他们来说似乎无所谓。语言教研室,尤其是汉语教研室,应当即刻着手优化教学法。"②

事实上,大学生们在学习的过程中会碰到许多困难。齐赫文斯基写道:"1935年被录取进我们汉学班的28名学生中,有许多人都没能通过严格的汉字和语音测验。一些人转了专业……有些甚至辍学了。结果在三年级快结束时,我们班只剩下2名学生:瓦莲京娜·伊萨科维奇(Валентина Исакович)和我。副系主任……提出让我们提前跳

---

① *Бунаков Ю. В.* О значении так называемой литературной революции Китая. Предисловие и публикация *И. Ф. Поповой* // Труды востоковедов в годы блокады Ленинграда (1941—1944) / сост. и отв. ред. *И.Ф. Попова*. -М., 2011.

② АВ ИВР РАН. Р. I. Оп. 1. Д. 372.

至五年级，五年级开设了一个小型的汉语班，1938 年夏天以前我们一直在那个班学习。然而我并没有成功毕业。1938 年秋，我被共青团选派至莫斯科担任苏联外交人民委员部的中文翻译，在以自修考生的身份通过了莫斯科东方学院汉语专业全部课程的考试之后，才得以在战争前夕正式完成了自己的汉学教育。"①

阿列克谢耶夫在列宁格勒国立大学指导研究生，经常修正高校教育的不足与缺点。历史学家西蒙诺夫斯卡娅、叶菲莫夫、杜曼都是阿列克谢耶夫的第一批研究生。我们可以以西蒙诺夫斯卡娅的传记为例，来说明新一代俄罗斯汉学家的人生道路：她出生于哈尔滨，毕业于哈尔科夫大学，她的科研道路始于哈尔科夫全乌克兰东方学研究所。1931 年，她和其他年轻的乌克兰东方学家们一起搬到了列宁格勒，并在研究生期间选择了中国历史。

阿列克谢耶夫同时还在莫斯科东方学院指导研究生。起初，对研究生的指导是通过书信进行的，即通过邮局发送教学大纲和作品。研究生费德林在莫斯科居住期间，与阿列克谢耶夫有信函往来，并从他那里获得书籍。随后，研究生们便都开始前往列宁格勒。齐赫文斯基回忆道："当我在列宁格勒读大学时，尼古拉·特罗菲莫维奇·费多连科经常和列夫·扎尔满诺维奇·艾德林一起从莫斯科来列宁格勒，他们那时候是莫斯科东方学院的研究生，来列宁格勒就是为了一起听瓦西里·米哈伊洛维奇的课程。"②

阿列克谢耶夫在谈到为培养汉学家所做的贡献时写道（1938 年）："在所有宣称自己为列宁格勒、莫斯科和符拉迪沃斯托克的汉学家的学员中，有 7 人离开了我的课堂；有 4 人已经和我一起完成了自己的研究生学业；目前有 3 人在读研（莫斯科东方学院的老师们）；（除了他们以外）到目前为止有 3 人在接受我的学术指导；（前述的所有人中）6

---

① *Тихвинский С. Л.* Мой путь в востоковедение // *Тихвинский С. Л.* Избранные произведения. Кн. 5: Воспоминания дипломата и заметки историка. -М.: Наука, 2006. С. 173.

② Российское китаеведение: устная история. Сборник интервью с ведущими российскими китаеведами. XX-XXI вв. / Под ред. *В. Ц. Головачева.* Том 1. -М.: Институт востоковедения РАН, ООО Крафт, 2014. С. 353.

人在有我直接参与的情况下写了自己的毕业答辩论文；2 人根据我的意见，免毕业论文答辩获得了学位。"①

除了在专门的教育和学术机构工作外，俄罗斯汉学家们还在其他高校、各种课堂和社会政治活动中演讲授课。一些文献可以说明这一点，例如《尼古拉·瓦西里耶维奇·屈纳的学术著作名录》；《远东研究史》（为短期日语培训课程准备的讲义，列宁格勒，1933 年，14 页，石板印刷）；《新疆概况和 1863—1877 年东岗起义的课程计划》（手稿，1933 年，12 页，苏联科学院经济学研究所列宁格勒分所档案馆）；《中国艺术》（1934 年 3 月 23 日在艺术科学院绘画与雕塑研究所讲授的课程……）；《远东史料研究》（为红色教授学院历史系编写，列宁格勒，1934/1935 学年，7 页，石板印刷）；《列宁格勒红色教授学院东方学系语义学教学大纲》（手稿，1936 年，14 页）；《莫斯科红色教授学院印度和远东民族历史课程教学大纲》（内附参考文献，手稿，1937 年，苏联科学院经济学研究所列宁格勒分所档案馆）②。

20 世纪 30 年代结束之际，由于一系列原因（首先是与国内的政治局势相关的原因），东方学教育再次经历了改革。列宁格勒东方学院被彻底关闭。在由院长杰尼索夫（Денисов）签署的《列宁格勒东方学院 1938 年 6 月 28 日发布的第 61 号命令摘录》中写道："自 1938 年 7 月 1 日起，因停办列宁格勒东方学院，下列教授、副教授、助教、教师和实验员将被解雇……根据劳动法，应给予所有被解雇的教师和教学辅助人员两个星期的离职补助金和未休的两个月假期的补偿费。"③

符拉迪沃斯托克

20 世纪 30 年代，符拉迪沃斯托克的国立远东大学成为俄罗斯东部仅剩的一个培养汉学家的地方。在政权的"重大转折"时期，这所大学也没有幸免于难。1930 年，符拉迪沃斯托克的国立远东大学

---

① Три неизвестных архивных документа: к биографии В. М. Алексеева（публикация А. Н. Хохлова）// Неизвестные страницы отечественного востоковедения. Вып. III. -М.: Восточная литература, 2004. С. 437.

② Вопросы истории стран Азии. -М.: Изд-во Ленинград. ун-та, 1965. С. 89—91.

③ АВ ИВР РАН. Ф. 152. Оп. 3. Д. 452. Л. 23.

停止办学,其东方系迁至哈巴罗夫斯克,并入了当地的国民经济学院。1931年,远东国立大学恢复,东方学院也重新迁回并且扩大了专业范围。

当地领导人在他们所管辖的大学里严格执行新政策。远东国立大学东方专业主任斯克沃尔佐夫在《关于将东方学系划定为独立的东方语言学院的报告书》中写道:"在无产阶级执政的情况下,东方学高校的任务……是为增进苏联和东亚各国人民的相互了解培养人才,为争取独立和解放的斗争提供帮助。因此,对于新成立的东方语言学院而言,其办学宗旨以及相应专业人才的培养侧重点在于培养各个领域的专家……东方语言学院应该是一个封闭的教育机构,应当只招收党员和共青团员。"①同时,全苏商会远东分会委员会主席团和远东国立大学校委会联名给远东边疆区执行委员会主席团写信,信上提到:"多次重组东方系,频繁修改教学工作计划,中央极大地忽视了东方系的利益,并且从某种程度上来说,边疆区对其给予的支持甚微,这都迫使东方系重新审视自己的学术现状,并对人才培养工作进行必要的深化改革,以保证远东人才输出的第二个五年计划正常进行。东方学院学生社团和教职工的骨干们在党委会的支持下,提出了将东方学院完全重组成一个独立高校的建议,即对外贸易人民委员部所属的东方经济学院。"②

相应的,俄罗斯汉学家也制订了有关改革和重组的计划。而学术团体的计划却是朝着相反的方向。例如,1932年12月,鲁达科夫教授制订了《专业东方教育领域的五年建设计划》。文件中指出:"出于建立研究远东问题的科研中心的必要性考虑,产生了建立单独的东方学院的问题。"③这位东方学院的老教授和院长提议在符拉迪沃斯托克建立东方学院,重走33年前的道路。总体来说,旧学派的汉学家总是在竭力强调他们的特殊地位,例如鲁达科夫,由于不赞同他所负责的

---

① Из истории востоковедения на Российском Дальнем Востоке. 1899—1937 гг. Документы и материалы.-Владивосток, 2000. С. 76—77.

② Там же. С. 78—79.

③ Там же. С. 88.

教研室的研究结果,甚至在自己的正式报告中(1936年)写了这样一句篇首引文:"子曰:'由,海女知之乎! 知之为知之,不知为不知,是知也'。"①

远东研究人员的研究成果反映了符拉迪沃斯托克东方学教育的发展问题:"'东方学家'有他们独有的传统、工作经验和科研兴趣,难以适应大学的结构。他们以前的研究方向并不符合国立远东大学的宗旨。因此,在20—30年代,东方系遭到多次重组,改变自己的研究方向,脱离远东国立大学而后又回归。东方系负责培养输送经济学—汉学家到驻外的外交人民委员部和对外贸易人民委员部等机关工作、负责培养语言学—翻译家、培养科研工作者……尽管这为汉学界增添了许多新的汉学家(马拉库耶夫、哈伦斯基),创办了东方系的短期刊物《东方工作室》,但也未能显著改善东方学的研究状况。"②1932年,毕业于列宁格勒国立大学的波兹德涅耶娃来到了远东国立大学。

根据远东国立大学毕业生索洛维约夫(Ф. В. Соловьев)的回忆录,我们了解到在20世纪30年代中期,主要有以下几位教师在远东国立大学讲授汉学课程:鲁达科夫、副教授切尔沃涅茨基(Т. Г. Червонецкий)、副教授西蒙诺夫斯卡娅(Л. В. Симоновская)、波兹德涅耶娃、格鲁季宁(М. И. Грудинин)、副教授马拉库耶夫。在索洛维约夫的回忆录里还有对这几位教师所作的评价:"副教授切尔沃涅茨基于1912年毕业于圣彼得堡的实用东方学院,后来在远东国立大学的东方系讲授中文语法、报刊文章的翻译以及中国文字课程。由于他中文口语功底扎实,因此对学生的要求很高;原为副教授、后晋升为教授的博士西蒙诺夫斯卡娅讲授中国史和世界史;波兹德涅耶娃讲授中国文学史,她的课趣味横生;格鲁季宁兼任符拉迪沃斯托克中国列宁学院副院长和东方系中国经济与经济地理专业教师,但由于他的课程

---

① Из истории востоковедения на Российском Дальнем Востоке. 1899—1937 гг. Документы и материалы. -Владивосток, 2000. С. 111.

② Малявина Л. С. К истории становления китаеведческого центра на Российском Дальнем Востоке // Дальний Восток России-Северо-Восток Китая: исторический опыт взаимодействия и перспективы сотрудничества. Материалы международной научно-практической конференции... -Хабаровск, 1998. С. 68.

数据资料过多,因此学生们的兴趣并不是很浓厚;副教授马拉库耶夫讲授远东国家的历史、中国的对外贸易以及中国的度量衡制度,他在苏俄的对外贸易部工作过,因此具有丰富的实践经验,但可惜的是,这些实践材料在他的课程中没有被系统化……副教授哈伦斯基·康斯坦丁·安德烈耶维奇是一位日本学家……他在东方系教授日本历史,同时他也非常了解中国的历史,在自己的文章中他指出,中国史与世界史是紧密相联系的,并否认它的封闭性。哈伦斯基是首批试图从唯物主义历史观的角度研究中国发展的历史学家之一。他拒绝按朝代进行分期,引入了社会形态的概念。然而他对中国历史进程的唯物主义观念是矛盾且不全面的。"①

20世纪30年代初期,东方学高校的范围得以扩大。马拉库耶夫写道:"边疆区第二所东方学高校是1931年成立于符拉迪沃斯托克的国际师范学院,其中包括两个专业——朝鲜语专业和中文专业……1929年在哈巴罗夫斯克成立了共产主义大学,其中包括朝鲜语专业和中文专业。"②20世纪30年代,符拉迪沃斯托克的人才不断"外流"。例如,1935年年初,远东大学大学毕业生、东方系主任斯克沃尔佐夫离开前往中国就职,之后再也没有回到远东,后来留在莫斯科工作。

1934年,在符拉迪沃斯托克提出了有关东方学教育专业化发展的问题。远东国立大学毕业生、东方系最后一任系主任沃伊洛什尼科夫(В. А. Войюшников)在自己的报告书中提议:"……应建立三个独立的专业:语言学专业、经济学专业、历史学专业……"③东方学历史的教育应是多层次的:"历史专业培养的是历史学—理论学家和研究对象国的专家,专业课程包括:辅助科学基础(考古学、人种学、人类学等)、封建时期和工业时期的帝国主义史和研究对象国的革命运动史、殖民

---

① [Соловьев] Интервью с выпускником Восточного факультета ГДУ 1939 г. Ф. В. Соловьевым (подг. З. Ф. Моргун) // Известия Восточного Института. —1994. № 1. С. 79.

② Маракуев А. В. Десять лет востоковедения на Советском Дальнем Востоке.-Владивосток: Дальгиз, 1932. С. 4—5.

③ Из истории востоковедения на Российском Дальнем Востоке. 1899—1937 гг. Документы и материалы.-Владивосток, 2000. С. 95—96.

问题、国际法在远东的适用。"①

上述计划的大部分都注定是不能被实现的。但是在20世纪30年代的下半期,远东国立大学东方系的情况渐趋稳定,在官方报告中也陈述了它所取得的功绩与成就。在1937年度的《远东国立大学情况报告书》中指出:"东方系以培养高素质的中文和日语翻译家为目标。东方系有两个专业——中文专业和日文专业。东方系设有三个教研室:由鲁达科夫教授领导的中文教研室,致力于研究中文学习方法……学校东方学问题的研究以东方学研究室及大量东方学馆藏为依托……东方系的东方学藏书共有约六万册图书。"②从这里可以看出,在20世纪30年代初,远东国立大学图书馆有丰富的东方学专题书籍。马拉库耶夫写道:"截至1932年1月1日,有关东方学的馆藏图书超过二十万册(其中约十万册为欧洲语言书籍,约八万册为中文书籍,约一万五千册为日文书籍……)。也许,比书籍更有价值的是,收藏在图书馆的大量东方学杂志和东方学界的论文著作。"③

远东研究人员指出了当时存在的障碍和矛盾:"在1931年远东国立大学恢复之际,其东方系的任务是培养有利于增进苏联和东亚各国人民的相互理解、帮助东亚民族争取独立和解放的东方学人才。因此,可以认为间谍的培养也是由此开始的(在20世纪30年代末东方系的一部分转变为军事专业的事实可以证明这一点)。那时东方系正在进行结构性重组,情况十分复杂:更换教学大纲,改变科研工作方向;各教研室新老人员之间的斗争还在继续;东方学专家鲁达科夫、切尔瓦涅茨基遭到批判;鲁达科夫被指责讲授与现实脱节的老教材。为了检察中文教研室的工作,成立了由日本学家费克林(К. П. Феклин)和两名学生组成的委员会。鲁达科夫、切尔沃涅茨基和其他教授都不认同委员会的检查结果……在30年代中期,有人编纂了一本论文集,但由于奥维季耶夫(Н. П. Овидиев)一篇关于日语动词述谓化的文

---

① Из истории востоковедения на Российском Дальнем Востоке. 1899—1937 гг. Документы и материалы. -Владивосток, 2000. С. 95—96.

② Там же. С. 119—120.

③ Маракуев А. В. Десять лет востоковедения на Советском Дальнем Востоке. -Владивосток: Дальгиз, 1932. С. 7.

章,该论文集未能出版,理由是文章不符合马尔的'新语言学说'。"①

20世纪30年代,许多著名的汉学家从远东国立大学毕业。远东研究人员写道:"费奥多尔·弗拉基米罗维奇·索洛维约夫 1934—1939 年在远东国立大学东方系学习。他持苏联共青团什马科夫斯基区委会的介绍信来到这里学习,并在通过考试后进入了汉学专业。当时的东方系每年招收五十多名学生……许多 30 年代的东方系毕业生们后来都成为优秀的学者和社会政治活动家。"②

历史学博士索洛维约夫回忆道:"1934 年,我 23 岁,进入了远东国立大学东方系的汉学专业,它在当时被认为是学校最重要的一个系。这里也是招生人数最多的系;东方系每年招收 50~70 名学生,其中汉学专业的招生名额比日本专业高出三分之一。汉学专业的学生享有一些特权,例如他们可以获得较高的奖学金,外地学生可以被安置在设备更为完善的宿舍……然而在师资队伍和学生的结构、数量和质量方面,以及教学大纲、教学组织和物质技术支持等方面,东方系与东方学院有很大的差别,甚至在很多方面落后于后者。教学大纲设计为五年……以下是学生的必修课程:中文综合(四千到五千个汉字、草书和行书、互译理论与实践、中国文言文和白话文、报刊语体和事务语体、文学作品、中文拉丁化、口语实践等)、英文、中国文学史、中日古代史、远东国家研究导论、中国经济与经济地理学……普通语言学。此外,东方系的学生还要进行军事训练。军训结束后,他们会被授予'上尉'军衔。"③

培养汉学家面临的主要问题之一是生源整体水平较低,而大学生的辍学率高。据索洛维约夫回忆说,他的班里起初一共有 54 名学生,到第三年年底只剩下 12 人,最后只有 4 名学生升至五年级并获得了毕

---

① *Ермакова Э. В.* В. А. Войлошников-декан Восточного факультета ДВГУ (штрихибиографии) // Известия Восточного института ДВГУ. 1999. № 4. С. 6.

② *Романова Г. Н.* Традиции Федора Владимировича Соловьева продолжаются // Россия и АТР. 2009. № 4. С. 188.

③ [*Соловьев*] Интервью с выпускником Восточного факультета ГДУ 1939 г. Ф. В. Соловьевым (подг. *З. Ф. Моргун*) // Известия Восточного Института. № 1. 1994. С. 78—79.

业证书①。在20世纪30年代下半期,系里的学员组成逐渐开始发生变化,绝大多数学生都是来自于远东特别红旗军(Особая Краснознаменная Дальневосточная Армия,ОКДВА)和其他权力机构的公派人员。远东特别红旗军下令,自1938年8月14日起在远东国立大学东方系的日文和中文专业下设远东国立大学军事专业。伏尔加格勒国立大学(ВОДГУ)的校长克雷洛夫(А. М. Крылов)少校被任命为符拉迪沃斯托克中国列宁学院的军事领导人。

远东国立大学培养汉学家的工作一直进行到1939年。战前学校的最后一批学生有西迪赫门诺夫(В. Я. Сидихменов)、波波娃(Л. В. Попова)和维亚特金。1939年夏天,"鉴于远东地区国际形势的恶化"②,苏俄教育人民委员决定解散符拉迪沃斯托克的大学。

20世纪30年代是俄罗斯汉学教育发展的一个重要时期。这一时期以在教育领域的组织和内容方面所进行的激进的社会实验为开端,许多古典大学都将人文科学专业分离了出去。但是语文学、历史、哲学等其他专业的多项指标逐渐在组织上和内容上回归了古典大学的标准。高等教育的"普通教育"部分保留了东方学课程。各种形式的"实用汉学"继续与高校教育共存且紧密相关。在20世纪30年代初期,俄罗斯的汉学教育仅局限于三个城市,同时在每一个汉学中心都只有几位在各大院校讲授汉学课程的教师,因此几乎所有知名的汉学家都师从于同一些老师。例如,阿列克谢夫在列宁格勒的所有高校教授汉学,指导莫斯科的研究生,而他的学生则在符拉迪沃斯托克教书。而随后发生的事件也表明,这些汉学家"团体"不仅在科研教育方面的观念和思想不统一,而且在抵制政治和官僚主义专断的问题上也产生了分歧。

---

① [Соловьев] Интервью с выпускником Восточного факультета ГДУ 1939 г. Ф. В. Соловьевым (подг. З. Ф. Моргун) // Известия Восточного Института. No 1. 1994. С. 79.

② Донской В. К. Разгром Восточного факультета ДВГУ // Вестник ДВО РАН. 1996. No 1. С. 108.

3.4　20世纪30年代俄罗斯汉学家的成果

20世纪30年代初,俄罗斯汉学已经收到了几个"国家订单"。在语言学方面,汉学家必须完成拉丁化新文字的创建和应用任务。此外,东方学研究所在20世纪30年代还负责在马克思列宁主义方法论的基础上全面地研究殖民地、半殖民地问题,尤其是苏联东方的殖民地、半殖民地问题。经济、政治、民族解放和阶级斗争成为科学院东方学研究所的基本课题。因此,"古典语言学"和中国语言文学暂时变得无关紧要。甚至编写完整的汉俄词典的任务在优先事项中也没有被提及。19世纪中叶之前,中国还没有和俄国发生殖民关系,因此这一时期的中国历史问题自动地转移到了次要计划中。虽然出现了所有上述问题,但是在20世纪30年代经过东方学研究所工作人员和其他汉学家的努力,关于编纂词典、文献学、中国史料学、图书编目学等传统的汉学工作仍在进行。

俄罗斯汉学家继续翻译中国文学作品中的精品,向俄国社会介绍邻国的民族文化。1935年科学院出版社出版了《中日文学集》。该文学集中包括了舒茨基、Б. А. 瓦西里耶夫和阿列克谢耶夫翻译的中国文学作品。汉学家将关于文学研究的文章作为翻译作品的前言。该文学集的主编康拉德在前言中写道:"必须承认中国诗人是封建诗歌……甚至是整个封建戏剧领域的大师,东方,在这一领域毫无疑问是占据首要地位的,抛开中国和日本来研究封建文学是不可思议的。"①总而言之,这位苏联东方学家认为,在体裁多样性和文学艺术方面,远东中世纪文学比世界其他地区的文学更丰富、更完美。

许多汉学家从事中国文学的翻译,但远非所有他们的作品都能在苏联出版。例如,鲁达科夫身后留下了《红楼梦》②的译本,他从事中国文学作品的翻译和批评分析。20世纪30年代出版了舒茨基翻译的

---

①　Литература Китая и Японии. Редакция и вступительная статья Н. И. Конрада. - Academia, 1935. С. 8.

②　АВ ИВР РАН. Ф. 96. Оп. 1. Д. 38, 39, 41, 67.

陶渊明（4—5世纪）、周濂溪（周敦颐）（11世纪）和苏东坡（11—12世纪）的作品。他的翻译作品和与他志同道合的 Б. А. 瓦西里耶夫的翻译作品一同被出版。在 Б. А. 瓦西里耶夫的作品中提到："8—9世纪被认为是中国文学史上所谓的封建贵族唐诗的蓬勃发展时期。替代古老的四言形式的是新的形式，即五言和七言形式，这种形式在第二或第四个词语——音节之后会有停顿，第一、二、四诗行押韵。特别受欢迎的是所谓的绝句形式，四行诗，在其结构中经过确切的诗歌规则来上下连接……在将白居易的四行诗翻译成俄语时，根据中国诗行中间的停顿规律，采用了诗歌行数加倍原则，将一行诗分成两部分。在遵循等值词的准确性的同时，允许自由进行俄语押韵和自由选择俄语诗格。"①

在 Б. А. 瓦西里耶夫翻译的中国文学作品清单上共有18篇作品（其中15篇是20世纪30年代发表的），其中篇幅最大的一篇作品是《武松记》②。瓦西里耶夫重点关注中国文学问题。在他的出版物清单中列出了下列文章：《聊斋古文献》（1931）、《中国文学》（1931）、《帝国主义时代的外国影响和中国文学》（1933）、《现代中国文学左翼阵线》（1934）等。在 Б. А. 瓦西里耶夫已发表的研究性著作中包括了：《中国文学作品翻译问题》和《三位中国当代作家》，以及关于中国戏剧和东干文学的文章。Б. А. 瓦西里耶夫的许多巨著最终还是未能完成，如：《水浒传——其在中国文学中的作用和意义》《中国文学史纲要》《中国封建文学史》《现代中国文学史》③。

20世纪30年代最权威、最有声望的汉学家仍然是阿列克谢耶夫，他是俄罗斯汉学家中唯一的苏联科学院院士。但是这位汉学家院士大部分时间都是在列宁格勒的各个教育机构从事教学活动，在那一时期他的大部分科学作品都没有完成，而是以手稿的形式保存下来。例如，现在很有名的《汉学家工作手册》，阿列克谢耶夫于1933年将其递

---

① *Бо Цзюй-и.* «Оборванные строки» Лирические стихотворения (IX век). Перевод с китайского, вступительная статья и примечания *Б. А. Васильева* // Литература Китая и Японии. Редакция и вступительная статья *Н. И. Конрада*. -Academia, 1935. С. 128.
② АВ ИВР РАН. Ф. 152. Оп. 3. Д. 115. Л. 49.
③ Там же. Л. 48 об. —49.

交给科学院出版社,但被拒绝出版。

在阿列克谢耶夫的出版作品中可代表其最高水平的是一篇题为《中国民俗学和中国民间图景》的文章。在这篇发表在《苏联科学院通报》上的文章的脚注中提到:"这篇文章是以1935年3月23日苏联科学院会议期间在社会科学分所会议上所作的报告为基础完成的。"阿列克谢耶夫院士写道:"苏联民俗学家因为革命,而从打压他们的东西方同行的所有偏见中解放了出来,在我看来,他们有权利有理由用自己的方法进入这一领域,更何况苏联民俗学家手中还有独立收集的资料,这类资料他们在列宁格勒和莫斯科收集了不少。"①

在阿列克谢耶夫为数不多的发表作品中引起巨大反响的是他的《中国象形文字及其拉丁化》。汉学家自己这样描述它:"《中国象形文字及其拉丁化》于1932年在科学院的科普系列丛书中出版,在这本小册子中,比起教义式的详细探讨,我实际上是更加概括地讨论了关于'中国文字'的性质和难点,不仅从那些赋予汉字奇怪声誉的欧洲论断和主观见解方面来分析汉字,而且还从其汉语本质来分析它。"②无论是从语言学角度来看,还是从社会政治潮流的角度来看,阿列克谢耶夫的长篇且有分量的文章《列宁选集的汉译原则》③都是有趣且典型的。同年,《苏联科学院通报》刊登了阿列克谢耶夫的文章《列宁著作汉译》。阿列克谢耶夫院士写道:"在一系列的俄译汉翻译作品中,这些翻译作品应该是特别的,而且无论如何要防止出现各种笑话和误会,要知道这种可能性在其他俄译汉的翻译作品中是经常会遇到的。某个人应该对译作的完整性和准确性负责……显然,这个'某个人'首先必须是令人信服的成熟的列宁主义者,用完全列宁式的语言进行讲

---

① *Алексеев В. М.* Китайский фольклор и китайская народная картинка // Вестник Академии наук СССР. 1935. № 4. С. 65—66.

② *Алексеев В. М.* Рабочая библиография китаиста. Книга руководств для изучающих язык и культуру Китая // Архив российской китаистики. Сост. *А. И. Кобзев*. -М. : Наука-Восточная литература, 2013. С. 62.

③ *Алексеев В. М.* Принципы переводов сочинений В. И. Ленина на китайский язык // Записки Института Востоковедения Академии Наук СССР. III. -Л. : Изд-во АН СССР, 1933.

述。并且,他必须完全地控制自己的个性,因为个性总会给译者带来偏差和误解……"①

阿列克谢耶夫从事的主要工作之一是翻译中国文学作品。在阿列克谢耶夫的文章《谀词与铭文中的孔子》中提到:"关于将作品从汉语译过来,其难度来自很多原因,其中主要原因无非是译作风格无法完全符合原作风格,特别是保持韵律和节奏的一致,即使是大体上的一致。我曾经有过这样的试验,将汉语有节奏的文本翻译成俄罗斯文学言语节奏形式——即使只是和原作在比例上符合。在这里我举一个关于这类翻译的例子(当然我不觉得它是无可挑剔的),这个例子建立在俄语节奏的交替上,大致反映了汉语原作的节奏交替。"②在作品《谀词与铭文中的孔子》中阿列克谢耶夫写道:"孔子学说可以被定义为借助集中研究古籍来实现自我完善的学说,在这些古籍中通过关于中国最早的君主,尤其是尧、舜、禹、商汤、周文王的英雄传说所体现的内容来描述这一完善",接下来对出现"带有特殊表现力的铭文来表达庙宇崇拜"的问题进行历史性探讨③。

阿列克谢耶夫不惧表达自己的意见,并给出了与当时的主流观点相对立的评价。1935年8月他写了一篇题为《中国的庸俗与革命》的文章。文章中对王阳明的评价直接反驳了1936年出版的苏联大百科全书中对这位中国思想家的评价。被苏联官方科学称为"在反动资产阶级圈子中有名的""极端主观唯心主义者"的王阳明,被阿列克谢耶夫描述为"……所有后来儒家体系改革者中最著名的一位。他教授(人们)需要通过直观思辨内省的方法来学习儒家学说及儒家经典文本"④。

20世纪30年代阿列克谢耶夫院士是筹备大汉俄词典工作的领导

---

① *Алексеев В. М.* Ленин на китайском языке // Вестник Академии наук СССР. 1931. No 1. С. 16.

② Литература Китая и Японии. Редакция и вступительная статья *Н. И. Конрада.*-Academia, 1935. С. 275.

③ Там же. С. 273—274.

④ *Кобзев А. И.* Первые русские переводы Ван Ян-мина и В. М. Алексеев // Архив российской китаистики. Т. II. Сост. *А. И. Кобзев.* -М. : Наука-Вост. лит. , 2013. С. 212.

人。李福清指出:"早在 20 世纪 30 年代阿列克谢耶夫就制定了'第一份集体编纂汉俄词典的说明',不过这个项目当时并没有实现。然而关于'中国现代文化历史语言俄汉学术大词典'(阿列克谢耶夫自己是这么写的)的工作在第二次世界大战前很久就开启了。"① 在苏联科学院东方学研究所所长签署的关于汉学家 H. A. 彼得罗夫的鉴定中提到:"从中国回国后……他在东方学研究所工作,作为汉俄词典编辑委员会秘书完成科学院极其重要的任务。H. A. 彼得罗夫同志努力提高自己的科学素养。他正在准备题为《19-20 世纪中国新文学运动的先决条件》的社会科学副博士论文。"②

1938 年鄂山荫、斯梅卡洛夫、鲁多夫、A. A. 彼得罗夫、杜曼、拉祖莫夫斯基、德拉古诺夫、弗卢格、克里夫佐夫、柳宾、孟泽列尔、布纳科夫加入了由阿列克谢耶夫领导的汉俄词典编纂小组。在递交给俄罗斯科学院东方学研究所理事会的申请中德拉古诺夫写道:"目前在东方学研究所我承担下列的工作:1.和中国教研室所有其他职工一样进行汉俄词典的编写工作,即每天 40 张卡片。2.副主编的职责,要求日常监督和指导所有词典编写、咨询工作,解决有争议的问题,包括词典方面和组织结构方面的问题,例如部分查看和编辑编者们完成的词汇卡片。3.关于汉语和东干语语法的工作。4.语言部门的秘书工作……"③

鲁多夫参与字典编纂工作一事在他的个人档案资料中得到了确认。例如,资料中保存了这样的文件:"俄汉词典材料草稿。没有开头和结尾(从字母 Д 到 H)"④。东方学研究所中国研究室初级研究员克里夫佐夫在 1938 年 12 月写道:"参与了汉语词典的所有筹备工作之后,我目前是这本词典的编者之一。"⑤ 在东方学研究所所长巴兰尼科夫签署的关于克里夫佐夫的鉴定中提到:"……弗拉基米尔·尼古拉

---

① *Рифтин Б. Л.* О синологических словарях и справочниках, старых и новых // Архив российской китаистики. Сост. *А. И. Кобзев*. -М.: Наука-Восточная литература, 2013. С. 339.
② АВ ИВР РАН. Ф. 152. Оп. 3. Д. 464. Л. 21.
③ АВ ИВР РАН. Ф. 152. Оп. 3. Д. 207. Л. 13 об.
④ АВ ИВР РАН. Ф. 77. Оп. 1. Д. 8.
⑤ АВ ИВР РАН. Ф. 152. Оп. 3. Д. 340. Л. 6 об.

耶维奇·克里夫佐夫同志……是一个有进取心、认真负责的工作者。克里夫佐夫同志负责编写大汉俄词典的重要工作。这项工作克里夫佐夫同志完全可以胜任。在过去的1938年克里夫佐夫同志因编写汉俄词典工作的突出贡献而得到了东方学研究所理事会的嘉奖。"① 在远东汉学家马拉库耶夫的作品中提出了一个有趣的论点："我的作品也涉及中国象形文字，在分析中文打字机键盘的基础上提出了实践中所必需的最少汉字的个数，即3708个。"②

20世纪30年代在阿列克谢耶夫领导下俄罗斯汉学家们进行的中国语言学领域的研究没有形成词典形式或总结性研究形式的成果。这个事实在阿列克谢耶夫的一生中反复被"问责"，后来大家试图不再提这个问题。在1952年出版的《华俄辞典》的前言中主编鄂山荫在诸多国内作品中只提到了"……在院士阿列克谢耶夫的领导下编写的汉俄学术大词典手稿，科洛科洛夫教授的双语词典（汉俄简明词典，莫斯科，1935）③。在20世纪60年代，阿列克谢耶夫的弟子在他们的汉学研究中通常完全不提阿列克谢耶夫的名字④。甚至在鄂山荫的著作《研究华俄大辞典的编纂经验》⑤中也没有提到阿列克谢耶夫或其他的汉学家，尽管在该著作中出现了В.П.瓦西里耶夫、巴拉第和一些外国学者的名字。"

---

① АВ ИВР РАН. Ф. 152. Оп. 3. Д. 340. Л. 8.

② *Маракуев А. В.* Десять лет востоковедения на Советском Дальнем Востоке. - Владивосток: Дальгиз, 1932. С. 10.

③ Китайско-русский словарь. Под ред. *И. М. Ошанина*. Около 65 000 слов и выражений. -М.: Гос. изд-во иностр. и нац. словарей, 1952. С. VIII.

④ *Коротков Н. Н.* К проблеме морфологической характеристики китайского литературного языка // Труды Двадцать пятого международного конгресса востоковедов. - Москва, 9—16 августа 1960 г. Т. V. -М.: Изд-во Восточной литературы, 1963; *Солнцев В. М.* Соотношение слова и предложения в китайском языке // Труды Двадцать пятого международного конгресса востоковедов. -Москва, 9—16 августа 1960 г. Т. V. -М.: Изд-во Восточной литературы, 1963 и др.

⑤ *Ошанин И. М.* Из опыта работы над большим китайско-русским словарем (о структуре гнездовой статьи словаря) // Труды Двадцать пятого международного конгресса востоковедов. Москва, 9—16 августа 1960 г. Т. V. -М.: Изд-во Восточной литературы, 1963. С. 127—132.

虽然存在上述提到的问题,必须肯定的是,以阿列克谢耶夫为首的汉学家们研究词典的工作即使在最艰难的年代也没有停滞。1938年秋研究生费德林在给阿列克谢耶夫的信中写道:"关于从鲁迅的作品中摘选文本以编撰俄汉词典的工作,我很遗憾地告诉您,尽管我非常愿意但是我无法在12月1日之前写完2000张卡片。尽管我已经着手这项工作了……科罗特科夫同志同意参与到此项工作中来,关于这一点,他可能会告知德拉古诺夫同志。"①

在20世纪30年代中期苏联科学院又增添了一名远东成员,即被选为通讯院士的康拉德。这位东方学者最初是一名日本学家,但是俄罗斯科学院东方学领域有这样一个惯例,所有远东地区国家的专家都精通汉语,并研究一些汉学问题。与日本学作品不同,汉学作品大部分都未能出版。康拉德从事东方语言学和文化学问题的研究。他编辑了远东国家翻译文学的选集。在这里他指出:"将东方语言翻译成欧洲语言的问题还没有得到解决,暂时只能凭经验解决。因此这里所有的翻译都只能视为目前的经验。"②从康拉德个人档案资料中保存下来的手稿可以看出,他积极从事中国各种问题的研究,如《中国3—7世纪分封制度的材料》手稿(1936)③。同时许多康拉德关于中国哲学历史的手稿也被保存了。

20世纪30年代是莫斯科汉学家们在科洛科洛夫的领导下编写各种中国词典的丰收时期,例如《关于汉音俄译中的轻重音格律体系的汉俄词汇表》④《根据图表系统编写的汉俄简明词典(包含最重要的军

---

① *Хохлов А. Н.* Китаист Н. Т. Федоренко в начале творческого пути // Общество и государство в Китае. Т. XLII. Ч. 2. -М., 2012. C. 92—93.

② Литература Китая и Японии. Редакция и вступительная статья *Н. И. Конрада.* - Academia, 1935. C. 11.

③ АРАН. Ф. 1675. Оп. 1. Д. 111.

④ [*Колоколов*] Китайско-русский вокабулярий по тонической системе в русской транскрипции китайской азбуки(Чжуинь цзыму)/ Сост. студенч. бригада второго курса кит. сектора: *Богданов*, *Грачев*, *Константинов* и др.: Под рук. *В. С. Колоколова.* -М., 1934. 71 с.

事术语)》①以及其他的手稿②。在科洛科洛夫的作品中还可提及《汉俄词汇表——第十七届苏共(布)代表大会布柳赫尔(Блюхер)同志的报告》(1935)③。

科洛科洛夫的《汉俄简明词典》于 1935 年出版,有 4 万册发行量。该词典成为当时最主要词典之一。这本词典是评定苏联汉学状况的一个指标。科洛科洛夫本人写道,"研究汉语是很难的,原因如下:1. 语法的理论阐述不足;2. 书写体系古老;3. 词典使用困难。想让查字典变得更容易这一愿望激励编撰者采用图表系统排列汉字,这一想法早先由罗森伯格提出过。"④在《推荐教材》的书单中提及了 В. П. 瓦西里耶夫和孟第(Д. А. Пещуров)的著作。本词典给出了三种音译法:科洛科洛夫的体系、巴拉第的体系,以及作为新选择的韦德体系。"⑤

在从事词典编撰的汉学家中还有远东元老级汉学家鲁达科夫。在鲁达科夫的个人档案资料中保存了《关于林业术语和表达的俄汉专业词典》(鲁达科夫,远东国立大学的汉学学生生产实践的教材,符拉迪沃斯托克,1932)⑥。

远东汉学家马拉库耶夫对一本新词典如此写道:"米哈伊洛娃(И. Михайлова)和鲍尔(Отто Бауер)的《汉俄小词典》是在远东边疆

---

① [*Колоколов*] Краткий китайско-русский словарь по графической системе, включающий важнейшие военные термины. Сост. *В. С. Колоколов*. Под ред. *М. М. Абрамсона* и *Ху Цзя*. -М.: ОГИЗ РСФСР, 1935.

② *Лян Кунь Н. И.* 3000 китайских иероглифов: Перечень употребительнейших китайских иероглифов, расположенных по графической системе О. Розенберга. С транскрипцией китайскими буквами и с переводом значений по-русски / Сост. *Н. И. Лян Кунь* при участии *М. И. Ганина* и др.; под ред. *В. С. Колоколова*. -М.: Изд-во иностранных рабочих в СССР. 1936. 187 с.

③ АВ ИВР РАН. Ф. 144. Оп. 1. Д. 116.

④ [*Колоколов*] Краткий китайско-русский словарь по графической системе, включающий важнейшие военные термины. Составил *В. С. Колоколов*. Под ред. *М. М. Абрамсона* и *Ху Цзя*. -М.: ОГИЗ РСФСР, 1935. С. 5.

⑤ [*Колоколов*] Краткий китайско-русский словарь по графической системе, включающий важнейшие военные термины. Составил *В. С. Колоколов*. Под ред. *М. М. Абрамсона* и *Ху Цзя*. -М.: ОГИЗ РСФСР, 1935. С. 9.

⑥ АВ ИВР РАН. Ф. 96. Оп. 1. Д. 53.

区出版的唯一的汉语词典类作品。尽管这是一部粗制滥造的出版物，存在大量的错误，但本小词典对巩固新的政治术语做出了应时的尝试，这些新的政治术语包含在苏联时期远东地区中国少数民族的语言之中①。

德拉古诺夫是 20 世纪 30 年代最有影响力的汉学－语言学家之一。被编入于 1936 年出版的苏联大百科全书的"汉语"这一词条正是德拉古诺夫写的。德拉古诺夫在这一时期写的著作大部分都与编写中国人和东干人的识字课本、语法书和其他参考书的过程中出现的实际问题相关。在吉尔吉斯斯坦、哈萨克斯坦和远东地区长时间的活动过程中同操母语者进行的直接交流在很多方面对德拉古诺夫在中国方言学方面所做的发现起了促进作用。例如，他发现了汉语方言的一个特殊语族：中国中部地区（湖南省）的方言，后来这一方言在中国语言学中被称为湘话。德拉古诺夫（А. А. Драгунов и Е. Н. Драгунов）1932 年写的《湘乡方言（湖南方言）》一文就是关于这一方言语族中三种方言的发音描述。德拉古诺夫积极从事汉语语法问题的研究。苏联研究者写道："根据拉丁化方言学方面的作品，德拉古诺夫和 Чжоу Сунъюань 一起用汉语完成了《拉丁字母版汉语初级语法》一书。"②

20 世纪 30 年代舒茨基在汉学研究方面取得了杰出的成就。他在语言学研究方面最杰出的成就是《中国象形文字的阶段性发展轨迹》一文(1932)。在 1934 年舒茨基还同 Б. А. 瓦西里耶夫一起完成了一本汉语教材。舒茨基还对中国文学作品进行翻译和批评分析。在舒茨基的作品中提到："在中国封建社会，小品文相当受欢迎，这种小品文指的是用非常雅致的文学语言以有节奏或者至少是有合乎节拍的散文形式来完成的作品。大部分人民群众读不懂这种文学作品，因为这种文学作品的语言需要专业的知识修养才能读懂。封建中国的发展经历了动荡……因此小品文作者的心态也发生了变化。我们在这

---

① Маракуев А. В. Десять лет востоковедения на Советском Дальнем Востоке.-Владивосток: Дальгиз, 1932. С. 10—11.

② Горбачева З. И., Меньшиков Л. Н., Петров Н. А. Китаеведение в Ленинграде за сорок лет // Ученые записки Института Востоковедения. Т. XXV. -М., 1960. С. 92.

类文学作品中有时会看到政府陈词滥调的说教,对'和平的乡村生活'的推崇;有时会看到作家对个人生活发表的自信主张;有时会看到某个政党反对另一个政党的论战。很遗憾,由于语言间的巨大差异,不能将汉语原作翻译成节奏等值的俄语译文。译者使用俄语的节奏只是为了传达原作情感内容的起伏①。"

总之,舒茨基是20世纪30年代有天分且创作能力很强的俄罗斯汉学家的典范,为俄罗斯汉学研究的发展做出了巨大的贡献。1937年6月3日俄罗斯汉学领域发生了一件重要的事。舒茨基完成了《中国典籍〈易经〉》的翻译与研究并顺利通过了博士论文答辩,博士论文答辩之后舒茨基完成专著并将手稿交由苏联科学院出版社列宁格勒分社出版。科学院院士阿列克谢耶夫写道:"我们所有人都期待舒茨基教授所创作的在意义和理解难度上居于首位的对《易经》一书的译本(已不仅仅是译本了)的面世。过去的任何一个译本都无法与这一译本相提并论。他的译本是所有中国古典书籍的译本中最重要的一本,它充分弥补了这些使我们饱受困扰的翻译作品的不足。"②

然而,俄罗斯汉学家舒茨基的成就没有成为普遍性的社会精神财富,他的著作在完成25年之后在另一种历史条件下才得以出版。康拉德在舒茨基的译作发表时写道:"尤利安·康斯坦丁诺维奇·舒茨基的这部作品完成于1928—1935年,该作品是他在苏联科学院东方学研究所为获得语文学科博士学位而作的答辩论文……学位论文答辩讨论之后,学术委员会一致同意授予他博士学位。后来作者对自己的博士论文进行加工并将其投递到科学院出版社。然而作者生前并没能看到这部作品成功问世……"③

同行写道:"舒茨基在从事古代和中世纪的中国文学研究时,尤其

---

① Литература Китая и Японии. Редакция и вступительная статья Н. И. Конрада.- Academia, 1935. С. 201.

② Алексеев В. М. Рабочая библиография китаиста. Книга руководств для изучающих язык и культуру Китая // Архив российской китаистики. Сост. А. И. Кобзев. -М.: Наука-Восточная литература, 2013. С. 263.

③ Щуцкий Ю. К. Китайская классическая «Книга перемен». -М.: Изд-во Восточной литературы, 1960. С. 5.

注重研究反映了中国哲学思想发展的古代文献……在道家经典作品的研究方面,舒茨基翻译了老子的作品以及列子和庄子的大部分作品。与此同时,舒茨基敢于跨过传统的界限。区别于欧洲许多道教的研究者在这一界限面前止步不前,舒茨基转而研究中世纪的道教。舒茨基翻译的葛洪的作品(《抱朴子》)证明了他在这一领域的工作,但遗憾的是,这部译作丢失了。沿着这条研究道路,舒茨基一直研究到了《太玄经》……同时开始研究佛教……"①在舒茨基的同行看来,舒茨基著作的独创性在于摒弃了受清朝守旧儒家学派影响的欧洲传统:"……他当然知道清朝的注疏之作,他主要关注了两部作品:章学诚(1738—1801)的文章和皮锡瑞(1850—1908)的专著。这是中国清朝时期古典语文学批评方向具有研究性质的著作。舒茨基是欧洲首位能够了解这些中国学者的作品的价值的汉学家。"②康拉德特别指出:"舒茨基博学的汉学造诣成就了其作品的未来。舒茨基是我们中第一个既有中国专业文学知识,也拥有欧洲汉学素养,同时还掌握日本汉学知识的人……开辟出一条从所谓的'汉学'的专门科学范围,转向全人类历史科学领域(针对中国历史学)、文艺学领域(针对研究中国文学)和语言学领域(针对汉语研究)的道路。"③

在符拉迪沃斯托克,鲁达科夫从事中国历史文献方面的研究。在鲁达科夫的个人档案资料中保留了 1935 年完成的大量手稿:中国古代生产关系历史的著作有《前汉书》(第二十四章,第一部分)、《食货志》(翻译与注释)。④ 在档案室保存有《庄子》《通鉴纲目》《论语》《孟子》以及《史记》(司马迁)的翻译⑤。在鲁达科夫的翻译手稿中还有《司马迁传》⑥。

在列宁格勒从事中国历史文献研究的有年轻的汉学家卡津。

---

① Щуцкий Ю. К. Китайская классическая «Книга перемен». -М. : Изд-во Восточной литературы, 1960. С. 6.

② Там же. С. 10.

③ Там же. С. 11.

④ АВ ИВР РАН. Ф. 96. Оп. 1. Д. 20.

⑤ Там же. Д. 24.

⑥ Там же. Д. 26.

1936年卡津在苏联科学院东方学研究所工作,着手出版《中国历史年表》和《通鉴纲目》(亚金甫(比丘林))①。在东方学研究所关于接收1935年来自中国的潘克拉托夫前来工作的文件中说道:"潘克拉托夫拥有大量材料储备,他着手研究明朝时期关于蒙古语的中国文献资料,这一工作将在1936年年底结束②。在东方学研究所学术秘书穆拉托夫对潘克拉托夫的鉴定中提到:"潘克拉托夫……按计划在研究:蒙汉词典《华夷译语》——研究14世纪的蒙古语,研究《成吉思汗的秘密传说》……这一工作并不具备迫切性,该项工作在旧的领导班子下开始于1935年。现在潘克拉托夫同志参与编撰蒙俄词典。潘克拉托夫有许多科学作品……与此同时他还参与编撰藏俄词典和汉俄词典。"③在潘克拉托夫的学术作品名录中还有一本列宁格勒东方学院于1938年出版的意义重大的工具书《汉语口语教材》。

从事甲骨文问题研究的有汉学家布纳科夫。东方文献研究所所长 И. Ф. 波波娃写道:"1932年的春天布纳科夫作为一名研究生,应书籍、文献及书信研究所(Институт книги, документа и письма, ИКДП)理事会的委托着手研究保存在研究所的殷朝卜骨。他的研究成果是一本小册子《中国河南出土的卜骨——根据书籍、文献及书信研究藏品兼论历史和课题概况》。这本小册子于1935年在'苏联科学院语言和思维研究所系列丛书'中出版。布纳科夫还计划出版完整的带有图片和铭文复制的收集册,然而,这一工作没有完成。"④1937年布纳科夫发表长篇文章《安阳出土遗物和美国汉学——关于罗斯威尔·布里顿作品中的卜骨铭文出版方法问题》⑤。

1933年《中国肖像理论》这部作品是汉学家拉祖莫夫斯基获得语文学副博士学位的答辩论文。康拉德在评论中写道:"拉祖莫夫斯基

---

① АВ ИВР РАН. Ф. 133.
② АВ ИВР РАН. Ф. 152. Оп. 3. Д. 452. Л. 14.
③ Там же. Л. 32.
④ *Бунаков Ю. В.* О значении так называемой литературной революции Китая. Предисловие и публикация *И. Ф. Поповой* // Труды востоковедов в годы блокады Ленинграда (1941—1944) / сост. и отв. ред. *И. Ф. Попова*. -М. , 2011. С. 71.
⑤ АВ ИВР РАН. Ф. 152. Оп. 3. Д. 104. Л. 10.

的作品中有一部分是由一些中国文本的翻译组成,这些中国文本不仅展现了不同美学肖像理论,也展现了肖像画技巧。我可以说这些中国文本是经充分了解之后筛选出来的,同时为评价中国肖像理论提供了珍贵的材料。尽管翻译可能存在不准确的情况,但是此译本还是证明了作者对中国封建时期文言的了解……"①

在20世纪30年代中期奥西波夫是俄罗斯科学院东方学研究所中国古代史方向最杰出的专家。1934年秋奥西波夫给研究所理事会递交了一份申请,申请书中说道:"中国古代史是东方学研究最薄弱的问题之一,与此同时中国不断的考古发现有助于研究中国古代的真实情况……因此,我想从事中国古代史这一领域的专业研究,并同时研究考古发现……"②1936年春天奥西波夫提交答辩论文《中国古代社会的发展历程》,这一论文得到了斯特鲁维院士和阿列克谢耶夫院士的支持③。此外,奥西波夫还研究了太平天国起义的历史问题。

泽尼娜(Л. В. Зенина)编撰的《历史学博士尼古拉·瓦西里耶维奇·屈纳(1877—1955)教授的科学作品名录》展示出该研究者在远东国家的史料学和图书分类学领域所取得的成果:《对西藏的记述》(第四部分——根据中国西藏史料编写的西藏历史,手稿,1930);《附有参考书目和年表的远东国家(中国、朝鲜、蒙古)历史指南》(手稿,1930,200页);《西藏书目——人名索引(俄罗斯人和外国人)》(手稿,1931,400张卡片);《中国少数民族书目——为共产主义研究院附属中国问题研究所编撰》(手稿,1932);《中国报刊文摘——300篇关于中国的文摘(1932—1935)》;《汉语版和日语版的蒙古文学》(手稿,1935,300张卡片)等等④。此外,屈纳于1934年写成的《为列宁格勒制图厂编撰的中国地名词典》未能出版⑤。屈纳的手稿现保存于人类学和民族学博物馆的档案室(8号书藏)和东方文献研究所的东方学档案室(91号书藏)其个人档案资料中。

---

① АРАН. Ф. 1675. Оп. 1. Д. 101. Л. 215.
② АВ ИВР РАН. Ф. 152. Оп. 3. Д. 444. Л. 1.
③ Там же. Л. 13.
④ Вопросы истории стран Азии. -М. : Изд-во Ленинград. ун-та, 1965. С. 88—90.
⑤ Там же. С. 89.

20世纪30年代初期杜曼称自己是研究中国社会经济关系史的杰出研究者。1933年1月由奥西波夫签署的杜曼研究生一年级的鉴定中提到:"杜曼同志非常了解中国的古汉语(不是指文言文)和现代汉语。现在杜曼同志同我一起阅读关于新疆的各种文件(19世纪的文本)。得益于课外的准备杜曼同志几乎了解文本的所有总体思想,除了个别例外。杜曼同志的汉语知识完全足够他进行科学研究工作。"①1932年杜曼去哈萨克斯坦出差,出差期间,经屈纳的批准收集了"珍贵的当地材料"②。这位年轻的汉学家在翻译和全面分析中国18世纪的文献的基础上,分析了新疆的社会经济关系。

1935年3月阿列克谢耶夫给学生杜曼的论文《18世纪末清政府在新疆的农业政策》写了评语。评语中指出:"这本作为历史学副博士论文答辩的著作不仅满足规定要求,并且总体上是一部认真研究的作品,更是对中国政治体系进行社会分析的前沿研究……材料充实,资料处理准确(尤其是资料翻译准确),结论清晰明确(即便对结论提出保留意见),这部作品给人留下了非常好的印象。建议毫无保留地作为学术论著出版,在这一论文中,马克思主义的方法在解决复杂问题中占据了一定的地位,杜曼在文中巧妙地运用了这一在他看来最合理的方法。"③

杜曼本人在其自传中写道:"1937—1938年间我参加了为纪念十月社会主义革命20周年而举办的全苏联青年科学家竞赛。我的两部作品(《中国古代史讲义》《1862—1877年中国东干起义》)获得一等奖。"④

档案馆中还藏有另一位汉学家鲁多夫关于中国近代史的作品手稿。该档案为《忠王李秀成自述》,这是一本于1935年出版的关于"太平天国运动"的中文书的译本(手稿原件及其机打副本),包含对翻译的补充材料和注释—地名词典。"⑤

---

① АВ ИВР РАН. Ф. 152. Оп. 3. Д. 208. Л. 3.
② Там же. Л. 4.
③ Там же. Л. 11.
④ АРАН. Ф. 411. Оп. 62. Д. 616. Л. 8.
⑤ АВ ИВР РАН. Ф. 77. Оп. 1. Д. 3.

20世纪30年代汉学家们开始了对敦煌手稿的研究。孟列夫(Л. Н. Меньшиков)写道:"第一个开始研究这些手稿的是弗卢格,他在当时取得了非常重大的成就,而且他是当时研究所里所有关于远东藏书资料的唯一馆员。弗卢格研究了大约3000份稿件,并公布了最重要手稿的名录。"①著名的汉学家费德林指出:"在变文问题的研究中,我们国内的汉学也做出了重大贡献。我国这类文学作品的研究主要是在苏联科学院东方学研究所敦煌藏书的基础上开展的。在这一领域的首批作品中应该指出1935年由弗卢格出版的《苏联科学院东方学研究所收藏的中文古代佛经手稿简要名录》。"②

20世纪30年代初东方学研究所开始研究西夏文资料。研究人员指出:"在1931年,涅夫斯基研究了西夏文献并对其编制目录写了1500张西夏文-俄文字典的卡片,并筹备出版一系列西夏文本。"③阿尔帕托夫写道:"保存了一个有趣的文件——由尼古拉·亚历山大罗维奇④制定的用于合理分配劳动(这是那个时代的标志)的《工作时间卡》。他们每天从事六至十个小时的西夏学研究工作,既没有休息日,也没有假期。1933年在《东方学研究所论丛》中刊登了涅夫斯基的作品《关于西夏国家的名称》⑤。这位俄罗斯东方学家在西夏学领域的辛勤工作成果于20世纪60年代在闻名世界的《西夏语文学》一书中得到了体现⑥。20世纪60年代他被追授列宁奖是这位东方学家在研究西夏文化遗产方面所取得成就的见证。涅夫斯基除了研究西夏学之外,还留下了关于女真语的手写遗稿⑦。

---

① Меньшиков Л. Н. Из истории китайской книги. -СПб.: Изд-во Санкт-Петербургского института истории РАН «Нестор-История», 2005. С. 4.

② Федоренко Н. Т. Дуньхуанские рукописи // Проблемы Дальнего Востока. 1975. № 3. С. 174.

③ Баньковская М. В. «Мой двойник, только сильнее и вообще лучше». С. 505.

④ 即涅夫斯基。——译注

⑤ Невский Н. А. О наименовании Тангутского государства // Записки Института востоковедения Академии наук СССР. II, 5. -Л.: Изд-во АН СССР, 1933. С. 129—151.

⑥ Алпатов В. М. В нем горел энтузиазм и свет науки // Восточная коллекция. 2012. № 3 (50). С. 16.

⑦ АВ ИВР РАН. Ф. 69. Оп. 1. Д. 159.

鲁多夫也研究了女真语。鲁多夫的个人档案资料中有一份文件是《女真族的语言和文字》(俄文版和英文版草稿，1933)①。汉学家鲁达科夫在20世纪30年代中期研究了契丹文字。在东方学家档案馆他的个人馆藏资料中保存了："《契丹文字问题》——苏联科学院东方学研究所历史会议(1940年12月19日)的报告材料(摘要，文本——手写稿和打印稿)"②；"首次研究契丹文所写的'辽道宗和宣懿皇后'的祭文(手写稿和机打副本)"③等等。

俄罗斯汉学研究的一个重要方向是满学。汉学－满学家沃罗比约夫在苏联时期继续研究满语和文字。在沃罗比约夫的个人档案资料中保存着阿列克谢耶夫于1935年12月写的对这位汉学家的鉴定，鉴定中写道："苏联时期一直到现在，满学都处于完全被丢弃的状态，尽管俄罗斯东方学中有着非常坚实的满学研究传统。但毫不夸张地说，只有一个人，他不仅一直致力于这方面的研究，而且成功地在列宁格勒文史哲研究所建立了满学部，并最终使满学在科学院得以复兴，他就是帕维尔·伊万诺维奇·沃罗比约夫。"④1936年的《苏联科学院东方学研究所论丛》中刊登了他的最新作品——《关于满语文字起源与发展的最新资料》⑤。在符拉迪沃斯托克有一位著名的满学家格列比翁希科夫。在档案馆中保存有他的机打原稿：《满洲概论。基于个人研究并运用中、日、西欧史料》(符拉迪沃斯托克，1934年5月)⑥。

俄罗斯汉学家们研究了前辈们的遗产。年轻的汉学家克里夫佐夫在1938年12月写道："……我已交付印刷20－25印张的比丘林对中文编年史《通鉴纲目》的翻译内容。"⑦

汉学家们一直致力于将新发现的汉语文献应用于科学研究。例

---

① АВ ИВР РАН. Ф. 77. Оп. 1. Д. 7.
② Там же. Д. 4.
③ Там же. Д. 6.
④ АРАН. Ф. 407. Оп. 6. Д. 45. Л. 3 об.－4.
⑤ *Воробьев П. И.* Новые данные о происхождении и развитии маньчжурской письменности // Записки Института востоковедения Академии наук СССР. V. -М.-Л.：Изд-во АН СССР，1936.
⑥ АВ ИВР РАН. Ф. 75. Оп. 1. Д. 6.
⑦ АВ ИВР РАН. Ф. 152. Оп. 3. Д. 340. Л. 6 об.

如，汉学家－历史学家波利亚科夫译解了在塔吉克斯坦发现的汉语材料。在 П. И. 奥西波夫（原名"朱务善"）的《针对1933年在中亚发现的汉语手稿的一些评论》一文中写道："1933年，于塔吉克斯坦穆格山、泽拉夫尚河河谷发掘了一整套手稿，部分是汉语手稿，其中有一份手稿残片，注明的日期是公元706年……这份手稿残片是一份官方的政府文件。迄今为止，这类文献的发掘量和收藏量都不多。"①东方学研究所研究员奥西波夫从以下几个方面研究了这份文件："首先，它确实是一份文件；第二，确定它是什么时候写的；第三，它的内容；第四，是谁写的，写给谁的；第五，它是如何流出中国的。"②最后文章作者得出结论："这份汉语文件是一份真实的官方文件，而不是伪造的或是草稿……它写于706—713年间……内容包括粮仓检查情况和对西部各地边防部队密使的监察情况……该文件由中央权力机构'都司'所发……发给位于凉州乌江地区的驻防部队的密使——Цзяо-Чэн 首捕和 Да-Доу 首捕……"③

苏联东方学家还研究了中国地理。国立远东大学东方系主任沃伊洛什尼科夫于1928年凭借教材《中国经济地理》获得副教授称号，于1935年凭借专著《四川省——苏维埃运动在中国的新基地》获地理学副博士学位。1936年远东汉学家马拉库耶夫编写了一本关于中国地理的教材。莫斯科东方学院费先科教授还编写了教材《新疆自然地理》。

对于苏联领导人和苏联社会来说，对现代中国问题的研究具有很大的现实意义。20世纪30年代初苏联党领导关心的核心问题仍然是中国的革命前景。要解决这一问题就不得不注重中国的现当代史。这也是中国问题研究所编写的、在党的出版社出版的大多数刊物的主题，例如米夫于1932年发表的论文集《中国革命》④。在1932年由"青

---

① *Осипов П. И.* Некоторые замечания к китайской рукописи, найденной в 1933 г. в Средней Азии // Записки Института востоковедения Академии наук СССР. V. -М.-Л. : Изд-во АН СССР, 1936. C. 183.

② Там же.

③ Там же. C. 203.

④ *Миф П.* Китайская революция. -М. , 1932.

年近卫军"出版社出版的《为中华苏维埃而战》一书,通过政治宣传的方式来阐释当代中国问题。特别有价值的是书中的插图,例如带有"中国苏维埃地区货币符号(一卢布)"字样的钱币图案①。

1928年共产主义研究院中国问题研究所自1928年起开始发行名为《通报》的试印期刊。20世纪30年代初,关于中国近期时事的资料在《经济概况》《工人运动简介》《农业问题》等专栏中刊登。在1931年9至12月期间的期刊中,有以下一些文章:《日本武装干涉》《中国的洪灾》《中国工人运动简介》《农业报告》《农业报告附件》《农民运动报告》《江西红军和第三次反围剿》《红四军》《红二军》《红二十四军团》《国民党全体会议和南京、广州政府》《关于日本在满洲的干涉问题上应该读些什么》《关于满洲应该读些什么》。1935年,年轻汉学家Н. А. 彼得罗夫的两篇文章在《党的研究》杂志上发表,其中包括《中国红军斗争》②。

对研究当代中国问题的汉学家来说,还有一个特别的研究方向,那就是史料学。苏联研究人员指出:"汉学家们研究现代史、革命运动、国际共产主义运动在中国共产党成长中的作用已经超过50年了,于1934年问世的文件汇编《以中国为例分析共产国际在民族殖民地革命中的战略》是大家的手头必备书籍。该刊物是由作为编者和五篇介绍性文章作者的卡拉－穆尔扎(主编为米夫)出版的。在该汇编的前面有关于马克思主义和反马克思主义对中国历史和中国革命解释的文章。1932年,卡拉－穆尔扎在收集马列主义经典学者对中国有关论述的基础上,完成了自己的巨著《马克思主义历程中的中国问题》,这本书后来还被译为中文和韩文。"③

20世纪30年代后半期,局部形势开始发生变化。苏联的历史科学被挤入一个新的苏联意识形态体系的狭窄框架内,但又回归了"欧洲古典"。东方研究所的年轻研究员们开始研究历史题材,发表自己

---

① Жданов М. В боях за советский Китай. -М.: Молодая гвардия, 1932. С. 57.
② АВ ИВР РАН. Ф. 1523. Оп. 3. Д. 464. Л. 32.
③ Тодер Ф. А., Юрьев М. Ф. Штрихи к портрету профессора Г. С. Кара-Мурзы (1906—1945) // Слово об учителях. Московские востоковеды 30—60-х годов. -М., 1988. С. 87.

的作品。其中研究古代史和中世纪历史的有戈尔巴乔娃、西蒙诺夫斯卡娅、杜曼以及弗卢格。

20世纪30年代,苏联东方学家们坚持世界历史统一的原则。然而,20世纪30年代的汉学家不得不接受"五种社会形式"这一人类社会阶段发展的伪马克思主义观点。中国文学作品翻译集主编康拉德写道:"在苏维埃的土地上没有资产阶级局限性,这种局限性只看得到西方世界和古代世界,其他什么也看不到。我们清醒地认识到,人类文化不止是西方的文化";但在这里不得不称整个中世纪文化为封建文化。甚至 Б. А. 瓦西里耶夫也不得不把"唐诗"称为"封建贵族的诗歌"①。

20世纪30年代,东方研究所投入极大精力研究俄罗斯汉学家的档案遗著。例如,1936年3月13日在中国研究室会议上,针对塔拉诺维奇(В. П. Таранович)《18世纪圣彼得堡科学院与北京耶稣会会士的学术通信》②的报告进行了讨论。俄罗斯汉学史上重要事件是1932年《中国书目》的问世,该书由彼得格勒现代东方语言学院的毕业生、苏联科学院东方学研究所图书馆馆长 П. Е. 斯卡奇科夫编写。研究所的同事后来写道:"П. Е. 斯卡奇科夫在列宁格勒档案中发现了比丘林生平的新资料,而 А. А. 彼得罗夫则被派往喀山寻找比丘林的手稿,1936年杜曼开始准备出版档案材料中比丘林翻译的内容《资治通鉴》,1938年克里夫佐夫和戈尔巴乔娃加入这项工作……在关于档案材料的其他出版物(不是由中国研究室完成的)中,值得一提的还有科津关于比丘林和 В. П. 瓦西里耶夫手稿遗著的作品,以及塔拉诺维奇的关于罗索欣(И. К. Россохин)的作品。"③由此可以得出结论,在"重大转折"之后,关于传统中国历史的学院派汉学奉行的是:最大限度的不要"卷入"问题,而是尽可能局限于"经典作家"的作品。所选择的模式也完全符合"简单路线"和"个人崇拜"的时代意识形态。

1935年,经济学家施泰因凭借自己关于中国经济的研究作品,免

---

① Литература Китая и Японии. Ред. и вступ. статья Н. И. Конрада.-Academia,1935. С. 28.
② АВ ИВР РАН. Р. I. Оп. 1. Д. 162.
③ Меньшиков Л. Н., Чугуевский Л. И. Китаеведение // Азиатский музей-Ленинградское отделение Института востоковедения АН СССР. -М., 1972. С. 93—94.

答辩而被授予博士学位。阿列克谢耶夫写道:"我们是这位一流汉学家飞速成长的见证人,他在50年代末开始进行汉学研究,努力研究中国经济思想的文献,我们谁也无法与之比肩"①。

1937年苏联中央执行委员会下的纳里马诺夫莫斯科东方学院中国国情学教研室出版了译自英语的《中国经济史》(1921年哥伦比亚大学出版)的译本出版了120册,这是俄罗斯汉学研究的一个重要事件。本版前言由中国国情教研室负责人费先科教授撰写。他在前言中写道:"本'材料'摘录自反映出中国三千多年来经济情况的中国编年史和文集,在上述摘录材料中有一些相当宝贵的资料,它们对于研究一个时代的社会关系非常有价值……当然,作者在研究方法论上的匮乏也影响了所选材料的特点。"②在作品的中国历史部分提到:"本章收集的一些摘录资料属于中国历史的神话时期。确切的中国历史稍晚于神话时期,约从公元前9世纪至公元前8世纪开始,因此中国传统的历史可追溯到2600—2800年前。"③在书的倒数第二章,即第十二章中论述了清朝历史。

出版商对这份学术资料持批评态度:"这份'资料'本质上存在着不足,首先,它不是从原著直接翻译,而是从原著的英译本翻译而来。这样的二次翻译总是带有极大缺陷,况且,英译本本身也存在着许多不足的地方。首先是它试图对中文文本进行逐词翻译,以期能与原文毫无偏差(看起来似乎是中国人自己翻译的,也许英文水平还不够)。因此我们只能逐词翻译成俄文……因为我们手头没有中文文本……所以我们不得不局限于逐词翻译的英文文本……英文翻译还有一个缺点就是缺乏统一的术语、风格和音译……对于朝代名称、已知地理位置、名字等,我们尽可能采用通用的俄文音译法。"④

---

① *Фишман О. Л.* Жизнь, отданная науке // Страны и народы Востока. Вып. XXIII. Дальний Восток (История, этнография, культура). Под ред. акад. Д. А. Ольдерогге. -М.: Восточная литература, 1982. С. 7.

② *Мабель-Пин Хуа-Ли.* Экономическая история Китая (Пер. с англ.). На правах рукописи. -М., 1937. С. 1.

③ Там же. С. 4.

④ Там же. С. 2—3.

20 世纪 30 年代,俄罗斯的汉学家们从事各种不同方向的研究。卡拉-穆尔扎的学生们写道:"卡拉-穆尔扎是马克思主义研究者中最早开始研究中国民族进程和民族问题的学者之一。1931 年初,他前往蒙古人民共和国,在那里工作了半年,根据和来自内蒙古移民的谈话和其他资料,卡拉-穆尔扎在《中国问题》上发表了两篇文章。关于内蒙古的文章还被翻译成了蒙古文。1934 年,在《中国问题》(第 13 期)上他发表了长篇文章《论中国的民族问题》。需要特别指出的是卡拉-穆尔扎在对这个问题进行分析时所表现出的洞察力。"①

1935 年,著名汉学家布纳科夫进行了他的题为《汉语中的亲属称谓(民族学-语言学研究)》的学位论文答辩。一年后,这位汉学家又发表了《马尔与汉语》一文。

综上所述,20 世纪 30 年代苏联学者为俄罗斯汉学的发展做出了重大贡献。从古典经书到考古学家发现的古文献等各种中文文本都被研究并翻译成俄语。当时的汉学家发表了或以手稿形式留下了大量关于中国语言学、哲学、经济学、历史学的著作。

对 20 世纪 30 年代俄罗斯汉学的发展做出结论时,有必要从 1929—1930 年间苏联领导层对整个科教机构体系进行了根本性的改革这一点出发。改革的部分原因在于 20 世纪 20 年代俄罗斯的东方学研究存在组织上和内容上的缺陷,在全球经济危机和战前准备的情况下,彻底的改革成为一种客观需要。总之,社会和国家在维护国家科教总体水平上的客观需要保证了国内汉学基础的延续。俄罗斯汉学家们,无论是旧学派的代表,还是苏联时期的大学毕业生,都保证了国内汉学应有的发展。

---

① *Тодер Ф. А.*, *Юрьев М. Ф.* Штрихи к портрету профессора Г. С. Кара-Мурзы (1906—1945) // Слово об учителях. Московские востоковеды 30—60-х годов. -М., 1988. С. 86.

第四章

镇压(肃反)时期与战争年代的俄罗斯汉学

4.1 1936—1938 年政治镇压(肃反)中的俄罗斯汉学

在整个苏联时期,研究中国不仅是一项科学事业,也是一项政治工作。在这一历史时期的各阶段里,无论是心甘情愿还是身不由己,汉学家们都无可避免地被牵扯进各种政治运动中。在政治意识形态的说辞的背后往往丢失了问题与矛盾的科学层面。

1936 年掀起了新一轮针对学者的镇压浪潮,其规模在俄罗斯史无前例。联共(布)中央委员会科学部主任鲍曼(К. Я. Бауман)①在给执政党领导人斯大林的信中写道:"内务人民委员部各机关逮捕了许多科学工作者(莫斯科和列宁格

---

① Бауман Карл Янович (1892—1937).

勒社会科学部约 60 人），该行动揭露了苏联科学院社会分部的科学人员中夹杂着敌对分子这一事实。"①需指出的是，鲍曼也很快在 1937 年遭受到政治镇压的迫害，并成为首批牺牲者之一。

鲍曼拟定的"苏联科学院各研究所负责科学领导的工作人员名单"表明在科学院已开始进行人员调动。文件中说道："加入历史研究所的人员：1. 赛马尔·弗拉季斯拉夫·伊万诺维奇（Зеймаль Владислав Иванович）自 1918 年加入俄共（布），专业是西方历史，现为联共（布）中央委员会宣传鼓动部副部长，任命其为历史研究所副所长……赫罗莫夫·阿列克谢·费奥多罗维奇（Хромов Алексей Федорович）……现为联共（布）中央委员会农业部国营养猪场部门主任，任命其为俄罗斯封建主义历史组组长……加入世界经济研究所人员：阿布戈夫·米哈伊尔·扎哈罗维奇（Абугов Михаил Захарович），自 1919 年加入俄共（布），中国问题专家，现为塔斯社工作人员，任命其为中国问题研究组组长。"②苏联政党的国家领导人很快开始对学者进行镇压，可以说，只有在这种情况下，"国营养猪场部门主任"才会摇身一变成为科学领域的"高效经理"。

一些汉学家的受迫害程度不亚于其他人。1935 年卡拉－穆尔扎指责米夫拥护托洛茨基主义。1936 年 1 月共产国际的领导人之一库西宁（О. В. Куусинен）在写给内务人民委员部领导人叶若夫（Н. И. Ежов）的信中对此事做出回应："卡拉－穆尔扎的声明从某种程度体现了其愚蠢的机会主义思想，不仅是对米夫和某些中国领导同志的抨击，更是对中国共产党和共产国际的抗议。因此，我们认为，应按照党内监督机关的相关规定对声明者采取组织上的措施。"③而与大多数人不同的是，在"大恐怖"（肃反）开始之初，卡拉－穆尔扎并没有被逮捕，尽管他的处境也很艰难。后来他在给学生的信中写道："……我被禁止从事自己的科学事业，而且是最高等级的限制。三年半的时间被

---

① Академия наук в решениях Политбюро ЦК РКП(б)-ВКП(б)-КПСС 1922—1991 / 1922—1952. Сост. В. Д. Есаков. -М., 2000. С. 221.

② Там же. С. 222—223.

③ ВКП(б), Коминтерн и Китай: Документы. Т. IV. ВКП(б), Коминтерн и советское движение в Китае. 1931—1937. Ч. 2. -М., 2003. С. 939—940.

禁止参加相关工作。"①

　　1936—1937年，大部分俄罗斯著名东方学家都受到了莫须有的控诉，被指控煽动反苏，给邻国当间谍（尤其是日本）。这毫不稀奇，如果苏联情报机关可以指控一字不识的农民，那么对于他们来说，将这些罪名加在精通外语甚至与国外专家学者保持直接联系的学者身上简直毫不费力。而欲加之罪，何患无辞。汉学家弗拉季（С. Ю. Врадий）指出："鲁达科夫也未摆脱当局的指控，其被指控理由是讲授国外通用的中文速记，而这正是东方学院之前所引以为傲的。"②

　　汉学家沃罗比约夫是苏联科学院东方学研究所副所长兼民族学研究所所长，他于1936年被流放至东西伯利亚并于次年被枪决。就在其被逮捕前夕，阿列克谢耶夫院士还写道："目前在我们这些苏联东方学家中，正是像沃罗比约夫这样的汉学家才有着非比寻常的意义。因为是他首先提出：我们亟待解决的任务是研究清楚满洲的档案资料，包括17—18世纪中俄关系史方面从未见过的材料，而所有的提议以及为完成这一任务培养人才的重任都落在了沃罗比约夫身上。"③ 1936年苏联的镇压机构在清除沃罗比约夫的同时也清除了俄罗斯的满学。

　　1936年普里戈任也被捕然后被枪决。他毕业于红色教授学院，并曾担任过不同历史教研室的主任。1936年5月东方学研究所研究员格鲁兹杰夫被逮捕，他之前曾在列宁格勒东方学院讲授联共（布）历史并担任副院长。格鲁兹杰夫与另一位汉学家——科学院东方学研究所的前学术秘书帕帕扬同被判处10年监禁，但是他们在第二年被枪决。1936年霍多罗夫被逮捕，与大多数受迫害的人士不同，其仅作为"危害社会分子"被处以5年监禁。但是霍多罗夫于20世纪40年代

---

　　① Тодер Ф. А., Юрьев М. Ф. Штрихи к портрету профессора Г. С. Кара-Мурзы (1906—1945) // Слово об учителях. Московские востоковеды 30—60-х годов. -М., 1988. С. 88.

　　② Врадий С. Профессор китаеведения А. В. Рудаков (К 100-летию создания во Владивостоке Восточного института) // Известия Восточного института ДВГУ. 1999. No 5. С. 73.

　　③ АРАН. Ф. 407. Оп. 6. Д. 45. Л. 4.

第四章 镇压(肃反)时期与战争年代的俄罗斯汉学 | 233

末再次获刑并在狱中死去。1936年2月科学院东方学研究所中国研究室秘书韦秋科夫以托洛茨基分子罪名被逮捕并被判处5年监禁。期满后他应征加入红军,但是在1943年再度被捕并从此消失。1936年研究中国革命运动的专家达林也被逮捕并在狱中度过了20年的监禁生活。

俄罗斯汉学发展最为艰难的一年是在1937年。毫不夸张地说,这是"大恐怖年"。几个月的时间内有几十万无辜的苏联人民被害,其中包括俄罗斯科学界的骄傲和文化界的代表。

列宁格勒国立大学东方历史教研室主任科金于1937年1月被逮捕并很快被枪决。不久,经济学博士米夫也不幸被捕并处以枪决,他曾在民族与殖民地问题研究所担任所长并在共产国际执委会中负责中国方面的事务。著名的中国地理专家卡扎宁于1937年被捕,18年后才得以重返莫斯科。1937年12月东方学院中国古代史教师、后来被称为"30年代最为杰出的中国历史学家"的格里涅维奇(П. А. Гриневич)遭逮捕。1938年3月苏联最高法院军事委员会判处对其执行枪决。

1937年10月3日深夜,杰出东方学家涅夫斯基被逮捕,随后就被处以枪决①。在这位学者的《1938—1942五年计划》中可以看出,他1938年在计划西夏文注释版《论语》②的译本中留存下来的部分(包含翻译、注解和词典)的出版事宜,但是这一计划无法实现了。涅夫斯基的女儿化悲痛为力量,研读了内务人民委员部有关处死其父母的文献资料,她写道:"这个如此轻而易举害死无辜人民的警卫长现在在何处? 1937年11月24日,他仅当班一天就有那么多人被处死:1.尼古拉·亚历山德罗维奇·涅夫斯基,45岁。2.万谷矶子-涅夫斯卡娅(Мантани-Невская Исоко,涅夫斯基的妻子),35岁。3.鲍里斯·亚历山德罗维奇·瓦西里耶夫,38岁。4.季米特里·彼得罗维奇·朱可夫(Жуков, Дмитрий Петрович),33岁。5.瓦西里·叶菲莫维奇·奇

---

① Во многих документах и материалах до сих пор сохраняется ложное утверждение о том, что Н. А. Невский умер в 1945 г.
② Кычанов Е. И. Тангутские тетради // Петербургское востоковедение. Вып. 8. - СПб.: Петербургское востоковедение, 1996. С. 509.

基里索夫（Чикирисов，Василий Ефимович），33 岁。6. 森稔（Мори Миноро），29 岁。7. 帕维尔·伊万诺维奇·沃罗比约夫，45 岁（参与"瓦西里案"）。这样的结果简直可怕至极、不可理喻，这是生命黄金时段和创作巅峰时期的覆灭！他们就这样给伟大的学者们罗织罪名！就这样杀害了千千万万的无辜百姓！据说，克格勃的地下室里血流成河，鲜血沿着管道流入涅瓦河，他们就用快艇来驱散血水。而我们这一代却要去消受这些行为的苦果。"① 在这份名单中，有三位是享誉世界的杰出汉学家。20 世纪 50 年代的平反时期，侦察员根本找不出任何可以给这些被迫害的学者定罪的证据和事实。

在莫斯科担任文化古迹保护委员会学术秘书的知名汉学家 А. И. 伊万诺夫于 1937 年 7 月 25 日被捕，1937 年 10 月 8 日这位出身于农奴家庭、毕业于圣彼得堡大学并成为该校最早的一批苏联教授的杰出人才被判处枪决。俄罗斯东方学的鼻祖波兹涅耶夫于 1937 年 10 月 1 日被逮捕并在 10 月 30 日被枪决②。1937 年 8 月 3 日在列宁格勒州皮特克洛沃镇被逮捕的杰出汉学家舒茨基，于 1938 年 2 月 18 日晚被执行枪决。上述几位不仅是汉学家中的杰出代表，而且是三代俄罗斯汉学家的典型标志，是 20 世纪前 30 年俄罗斯科学的独特象征。他们逮捕这些汉学家并将其处死，仅仅是为了完成计划而已。

经济学副博士安德烈耶夫是苏联优秀的 19 世纪中国问题专家，毕业于东方语言系以及彼得格勒现代东方语言学院③。1937 年末他被判刑的当天就被处以枪决。同样命运的还有杰出的汉语专家约克。同年旅苏华人历史学家郭肇堂（А. Г. Крымов）与奥西波夫被逮捕，并被逐出学界很长一段时间。奥西波夫的个人档案中有关于 1937 年 2

---

① Кычанов Е. И. Тангутские тетради // Петербургское востоковедение. Вып. 8. - СПб. : Петербургское востоковедение, 1996. С. 539.

② В Большой Советской Энциклопедии ложно утверждалось, что Д. М. Позднеев погиб в 1942 г.

③ Центральный институт живых восточных языков（ЦИЖВЯ）于 1920 年建立，1922 年更名为 Петроградский институт живых восточных языков（ПИЖВЯ），1924 年又更名为 Ленинградский институт живых восточных языков（ЛИЖВЯ）。1927 年更名为 Ленинградский восточный институт им. А. С. Енукидзе. ——译注

月 15 日撤销其俄罗斯科学院东方学研究所研究员身份的记录①。申·胡凡(科努斯,Н. В. Конус)于 1930 年加入联共(布),担任世界政治与世界经济研究所研究员,于 1938 年春被捕,同年 8 月以间谍罪被判刑并于当天被枪决。

1937 年逮捕东方学专家的行动在全苏联展开。30 年代初开始实行镇压后,苏联杰出的东方学家波波夫-塔季瓦便已移居中亚,1937 年 9 月 1 日他遭受逮捕并被押送至莫斯科。1937 年 12 月 10 日苏联最高法院军事委员会判决对其处以极刑,判决于当天在内务人民委员部的科穆纳尔卡枪决场执行。

1937 年远东学者遭到大规模逮捕。研究人员写道:"自 1937 年 8 月起,远东国立大学的东方学家-教师就开始不断消失:哈伦斯基、奥维季耶夫、费克林等人被相继逮捕。1937 年 10 月 21 日沃伊洛什尼科夫第一次收到警告:由于勾结并包庇日本间谍,联共(布)列宁格勒地方委员会决议将其开除党籍,他还因其教学计划中含有以古语书写的古文献(而这种古语是禁止向学生传授的)而获罪。两星期后,他的房子被搜查。他的妻子尤利娅·瓦西里耶夫娜(Юлия Васильевна)对那个夜晚回忆道:"12 点的时候又来了一群不速之客,搜查……查封财产。其中一位看见了我手上的结婚戒指,便把戒指从我手上摘下来放进了他自己兜里。"②据这位远东大学东方系主任的妻子的回忆,当时苏联情报机关的工作人员逮捕了"人民公敌",拿走了家里所有值钱的东西,而且他们当中有一个人住进了学者家里。"人民公敌"的妻子不幸被捕后,"揭发间谍"的举报人便获得了包括钢琴、大量图书以及家具等在内的一整套房子③。于是,对于苏联情报机关来说,打击日本军国主义及其"走狗"(也就是汉学家)便成了一件甚至可以在物质上获利的美差。不过,专家学者肯定不如情报机关的人多,所以后面还需重新对"战利品"进行"公正的"分配。

---

① АВ ИВР РАН. Ф. 152. Оп. 3. Д. 444. Л. 19.
② *Ермакова Э. В.* В. А. Войлошников-декан Восточного факультета ДВГУ (штрихи биографии) // Известия Восточного института ДВГУ. 1999. No 4. С. 7.
③ Там же. С. 8.

1938年4月25日苏联最高法院军事委员会巡回法庭在符拉迪沃斯托克宣判，对九名远东大学的教师处以枪决。这其中包括在远东国家历史方面杰出的东方学家哈伦斯基、毕业于列宁格勒大学中国专业的中国经济和汉语专家、远东大学副教授叶先科（А. П. Ещенко），前国民党军队顾问、远东大学东方系主任沃伊洛什尼科夫。1938年4月25日被判刑并在同一天被枪决的东方学家中还有在1937年11月7日节日当天被逮捕的远东国家历史学教师马特维耶夫。研究人员写道：" 4月25日23点45分召开秘密会议并在会上宣读了起诉书。在面对审判长的审问时，沃伊洛什尼科夫对自己的罪行予以了否认……但是并没有人在意他的回答。于是在会议开始15分钟后作出如下判决：对沃伊洛什尼科夫处以极刑。判决被立即执行，但却没有立刻通知家属。当向他的家属询问此事时，他们会说沃伊洛什尼科夫在1939年7月19日死于斯维尔德洛夫斯克州。而事实是他早在一年前就去世了。"①于是，在俄罗斯东部东方学高等教育发展40周年的前一年，大部分为苏联科学辉煌发展做出贡献的俄罗斯东方学家都已被枪决。苏联"优秀的"律师尼基琴科（И. Т. Никитченко）签署了远东俄罗斯汉学家的死刑判决书，后来他获得大好前程，进入纽伦堡国际法庭工作，最后在莫斯科安享晚年②。

出于某种原因，在符拉迪沃斯托克被捕的汉学家中，马拉库耶夫得以免除枪决，并在两年的监禁结束后去了托木斯克。远东研究人员叶尔马科夫（Э. В. Ермаков）写道："由于马拉库耶夫对罪行拒不承认，但只对其处以监禁，而不是枪决。"③

党务活动家同时也是著名的中国历史学家阿布拉姆松于1938年被捕后不久便在狱中死去。科学院世界政治与世界经济研究所初级研究员佩尔林在被逮捕后很快被执行枪决。当时被逮捕的还有俄罗

---

① Ермакова Э. В. В. А. Войлошников-декан Восточного факультета ДВГУ（штрихи биографии）// Известия Восточного института ДВГУ. 1999. No 4. С. 10.

② Донской В. К. Разгром Восточного факультета ДВГУ // Вестник ДВО РАН. 1996. No 1. С. 97.

③ Ермакова Э. В. Репрессии против преподавателей Дальневосточного государственного университета // VII Арсеньевские чтения. -Уссурийск, 1994. С. 100.

斯最具权威的汉学家之一什图金。苏联科学院东方学研究所中国研究室研究员热布罗夫斯基(В. А. Жебровский)于 1938 年被捕后"消失"。同一时间苏联著名的中国问题专家 А. Н. 彼得罗夫在撒马尔罕被捕后也"消失"了。雷戈德隆在日后成为院士的科金的辅导下完成了副博士的毕业论文《12 世纪末关于蒙古人历史的蒙古编年史料》,但是还没来得及答辩就于 1938 年被捕,并且在长达几个月的审查后根据反苏条款被定罪。

中国问题研究所前所长沃林(别列尼基)、伏龙芝军事学院政治委员维连斯基－西比里亚科夫(В. Д. Виленский-Сибиряков)、红色教授学院东方系主任马季亚尔、共产国际成员萨法罗夫、列宁勋章获得者戈列夫(В. Е. Горев)、二十余篇中国问题相关著作的作者塔尔哈诺夫等人均未能在 30 年代的镇压中幸免。

镇压期间施普林钦在"集中营"度过了漫长的时间,沙畹的学生А. А. 伊万诺夫以及很多人都消失了。对于 1938 年俄罗斯科学界的惨重损失,阿列克谢耶夫的女儿用以下事实进行了说明:"在 1937 年确定的将于 1938 年出版的《东方》杂志的目录是个很典型的例子……参与发行的本来应该有 5 位汉学家和 4 位日本学家,但是到 1938 年时'在外边'的就只剩下 9 位专家中的 3 位了:其中 3 名被监禁,另外 3 名——涅夫斯基、Б. А. 瓦西里耶夫和舒茨基则已经被消灭。"[1]

20 世纪 30 年代末,每一位俄罗斯学者都有可能被这场历史悲剧的车轮所碾压。就连被苏联报刊称为"伪学者"的阿列克谢耶夫院士也差点被"消灭"。领导人有充足的理由讨厌这位可敬的院士。全苏对外文化联络协会(Всесоюзное общество культурной связи с заграницей,ВОКС)某分部领导林德(В. Линде)对阿列克谢耶夫在同中国大使会面时的表现非常不满:"显然,早宴是为参加科学院春季会议的阿列克谢耶夫教授准备的。他基本上要和每个人都聊一聊,流利地说着法语和英语,显示着自己的博学。他不仅打断其他汉学家如伊万诺夫教授的提议,还大发议论。他说话的方式和附庸风雅的举止,以及他毫不涉及苏联主题的各种高谈阔论,都让我觉得他如此格

---

[1] Баньковская М. В. «Мой двойник, только сильнее и вообще лучше». С. 507.

格不入①。"20世纪30年代末针对阿列克谢耶夫的抨击主要集中在其《中国文学》(1937年在巴黎出版)一书上。但是阿列克谢耶夫本人也认为这本书是失败之作,因为在未经其同意的情况下书中还包括了其十几年前的手稿。他曾对当时中国著名思想家胡适持批评态度,这也使他受到指责和抨击。

1938年5月31日《真理报》上刊登了《苏联院士中的伪学者》一文,该文文末署有穆拉托夫和布罗夫(М. Буров)这两名苏联科学院东方学研究所研究员的签名。文中称阿列克谢耶夫院士为反动学者,不仅歪曲中国人民的历史还仇视新中国。其在巴黎出版的有关中国文学的著作被称为是"反动读物和政治毒瘤"。文章作者认为:"苏维埃政权建立已有20年,而阿列克谢耶夫也基本当了10年的苏联院士,但是他在这期间丝毫未能给祖国的科学事业贡献出任何有价值的、必不可少的作品。"②阿列克谢耶夫陷入一片指责声中,因为"……他拒绝加入东方学研究所现代汉语词典编撰工作的生产计划,不关注年轻研究员的工作。他态度傲慢,说只有'出类拔萃者'才能研究中国和汉语,还歪曲中国人民的历史……"③

阿列克谢耶夫在了解到《真理报》上刊登了批评自己的文章后并没有不知所措,而是立即向苏联科学界领袖寻求了保护。他当天就向科马罗夫(В. Л. Комаров)发送电报,说文章中满是不实言论。第二天阿列克谢耶夫向莫斯科提交了一份详尽的辟谣声明,其中写道:"最尊敬的弗拉基米尔·列昂季耶维奇④先生!……请您一定要竭尽全力保护我,让我不致在这艰难的时刻受到残酷镇压的威胁,我无法承受。"⑤

---

① *Хохлов А. Н.* Академик-китаист В. М. Алексеев под угрозой остракизма в 1938 г. // Неизвестные страницы отечественного востоковедения. Вып. III. -М.: Восточная литература,2004. С. 454—455.

② Там же. С. 456.

③ Там же. С. 457—458.

④ 即科马罗夫。——译注

⑤ *Хохлов А. Н.* Академик-китаист В. М. Алексеев под угрозой остракизма в 1938 г. // Неизвестные страницы отечественного востоковедения. Вып. III. -М.: Восточная литература,2004. С. 459

作为对《苏联院士中的伪学者》一文的回应,阿列克谢耶夫写了一篇详尽的包含 29 点的"评论"。开头写道:"文章署名的人根本不是什么汉学方面的专家,而是利用了比他们更具学识的学者的信息。但是这并不影响文章的实质,其整篇都是对我个人言论的刻意歪曲,文中充斥着不实言论。"①评论最后写道:"最后我想谈谈我在法国出版的著作,很早以前,在我的自评中我就承认那本书是部失败之作,有关它的谈论、会议和评判层出不穷。我要问自己,要问问所有人,一位苏联学者为了科学事业和教育工作在研究室兢兢业业,甚至脱离了野外工作,所做的一切都不负其院士之名,他比别人做得更多,可能也更好。为什么这样一名学者要遭受如此卑鄙的责难,以致用最刻薄和激烈的言辞进行攻击?"②

《真理报》刊登的信函在学术会议上引发了针对阿列克谢耶夫院士的系列大讨论。6 月 5 日苏联科学院主席团会议针对阿列克谢耶夫进行了讨论,会上对其指责道:"……阿列克谢耶夫院士的所有著作都显示出其反动的世界观,他公开对中国的反动阶级表示同情,反对中国文学中的进步流派,以宗教和神秘主义作为研究中国文学的基础。"③有关科学院主席团会议的报导于 1938 年 6 月 6 日刊登在《真理报》上。

阿列克谢耶夫工作过的所有机构都在对其进行讨论,他甚至被解除了教师一职。1938 年 6 月 5 日在远东大学远东语文学教研室举行了会议,会上所做的决议提到:"阿列克谢耶夫院士所讲授的课程内容与教研室规定的课程名称不符,并且擅自开设不在大纲要求里的课程……他上课时语无伦次,让人无法忍受,不仅给学生灌输伪理论和假观点……还满口强调西方汉学对于苏联科学来说具有优越性……他早就答应要编写语法、图书管理学、词汇学方面的著作,但是他一本

---

① Три неизвестных архивных документов: к биографии В. М. Алексеева (публикация А. Н. Хохлова) // Неизвестные страницы отечественного востоковедения. Вып. III. С. 436.
② Там же. С. 441—442.
③ Долинина А. А. Переписка В. М. Алексеева и И. Ю. Крачковского (1916—1950) // Неизвестные страницы отечественного востоковедения. Вып. III. С. 386.

也没有交,而这些对于学生学习汉语是很有帮助的。"①

科学院东方学研究所全体大会也针对阿列克谢耶夫进行了讨论。研究人员指出:"康拉德在 1938 年 6 月 7 日科学院东方学研究所会议上声称,那些针对阿列克谢耶夫的指责是完全正确的。"②1938 年 6 月 7 日苏联科学院东方学研究所研究人员全体会议一致通过决议:"在科学和教育事业上阿列克谢耶夫院士就是一个'献身'科学、'垄断'科学、故步自封的学者代表。会议指出阿列克谢耶夫院士承认自己所犯下的错误,同时认为其在会上进行的发言和说明总体来说并不令人满意。会议要求社会科学部(Отделение общественных наук,ООН)和苏联科学院主席团对阿列克谢耶夫院士的科学教育工作以及社会政治活动进行强烈谴责。"③

1938 年 6 月大多数汉学集体爆发了对阿列克谢耶夫的尖锐指责,第一眼看上去这似乎是由上层所引起,但事实上冲突早已显现且酝酿成熟。远东大学语文系于 1938 年 3 月所发生的事件可以说明这一点。1938 年 3 月 25 日在远东大学语文系教授—教育工作者与研究生生产会议记录的附录评论中阿列克谢耶夫院士写道:"我了解教研室主任这项工作,所以我认为自己其实并不能胜任教研室领导一职,理由有很多,其中一个原因是我实在太忙了。因此我一直拒绝担任此职(1937 年 8 月),但最后还是同意有限制地、暂时地担任该职务……如今我没有权利,也没有机会再去带领教研室了,因此,我可以接受那些对我领导工作的指责,但是该记录中的非难我不接受。首先我要指明,工会基层委员会和教研室任命的调查委员会对许多违法行为都没有进行追究,调查委员会成员包括波佩和弗烈伊曼(Фрейман)教授、霍洛多维奇(Холодович)和德拉古诺夫副教授以及学生齐赫文斯基……调查委员会对所提供的证词进行了说明:1. 第一份证词是德拉古诺夫

---

① *Хохлов А. Н.* Академик-китаист В. М. Алексеев под угрозой остракизма в 1938 г. // Неизвестные страницы отечественного востоковедения. Вып. III. С. 460—461.

② *Долинина А. А.* Переписка В. М. Алексеева и И. Ю. Крачковского (1916—1950) // Неизвестные страницы отечественного востоковедения. Вып. III. С. 156.

③ *Хохлов А. Н.* Академик-китаист В. М. Алексеев под угрозой остракизма в 1938 г. // Неизвестные страницы отечественного востоковедения. Вып. III. С. 459—460.

同志的,他不久前才开始授课(如果我没记错的话他是从1936年初开始代课的)……目前还没有提交自己的教学计划。也就是说德拉古诺夫同志是一个违反我们计划和大纲的违法者。2.第二份证词是齐赫文斯基同志的。他是二年级的学生,其证词非常有限,因为不管是他还是德拉古诺夫同志均不能代表全部的东方语文学事务……在与科米萨罗夫的谈话中,科米萨罗夫要我给施普林钦同志写一份工作推荐信,可是我不能写,因为施普林钦的汉语水平太差,他的语音语调完全不对,汉语书写也全是错别字……"①

1938年6月9日列宁格勒东方学院中国教研室全体会议通过的决议中指出:"阿列克谢耶夫只是在形式上为中文拉丁化委员会的主席,实际上他并没有领导这项工作,而且他在文字拉丁化问题上的态度模棱两可。"②在会上他的汉学家同事对其进行了判决:"阿列克谢耶夫院士并不能真正代表苏联科学,他伪科学的工作活动玷污了苏联院士这一崇高称号……会议要求苏联科学院主席团遵照党和斯大林同志的指示,对阿列克谢耶夫院士的活动进行仔细研究,并且做出必要的结论。"③研究人员指出,并不是所有汉学家都在一致声讨阿列克谢耶夫院士:"远东大学中国语文学教研室会议上,拉祖莫夫斯基对《真理报》上刊登的文章进行了反驳,这使得他遭受了众多攻击。于是在科学院东方学研究所的类似会议上,拉祖莫夫斯基便不得不采取模棱两可的态度:他指出阿列克谢耶夫为苏联科学所做出的巨大贡献,同时也承认其中国文学分类法是马克思主义科学中的异物。鲁多夫谈到阿列克谢耶夫翻译《聊斋》的功绩,并巧妙地回避了对老师的指责。弗卢格对'如何看待阿列克谢耶夫的工作'这一问题的回答得很是巧妙:'同其他人一样'。在对决议进行投票前,他与什图金一同离

---

① ОР РНБ. Ф. 873. Д. 72. Л. 1—4.
② *Хохлов А. Н.* Академик-китаист В. М. Алексеев под угрозой остракизма в 1938 г. // Неизвестные страницы отечественного востоковедения. Вып. III. С. 461.
③ *Баньковская М. В.* Алексеев и Китай: книга об отце. С. 405.

开了会议厅。"①

阿列克谢耶夫并没有就此屈服,他拒绝接受某些指责,而对其他批评所指出的错误则同意进行改正。1938年6月5日阿列克谢耶夫院士在苏联科学院主席团会议上发表讲话,对《伪学者》一文的评论进行了说明。他指出:"我之前对这两位非专家的意见不以为然……但是直到中国研究室(工作人员都是我的同事)也承认这篇文章时我才意识到事情要比我想象的严重得多。于是我立即向科学院主席团发送电报……并向科学院东方学研究所所长、列宁格勒和莫斯科东方学院校长以及列宁格勒大学语文系主任寄出相应的书面申请。在这些申请中,我对社会上存在的对科学以及科教事业方针的一系列指责进行了清点和谴责,并许诺彻底消除这些言论。为实现这一计划,第一步已经完成:未经我允许而出版的手稿已经禁止印刷了。我错在没能及时防止因社会不满情绪爆发而导致的对我的侮辱(我沿用了《真理报》上文章的说法)。显然我为这些指责找过借口,但我并不是有意为之。后来我终于明白,争论点并不在于个别的人物,也不在于我,而是传统科学与先进的苏联科学之间的争论,我确实该放下传统科学了,我对先进科学的接纳程度的确不如前者。"②

对"阿列克谢耶夫在科学事业上的贡献很少"这一说法他本人表示反对。他写道:"我认为,在苏联汉学发展的这20年,作为一名新成员我为国家做的最多的就是写了一些有益的学术著作",为此他还列举了四卷本的《聊斋》译作以及《理论层面的苏联汉字拉丁化》一书③。

阿列克谢耶夫的努力没有白费。虽然1938年6月5日在社会科学部秘书杰博林院士演讲后,苏联科学院主席团针对《真理报》上的文章通过如下决议:"主席团认为该文章对阿列克谢耶夫院士的工作评

---

① Долинина А. А. Переписка В. М. Алексеева и И. Ю. Крачковского (1916—1950) // Неизвестные страницы отечественного востоковедения. Вып. III. -М.: Восточная литература, 2004. С. 154.

② Три неизвестных архивных документа: к биографии В. М. Алексеева (публикация А. Н. Хохлова) // Неизвестные страницы отечественного востоковедения. Вып. III. -М.: Восточная литература, 2004. С. 442—443.

③ Там же. С. 436.

价属实……科学院主席团和社会科学部不止一次地对阿列克谢耶夫院士的资产阶级反动思想和世界观进行严厉批评……上述内容表明需要对其采取最为彻底的有效措施。"①但是在会上,科学院主席科马罗夫即对杰博林的报告进行了指责,他指出:"……阿列克谢耶夫院士是其所在领域的唯一专家……"②科学院主席为阿列克谢耶夫辩护时提出的一个主要依据就是:阿列克谢耶夫是"拯救词典危机"工作必不可少的一员。他认为苏联只有阿列克谢耶夫能够领导汉俄词典的编撰工作,除此之外别无他人。科马罗夫的发言救了阿列克谢耶夫院士。科学院主席团决定下次会议于6月15日召开,并在会上对阿列克谢耶夫院士的工作问题进行重新讨论。

科学院主席在会上尽力说服其他同事,其发言有理有据,他指出:"我有一本大汉俄词典,但是我根本无从下手,因为我不知道'钥匙'在哪里。"③大概,在主席团成员中没人能找到"钥匙"一词对应的汉语,同理,除去阿列克谢耶夫院士意味着国家将从此失去"打开汉语之门的钥匙"。6月15日主席团在会上通过决议,其中特别规定:"科学院主席团向阿列克谢耶夫院士发出最后一次严正警告,其必须尽快在行为上和工作中,而不是在言词上,表明自己已断绝反动观念。1939年初要听取阿列克谢耶夫院士对汉俄词典编撰工作和现代汉语语法研究状况的汇报。"④阿列克谢耶夫院士应在规定期限也就是1940年1月1日前完成对汉俄词典的编撰工作。

1938年6月15日苏联科学院主席团召开会议后所发生的一系列事件都可以表明,阿列克谢耶夫受到的威胁已减弱。1938年7月阿列克谢耶夫致信科马罗夫:"近日,东方学研究所采纳了我从去年起就提出的建议,提议在今年9—10月份举办类似于西班牙问题会议的中国问题会议。如果您支持我的话,能不能帮帮忙,来担任汉学—自然科学家小组组长,领导那些在中国工作或者研究中国植物、动物和地质

---

① Хохлов А. Н. Академик-китаист В. М. Алексеев под угрозой остракизма в 1938 г. // Неизвестные страницы отечественного востоковедения. Вып. III. С. 464
② Там же. С. 465.
③ Там же. С. 466.
④ Там же. С. 466—567.

等方面的汉学－自然科学家？"①

尽管阿列克谢耶夫受迫害的威胁逐渐减弱，但他仍有很长一段时间处于水深火热之中。他在一封私人信件（1938 年 11 月 1 日）中写道："死的念头一直在我心头萦绕，因为摆在我面前的可能是比死亡还要残酷的局面……身边充满着仇恨与污蔑。"②阿列克谢耶夫院士在其私人通信中毫不避讳地指出，这些年支撑他活下去的唯一力量就是来自家庭的幸福。

1936—1938 年政治镇压规模之大连其组织者都意识到且承认镇压会损害俄罗斯未来的发展。研究人员指出，新上任的人民内务委员贝里亚（Л. П. Берия）下令："如果在 1938 年 11 月 17 日前，内务人民委员部特别会议所做的判决没有执行或者没有宣判，那么这些判决就都将宣告无效。所有剩下的政治犯会被释放，并且恢复其所有公民权利。在'为恢复社会主义法制而斗争'的框架下，苏联内务人民委员部各机关共开除了 7372 名人员，其中有 937 名工作人员被判处极刑——枪决。"③

尽管镇压浪潮逐渐退去，但并未结束，接下来几年时间里仍不断有学者惨遭不幸。例如，1941 年已退休的著名东方学家、前莫斯科东方学院教师 М. Г. 波波夫因受人诬告而遭逮捕，并被判处 10 年监禁（有可能是在狱中死去）。前塔斯社工作人员、汉学家阿布戈夫以"参与反革命运动和恐怖活动"罪名于 1941 年 3 月被逮捕并于同年 6 月被枪决。1941 年 4 月科学院世界经济与世界政治研究所研究员杜巴索娃被逮捕，在卫国战争期间因一篇具有反苏性质的文章而被定罪。屈纳被逮捕后在位于莫斯科的内务人民委员部监狱内等待宣判一直到 1941 年秋。

由于损失了大量的专家学者，整个科研工作中断了好几年。研究人员在后来指出："据档案馆资料显示，涅夫斯基可以顺利地完成语

---

① Хохлов А. Н. Академик-китаист В. М. Алексеев под угрозой остракизма в 1938 г. // Неизвестные страницы отечественного востоковедения. Вып. III. С. 471.

② АРАН. Ф. 606. Оп. 2. Д. 115. Л. 1—1 об.

③ Гребенюк А. Красная армия и дипломатия между мировыми войнами XX века. - М. : Аспект Пресс, 2013. С. 437.

音体系的重建,如果不是因为英年早逝,他应该早在40年代初就完成此项工作了。"①涅夫斯基在人民内务人民委员部的监狱中被刑讯逼供,他在奄奄一息时说道:"为什么要欺骗我,要把我带到这——带回俄罗斯……我刚找到一把能够破解西夏文字所有秘密的钥匙。我写了不少著作,但是现在恐怕无人能够彻底揭开西夏文化的神秘面纱了。我一生工作诚恳,遗憾没能完成自己的研究……"②科布泽夫在谈到舒茨基的命运时指出:"由于遭受到非法迫害,这位杰出汉学家的计划没能实现,其本计划完成的关于王阳明的专著最终也没有问世。"③

镇压使得俄罗斯学者长时间关系不和,导致其余活下来的汉学家在工作中经常发生意见分歧。阿列克谢耶夫在1943年3月7日写给克拉奇科夫斯基的信中说:"1938年以后我就不打算参与任何大学事务了,但是在远离德拉古诺夫、霍洛多维奇、康拉德之辈的情况下,我不反对偶尔帮一下学校的忙。"④在另一封信中,他说:"德拉古诺夫正在写(与1938年相比已经是另一个基调了,总之,他就是个废物,总是在寻找被人遗忘的东西!)"⑤

20世纪30年代后半期进行的大规模镇压不仅给大部分俄罗斯汉学家的身体造成严重摧残或使其完全停止工作,还导致大量的科学遗产遭受毁灭。例如,哈伦斯基在1937年被逮捕后,其档案也被销毁。研究人员指出:"康斯坦丁·安德烈耶维奇(即哈伦斯基)的朝鲜史(约800页)、日本史(约300页)、中国史(约400页)以及太平洋沿岸国家

---

① Цит. по: *Кычанов Е. И.* Тангутские тетради // Петербургское востоковедение. Вып. 8. -СПб.: Петербургское востоковедение, 1996. С. 508.

② Письмо В. И. Титянова к Е. И. Кычанову // Петербургское востоковедение. Вып. 8. -СПб.: Петербургское востоковедение, 1996. С. 519.

③ *Кобзев А. И.* Первые русские переводы Ван Ян-мина и В. М. Алексеев // Архив рос-сийской китаистики. Т. II. Сост. А. И. Кобзев. -М.: Наука-Вост. лит., 2013. С. 213.

④ Переписка В. М. Алексеева и И. Ю. Крачковского (1916—1950) // Неизвестные страницы отечественного востоковедения. Вып. III. -М.: Восточная литература, 2004. С. 274.

⑤ Там же. С. 301.

的殖民史(100页)的手稿均消失不见了。除此之外,数量极为丰富的太平洋国家历史、经济、政治卡片集也悉数被毁。"① 被捕汉学家的档案和个人藏书则同其私人物品一起人间蒸发了。

由此可见,20世纪30年代末的政治镇压使俄罗斯科学的发展遭受了沉重打击。大部分俄罗斯汉学家的身心受到摧残,许多人被长时间停职,而其余幸存的学者则与世隔绝、相互嫌恶。镇压导致许多汉学方向的研究停滞,大量著作和科学收藏惨遭毁灭。

4.2 1939—1941年的俄罗斯汉学

20世纪30年代末,苏联的科学和教育发展处于非常复杂的环境中。很多著名东方学家在刚刚过去的大规模政治镇压中不是被迫害致死就是不再从事科学工作。科学研究的各种学派悉数消失。在大环境的影响下,即使那些经受住镇压考验的科学家们也由于各种原因放弃了自己的事业。例如:汉学家德拉古诺夫提请辞去东方学研究所职务,1939年1月该请求被准许。1939年1月20日东方学研究所下发的指令中提到:"中国研究室高级研究员德拉古诺夫同志由于暂时丧失劳动能力,于今年1月15日解除其在东方学研究所的职务。"② 但是也有一些学者回到"科学院的院墙"内。1938年10月2日斯梅卡洛夫申请成为东方学研究所中国研究室的科研工作人员。同年这位曾在列宁格勒东方学院任教的元老级汉学家转入了列宁格勒大学。

人才的奇缺导致教学期限缩短,限制了年轻一代的汉学家获得科研经验的机会。齐赫文斯基的生平就是一个典型的例子。研究人员写道:"1938年齐赫文斯基在同时通过三年级和四年级的考试后被派往苏联外交人民委员部任职。他只能一边从事紧张的外交工作,一边

---

① Донской В. К. Разгром Восточного факультета ДВГУ // Вестник ДВО РАН. 1996. No 1. C. 101.

② АВ ИВР РАН. Ф. 152. Оп. 3. Д. 207. Л. 15.

完成在莫斯科东方学院的学习,并于1941年春毕业。"①此处还需提到,这位才上大学三年级就被"抓去"担任外交官的年轻汉学家没有任何语言实践经验,但是他在抵达莫斯科后,立马就被委任翻译苏联领导人与一位中国领导者的会谈。

俄罗斯科学还未从政治镇压浪潮的迫害中恢复过来,1939年世界便笼罩在第二次世界大战的硝烟之下。1937年中日全面战争爆发,1938—1939年苏日在远东地区爆发军事冲突。1939年秋欧洲战场开辟,苏联与芬兰战火打响。虽然苏联领导成功地将对德开战的时间延缓到了1941年,但国家却始终处于战争状态。而且与芬兰的战争是直接在列宁格勒的边界处进行的。由于积极备战和革新装备,人文科学和教育的发展陷入非常窘迫的境地。苏联的经济和社会政治生活也逐渐转为战时体制。

1939年在靠近前线的符拉迪沃斯托克,东方学遭受了重创,无论是大学东方学还是科学院东方学都无一幸免。1939年7月苏俄教育人民委员部决定解散远东大学,并且联共(布)中央委员会和苏联人民委员会通过决议取消苏联科学院远东分院②。

大学方面最先解散的是国立远东大学东方系,随后整个大学被解散。在《远东国立大学东方系解散实施草案》中提到:"1. 可通过特定的筛选制度将远东大学东方系完成一二年级学习的学生调到军事专业的二三年级继续接受教育。2. 完成东方系三四年级学业的学生作为译者参与实际工作……4. 东方系老师调入军事专业任教。5. 将军事专业不任用的老师予以开除处理。"③远东研究人员写道:"最后一届学生于1939年毕业。根据政府决议远东大学被关闭。低年级学生被转入国内其他大学继续学习。多达130万册的丰富馆藏资料被

---

① Титаренко М. Л., Ипатова А. С. Жизнь большая и яркая: К 90-летию академика С. А. Тихвинского // Раздвигая горизонты науки: К 90-летию академика С. Л. Тихвинского. -М.: Памятники исторической мысли, 2008. С. 6.

② Академия наук в решениях Политбюро ЦК РКП(б)-ВКП(б)-КПСС 1922—1991 / 1922—1952. Сост. В. Д. Есаков. -М., 2000. С. 272.

③ Из истории востоковедения на Российском Дальнем Востоке. 1899—1937 гг. Документы и материалы. -Владивосток, 2000. С. 122.

分散转往莫斯科、列宁格勒、阿拉木图等城市。"① 俄罗斯国家图书馆历史研究员指出:"20 世纪 30 年代东方外文书籍数量大大增加。1939 年国家图书馆接收了驻北京俄罗斯外交使团和传道士团最为珍贵的中国木刻印刷出版物藏书共约 6000 册。40 年代初符拉迪沃斯托克的东方学院的中文和日文书也转移至此。"②

远东地区的东方学教育就只剩下军事专业学校了。1940 年鲁达科夫教授、维亚特金讲师、汉语理论老师希特尼克(C. H. Ситник)和一些中国人在符拉迪沃斯托克为日后的军事翻译官们授课。

鲁达科夫的档案文献遗产揭示出他在这段时间完成了更多数量的科学工作。在俄罗斯科学院东方文献研究所东方学家档案馆其个人档案资料中有记载:"《文言虚词词典》(第一部分,单音节虚词,1—25 章,1—186 页,符拉迪沃斯托克,1939)一书是鲁达科夫教授根据中文集《虚词汇通法》整理而成。"目录中指出:"上述手稿中并未包含以下续篇:1. 汉文典下册第一章'文法'中部分语气词讲解;2. 虚词(语助法),482—487 页;3. 联合语气词(接语字),488—537 页;4. 表示转折意义的语气词(转语字),538—562 页;5. 辅助语气词(辅语字),563—594 页;6. 集合语气词(束语字),395—601 页;7. 表示感受的语气词(叹语字),603—612 页;8. 表示语句停顿或终止的语气词(歇语字),613—641 页"③。这里还保存着"文言虚词词典"的分类卡片集,共包含 624 张卡片④。"王哲甫《中国新文学运动史》(鲁达科夫译)"⑤有 100 多页,其案卷标注日期为 1939 年。

战争爆发前夕,莫斯科机关学校的汉学班发挥着与日俱增的作用。汉学家们继续筹划建立军事外语学院东方系事宜。1939 年外交及领事人员培养学院改组成为高等外交学校(Высшая дипломатическая школа, ВДШ),下设两个专业。该校东方专业的学

---

① *Романова Г. Н.* Традиции Федора Владимировича Соловьева продолжаются // Россия и АТР. 2009. No 4. C. 189.
② Длинная дорога на Моховую, 6 // Восточная коллекция. 2003. No 1 (12). C. 88.
③ АВ ИВР РАН. Ф. 96. Оп. 1. Д. 51.
④ Там же. Д. 52.
⑤ Там же. Д. 42.

制延长至 3 年。从 1939 年起伊萨延科负责教授高等外交学校的中文课程,并同时担任莫斯科东方学院的老师。汉学家科罗特科夫的个人档案中记载道:"1940—1941 年担任中文教研室主任、外交人民委员会高等外交学校讲师。在莫斯科国家安全部中国特种学校担任老师。"①经济学家－汉学家阿斯塔菲耶夫(Г. В. Астафьев)是世界经济与世界政治学院的研究员,同时他还在对外贸易人民委员部开设的培训班授课并开展实践课程。

1939—1940 年的军事事件不可避免地影响到了一些汉学家的命运。阿列克谢耶夫的研究生、年轻的汉学家费德林就是其中一例。1939 年夏,由于苏日在哈拉哈河沿岸爆发军事冲突,费德林被派往赤塔负责翻译中方文件。起初这位年轻的汉学家还希望回去继续论文的撰写工作。1939 年 7 月 24 日在他给阿列克谢耶夫的信中说道:"满蒙边境事件发生得完全不是时候,它决定了我在此逗留的时间。可以想象,我是多么期盼它早日结束啊。我多么期待可以回到莫斯科继续完成论文。"②但是费德林在 1939 年 10 月在位于皮亚季戈尔斯克的工农红军疗养所写的信中便不是这么说的了:"我没法再抱有信心了";"不知不觉又走进了满是战争痕迹的战壕";"我尝试着看点书,但医生并不总会允许。"③费德林在其中一部自传中写道:"……我被征入哈拉哈河的现役部队。受重伤之后在军医院休养了大约 6 个月。"④

还有一些苏联东方学家在这一时期参与军事事件的案例。远东地区汉学家阿斯塔菲耶夫于 1939 年秋加入向白俄罗斯西部行军的红军队伍中。1939 年 9 月至 1940 年 8 月列宁格勒汉学家 Н. А. 彼得罗夫在第 24 步兵师 315 独立坦克营担任政治指导员,并与坦克营士兵一同前往卡累利阿地峡共同对抗芬兰。1939 年 12 月 1 日克里夫佐夫"被纳入工农红军,并被除去学院研究员的身份"⑤。

---

① АВ ИВР РАН. Ф. 152. Оп. 3. Д. 330. Л. 8 об.
② *Хохлов А. Н.* Китаист Н. Т. Федоренко в начале творческого пути // Общество и государство в Китае. Т. XLII. Ч. 2. -М., 2012. С. 94.
③ Там же. С. 94.
④ Там же. С. 101.
⑤ АВ ИВР РАН. Ф. 152. Оп. 3. Д. 340. Л. 15.

尽管处于非常局势,俄罗斯汉学依旧在寻找新的发展道路。例如,1940年夏全苏对外文化联络协会关于在苏联出版中国历史学家兼作家郭沫若的作品一事与有关方面进行了通信:拟出版"关于四川省有关西汉王朝的作品"①。1940年7月苏联科学院东方学研究所学术秘书给全苏对外文化联络协会东方部的信中写道:"苏联科学院东方学研究所认为必须要通知作家郭沫若,东方学研究所对他的工作活动高度重视,并对他的专业研究非常感兴趣。如果他能够将其现已出版的所有文章连同精选集一并寄过来,我们将会对作家不胜感激。在郭沫若的作品在苏联暂未出版之前,东方学研究所只能对其表示热烈欢迎并保证尽全力促成此事"②。

苏联高校继续汉学家的培养工作。齐赫文斯基在结束列宁格勒国立大学三年级的课程后前往莫斯科担任外交人民委员部的翻译,他在回忆录中提到:"我刚好在战争爆发前夕完成了高等教育:以自修考生的身份通过莫斯科东方学院全部课程后并获得毕业证书。"③值得一提的是,1940年莫斯科东方学院经历改革,从类似科学院的研究院校变为学制为3年的普通学院。1941年以前汉学家帕什科夫一直在莫斯科东方学院兼任教授和中文教研室主任。战争爆发之前,阿列克谢耶夫除了在列宁格勒大学的工作以外还负责指导科学院东方学研究所的研究生梅多娃(Е. Н. Медова)和尤斯托娃(В. П. Юстова),以及莫斯科东方学院的研究生邦达连科(А. Ф. Бондаренко)、顿涅茨(М. Ф. Донец)和诺梅列茨卡娅(Номерецкая)。

1939年"大恐怖"运动结束,一些曾被逮捕或只是停职的东方学家得以恢复工作。卡尔-穆尔扎的学生们写道:"卡尔-穆尔扎的第二个创作高峰期始于1939年。此时他已经在科学院历史研究所工作了。同时他还积极投身于莫斯科大学和高等外交学校的教育工作……他在莫斯科国立大学历史系教授的中国史课程会有其他系和

---

① *Тихвинский С. Л.* Первый президент Академии наук Китая // Вестник Российской Академии наук. Т. 72. 2002. No 11. С. 1005.

② Там же.

③ *Тихвинский С. Л.* Мой путь в востоковедение // Тихвинский С. Л. Избранные произведения. Кн. 5: Воспоминания дипломата и заметки историка. -М.: Наука, 2006. С. 178.

年级的学生来旁听。"① 在卡尔-穆尔扎的回忆录中提到:"《中世纪中国历史讲义》一书于 1940 年在莫斯科国立大学投入印刷。"②

卫国战争前夕,卡尔-穆尔扎是莫斯科国立大学著名的历史学-汉学家。他在莫斯科国立大学历史系的殖民地与附属国教研室和高等外交学校授课。他的学生回忆说:"卡尔-穆尔扎凭借其出版的作品、内容丰富且热情洋溢的授课鼓励学生在研讨会和学生科研组织中迈出学术生涯的第一步(参加他中国历史小组的不只有汉学家),卡尔-穆尔扎成功地激发了历史系不同专业的学生对中国人民解放斗争历史的兴趣……战争即将爆发的前两年,他一直在从事繁重的教育工作,不断筹划讲义和编写教科书。卡尔-穆尔扎希望可以尽快完成完整的大学中国史教程的编写和出版。"③

尽管国内政治形势严峻、战时局势紧张,汉学家们仍积极从事科学工作各个方向的研究。苏联科学院东方学研究所继续汉俄大词典的编撰工作。1940 年 11 月一份经东方学研究所副所长吉洪诺夫(Тихонов)签字的工作鉴定提到:"孟泽列尔同志是大汉俄辞典的编撰作者之一,他完成并超额完成既定的辞典编写任务并积极参与中国研究室的科学工作。"④

学者们继续在各个科学和教育机构工作,档案馆中保存着当时的手稿,不同苏联出版物中都刊登了不少汉学家的作品。手稿保存在俄罗斯科学院东方文献研究所档案馆。东方学家档案馆中保存着科洛科洛夫 1940 年的手稿《汉语公文语体教程》。⑤ 同年印刷了科洛科洛夫编写的教材《汉字分析[由维格编辑(Wieger)]》(第一部分)⑥。

1941 年德拉古诺夫完成了巨著《当代汉语口语语法体系》,该书基

---

① Тодер Ф. А., Юрьев М. Ф. Штрихи к портрету профессора Г. С. Кара-Мурзы (1906—1945) // Слово об учителях. Московские востоковеды 30 — 60-х годов. -М., 1988. С. 88.

② Там же. С. 90.

③ Там же. С. 89—90.

④ АВ ИВР РАН. Ф. 153. Оп. 3. Д. 409. Л. 7.

⑤ АВ ИВР РАН. Ф. 144. Оп. 1. Д. 77.

⑥ Там же. Д. 85.

于1937—1941年作者在列宁格勒大学所讲授课程的讲义。这位汉学家指出:"本书不仅追求科研目的,还希望起到一些教学作用。它是本书作者在列宁格勒大学多年来讲授汉语语法大学课程的一部分。本书适用于大学高年级学生、研究生和老师以及所有具有普通语言学观的对汉语感兴趣的读者。"①在其之后的几代苏联学者对德拉古诺夫这部总结性巨著给予了高度评价:"德拉古诺夫以完整的、极富创造性的形式展示了这一研究方法。当然,在他之前的俄罗斯汉学家的著作并没有因此而失去意义……德拉古诺夫形成了一系列有关汉语语句类型及其分类原则的重要论点。"②

作者在书中开头这样写道:"尽管原文资料非常丰富并且存有大量不同版本的汉语教学语法,包括老版的,也包括现代版的,但到目前为止,不仅还没有对其语法结构较为令人满意的描述,实际上,甚至是该领域的研究工作路线都没有确定。"③德拉古诺夫指出:"汉语语法中存在的主要问题……词类问题(语义语法范畴),从一方面来说这也是汉语言语结构单位的问题,从另一方面说,是缺乏汉语词类的清晰概念,而代之以意义、功能、逻辑或其他范畴;一方面是对汉语言语中量结构单位和质结构单位的完全混淆,另一方面,这必然会对研究汉语语法问题产生不利影响……该工作的第三个特点是从音位学解释汉语语音体系而非从语音学角度……系统地使用方言学资料是该工作的第五个特征。"④

20世纪30年代末阿列克谢耶夫继续为苏联杂志写稿件并翻译中文作品。费德林于1938年10月写给阿列克谢耶夫的信中提到:"拜读了您在《东方》和《东方文学》杂志上刊登的文章和译文,我感到非常

---

① Драгунов А. А. Грамматическая система современного китайского разговорного языка. -М., 1962. С. 14.

② Шутова Е. И. Синтаксис современного китае̌ского языка. -М.: Наука. Главная редакция восточной литературы, 1991. С. 20.

③ Драгунов А. А. Грамматическая система современного китайского разговорного языка. С. 6.

④ Там же. С. 11—13.

激动和满足。"①在另外一封写于1939年4月9日的信中说:"您的手稿经过了编辑委员会多名成员的审阅,目前正由法捷耶夫(А. Фадеев)亲自阅读。如果您的文章因某种原因不能被杂志刊登,那么我们会努力将其单独出书。"②1939年5月费德林告诉他:"您的翻译稿件已转交给苏联作家协会对外委员会。"③此处需指出的是,1939年《国际文学》杂志上还刊登了费德林自己翻译的两篇鲁迅的文章。

关于返回莫斯科的汉学家罗加乔夫,中国学者高莽这样写道:"那段时间阿列克谢·彼得罗维奇(即罗加乔夫)将自己所有的精力都放在科研工作上。他在东方学院当老师的过程中翻译了孙中山的'三民主义',后来他的翻译也成为讲授该学说的教学材料"④。

* * *

那段时期的科学出版物可以体现出汉学家仍旧在积极地进行工作。30年代末至40年代初的历史杂志以及其他一些连续出版物上会刊登有关中国古代史和中世纪历史的文章及其他形式的作品。关于中国古代史方面的作品能提到的只有西蒙尼夫斯卡娅的《中国古代国家的产生与发展》。作者再现了中国传统版本关于国家诞生的说法:"有时间记载的历史可以追溯到传说中的伏羲,其所处时代为公元前3000年……"⑤但是文中的结论符合官方科学的立场,官方科学认为历史"五段论"适用于所有国家:"秦始皇给保留在阶级社会中的奴隶制度残余带来毁灭性的打击……土地改革使得普通农夫穷困潦倒并沦为奴隶。于是奴隶制的基础不断扩大,从而推动了奴隶制国家的形成。"⑥

1939年《古代史通报》刊登了А.А.彼得罗夫关于中国古代哲学

---

① *Хохлов А. Н.* Китаист Н. Т. Федоренко в начале творческого пути // Общество и государство в Китае. Т. XLII. Ч. 2. -М., 2012. С. 93.
② Там же.
③ Там же.
④ *Гао Ман.* Вспоминая Алексея Петровича Рогачева. К 110-летию со дня рождения // ПДВ. 2010. No 2. С. 123.
⑤ *Симонивская Л.* Возникновение и развитие государства в Древнем Китае (Третье тысячелетие-III век до нашей эры) // Исторический журнал. 1940. No 7. С. 71.
⑥ Там же. С. 83.

的文章。有意思的是,在文章中除了当时必须提到的诸如中国人民反抗日本侵略者的英勇斗争和社会主义科学的优越性这些内容外,作者还指出:"目前对中国哲学的研究状况远不符合当代先进科学的任务"①。他指出,当代法国汉学家进行了"不少翻译……创作了不少文章和书……"而他对俄罗斯及苏联科学所获得的成就却只字未提。总之,这篇文章符合古典汉学传统,特别重视史料学和中国的历史编纂学,而哲学问题则是在详细地阐述中国历史各种问题的大框架下进行探讨的。

30年代末,年轻汉学家卡津从事元朝和西夏时期的中国历史、中国的货币流通史、中国历史图书目录的研究,他于1939年领导艾尔米塔什博物馆东方学部远东和中亚分部。当代著名俄罗斯汉学家И.Ф.波波娃指出:"看来,卡津是国内第一位研究西夏民族文化的东方学家。1940年7月27日他以哈喇浩特(黑水城)的历史与封锁为内容进行了自己研究成果的报告演讲。"②

施泰因是30年代末苏联最为杰出的经济学家,他对中国中世纪历史进行了研究,但其作品直到1945年才出版。1941年苏联科学院东方学研究所研究员布纳科夫做了一篇题为《作为历史现象和历史文献的汉字》③的报告。莫斯科大学教授、苏联科学院历史研究所高级研究员卡尔-穆尔扎从1939年起开始积极发表自己的作品。《马克思主义历史学家》杂志的"史记"专栏刊登了其作品《有关古中国的新材料》④和《1918—1924年的中国》⑤。在关于卡尔-穆尔扎的回忆录

---

① *Петров А. А.* Из истории материалистических идей в Древнем Китае (Ван Чун, I в. н. э.) // Вестник Древней истории. 1939. No 3. С. 49.

② [*Попова*] *Казин В. Н.* «Юн-лэ да дянь»: рукопись библиотеки ЛГУ. Дипломная работа. Предисловия и публикация *И. Ф. Поповой* // Труды востоковедов в годы блокады Ленинграда (1941—1944) / сост. и отв. ред. *И. Ф. Попова.* -М., 2011. С. 152.

③ Труды востоковедов в годы блокады Ленинграда (1941—1944) / сост. и отв. ред. И. Ф. Попова. -М., 2011. С. 72.

④ [*Кара-Мурза*] *Г. К. М.* Новые данные о древнем Китае // Историк-марксист. 1939. No 2. С. 192—194.

⑤ *Кара-Мурза Г.* Китай в 1918—1924 гг. // Историк-марксист. 1939. No 5—6. С. 150—167.

提到:"……1939—1941 年在莫斯科东方学院发表了《中国近代史概要》中的三个章节;1941 年在高等外交学校刊印了《中国现代史讲义》。1939 年《马克思主义历史学家》(第 5—6 期)刊登了《1918—1924 年的中国》,这是当时殖民地与附属国现代史课本中的一章。"①1941 年卡尔-穆尔扎的专著《太平天国起义者——伟大的农民战争和太平天国(1850—1864)》在莫斯科发表。这部作品篇幅不长,是作为教材编写的,在作者去世后又几经再版。

《历史杂志》上刊登了一些解读《联共(布)历史简明教程》的文章,这些文章对当时有关中国近代史的不同观点进行了阐释,例如《英国与日本资本主义在中国的渗透史节选》②。30 年代末至 40 年代初,大部分有关中国的刊物仍旧围绕远东地区的当代国际关系问题和中国革命展开。但是作者们尽力对这些问题的发展过程做一些有意义的补充。例如,普雷舍夫斯基(И. Плышевский)的文章《1931 年日本对满洲的占领》就可以说明这一点③。

1939 年《苏联科学院东方学研究所通报》上刊登了杜曼的文章《1862—1877 年东干起义领袖——白彦虎(据中国与苏联档案材料编写的历史传记概要)》。

由苏联科学院历史研究所殖民地与附属国历史部编写的关于东方国家历史的大学教材是第一部以马克思主义为指导的对殖民地与附属国近代史进行总结的著作,也是世界历史文献中该领域的首本教科书。教科书《殖民地与附属国近代史》第一卷于 1940 年出版,对 20 世纪 30 年代苏联东方学的发展进行了独到总结。著名东方学家沙斯季特科(П. М. Шаститко)写道:"这是国内东方学历史上首部有关东方近代史的巨著,该书从马克思主义的观点出发,研究了亚洲和北非主要国家在新时期所发生的历史事件……这本教材是苏联东方学

---

① *Тодер Ф. А.*, *Юрьев М. Ф.* Штрихи к портрету профессора Г. С. Кара-Мурзы (1906—1945) // Слово об учителях. Московские востоковеды 30—60-х годов. -М., 1988. С. 90.

② Исторический журнал. 1939. No 1. С. 116—120.

③ *Плышевский И.* Захват Маньчжурии Япониеѣ в 1931 г. // Исторический журнал. 1939. No 8. С. 30—41.

发展进程中首部由众多作家集体编著而成的作品,这也是研究活动的一种新形式。"①该作中整个近代史被划分为三个阶段,并且每个阶段都对各个国家的历史分别进行了阐述,这其中就包括中国。在苏联新的教育框架下,这部作品无论是在概念上还是在内容上均为使东方国家纳入人类统一历史进程发挥了重要作用。教科书的第二卷在战争前夕刊印,在战争之初便销声匿迹了。

1940年苏联出版了一部有关中国问题的总结性著作②。这部由科布泽夫所著的百科全书式的文集《中国》如今被称为"20世纪中期大总结"③。李福清回忆说:"在阿列克谢耶夫的提议下,文集《中国——历史、经济、文化、为争取民族独立的英勇斗争》(莫斯科、列宁格勒,1940)这本重要参考书的主要内容由其学生编写而成。阿列克谢耶夫也曾把这本书给我们带到课堂上,他说,这本书在里加市刊印,结果在战争之初,运送书的车厢被炸毁,所以只剩下之前给作者们以及东方学研究所送去的那200本了。是否确如其事,很难说,因为出版说明中写着,该书是由列宁格勒科学院的印刷厂出版,其中还指出,一厂负责印刷了拟定发行的15000册中的2000册。文集《中国》被视为一部汉学参考书,参与其编写的有18位俄罗斯汉学家,以及当时生活在苏联的中国诗人萧三。书中对中国哲学史、地理、文学、艺术和汉语进行了高质量的概述,除此以外还包含一些被较少提及的主题,如印刷术与出版业、期刊、国民教育、卫生保健等。该书还附有中国历史年表以及内容详尽、编写规范且富有价值的用欧洲语言书就的有关中国方面主要作品的书目。中国当时的政治家与社会活动家的简要资料

---

① *Шаститко П. М.* Предисловие // Слово об учителях. Московские востоковеды 30—60-х годов. -М. , 1988. С. 4.

② Китай. История экономика, культура, героическая борьба за национальную независимость. Сборник статей под ред. акад. В. М. Алексеева, Л. И. Думана и А. А. Петрова. -М. , 1940.

③ *Кобзев А. И.* Китаистика и summasinologiae // Архив российской китаистики. Сост. А. И. Кобзев. -М. : Наука-Восточная литература, 2013. С. 16.

也极富价值。"①

　　文集《中国》包含21篇文章和各种参考附录。正文中包括杜曼的《中国历史概述(从远古至帝国主义时期)》以及叶菲莫夫的《帝国主义时期的中国历史》,附录中则有杜曼的《中国历史年表》和布纳科夫的《用欧洲语言书就的有关中国方面主要作品的书目》。本书的作者为18名俄罗斯汉学家以及中国社会活动家萧三。齐赫文斯基院士指出:"卫国战争前夕苏联科学院东方学研究所集体编辑出版了由阿列克谢耶夫进行校订的中国方面的巨著。书中有关于中国文学的历史文献概述,瓦西里·米哈伊洛维奇在其中对中国古代史和中世纪历史的主要史料进行了提纲式的综述。"②

　　许多由汉学家在战争前夕完成的著作以手稿的形式保存了下来。1940年屈纳编写了500页的长篇手稿《中世纪的东方国家史(日本、朝鲜、中南半岛)》。关于另一部屈纳未发表的作品,苏联研究人员这样写道:"屈纳的《中国西南部落》手稿于1941年5月26日完成,他在手稿上亲自标注其为第二稿。屈纳提出一种对中国西南少数民族的分类法。这种分类法推动了苏联学者对该问题的进一步研究。他还对中国西南众多民族团体的社会经济关系进行了评述,指出其经济发展模式、社会组织形态的多样性。"③东方学家档案馆中还保存着卡津1940年的译本手稿《圣武亲征录(历史纪事)》(译自中文)④。

　　1941年6月马拉库耶夫的作品《托木斯克大学考古博物馆中国青铜镜残片》出版。马拉库耶夫凭借着对中国文化的深入了解和丰富的研究经验,通过比较分析,对发掘于西伯利亚的中国文物的起源和特征提出了独到见解。他总结道:"托木斯克铜镜上的图案是对原物具

---

① Рифтин Б. Л. О синологических словарях и справочниках, старых и новых // Архив российской китаистики. Сост. А. И. Кобзев. -М.: Наука-Восточная литература, 2013. С. 338.

② Тихвинский С. Л. Избранные произведения. Кн. 5: Воспоминания дипломата и заметки историка. -М., 2006. С. 12.

③ Зенина Л. В. Историко-библиографические материалы Н. В. Кюнера (архив востоковедов Ленинградского отделения Института народов Азии АН СССР) // Вопросы истории стран Азии. -М.: Изд-во Ленинград. ун-та, 1965. С. 79.

④ АВ ИВР РАН. Ф. 133. Оп. 1. Д. 5.

有教育意义的内容的复制,但总体说来,是与上述援引的夫妻分离的故事有关。我们将该铜镜称为'Ло-чжан 公主镜',并将其单独作为一类。"① 马拉库耶夫在对西伯利亚出土的中国铜镜残片的研究中,就中国中世纪历史提出了一系列重要问题②。

综上所述,在战前的困难时期里,俄罗斯汉学逐渐从过去的大规模镇压中恢复过来,并向前发展。这一时期中国历史问题成为主要的研究对象,当时的报纸杂志都竞相刊登相关的文章。汉学家仍旧坚持在教学机构授课、撰写科学著作、从事社会活动。例如,1939—1940 年阿列克谢耶夫院士仅在地理协会就讲了 10 次公开课,讲述其在中国游历的所见所闻。但是苏联汉学的发展毕竟处于战争环境,国内的大学和研究所被关闭,而对汉学家的培养工作则逐渐转移到机关学校。

4.3 卫国战争中的俄罗斯汉学

1941 年 6 月法西斯德国进攻苏联,苏联的卫国战争持续了近四年,成为了俄罗斯乃至整个人类历史上的一场惨烈战争。第二次世界大战中,中华民国是苏联的盟国。在欧洲战场结束 3 个月后,苏联在反希特勒同盟国的义务框架内进行了一场反对日本帝国的军事行动。1945 年 9 月 2 日日本无条件投降,这一天成为了第二次世界大战结束的日期。

俄罗斯在战争期间遭受了重创。苏联科学也遭受了巨大的损失。更何况俄罗斯东方学的中心还位于被围困多年的列宁格勒。四年的战争导致科研项目的成果大幅减少,一部分档案资料和藏书丢失,苏联人文学家群体中的许多学者都遇难了。卫国战争时期成为了包括苏联科学和教育在内的整个俄罗斯历史的分水岭。

苏联东方学家们自战争初期就加入了保卫祖国的行列中,所有人

---

① Маракуев А. В. Фрагмент китайского бронзового зеркала в археологическом музее Томского университета. Доложено на кафедре древней истории Томского университета 10 июня 1941 г. // Ученые записки Томского государственного педагогического института. Т. III (Серия гуманитарных наук).-Томск, 1946. С. 151—152.

② Там же.

都竭尽所能为抗击敌人夺取胜利的事业做出了贡献。在战争初期,仅在列宁格勒东方学研究所就有16人应征入伍,50人加入民兵。许多莫斯科东方学家也加入了民兵。他们中的一些人在最初的战役中牺牲了,例如科学院世界经济与世界政治研究所的高级研究员—汉学家亚兰采夫。但是许多应征入伍者和志愿军还未到达前线就立即被召回了,例如沃伊京斯基。

1941年,离开列宁格勒和莫斯科奔赴前线的有著名学者,也有刚刚开启科研之路的汉学家,如尤里耶夫(М. Ф. Юрьев)①。1941年6月26日,刚刚在东方学研究所完成研究生学业并于1931②年3月获得语文学副博士学位的科纳科夫(А. П. Конаков)应征入伍。在苏联科学院东方学研究所1941年8月15日的命令中写道:"中国研究室初级研究员 Н. А. 彼得罗夫,鉴于其被召入工农红军,自今年8月18日起从研究所编制人员名单中去除,并应与他完成最终结算。"③

自1941年7月7日起因应征入伍而从科学院东方学研究所离开的人中包括杜曼。这位汉学家在其自传中写道:"1941年7月初我加入了列宁格勒民兵,之后很快作为远东专家被派往远东。1941年8月被任命为远东前线政治部高级指导员。我担任这一职务一直到1945年9月。作为远东前线第二作战部队的成员我参加了抵抗日本帝国主义的战争。"④在杜曼的人事登记表中记载了从1941年8月到1945年9月,他在哈巴罗夫斯克担任远东前线政治局高级指导员⑤。

参与红军中作战的还有在科学界被迫害、被开除的东方学家,例如前科学院东方学研究所中国研究室秘书韦秋科夫,以及刚从拘留地释放的蒙古学家雷戈德隆。卡拉-穆尔扎的军事生涯可以反映出这位汉学家在伟大的卫国战争时期的生活:1941年7月,他和莫斯科大学的其他工作人员一起加入了民兵,并被任命为民兵克拉斯诺普列斯

---

① Памяти ученого: Михаил Филиппович Юрьев (1918—1990) // Проблемы Дальнего Востока. 1990. № 6. С. 239.
② 应为1941年。——译注
③ АВ ИВР РАН. Ф. 152. Оп. 3. Д. 464. Л. 26.
④ АРАН. Ф. 411. Оп. 62. Д. 616. Л. 8.
⑤ Там же. Л. 3.

宁第八师政治部指导员；随后，他作为中国专家被转移至外贝加尔军区；1945年8月22日，这位汉学家在中国执行作战任务时因飞机坠毁而牺牲。

大多数应征入伍的汉学家在1941年至1942年期间被派往远东，并在那里的政治部门任职。科纳科夫在波罗的海和太平洋舰队的任职结束后，于1942年3月被派往位于蒙古境内的第十七军政治部任职。但是在1944年他被转移至莫斯科。1941年应征入伍并被派往远东的汉学家H. A.彼得罗夫也在军队负责政治工作。和大多数应召入伍的汉学家一样，他于1945年8月至9月在中国东北同日本作战。

1942年工农红军高等专业学校汉语教研室主任科洛科洛夫被召入伍，并在1944年被调往远东苏联军队指挥部①。日本投降后一些汉学家并没有从红军复员。阿列克谢耶夫于1946年春在写给齐赫文斯基的信中提到："杜曼、克里夫佐夫、孟泽列尔、尤斯托夫（Юстов）被拒绝从远东回到原来的职务。"②例如，杜曼被留在中国旅顺服役至1952年。

1941年8月战线逼近列宁格勒，东方学家开始准备从列宁格勒撤退到托木斯克。院士及通讯院士被转移至哈萨克斯坦的一个疗养地——博罗沃耶。阿列克谢耶夫与妻子和两个女儿直到1941年11月才同意离开被围困的列宁格勒，他唯一的儿子当时则在前线。1941年11月11日阿列克谢耶夫一家搭乘飞机从列宁格勒飞往诺夫哥罗德州，然后从那里再飞往沃洛格达。他们从沃洛格达乘坐取暖货车，花了10天抵达斯维尔德洛夫斯克，然后从那里乘坐客运列车被送往哈萨克斯坦北部的博罗沃耶村。施泰因在战争初期与外语军事学院一起迁移至斯塔夫罗波尔，随后迁移至萨拉托夫，在那里他以列宁格勒大学职工的身份授课。

1942年2月初，汉学家德拉古诺夫和戈尔巴乔娃从列宁格勒撤

---

① В описях АВ ИВР РАН утверждается, что с 1943 г. В. С. Колоколов служил в системе НКВД.

② Из эпистолярного наследия академика В. М. Алексеева // Восток-Россия-Запад. Исторические и культурологические исследования. К 70-летию академика В. С. Мясникова. -М.: Памятники исторической мысли, 2001. С. 365.

离。1942年2月至3月,共有20名著名学者通过冰路被转移至苏联的大后方。在苏联科学院秘书处主任多罗费耶夫(Дорофеев)于1942年4月29日签发的证明中提到:"苏联科学院东方学研究所职工德拉古诺夫同志撤离至塔什干市,根据政府的决议,研究所也被转移至该地。跟随德拉古诺夫同志一同前行的有他的妻子德拉古诺娃(Е. Н. Драгунова)。"①

1942年7月,最后一批东方学家从列宁格勒撤离。有人到了塔什干,斯梅卡洛夫被送往喀山,菲什曼(О. Л. Фишман)撤离至萨拉托夫,在那里她教授中文并在研究生部学习。屈纳在1942年至1944年期间在阿拉木图工作。一些东方学家从被围困的列宁格勒来到莫斯科,例如克拉奇科夫斯基院士。1942年科学院东方学研究所研究员潘克拉托夫通过外交部从列宁格勒被派至中国工作。

从莫斯科也撤离了许多学者。例如,莫斯科国立大学的工作人员、副教授爱伦堡撤离至阿什哈巴德,随后撤离至斯维尔德洛夫斯克。在1941年至1943年期间,莫斯科东方学院在费尔干纳办公。撤离至这座乌兹别克斯坦城市的还有艾德林和康拉德。随后艾德林在斯塔夫罗波尔授课。莫斯科东方学院撤离至费尔干纳。曾任国家安全部专业学校中国部主任的汉学家科罗特科夫也从莫斯科撤离来到了这里。起初他在莫斯科东方学院担任中文教研室讲师。自1942年起科罗特科夫开始主持该教研室的工作。毕业于该学院的戈列洛夫(В. И. Горелов)于1941年在莫斯科东方学院开启了自己的科学之路。

战争期间军事汉学教育在符拉迪沃斯托克得以保留。在那里汉学家鲁达科夫自1940年底至1943年在一个军事机构担任中文教授。一些汉学家战争时期在西伯利亚工作。科学院东方学研究所研究员阿尼克耶夫(В. М. Аникеев)在赤塔。来自符拉迪沃斯托克的汉学家马拉库耶夫在战前就来到了托木斯克。

在列宁格勒开始被围困以及第一批人撤离之后,留下来的汉学家继续在这座被围困的城市中进行科学工作。甚至是在历经了对于被围困者来说最悲惨的冬天(1941—1942)后,科学工作都仍在继续。

---

① АВ ИВР РАН. Ф. 152. Оп. 3. Д. 207. Л. 17.

这个冬天,大部分留在列宁格勒城的东方学家失去了生命,这些俄罗斯学者的同事们描述了他们的勇气和不幸遭遇:"才华横溢的汉学家-史学家卡津……他的老师瓦西里·米哈伊洛维奇·阿列克谢耶夫院士认为,他是我们这个时代世界汉学界关于中国历史文献研究最杰出的学者……但是他只完成和发表了他能够和想要表达的冰山一角。正是这一点最让他的老师痛心,当他虚弱到几乎无法行动并感觉濒临死亡之时,他仍然坚持在艾尔米塔什博物馆避难所继续自己热爱的工作。"①1942 年 4 月,克拉奇科夫斯基在列宁格勒写道:"昨天召开了历史、语言和文学专业各研究所的联合学术委员会第一次会议;组织这样一场会议主要是因为各个专业学术委员会中所剩的经由主席团批准的成员实在太少,而且参加论文答辩的有效人数不足……主席团委员会行使权力,引进了一些德高望重的人物:托尔斯泰(И. И. Толстой)、斯梅卡洛夫(作为高级汉学家)……大家各抒己见,虽然有时也会有马尼洛夫式的见解②,但毫无疑问的是,我们认同应该提出关于公开讲座和自由式研讨课程的问题。"③

随着列宁格勒城的封锁的继续,留在那里的学者们开始陆续离世。1941 年 9 月至 10 月才华横溢且热衷于科学的研究员塔拉诺维奇和苏联满学派的带头人格列比翁希科夫在列宁格勒去世。这个冬天成为了一批杰出的俄罗斯汉学家生命中的最后一个冬天。1941 年 12 月 5 日鲁多夫去世,他的大型作品以及于 1941 年完成的 10 篇关于中国的参考性质的文章还没来得及发表。1942 年 1 月 1 日,布纳科夫冻死在回家的路上。紧接着俄罗斯科学院东方学研究所研究员、中国艺术专家拉祖莫夫斯基去世。科学院东方学研究所研究生、汉学家-语言学家梅多瓦娅(Е. Н. Медовая)也没有熬过被封锁的第一个冬天。

---

① Дьяконова Н. В. Казин Всеволод Николаевич (1907—1942) // Труды востоковедов в годы блокады Ленинграда (1941—1944) / сост. и отв. ред. И. Ф. Попова. -М. , 2011. С. 189.

② 无根据空想的见解。——译注

③ Переписка В. М. Алексеева и И. Ю. Крачковского (1916—1950) // Неизвестные страницы отечественного востоковедения. Вып. III. -М. ; Восточная литература, 2004. С. 220—221.

在克拉奇科夫斯基1942年2月6日写给阿列克谢耶夫的信中提到：
"在东方学研究所，中国研究室的人员损失惨重：鲁多夫、弗卢格、布纳科夫、梅多瓦娅去世，据闻，拉祖莫夫斯基也去世了。"①同样在1942年，第一位苏联汉学家－教授А.А.伊万诺夫也离世了。

战争期间，许多东方学家被召入国家公职队伍。列宁格勒汉学家А.А.彼得罗夫自1941年起开始在外交人民委员部工作。1942年至1943年，他在重庆的苏联大使馆任工作人员，1945年春，这位汉学家－哲学家被任命为驻华大使。1942年6月12日克拉奇科夫斯基告知阿列克谢耶夫："最近潘克拉托夫从科学院东方学研究所应召前往外交人民委员部工作，伊万年科也是类似的情况。"②

最后一位留在列宁格勒东方学研究所工作的汉学家是斯梅卡洛夫，他一直工作到1942年夏。战争使整个列宁格勒东方学遭到了沉重的打击。研究人员指出，"许多东方学家并没有离开列宁格勒，而是在这里继续自己的科学研究……43名研究所工作人员（超过全体工作人员的三分之一）在伟大的卫国战争的前线牺牲、在列宁格勒被围困期间去世。"③

如此一来，在苏联科学院东方学研究所框架内，列宁格勒的汉学家的所有科学工作在1942年夏天前陷入停滞状态。俄罗斯科学遭受的损失是无法弥补的。谈起列宁格勒被封锁的这段时期，研究人员指出："1942年卡津在被封锁的列宁格勒去世，由他启动的工作（研究斯卡奇科夫（К.А. Скачков 中文名为孔琪庭、孔气、孔琪）的汉学收藏资料——作者注）在二十年以后才得以成功重启。"④同样在1942年，著名汉学家弗卢格在被封锁的列宁格勒离世，随着他的离世，关于中国

---

① Переписка В. М. Алексеева и И. Ю. Крачковского (1916—1950) // Неизвестные страницы отечественного востоковедения. Вып. III. -М.: Восточная литература, 2004. С. 209.

② Там же. С. 234.

③ Труды востоковедов в годы блокады Ленинграда (1941—1944) / сост. и отв. ред. И. Ф. Попова. -М., 2011. С. 6.

④ Мелналкснис А. И. Описание китайских рукописных книг и карт из собрания К. А. Скачкова. -М., 1974. С. 16.

历史文献的另一批资料的研究工作长期被中断。孟列夫写道："弗卢格在自己的作品中加入了有关来自哈喇浩特的一系列中文作品的资料，可以想到，他已开始准备展开对它们的描述，然而他在被封锁的列宁格勒的离世使得这项工作中断了。自 1957 年以来，本文作者（即孟列夫）重新开始对这些文献进行研究和描述……"①在汉学家亚洪托夫（К. С. Яхонтов）为德拉古诺夫发表于 20 世纪 60 年代的《现代汉语口语的语法体系》所作的序言中指出："在卫国战争时期，德拉古诺夫被迫中断著书工作。"② 1944 年 6 月，阿列克谢耶夫在谈及恢复高校汉学时写道："没有弗卢格、卡津、拉祖莫夫斯基这一批杰出的学者，想要有所建树几乎是不可能的。然而高校汉学还是得设法存活下去……"③

在列宁格勒被封锁期间，大量汉学资料遗失。例如，康拉德的部分档案文献被盗。在撤离期间，阿列克谢耶夫的讲义和学术作品的手稿连同他的私人物品一起从公寓里消失了。在被封锁的列宁格勒，"世界科学界最杰出的一位研究中国历史文献的学者"卡津尚未完成的论文手稿被毁。战争阻碍了几近完成的《世界历史》的出版，该书包含有俄罗斯汉学家所编写的关于中国历史的章节。《殖民地和附属国家近代史》第二卷的所有发行本都被毁。总的来说，第二次世界大战使整个世界汉学都蒙受了损失（例如，法兰西学院教授马斯伯乐在布痕瓦尔德集中营里去世），然而苏联所遭受的损失是前所未有的，能与这一损失相比的只有科学界在 20 世纪 30 年代俄罗斯的政治镇压过程中所遭受的损失。

在伟大的卫国战争初期，康拉德被关押在莫斯科苏联国家安全人民委员部的内部监狱中。1941 年 7 月 27 日，他完成了大型手稿《中国文学史概要》。这份手稿如今存放在科学院的档案馆里，并且这一研究性著作至今仍具有重大价值。康拉德从神话中的统治者尧和舜的

---

① Меньшиков Л. Н. Из истории китайской книги. -СПб., 2005. С. 164.

② Драгунов А. А. Грамматическая система современного китайского разговорного языка. -М., 1962. С. 3.

③ Переписка В. М. Алексеева и И. Ю. Крачковского (1916—1950) // Неизвестные страницы отечественного востоковедения. Вып. III. С. 338.

时代开始,回顾了整个中国文学史①。

大部分汉学家在后方地区的居住地继续进行自己的研究。在撤离之初,国家为苏联学者们创造了不错的生活条件。阿列克谢耶夫在1942年春天写道:"我们吃得还算不错,虽然没有吃任何所谓的特别讲究的菜。我们休息得很好。"②这位院士唯一的抱怨就是缺少文献书籍。后来在他的信中我们常常可以看到这样的表述:"我们照旧在这里苟且偷生,被剥削阶级侵蚀(我的口粮份额达到了140克)……看来,我们还是会从这里被撵出去,因为这些贵族……打着'一切为了院士'的幌子,正在变得越来越肥壮,越来越无耻。"③1942年5月阿列克谢耶夫在写给克拉奇科夫斯基的信中抱怨道:"我们在这里生活得很糟糕,吃不饱,物价高。勉强度日都做不到了……鲁多夫的遗孀十分贫穷可怜,我想向您提出请求,请求向她支付还未给已故的列昂尼德·尼古拉耶维奇(即鲁多夫)支付完的关于中俄词典的报酬,在中俄词典的编写中他是最值得尊重、最能干的一位工作人员。"④

在战争期间,汉学家们继续积极地从事翻译和研究工作。齐赫文斯基的回忆录中提到了在莫斯科的汉学家的工作:"纯粹的物质方面的担忧分散了我准备副博士答辩资格考试的精力。和外交人民委员部远东分部的同事瓦西科夫(В. В. Васьков)、费德林和一些莫斯科高校的汉学家教师一样,我十分感激地接受了中国文学的著名研究员和宣传者、多年担任塔斯社驻中国记者的罗戈夫以及担任'艺术文学'出版社东方国家编辑部主任明古丽娜(А. Мингулина)的建议,为他们编辑的《中国短篇小说集》和《鲁迅文选》翻译了几篇小文章,并获得了一笔对于那个时期来说十分可观的酬金。1944年夏,在卫国战争最紧张的时期,罗戈夫出版了一部中国现代作家短篇小说集,并附有前言和注释,发行量为一万册。这部小说集让苏联群众认识了中国现代作家矛盾、老舍、张天翼、姚雪垠等人的作品……1945年这个出版社以同

---

① АРАН. Ф. 1675. Оп. 1. Д. 10. v

② Переписка В. М. Алексеева и И. Ю. Крачковского (1916—1950) // Неизвестные страницы отечественного востоковедения. Вып. III. С. 216.

③ Там же. С. 222.

④ Там же. С. 225.

样的发行量出版了鲁迅的短篇小说、文章和书信集——《鲁迅文选》。在这部作品集中刊登了我翻译的鲁迅的短篇小说《在酒楼上》……"①

阿列克谢耶夫院士在撤离期间仍在继续积极地工作。诚然,起初他的条件是有限的。撤离时行李限重是10公斤,所以汉学家只从列宁格勒带了一本字典和两本中国文学选集。在1942年3月2日从博罗沃耶寄出的信中他写道:"我们照旧在这里勉强度日。我已经翻译了一部选集的三分之二……"②两周后他又写道:"我在这里无休止地做翻译,什么都做不成:我只有一本书加上一部词典!……我即将完成《中国艺术散文巨匠》的翻译初稿(在第一阶段没有注释,因为既没有相关的参考资料,也没有纸张)。在完成第一轮的67篇文章的集中翻译后,我在4月份和5月份会还会增加同样的翻译量,最终达到200篇。如果能有足够的纸张,我就可以完成今年的全部计划。"③1942年6月3日这位苏联院士写道:"我努力地研究中国的官吏诗人,他们用谄媚拙劣的诗句和虚伪技巧折磨着我……我的工作进度非常慢。"④在保存下来的《古文观止》的翻译手稿中标注的日期为"1942年7月15日—8月6日"。就这样,在对于科学和整个国家而言最困难的1942年,阿列克谢耶夫院士翻译完成了中国哲学家王阳明的3篇"经典文章":《象祠记》《尊经阁记》和《瘗旅文》⑤。

1943年初阿列克谢耶夫从斯维尔德洛夫斯克运来一些书用于工作,5月份阿列克谢耶夫的一些藏书被运至博罗沃耶。正如汉学家自己所写的那样:"……我的书的整个运输过程……运来的书籍为我作

---

① *Тихвинский С. Л.* Мой путь в востоковедение // *Тихвинский С. Л.* Избранные произведения. Кн. 5: Воспоминания дипломата и заметки историка. -М.: Наука, 2006. С. 184.

② Переписка В. М. Алексеева и И. Ю. Крачковского (1916—1950) // Неизвестные страницы отечественного востоковедения. Вып. III. -М.: Восточная литература, 2004. С. 211.

③ Там же. С. 213—214.

④ Там же. С. 231.

⑤ *Кобзев А. И.* Первые русские переводы Ван Ян-мина и В. М. Алексеев // Архив российской китаистики. Т. II Сост. *А. И. Кобзев.* -М.: Наука-Вост. лит., 2013. С. 213.

为翻译、半个评论员、半个学者、汉语教授的工作提供了保障……"①研究员哈尔博斯迈尔(K. Харбсмайер)指出,在1941至1944年期间,阿列克谢耶夫"在极为困难的撤离条件下,在博罗沃耶(哈萨克斯坦北部)翻译了两卷本的中国优秀散文集,同时还完成了三卷本的相关研究巨著。"②这里必须指出的是,即使在最艰苦的战争条件下,苏联政府也继续在中国购买书籍用于支持阿列克谢耶夫的科学工作。此外,1944年,阿列克谢耶夫将自己针对中国作品所写的评论文章发给了《科学院通报》。

在卫国战争时期,马拉库耶夫的作品可以作为该时期俄罗斯汉学家成果丰硕的典型例子。谈及这位托木斯克汉学家的汉学著作,首先要指出的是,他是将道家主要作品《黄帝阴符经》翻译成俄文的第一人。马拉库耶夫在这部作品的结论中写道:"无论是革命前的俄国的文献,还是苏联时期的文献,阴符经既无人翻译,也无人提起。它的俄译本是首次出现;完成于我们伟大的卫国战争的第一年(1941年)……写于托木斯克,1944年12月31日。"③

马拉库耶夫在自己的翻译研究性著作的前言中写道:"中国人是高等文化的载体……这种文化最有趣的一面是中国哲学,它是在其三千年的历史长河中沉淀凝结而成的多样的独特的思想典范。中国反动资产阶级和西方的资产阶级学者喜欢谈论中国古代哲学的唯心主义特点;在沙皇俄国也出现过关于中国思想这一'特点'的无稽之谈。这完全是一派胡言。我们完全认同俄罗斯杰出的中国哲学研究人员A. A. 彼得罗夫关于这一问题的看法,他指出:'……东西方的各种理

---

① Переписка В. М. Алексеева и И. Ю. Крачковского (1916—1950) // Неизвестные страницы отечественного востоковедения. Вып. III. -М.: Восточная литература, 2004. С. 297—298.

② *Харбсмайер К.* Василий Михайлович Алексеев и российское китаеведение // Архив российской китаистики. Сост. *А. И. Кобзев*. -М.: Наука-Восточная литература, 2013. С. 508.

③ *Маракуев А. В.* Иньфу-цзин. Страничка из истории китайской философии (Доклад, прочитанный на кафедре древней истории Томского университета 12-го января 1945 г.) // Ученые записки Томского государственного педагогического института. Т. III. (Серия гуманитарных наук). -Томск, 1946. С. 132.

论思想是以不同的形式呈现的,但在原则上彼此并无差别'。"①A. A. 彼得罗夫提出了一个问题——"这篇短小的文章在中国文学中占据何种地位?",他回顾了中国传统史学和西方问题,分析了关于文献年份鉴定的问题。马拉库耶夫写道:"上述文章中阴符经的特点以对 18 世纪中国著名'总目'(四库全书总目)中对该作品的评价为基础。通过查阅后者,我们认为,阴符经引出的是一整套的文献书目,它的简介在《总目》的'子书'部('哲学')第 56 类——大家类('道教哲学')中有提及。"②他接着写道:"从上述叙述可以看出,鉴定阴符经的年份并非易事。我们无论如何都不能同意像朱熹那样将它归为公元 8 世纪的作品。作品可能在唐代被翻刻过,但是毫无疑问,它在汉代就存在了……而且还有可能追溯到中国历史上更早的阶段。阴符经是理解古代道教的可靠的文献资料……"③战争期间,马拉库耶夫在托木斯克从不同角度对所译文本进行了批评分析:"从语法方面简析阴符经的文本",与《道德经》文本进行对比分析,从"作品风格"层面进行历史术语分析。作者特别"留意阴符经中一位无名作者所提出的用来论证其哲学体系的思想"④。如此一来,在卫国战争期间,马拉库耶夫在托木斯克翻译并全面地研究了中国文化中一部非常重要的古文献。

在战争期间,马拉库耶夫还完成了几个大型项目。在《托木斯克国立师范学院关于 1944 年完成的科研成果管理报告》中提到:"最优秀的作品包括:……马拉库耶夫副教授的博士论文《中国地理》。"⑤在对托木斯克师范学院副教授马拉库耶夫的评语中提到:"在进行教学工作的同时,马拉库耶夫同志还进行一项大型科研工作,主要涉及东方地理方面,在这项工作中,他以他掌握的 16 种外语知识和亲自到访

---

① *Маракуев А. В.* Иньфу-цзин. Страничка из истории китайской философии (Доклад, прочитанный на кафедре древней истории Томского университета 12-го января 1945 г.) // Ученые записки Томского государственного педагогического института. Т. III. (Серия гуманитарных наук).-Томск, 1946. С. 125.

② Там же. С. 126.

③ Там же. С. 129.

④ Там же. С. 130.

⑤ Томский Государственный педагогический институт в годы ВОВ (1941—1945) Сб. док. и материалов.-Томск, 2007. С. 115.

第四章　镇压(肃反)时期与战争年代的俄罗斯汉学 | 269

过世界多国的个人经历为支撑。在卫国战争时期,马拉库耶夫同志完成了二十多部学术著作……"①1945年,这位俄罗斯汉学家写道:"我很自豪,在伟大的卫国战争时期,当我的两个儿子——红军军官(其中一人现已经离世)在捍卫世界文明的自由和独立不受德国法西斯匪帮的侵犯时,我完成了一部相当难的作品。《中国地理》将成为西方和东方战争结束之时我送给祖国和友邦中国的礼物。"②

一些身受重伤的苏联东方学家出院后被分配至西伯利亚的一些高校。例如,雷戈德隆于1943年11月在勒热夫受重伤后残疾,在莫斯科郊外医院结束治疗后,于1944年12月根据教育人民委员部的指示被派往克拉斯诺亚尔斯克师范学院工作。在这里他完成了他的论文《关于12世纪末蒙古历史的编年史料》的答辩准备工作。

1942年8月新西伯利亚制图厂和德拉古诺夫签订了关于完成"在大比例尺中国地图版样上对中国地名进行翻译和音译"工作的劳动合同③。

鲁达科夫的科学工作在符拉迪沃斯托克也并没有中断,其保存在东方学家档案馆中的手稿作品《左传》④和《中国文法语文通解》(杨伯峻)⑤所标注的时间为1942年。在卫国战争时期,鲁达科夫还完成了《汉语语法资料(汉语语法中的描述性语音学和各种标记符号)》⑥。

在卫国战争时期,俄罗斯并未中断汉语词典的编纂工作,战争年代发行的新出版物可以证明这一点⑦。1942年军事外语学院出版了

---

① Музей истории Томского государственного университета. Фонд А. В. Маракуева.
② *Хохлов А. Н.* Китаист А. В. Маракуев: экономист, географ или филолог? // Россия и народы Востока. Проблемы исследования и преподавания истории стран Азии и Африки в высших учебных заведениях.-Иркутск, 1993. С. 88.
③ АВ ИВР РАН. Ф. 152. Оп. 3. Д. 207. Л. 18.
④ АВ ИВР РАН. Ф. 96. Оп. 1. Д. 58.
⑤ Там же. Д. 63.
⑥ Там же. Д. 66.
⑦ Русский указатель к краткому китайско-русскому словарю В. С. Колоколова / Под ред. *П. Жаркова*.-М., 1942. 271 с.; *Юрчик Е. Т.* Русско-китайский словарь. (Пробный набор).-Б. м., 1943. 20 с.

《汉语军事文选》①。

俄罗斯汉学家研究各种问题。在档案馆保存了斯梅卡洛夫的一部大型翻译作品——毛泽东同志的《在延安文艺座谈会上的讲话（1942年5月）》②。斯梅卡洛夫的手稿《隋朝历史（史学概述）》③所标注的时间是1943年。1943年，德拉古诺夫在塔什干写了一篇著名的文章《现代汉语口语中的从属和非从属客体性范畴——词尾"儿"和"子"》，正式发表于1949年。在撤离期间，汉学家们参与了当地科研机构的建立。在塔什干，苏联科学院文学与语言部的分会组织发起人之一是曾任该部秘书的德拉古诺夫。

在撤离期间，汉学家还研究了与其居住地区历史相关的问题。史学家屈纳居住在阿拉木图，正如研究人员所写的那样，这位汉学家"在哈萨克苏维埃社会主义共和国中央历史档案馆和普希金国家公共图书馆研究东方手稿和刻本"④。1945年屈纳完成了作品《关于哈萨克斯坦民族的汉语和满语文献书目》。此外，保存在档案馆的他的《中亚地方统治者写给中国朝廷的信件译文》⑤于1943年完成，保存下来的未出版的含有2000张词卡的《中朝日民族学词典》所标注的时间是1944年，而《关于哈萨克斯坦民族的汉语和满语文献书目》和《关于哈萨克民族历史的满语档案文献》⑥所标注的时间则是1945年。上面提到的马拉库耶夫，在托木斯克对西伯利亚的中国历史文献进行了研究⑦。

---

① *Исаенко Б.*, *Ма Линь*, *Вишнякова В.*, *Сафронов В.* Военная хрестоматия по китайскому языку для 2-го года обучения. -М.: ВИИЯ, 1942.

② АВ ИВР РАН. Ф. 97. Оп. 1. Д. 73.

③ АВ ИВР РАН. Ф. 152. Оп. 3. Д. 564. Л. 6.

④ *Жуковская И. В.*, *Решетов А. М.* Фонды востоковедов в архиве Музея антропологии и этнографии имени Петра Великого РАН // Страны и народы Востока / под. общ. ред. акад. РАН *М. Н. Боголюбова*. Вып. XXXIII. -М.: Вост. лит., 2010. С. 229.

⑤ Вопросы истории стран Азии. -М.: Изд-во Ленинградского университета, 1965. С. 92.

⑥ Там же.

⑦ *Маракуев А. В.* Китайские бронзы из Басандайки. // Басандайка. Сборник материалов и исследований по археологии Томской области / Труды ТГУ им. В. В. Куйбышева (том 98), ТГПИ.-Томск, 1947. С. 167-174.

第四章 镇压(肃反)时期与战争年代的俄罗斯汉学 | 271

服兵役并未阻碍汉学家们的科学工作。研究人员写道:"阿斯塔菲耶夫在1942年服兵役期间继续科学工作。1944年他以苏军大尉的身份来到塔什干并通过了题为'新疆政治经济概论'的经济学副博士论文答辩。1945年仍处于苏军队伍中的阿斯塔菲耶夫完成了《准噶尔哈萨克人》这部著作。其中使用了保存在阿拉木图、塔什干等地的档案馆的档案材料……"①卡拉-穆尔扎的学生写道:"他住在距离莫斯科几千公里的军队里,就像住在两个维度……但他仍感觉自己是那个忧心苏联东方学发展的莫斯科大学教授、科学院研究人员……"

积极从事科学活动的还有在中国任职的俄罗斯汉学家。在年轻的汉学家-外交官费德林写给阿列克谢耶夫的一封信中提到:"我成功地与郭沫若、茅盾、老舍、夏衍、徐悲鸿、翦伯赞、侯外庐等中国社会活动家以及其他文学家、史学家和学者之间建立了长期的科学联系。"②接下来这位年轻的汉学家在信中列举了几十本近期的中国出版物,并对它们进行了简要的分析,例如:"不久前,初出茅庐但才华横溢的史学家翦伯赞的《中国史纲》(中国历史课程)的第一卷问世。作者是历史唯物主义的拥护者,是当代中国进步人士之一。他打算发行八卷本。第一卷(408页,带插图和图片)是关于殷前史和殷周史。这可能是唯物主义史学家撰写的关于中国历史的最好的作品之一……"③在下一封信中,费德林说道:"最近好长一段时间我都在研究文学史……我试图正确地领悟中华民族的精神特征,他们的道德色彩,不低估中国人民天才的力量及其道德资源。但这很难……"④

汉学家在撤离期间参与了社会宣传工作。1943年6月24日阿列克谢耶夫在博罗沃耶写道:"最近我在这里,在(星期日召开的)'中国与侵略者'大会上作了报告,使用了翻译材料。不出所料,愚蠢的马斯

---

① *Барышников В. Н., Мировицкая Р. А.* Учитель нравственности и жизни // Люди и идеи (К 50-летию ИДВ РАН). -М.: Памятники исторической мысли, 2006. С. 43.

② *Хохлов А. Н.* Китаист Н. Т. Федоренко в начале творческого пути // Общество и государство в Китае. Т. XLII. Ч. 2. -М., 2012. С. 96.

③ Там же. С. 98.

④ *Хохлов А. Н.* Китаист Н. Т. Федоренко в начале творческого пути // Общество и государство в Китае. Т. XLII. Ч. 2. -М., 2012. С. 99.

洛夫反对我的观点,他通过各种各样无实质内容的空谈来指责我缺乏社会基础……"①马拉库耶夫在自传中写道:"在卫国战争时期我是苏共(布)托木斯克市委演讲部门的讲师……多年以来,我在符拉迪沃斯托克和托木斯克地区的教师进修学院负责各种教师培训进修班,同时还在苏共(布)基洛夫区委会党校讲授了几年的世界政治地理课程。"在托木斯克师范学院的鉴定中提到:"马拉库耶夫积极参与社会工作,为当地报刊撰稿,战争期间在《红旗》(托木斯克)报上刊登了一系列军事地理文章,并附有由他完成的远东军事行动各战区地图……有一段时间他在苏共(布)市委演讲局工作。他在医院里为受伤的工农红军战士和军官们开展了多场讲座。"②

在卫国战争期间,大学生和研究生的培养工作并未中断。在莫斯科和许多其他城市,汉语教学继续进行。例如,帕什科夫在1943年领导远东语言教师班,并在外贸部的外语培训班中教授汉语和蒙古语课程。1943年10月阿列克谢耶夫写道:"我给初出茅庐的汉学家沃伊京斯基寄去了他要讲授的汉语课程的大纲。"③

一部分撤离的汉学家在中国继续着自己的工作和学习。齐赫文斯基回忆道:"外交人民委员部人事局从战争期间撤离至中亚国家的人文类大学中挑选了15名毕业班的学生,并将他们及其家人派遣至重庆,在大使馆学习汉语并进行外交实习。这些学员中的许多人后来都成为了著名的苏联外交官和东方学家,其中包括卡皮查(М. С. Капица 中文名:贾丕才)、克鲁季科夫(К. А. Крутиков)、卡拉布霍夫(И. Г. Калабухов)、马卢欣(А. Ф. Малухин)、谢宁(Н. Г. Сенин)、季托夫(А. С. Титов)等。才华横溢的教育家伊萨延科从莫斯科被派出至此担任这些培训班的汉语讲师……他得到了潘克拉托夫教授的帮助……大使馆的培训班工作还吸引了当地的中国教师,其中包括曹靖

---

① Переписка В. М. Алексеева и И. Ю. Крачковского (1916—1950) // Неизвестные страницы отечественного востоковедения. Вып. III. -М.: Восточная литература, 2004. С. 303

② Музей истории Томского государственного университета. Фонд А. В. Маракуева.

③ Переписка В. М. Алексеева и И. Ю. Крачковского (1916—1950) // Неизвестные страницы отечественного востоковедения. Вып. III. С. 310.

华教授……"①

战争期间,齐赫文斯基在苏联科学院太平洋研究所②函授研究生部学习,他回忆道:"研究所当时由历史学博士、史学家－日本学家、后来的院士朱可夫(Е. М. Жуков)领导。在研究所工作的有著名东方学家沃伊京斯基、霍尔珀林、马斯连尼科夫(В. М. Масленников)、米勒(А. Ф. Миллер)、波波夫(К. М. Попов)、佩列韦尔泰洛、艾杜斯(Х. Т. Эйдус)、爱伦堡等。所有这些老一辈的学者们对青年科研人才都很认真和仁慈……通过了研究生入学考试之后,我开始准备'答辩资格考试'。我的导师是沃伊京斯基教授……根据他的建议,我选择研究孙中山'三民主义'原则的第一条——'民族主义'——以及基于这一原则的外交政策作为我未来的论文题目。"③1943年波兹德涅耶娃进入莫斯科东方学院研究生部,师从阿列克谢耶夫。在这期间学位论文的答辩工作并没有中断。例如,1942年阿列克谢耶夫的学生艾德林完成了副博士论文的答辩。

费德林的论文答辩在苏联东方学家界中引起了很大的反响。这位年轻的汉学家战前在研究生部师从阿列克谢耶夫学习,他的选题为《鲁迅的政治和文学信念》。在北京工作期间,这位汉学家－外交官更换了论文题目。霍赫洛夫写道:"费德林积极地参与苏联驻重庆全权代表处的工作,这对于他在卫国战争期间顺利地进行科学研究有很大帮助……费德林积极地参加了……大量活动……得益于他与中国作家的密切联系,可以根据他们的建议为自己的论文收集原始材料,受和郭沫若谈话的影响,他选择了一个新的题目:关于中国著名诗人屈原的生活与创作。"④

---

① *Тихвинский С. Л.* Мой путь в востоковедение // *Тихвинский С. Л.* Избранные произведения. Кн. 5: Воспоминания дипломата и заметки историка. -М.: Наука, 2006. С. 186—187.

② 1927年,苏维埃人民委员会通过决议建立苏联科学院太平洋委员会,1934年成了苏联太平洋研究所,1943年该所成为苏联科学院太平洋研究所,1950年该研究所并入苏联科学院东方所。——译注

③ Там же. С. 179.

④ *Хохлов А. Н.* Китаист Н. Т. Федоренко в начале творческого пути // Общество и государство в Китае. Т. XLII. Ч. 2. -М., 2012. С. 85—87.

1943年春天,这位年轻的外交官、阿列克谢耶夫曾经的研究生将自己的论文带到了博罗沃耶。在1943年4月阿列克谢耶夫写给克拉奇科夫斯基的信中提到:"都是费德林的错,他匆匆忙忙很着急,一直拿自己的论文缠着我、催促我、使我厌烦焦躁。而我乖乖地做苦力,审查他的论文。在生活中我还从来没有感到如此糟糕,如此困惑。首先,在我所拥有的书籍和参考书几乎为零的条件下,我完全无法检查这一作品,更何况是在'博士'论文的层次,而且他向我展示的那些书,并不全是他自己所使用的那些书……第三,高校委员会的文件使费德林'作为例外'绕过副博士论文直接参加博士论文答辩。论文显得不太合适,尤其是对于博士而言:从单词对话到整篇论文都很轻率,没有论证,翻译糟糕,用俄中行话写成,错误连篇。我为他批改了166页,给出了可能多达500条评语,我没有接收他的论文,只是给了一个没有结论的笼统回复。作为领导,我可以不参与博士培养工作。我现在把材料寄去给总负责人康拉德和屈纳……"① 关于该论文,阿列克谢耶夫在一封私人信件中指出:"德拉古诺夫……给我寄来了对费德林论文的歌颂评价,他在一天之内就成功'领会'了这篇论文的意思(而我,该死地竟然花了整整15天来专心研究它,从早到晚地研究!),其中的内容我甚至完全不明白……"阿列克谢耶夫抱怨道:"……相应级别的外交部官员具备学位的要求显然比科学要求更重要。"②

尽管有批评,年轻的汉学家费德林在当时的条件下所做的已是不可思议。霍赫洛夫写道:"得益于他与中国作家的密切联系,可以根据他们的建议为自己的论文收集原始材料,受和郭沫若谈话的影响,他选择了一个新的题目,关于中国著名诗人屈原的生活与创作的题目。1943年他从中国回到莫斯科后,出色地完成了关于屈原创作的论文答辩,一反传统直接被授予语文学博士学位的事迹也成为当时俄罗斯科学生活中一件非比寻常的事件……这让他的老同事们感到不知所措,

---

① Переписка В. М. Алексеева и И. Ю. Крачковского (1916—1950) // Неизвестные страницы отечественного востоковедения. Вып. III. -М.: Восточная литература, 2004. С. 284—285.

② Долинина А. А. Переписка В. М. Алексеева и И. Ю. Крачковского (1916—1950) // Неизвестные страницы отечественного востоковедения. Вып. III. С. 148—149.

而且这位年轻研究员(时年 31 岁)在此之后都没有任何关于他研究的主题的成果发表。"①康拉德和屈纳支持他的答辩,而处于撤离地的施泰因和阿列克谢耶夫则表达了自己的不满。尽管有一些冲突,但是汉学家们之间仍然保持着工作关系。在 1944 年 6 月 4 日费德林写给阿列克谢耶夫的一封信中提到:"我们有同样的目标,同样的科学兴趣:将自己献身于中国文学与历史,这种无形的精神的力量使我们亲近,彼此敞开心扉,融合心灵与思想。我们能有什么矛盾甚至敌意呢?我曾经是并且永远都是您的学生,您没有理由怀疑我对您深切而诚挚的谢意。"②在 1944 年至 1945 年间,费德林的几部学术作品已准备好交付印刷,其中的一部分已经在中国出版,而作品《屈原的时代与世界》未出版,以机打形式保留了下来。

战争期间,还有一些汉学家也完成了自己的论文。未来的院士齐赫文斯基回忆道:"在孙逸仙先生的遗孀宋庆龄的帮助下,我成功地收集了关于这位杰出的中国民主革命人士的材料、他的战友的回忆录,并认识了一些国民党老兵。同时,史学家郭沫若、侯外庐以及曹靖华教授也对我收集与论文题目相关的材料给予了很大的帮助。在卡拉奇,在等待船只的过程中我大体完成了论文的初稿,在莫斯科我必须要使我的论文达到合格标准:整理在档案室中找到的材料……进行一系列补充和修订,必要的书目索引信息,检查脚注……1945 年 6 月 30 日我进行了论文答辩。"③

战争期间,鄂山荫在军事学院准备好了副博士论文《当代中国象形文字的起源、发展和结构》并成功地通过了答辩。在自己的论文研究的绪论部分中这位汉学家表示:"在关于中国象形文字的文献中,据我所知,从来没有认真地尝试把汉字问题和人类社会中口语的基本要素直接联系起来,甚至没有和科学所规定的不同民族文字历史发展的

---

① *Хохлов А. Н.* Китаист Н. Т. Федоренко в начале творческого пути // Общество и государство в Китае. Т. XLII. Ч. 2. -М.,2012. С. 87.

② Там же. С. 96.

③ *Тихвинский С. Л.* Мой путь в востоковедение // *Тихвинский С. Л.* Избранные произведения. Кн. 5: Воспоминания дипломата и заметки историка. -М.: Наука, 2006. С. 199-200.

基本规律直接联系起来。"①1945年7月18日爱伦堡进行了副博士论文答辩,论文题目为《第一次和第二次世界大战期间中国的革命运动》。

在最困难的1942年,苏联迎来了苏维埃国家25周年纪念。这25年中国历史研究的成果总结在古别尔教授的文章《苏联关于东方国家历史研究的25年》中,该文章于1942年刊登在《历史杂志》上,还发表在集体专著《苏联历史科学的25年》由他撰写的最后一章中。这一作品的出版发生在苏联历史的关键转折点上,此时已开始出现向旧俄罗斯经验转变的趋势,但是古别尔重点强调了苏联东方学和传统东方学之间的根本区别:"在经历过消除殖民压迫的国家,最先能想象到的就是研究殖民世界,这是不同于以往的东方学研究的根本区别。"②事实上,在这种观点的指引下,俄罗斯历史科学界在19世纪中期以前都拒绝研究中国历史,因为在此之前中国还没有被殖民统治。这时,作为俄罗斯主要的史学家-东方学家,古别尔总结了25年来该领域的发展,事实上承认了在这一领域缺乏显著的成就:"完成基于第一手资料的关于某些东方国家(土耳其、伊朗、印度、中国等)的总结性历史著作仍然是当务之急,但遗憾的是,目前还没有完成。"③因此,虽然汉学和历史科学取得了一些成就,但是甚至是东方学界的官方领导人都承认,在这25年期间汉学界在研究中国历史方面没有取得重大成就,未能给社会提供一个关于中国历史或整个东亚地区的全面的、总结性的研究。这里可以指出的是,汉学家-语言学家在这段时间还是没有完成大汉俄词典的编纂工作。在苏联科学院语言与文学部的报告中提到:"在1943年,语言学研究所和东方学研究所进行了大量关于编纂

---

① *Готлиб О. М.*, *Кремнев Е. В.*, *Шишмарева Т. Е.* Отечественные труды в области грамматологии китайской письменности второй половины XIX-первой половины XX вв. В. П. Васильев, С. М. Георгиевский, Ю. В. Бунаков, И. М. Ошанин. -Иркутск: МГЛУ ЕАЛИ, 2014. С. 158—159.

② Двадцать пять лет исторической науки в СССР. -М. -Л., 1942. С. 272.

③ *Губер А.* 25 лет изучения истории стран Востока в СССР // Исторический журнал. 1942. № 10. С. 95.

词典的工作……"①然而,接下来只提到了蒙俄词典和日俄词典的编纂成就,关于汉语词典则没有提及。

1943年莫斯科的科学院汉学以及高校汉学开始恢复。早在卫国战争时期,在取得第一波胜利之际,苏联实际上已经开始建立新的科学和教育。1943年初,前太平洋研究所所长沃伊京斯基向科学院主席团提交了关于在莫斯科团结科学力量重新组织东方学研究的必要性的报告。虽然并没有成功地把所有的东方学力量统一和集中在一起,但是在1943年底他们仍然创建了科学院东方学研究所莫斯科小组。当年在莫斯科十分积极的东方学家中就包括康拉德。1943年秋在莫斯科举办了东方学研讨会。在会议上斯特鲁维作了题为《关于东方学研究的基本任务》的报告②。

1943年11月,古别尔和米勒在苏共(布)中央委员会的要求下制定了关于改善东方史教学和科研工作所应采取的必要措施的说明。1943年12月阿列克谢耶夫提及了关于恢复《东方》杂志的必要性:"目前,对东方的兴趣与日俱增,而在战后,随着东方加入大西洋宪章的各民族大家庭中,阅读关于东方的文献也必然将进入教育、特别是自修教育的总体计划之中。"③

早在列宁格勒封锁结束之际,在1943年就提出了关于在列宁格勒大学重建汉学教研室的问题。1944年3月6日阿列克谢耶夫在博罗沃耶写道:"今天收到了一封来自'沃兹涅先斯克大学校长'的电报,他希望我同意担任教研室主任一职。我的回答是:'不,1938年我熬不下去,之后也不想再受煎熬了'。"④但是在1944年6月阿列克谢耶夫写道:"今天在东方系成立了中国教研室,其成员有:我本人、施泰因、艾德林、斯梅卡洛夫、杜曼、彼得罗夫、孟泽列尔、柯切托娃(来自艾尔

---

① Вестник Академии наук СССР. 1944. No 4—5. C. 96.
② Там же. C. 93.
③ Переписка В. М. Алексеева и И. Ю. Крачковского (1916—1950) // Неизвестные страницы отечественного востоковедения. Вып. III. -М.: Восточная литература, 2004. C. 320.
④ Там же. C. 324.

米塔什)……"①

很快列宁格勒的封锁被解除,教师和学者们开始从撤离地返回。1944年8月30日阿列克谢耶夫回到列宁格勒。1944年9月6日的《苏联科学院东方学研究所例行工作与事件日志》记录道:"向阿列克谢耶夫院士发放了所有属于他个人的临时保存在东方学研究所的科学资料(汽车装了满满一吨半)。"②很快东方学研究所整顿就绪,工作人员开始有序地进行日常的工作。例如,1944年9月30日举行了研究所员工会议,在会议上阿列克谢耶夫作了题为《〈海赋〉及其翻译说明》的报告。1945年1月在那里举行了一次科学会议,讨论了施泰因的报告《管子研究的初步总结》。此外,在战争结束前国家就已经恢复往列宁格勒派遣学者,例如1944年6月从莫斯科来到科学院图书馆的博士生西蒙诺夫斯卡娅等等。

1944年列宁格勒国立大学东方系重建。阿列克谢耶夫重新领导这里的中国语文学教研室。蒙古语文学教研室主任科津院士担任东方系主任,他早在1903年就完成了汉语－满语－蒙古语方向的大学学业。屈纳也在大学重拾远东国家现当代历史课程。

1944年莫斯科汉学家们的科学和教育活动也已得到恢复。在这一年在莫斯科国立大学历史系开设了东方专业。在第一批"返回"莫斯科国立大学的汉学学生中有克里夫佐夫。

在战争接近尾声之际,莫斯科和圣彼得堡的东方学家们的科学生活又再次"沸腾起来"。1944年5月在东方学研究所莫斯科小组会议上,博士生艾德林宣读了阿列克谢耶夫于1942年至1943年期间完成的关于中国文学史的文章。1945年1月在列宁格勒苏联科学院东方学研究所举行了科学会议,讨论了施泰因的报告《管子研究的初步总结》。1945年春,中国优秀作家和史学家郭沫若受邀参加了科学院225周年的纪念会。1945年5月24日苏联科学院东方学研究所所长

---

① Переписка В. М. Алексеева и И. Ю. Крачковского (1916—1950) // Неизвестные страницы отечественного востоковедения. Вып. III. -М.: Восточная литература, 2004. С. 338.

② Там же.

签署了一项命令,命令指出:"为了执行苏联科学院主席团的决议,按照国防委员会的决定,撤离至塔什干的东方学研究所自 1945 年 5 月 17 日起返回列宁格勒并开始在列宁格勒运转办公。"①

根据《苏联科学院通报》发表的报告,太平洋研究所在卫国战争时期从事了中国问题的研究:"在 1944 年的计划中包括以下主题:1.'日本在东亚的新秩序'……3.'民族解放战争影响下中国经济发展的基本趋势'(作者为经济学副博士佩列韦尔泰洛)……"②苏联科学院文学研究所制定了一项"大型诗学史作品的计划,将介绍东方(中国、日本、印度)的诗学……"③在 1944 年秋季科学院会议上所作的报告中有阿列克谢耶夫的报告《理想和现实中的中国历史学家》。在 1944 年 10 月苏联科学院的会议总结中提到:"在下午的会议上阿列克谢耶夫院士作了题为《布瓦洛及其同时代的中国人论诗歌技巧》的有趣报告。汉学的进步要求从孤立的中国历史文学内容当中提取出中国历史文学的主题并进行对比探讨。在他以前的报告《贺拉斯和李季论诗歌技巧》中阿列克谢耶夫院士列举了这种具有对比特征的例子。"④

在战争结束之际,苏维埃汉学保留了鲜明的时代特征。1944 年《苏联科学院通报》的第一期以潘克拉托夫的文章《列宁——最伟大的科学泰斗》开篇,之后还刊登了文章《苏联科学院全体院士、通讯院士和科研人员致约瑟夫·维萨里昂诺维奇·斯大林》。1945 年《苏联科学院通报》第一期以苏联科学院院长科马罗夫(В. Л. Комаров)的话开篇:"不久前极大的幸运降临在我的身上。我和约瑟夫·维萨里昂诺维奇·斯大林进行了交谈,并从他那儿获得了关于苏联科学院工作的领导指示。"⑤随后的一篇文章是通讯院士列昂季耶夫(Л. А.

---

① Институт востоковедения в 1945 г. Воспоминания сотрудников (запись и редакция Д. Е. Бертельса). Предисловие и публикация С. И. Марахоновой // Труды востоковедов в годы блокады Ленинграда (1941—1944) / сост. и отв. ред. И. Ф. Попова. -М. : Вост. лит. , 2011. С. 326.

② Вестник Академии наук СССР. 1944. № 11—12. С. 138.

③ Там же. С. 140.

④ Там же.

⑤ Вестник Академии наук СССР. 1945. № 1—2. С. 6.

Леонтьев)的《列宁——最伟大的科学天才》。《苏联科学院通报》经常刊登苏联科学院院士的这类文章——《列宁与历史科学》《列宁与现代物理学》等①。在布鲁耶维奇（Н. Г. Бруевич）院士的文章《关于1944年苏联科学院科研工作计划》中并未提及汉学②。刊登在《苏联科学院通报》第一期上的一篇题为《最近几年的基本科学问题》的文章中，关于整个汉学只提到了下面这些内容："我们在汉学领域的工作早已在世界科学中占据了首席地位。目前汉学研究由阿列克谢耶夫院士领导，他正在编纂俄汉词典。阿列克谢耶夫院士对列宁作品进行的汉译工作具有重要意义。"③

许多汉学家因其为共同的胜利事业做出的贡献而获得军事和劳动奖励。1945年阿列克谢耶夫院士被授予列宁勋章。康拉德于1944年被授予劳动红旗勋章，1945年被授予列宁勋章。他还获得了"战胜日本"奖章和"伟大的卫国战争中忘我劳动"奖章。科洛科洛夫于1945年被授予红旗勋章和"战胜德国"奖章；德拉古诺夫被授予劳动红旗勋章、"保卫列宁格勒"奖章和"伟大的卫国战争中忘我劳动"奖章；Н. А. 彼得罗夫被授予"战功"奖章、"战胜德国"奖章和"战胜日本"奖章④；杜曼于1945年9月被授予红星勋章、"战功"奖章、"战胜日本"奖章和"战胜德国"奖章等。大多数汉学家都被授予了"伟大的卫国战争中忘我劳动"奖章，其中就包括老一辈汉学家斯梅卡洛夫。

如此一来，在卫国战争的最后阶段，在1944年至1945年，汉学家的科学和教育工作开始步入正轨。随着汉学在莫斯科和列宁格勒的恢复，针对汉学也进行了各种改变和革新。国家非常重视科学机构和高校，但是战争初期所遭受的巨大损失以及不可能让所有学者复员的现状明显阻碍了汉学的恢复。

1937—1938年的"大恐怖"时期和1939—1945年的第二次世界大

---

① Вестник Академии наук СССР. 1944. No 3.
② Там же.
③ Вестник Академии Наук СССР. 1945. No 1-2. С. 114.
④ АВ ИВР РАН. Ф. 152. Оп. 3. Д. 464. Л. 31.

战时期成为了考验俄罗斯汉学的严峻时期。镇压机构让俄罗斯东方学黯然失色,给幸存的汉学家之间的关系带来了不和和怀疑。随着世界大战的开始,所有的生活都转为了战时模式,在卫国战争期间,苏联科学院东方学研究所约三分之一的工作人员离世,许多方面的研究被长期中断,一些档案和藏书遗失。但是,汉学家不管是在镇压期间,还是列宁格勒被围困期间,不管是在撤离期间,还是在担任军事或外交职务期间,都没有中断自己的研究。在战争期间,他们继续进行汉语教学和中国专家的培养工作,汉学家们完成论文并进行答辩。在这几年,他们还在中国购买了珍稀图书及其最新版本,中国文学作品在苏联被翻译并出版。在卫国战争结束之际,莫斯科和列宁格勒的高校和学术机构的活动不仅完全得以恢复,而且还取得了一定程度的发展。

结 论

俄罗斯汉学在苏联历史的前期走过了一段复杂矛盾的发展道路。俄罗斯汉学家和整个俄罗斯社会一样,对新苏维埃政权、新的政治制度和社会经济现实的态度并不统一。尽管俄罗斯汉学家们和整个国家一起经历了艰难与困苦,但是他们仍继续从事自己的事业:研究中国、培养新的汉学家、完成国家机构的任务。

在苏联科学的形成时期人们试图对俄罗斯东方学的内容和原则进行改造,但社会没有足够的资源来落实这一改造。政府把汉学家从科学界抽调出来,将最大的资源投入政治任务的解决中去。

革命在一定程度上扩大了俄罗斯汉学的影响范围。除了两个保存下来的旧中心:彼得格勒(列宁格勒)和符拉迪沃斯托克之外,莫斯科在汉学体系中也占据了重要地位。有一段时间汉学教育出现在重新开设的伊尔库茨克大学里。汉学教育经历了教育和学术体系的改革,并且没有丧失其潜力。

在革命后的时期,俄罗斯汉学保留了古老的俄罗斯汉学传统,并解决了新的问题。俄罗斯汉学家们积极地在苏联和中国工作,有的移民到中国,有的以苏联公职的身份在中国工作。旧学派代表、彼得堡大学和东方学院的毕业生,以及苏联各学校的毕业生都参与了新汉学的发展。20世纪20—30年代的汉学并没有脱离世界汉学环境,学者们与欧洲同行和中国都保持着联系。

俄罗斯科学和教育在苏联艰难的社会经济和政治现实中发展着,汉学遭受了来自意识和政治局势的压力。俄罗斯科学经历了"文化革命"和最残酷的政治镇压,并在这种情况下遭受重创。许多汉学家本来是可以给整个苏联科学带来荣耀的,但是他们的作品大部分都没有发表,有一些已经遗失。许多迫切的任务还是没有得到解决,二十余年来在苏联没有出现一本完整的汉俄字典。这些年来在苏联没有出现基于中国史料的现代解读的全面综合的中国历史研究。政治和社会经济现实促成了一些无用的项目,例如"新汉语字母表"。

尽管有矛盾和困难,苏俄汉学仍然存在和发展着,汉学家一直在翻译和出版古典和现代的中国文学作品,分析历史文献和哲学文本。汉学家就中国语言学和中国社会经济结构最复杂的问题进行了讨论。

对俄罗斯科学和教育来说最艰难的时期是卫国战争时期。然而,俄罗斯汉学家虽然历经艰辛与磨难,但是在被封锁的列宁格勒、在被围困的莫斯科、在撤离区、在军队里或者在中国,他们仍然继续工作。在苏联对中国文学作品和历史文献的翻译工作没有一年中断过,在战争年代学者们不仅写完了一些论文,甚至还完成了论文的答辩。

20世纪20—30年代的社会实验、20世纪30年代的政治镇压以及卫国战争的伤亡给俄罗斯汉学带来了不可弥补的损失。然而几代汉学家们的经验以及社会和国家维持国内应有的科教水平的客观需求保证了俄罗斯汉学的较高水准。该时代背景下的俄罗斯汉学是整个现代汉学的基础之一。

俄罗斯汉学家名录(1917—1945)[①]

Аболтин Владимир Яковлевич (Аварин) (1899—1978)
Абрамсон Мануил Моисеевич (Мазурин) (1898—1935)
Абугов Михаил Захарович (1901—1941)
Аварин-см. *Аболтин*
Авенариус Георгий Георгиевич (1876—1948)
Автономов Николай Павлович (1895—1985)
Алексеев Василий Михайлович (1881—1951)
Андреев Михаил Георгиевич (1888—1937)
Аникеев Василий Маркович (1892—?)
Аракин Яков Иванович (1878—1949)
Арнольдов Лев Валентинович (1894—?)
Аттая Михаил Осипович (1852—1924)
Аякс-см. *Канторович*
Баранов Алексей Михайлович (? —1927)
Баранов Андрей Федорович (1892—1970)
Баранов Ипполит Гаврилович (1886—1972)
Беленький Семен Натанович (Волин Михаил) (1896—?)

[①] В скобках указаны псевдонимы, либо иное написание фамилии или имени. Псевдонимы включены в указатель.

Бранд Яков Яковлевич（1869—1946）

Бруннерт Ипполит Семенович（1882—1948）

Бунаков Юрий Владимирович（1908—1942）

Варга Евгений（Ене）Самуилович（1879—1964）

Василевский Кесарь Иванович（？—1948）

Васильев Борис Александрович（1899—1937）

Вельтман Михаил Лазаревич（Павлович Михаил Павлович）（1871—1927）

Ветюков Николай Николаевич（1906—？）

Веревкин Иван Николаевич（1880—1933）

Виленский-Сибиряков Владимир Дмитриевич（1888—1942）

Вишнякова-Акимова Вера Владимировна（1904—1965）

Вознесенский Арсений Николаевич（1881—1937）

Войлошников Василий Александрович（1895—1938）

Войтинский-см. *Зархин*

Волин-см. *Беленький*

Волгин Вячеслав Петрович（1879—1961）

Вольдин-см. *Сафаров*

Воробьев Павел Иванович（1892—1937）

Вяткин Рудольф Всеволодович（1910—1995）

Гальперин Александр Львович（1896—1960）

Гильчер Михаил Эммануилович（1874—？）

Гинс Георгий Константинович（1887—1971）

Го Шаотан（Крымов Афанасий Гаврилович）（1905—1988）

Горбачева Зоя Ивановна（1907—1979）

Гребенщиков Александр Васильевич（1880—1941）

Груздев-Радин Эйзер Львович（Лейбович）（1906—1937）

Далин Сергей Алексеевич（1902—1985）

Добровольский Илья Амфилохович（1874—1920）

Драгунов Александр Александрович（1900—1955）

Драгунова Екатерина Николаевна（1901—？）

Дубасова Зоя Сергеевна（1903—？）

Думан Лазарь Исаевич（1907—1979）

Ефимов Геронтий Валентинович（1906—1980）

Ещенко Александр Петрович（1902—1938）

Жаков Михаил Петрович（1893—1936）

Жебровский Владимир Александрович（1893—1938）

Жуков Евгений Михайлович（1907—1980）

Зархин（Войтинский）Григорий Наумович（1893—1953）

Зубер-см. *Кочетова*

Иванов Алексей Алексеевич（Ивин）（1885—1942）

Иванов Алексей Иванович（1878—1937）

Ивин-см. *Иванов А. А.*

Илюшечкин Василий Павлович（1915—1996）

Иолк Евгений Сигизмундович（1900—1937）

Исаенко Борис Степанович（1914—1965）

Казакевич Владимир Александрович（1896—1937）

Казанин Марк Исаакович（Таневский）（1899—1972）

Казин Всеволод Николаевич（1907—1942）

Канторович Анатолий Яковлевич（Аякс，Н. Терентьев）（1896—1944）

Кара-Мурза Георгий Сергеевич（1906—1945）

Ковалев Евгений Федорович（1907—1995）

Козьмин Николай Николаевич（1872—1938）

Кокин Михаил Давидович（1906—1937）

Колоколов Всеволод Сергеевич（1897—1976）

Конаков Александр Павлович（1908—?）

Конрад Николай Иосифович（1891—1970）

Конус-*см. Шин*

Коротков Николай Николаевич（1908—1993）

Котвич Владислав Людвигович（1872—1944）

Кочетова（Зубер）Софья Михайловна（в девич. Поспелова）（1907—1985）

Крайнов Владимир Меркурьевич（1902—1937）

Кривцов Владимир Николаевич（1914—1979）

Кротков Николай Николаевич（1869—1919）

Крымов—*см. Го*

Лаврова Мария Петровна（1869—1967）

Мазурин-см. *Абрамсон*

Мамаев Иван Кириллович（1895—1938）

Маракуев Александр Владимирович（1891—1955）

Мартынов Александр Александрович（1905—1975）

Матвеев Зотик Николаевич（1889—1938）

Медовая Ефросинья Никитична（1907—1942）

Мелналкснис Арнольд Иванович（1905—1990）

Мельников Николай Семенович（1906—1937）

Миф-см. *Фортус*

Монзелер Георгий Оскарович（1900—1959）

Мордвинов Георгий Иванович（1896—1966）

Невский Николай Александрович（1892—1937）

Нейман Владимир Абрамович（Никольский и др.）（1898—1938）

Никифоров Николай Иванович（1886—1951）

Никольский-см. *Нейман*

Никонов Александр Матвеевич（1893—1937）

Осипов-см. *Чжу*

Ошанин Илья Михайлович（1900—1982）

Павлович-см. *Вельтман*

Панкратов Борис Иванович（1892—1979）

Папаян Гайк Кегамович（1901—1937）

Пашков Борис Клементьевич（1891—1970）

Пашкова Мария Клементьевна（1903—?）

Перевертайло Алексей Степанович（1897—1990）

Перлин Борис Самойлович（1894—1938）

Петров Аполлон Александрович（1907—1949）

Петров Аркадий Николаевич（1881—1938）

Петров Николай Александрович（1908—?）

Пименова Эмилия Кирилловна（1854—1935）

Подставин Григорий Владимирович（1875—1924）

Позднеев Дмитрий Матвеевич（1865—1937）

Позднеева Любовь Дмитриевна（1908—1974）

Полевой Сергей Александрович（1886—1971）

Поливанов Евгений Дмитриевич（1891—1938）

Поляков Александр Сергеевич（1906—1940）

Поносов Владимир Васильевич（1899—1975）

Попов Александр Дмитриевич（1889—?）

Попов-Татива Николай Михайлович（1883—1937）

Поппе Николай Николаевич（1897—1991）

Пригожин Абрам Григорьевич（1896—1937）

Рабинович Захарий Михайлович（1903—?）

Радек-см. *Собельзон*

Разумов-см. *Тарханов*

Разумовский Константин Иванович（1905—1942）

Рогачев Алексей Петрович（1900—1981）

Рогов Владимир Николаевич（1906—1989）

Рудаков Аполлинарий Васильевич（1871—1949）

Рудов Леонид Николаевич（1888—1942）

Рыгдылон Эрдэмто Ринчинович（1906—1957）

Рязановский Валентин Александрович（1884—1969）

Сафаров Георгий Иванович（Вольдин）（1891—1942）

Сетницкий Николай Александрович（1888—1937）

Сидихменов Василий Яковлевич（1912—?）

Симонивская（Симоновская）Лариса Васильевна（1902—1972）

Синани-см. *Скалов*

Скалов Георгий Борисович（Синани）（1896—1940）

Скворцов Тихон Федотович（1899—1972）

Скурлатов Иван Сергеевич（1874—?）

Смыкалов Георгий Феофанович（1877—1955）

Сладковский Михаил Иосифович（1906—1985）

Снесарев Андрей Евгеньевич（1865—1937）

Собельзон（Радек）Карл Бенгардович（1885—1939）

Соловьев Федор Владимирович（1913—?）

Софоклов Григорий Александрович（1881—?）

Спальвин（Спальвиньш）Евгений Генрихович（1872—1933）

Судаков Петр Степанович（1880—1976）

Сурин Виктор Ильич（1875—1967）

Сыромятников Сергей Николаевич（1864—1933）

Таневский-см. *Казанин*

Таранович Владимир Павлович（1874—1941）

Тарханов Оскар Сергеевич（псевд. Разумов и др.）（1901—1938）

Терентьев-см. *Канторович*

Тишенко (Тищенко) Петр Семенович (1879—?)

Тихвинский Сергей Леонидович (род. 1918)

Толмачев Владимир Яковлевич (1876—1942)

Ульяницкий Леонид Григорьевич (1884—?)

Усов Сергей Николаевич (1891—1966)

Успенский Константин Викторович (1881—1940)

Федоренко Николай Трофимович (1912—2000)

Флуг Константин Константинович (1893—1942)

Фортус Михаил Александрович (Миф Павел Александрович) (1901—1939)

Харнский Константин Андреевич (1884—1938)

Хионин Алексей Павлович (1879—1971)

Ходоров Абрам Евсеевич (1886—1949)

Цао Цзинхуа (1897—1987)

Чжу Ушан (Осипов Павел Иванович) (1901—?)

Чуйков Василий Иванович (1900—1982)

Шварсалон Сергей Константинович (1887—1941)

Шин Хуфан (Конус Николай Васильевич) (1905—1938)

Шкуркин Павел Васильевич (1868—1943)

Шпринцин Александр Григорьевич (1907—1974)

Штейн Виктор Морицевич (1890—1964)

Щуцкий Юлиан Константинович (1897—1938)

Эйдлин Лев Залманович (1910—1985)

Энгельфельдт Владимир Викторович (1891—1937)

Эренбург Георгий Борисович (1902—1967)

Яранцев Иван Васильевич (1896—1941)

Яшнов Евгений Евгеньевич (1881—1943)

文献出处与参考书目

一、文献出处
档案文件与资料

Архив востоковедов Института восточных рукописей Российской Академии наук（АВ ИВР РАН）. РазрядI（Китай）；Фонды：32（Кротков Н. Н.），69（Невский А. Л.），73（Флуг К. К.），75（Гребенщиков А. В.），77（Рудов Л. Н.），91（Кюнер Н. В.），96（Рудаков А. В.），97（Г. Ф. Смыкалов），125（Штейн В. М.），132（Драгунов А. А.），133（Казин В. Н.），144（Колоколов В. С.），145（Панкратов Б. И.），152（Отдел кадров Института востоковедения），153（Баранов И. Г.）.

Архив Российской Академии наук（АРАН）. Фонды：350（Коммунистическая академия ЦИК СССР）；354（Институт мирового хозяйства и мировой политики Комакадемии）；355（Институт философии Комакадемии）；359（Институт истории Комакадемии）；407（Центральная квалификационная комиссия АН СССР）；411（Управление кадров РАН）；540（Милютин В. П.）；606（Лузин Н. Н.），1513（Варга Е. С.），1577（Институт истории АН СССР）；1675（Конрад Н. И.），1702（Майский И. М.），1788（Жуков Е. М.）.

Санкт-Петербургский филиал Архива Российской Академии наук (СПбФ АРАН). Фонд 820 (Алексеев В. М.).

Отдел рукописей Российской национальной библиотеки (ОР РНБ). Фонды: 590 (Позднеевы), 873 (Штукин), 1200 (Шпринцин А. Г.)

Российский государственный архив социально-политической истории (РГАСПИ). Фонды: 17 (КПСС); 495 (Коминтерн); 532 (КУТВ); М-1 (ЦК ВЛКСМ).

Государственный архив Хабаровского края (ГАХК). Фонды: П-2 (Дальневосточный краевой комитет ВКП (б). 1925—1938 гг.); Р-704 (Комитет образования администрации Хабаровского края); 1228 (Представительство Дальневосточного исполнительного комитета Совета рабочих, крестьянских, казачьих и красноармейских депутатов в Москве); 1728 (Отдел профессиональной подготовки и трудового обучения Управления народного образования Хабаровского крайисполкома).

Государственный архив Приморского края. Фонд 117 (Государственный Дальневосточный Университет).

Государственный архив Новосибирской области. Фонд Р-47 (Западносибирский крайисполком).

Государственный архив Иркутской области (ГАИО). Фонд Р-145 (Иркутский губисполком).

Государственный архив новейшей истории Иркутской области (ГАНИИО). Государственный архив новейшей истории Иркутской области (ГАНИИО). Фонды: 16 (Иркутский окружком ВКП (б)), 123 (Восточно-Сибирский крайком ВКПб.).

Музей истории Томского государственного университета. Фонд А. В. Маракуева.

出版的文件与资料

Академия наук в решениях Политбюро ЦК РКП(б)-ВКП(б)-КПСС 1922—1991 /1922—1952. Сост. *В. Д. Есаков.* -М. , 2000.

Арцибашев В. А. , *Даниленко И. С.* « Сделано даже больше того, чего можно было ожидать ». Отчет о деятельности Академии Генерального штаба РККА за 1918—1920 гг. // Исторический архив. —2012. — No 4.

Библиографический сборник. Том I (IV). Обзор литературы по китаеведению. Под ред. *Н. В. Устрялова.* -Харбин, 1932.

Бюллетень No 1 Иркутского филиала Всесоюзной научной ассоциации востоковедения. -Иркутск, 1926.

ВКП (б), Коминтерн и национально-революционное движение в Китае. Документы. Т. I. 1920—1925. -М., 1994.

ВКП (б), Коминтерн и национально-революционное движение в Китае. Документы. Т. II. 1926—1927. Ч. 1. -М., 1996.

ВКП(б), Коминтерн и Китай: Документы. Т. IV. ВКП(б), Коминтерн и советское движение в Китае. 1931—1937. Ч. 1. -М., 2003.

ВКП(б), Коминтерн и Китай: Документы. Т. IV. ВКП(б), Коминтерн и советское движение в Китае. 1931—1937. Ч. 2. -М., 2003.

ВКП(б), Коминтерн и Япония. 1917—1941. -М., 2001.

Волгин В. П. Академия наук на новом этапе // Вестник Академии наук СССР. — 1935. — № 4.

Востоковедение в Петрограде 1918—1922. Памятка Коллегии востоковедов при Азиатском музее Российской Академии наук. -Пг., 1923.

Восточные Записки. Т. I. -Л. : Издание ИЖВЯ им. А. С. Енукидзе, 1927.

Дискуссия об Азиатском способе производства. -М. -Л. : Государственное социально-экономическое издательство, 1931.

Документы и материалы // Становление советского востоковедения. -М., 1983.

Ежегодник книги СССР. 1935. Систематический указатель. Под ред. *И. Т. Морозова и В. И. Соловьева*. -М., 1936.

Ежегодник книги СССР. 1941 (2-е полугодие). Систематический указатель. -М., 1950.

Ежегодник книги СССР. 1942. Систематический указатель. -М., 1950.

Записки Института востоковедения Академии наук СССР. II, 2. -Л. : Изд-во АН СССР, 1933.

Записки Института востоковедения Академии наук СССР. II, 5. -Л. : Изд-во АН СССР, 1933.

Записки Института востоковедения Академии наук СССР. V. -М. -Л. : Изд-во АН СССР, 1936.

Записки Коллегии востоковедов при Азиатском музее АН СССР. Т. IV. -Л. : Изд-во АН СССР, 1930.

Из истории востоковедения на Российском Дальнем Востоке. 1899—1937 гг. Документы и материалы. -Владивосток, 2000.

Из писем В. М. Алексеева к Эдуарду Шаванну (публикация, перевод с французского и примечания*И. Э. Циперович*) // Петербургское востоковедение. Вып. 9. -СПб., 1997.

Институт востоковедения имени Н. Н. Нариманова. Справочник. -М., 1926.

Историческому образованию в Сибири 90 лет: Исторический факультет Томского государственного университета в воспоминаниях и документах / Сост. *Д. В. Хаминов, С. А. Некрылов.* -Томск: Изд-во Том. ун-та, 2008.

История Дальневосточного государственного университета в документах и материалах 1899—1939. -Владивосток, 1999.

Комиссия по истории знаний. 1921—1932 гг. Из истории организации историко-научных исследований в Академии наук. Сборник документов / Сост. *В. М. Орел, Г. И. Смагина.* -СПб. : Наука, 2003.

Миронов Н. Д. Востоковедение в Иркутском университете // Дело. —1918. — 22 августа.

Отчет Далькрайисполкома за 1925—26 гг. -Хабаровск, 1927.

Отчет о деятельности Азиатского музея Российской Академии наук за 1919 год. - П. : Государственная Академическая Типография, 1920.

Отчет о деятельности Общества изучения Маньчжурского края за 1926 год (4-й год существования). -Харбин, 1927.

Отчет о работе Дальневосточного филиала Академии наук СССР за 1934 год. -Владивосток: Издательство ДВ Филиала Академии наук СССР, 1935.

Переписка В. М. Алексеева и И. Ю. Крачковского (1916—1950) (публикация*А. А. Долиной*) // Неизвестные страницы отечественного востоковедения. Вып. III. -М. : Восточная литература, 2004.

Переписка И. В. Сталина и Г. В. Чичерина с полпредом СССР в Китае Л. М. Караханом: документы, август 1923 г. —1926 г. Сост., отв. ред.-сост., авт. предисл. *А. И. Картунова.* -М., 2008.

Письма В. А. Рязановского В. М. Алексееву // Восточный Архив. —2001. — № 6 —7.

Романов Н. С. Летопись города Иркутска за 1902—1924 гг. Иркутск, 1994.

Русско-китайские отношения в XX веке. Т. IV. Советско-китайские отношения в 1937—1945. Кн. 1: 1937—1944 гг. / Отв. ред. *С. Л. Тихвинский.* -М. : Памятники исторической мысли, 2000.

Русско-китайские отношения в XX веке. Т. IV: Советско-китайские отношения. 1937—1945 гг. Кн. 2: 1945 г. / Отв. ред. *С. Л. Тихвинский.* -М. :

Памятники исторической мысли, 2000.

Русско-китайские отношения в XX веке. Т. III. Советско-китайские отношения (сентябрь 1931-сентябрь 1937). -М., 2010.

Сибирский календарь на 1925 год. Издание Государственного Иркутского университета. -Иркутск, 1924.

Список профессоров и приват-доцентов Факультета восточных языков Императорского, бывшего Петербургского, ныне Петроградского университета с 1819 года.

Справочные сведения по Ленинградскому институту живых восточных языков за 1924—1925 уч. гг. -Л., 1925.

Томский Государственный Педагогический институт в годы ВОВ (1941—1945) Сб. док и материалов. -Томск, 2007.

Три неизвестных архивных документа: к биографии В. М. Алексеева (публикация*А. Н. Хохлова*) // Неизвестные страницы отечественного востоковедения. Вып. III. -М.: Восточная литература, 2004.

ЦК ВКП(б) и национальный вопрос. Кн. 2. 1933—1945. -М., 2009.

日志与回忆录

Автономов Н. П. Юридический факультет // Русский Харбин. 2-е изд., испр. и доп. -М.: Изд-во МГУ: Наука, 2005.

Баньковская М. В. Алексеев и Китай: книга об отце. -М., 2010.

Вишнякова-Акимова В. В. Два года в восставшем Китае (1925—1927). -М., 1980.

Го Шаотан (А. Г. Крымов). Историко-мемуарные записки китайского революционера. Предислов. *Л. П. Делюсина.* -М., 1990.

[*Губер*] Академик А. А. Губер: историк и личность. К 100—летию со дня рождения. Воспоминания, речи, статьи. -М., 2004.

Далин С. А. Китайские мемуары. 1921—1927. -М.: Наука. Главная редакция восточной литературы, 1982.

Институт востоковедения в 1945 г. Воспоминания сотрудников (запись и редакция*Д. Е. Бертельса*). Предисловие и публикация *С. И. Марахоновой* // Труды востоковедов в годы блокады Ленинграда (1941—1944) / сост. и отв. ред. *И. Ф. Попова*; М.: Вост. лит., 2011.

Ледовский А. М. СССР и Сталин в судьбах Китая. Документы и свидетельства участника событий: 1937—1952. -М., 1999.

Маркизов Л. П. До и после 1945. Глазами очевидца. -Сыктывкар, 2003.

Ольденбург С. Записка о трудах Василия Михайловича Алексеева, младшего ученого хранителя Азиатского Музея. 1913—1918 // Азиатский Сборник. Из Известий Российской Академии наук. Новая серия. 1918. -Петроград.

Петров В. И. Мятежное «сердце» Азии: Синьцзян: краткая история народных движений и воспоминания. -М. : Изд-во «Крафт», 2003. —528 с.

[*Пионтковский*] Дневник историка *С. А. Пионтковского* (1927—1934). Отв. ред. *А. Л. Литвина*. -Казань, 2009.

Российское китаеведение-устная история. Сборник интервью с ведущими российскими китаеведами. XX-XXI вв. / Под ред. *В. Ц. Головачева*. Том 1. -М. : Институт востоковедения РАН, ООО Крафт, 2014. 496 с.

[*Серебренников*] Китай и русская эмиграция в дневниках *И. И.* и *А. Н. Серебренниковых*. В 5 т. Т. I. -М. , 2006.

Сладковский М. И. Знакомство с Китаем и китайцами. -М. , 1984.

Слободчиков В. А. О судьбе изгнанников печальной... Харбин, Шанхай. -М. : Центрполиграф, 2005.

[*Соловьев*] Интервью с выпускником Восточного факультета ГДУ 1939 г. Ф. В. Соловьевым (подг. *З. Ф. Моргун*) // Известия Восточного Института. № 1. —1994.

Тихвинский С. Л. Первый президент Академии наук Китая // Вестник Российской Академии наук. Т. 72. —2002. — № 11.

Тихвинский С. Л. Мой путь в востоковедение // *Тихвинский С. Л.* Избранные произведения. Кн. 5: Воспоминания дипломата и заметки историка. -М. : Наука, 2006.

Шэн Юэ. Университет имени Сунь Ятсена в Москве и китайская революция. Воспоминания. Пер. с англ. *Л. И. Головачевой* и *В. Ц. Головачева*. -М. , 2009.

Цзян Чжунчжэн (Чан Кайши). Советская Россия в Китае. Воспоминания и размышления в 70 лет. Изд. 2-е. -М. , 2009.

Чуковский К. И. Собрание сочинений: В 15 т. Т. 12. Дневник (1922—1935). 2-е изд. , электронное, испр. -М. : Агентство ФТМ, Лтд, 2013.

Чуйков В. И. Миссия в Китае. Записки военного советника. -М. , 1981.

汉学家的出版物（这里指广泛意义上的汉学家）

Аварин В. «Независимая» Манчжурия. Второе дополненное издание. -М., 1934.

Аварин В. Империализм в Маньчжурии. Т. I. Этапы империалистической борьбы за Маньчжурию. -М. -Л., 1934.

Авдощенков А. Я. История заселения Цзяньдао // Вестник Маньчжурии. —1930. — № 9.

Авенариус Г. Г. Суды и процессуальные нормы в Китае // Вестник Азии. —1922. — № 48. -Вып. I.

Авенариус Г. Г. Землячества и цеховые объединения в Китае //Вестник Маньчжурии. Под ред. *И Ли-чуна и Е. Г. Лиманова.* -Харбин. —1926. — № 5.

Авенариус Г. Г. Эмиссия китайских банков и контроль коммерческих обществ // Вестник Маньчжурии. Под ред. *И Ли-чуна и Е. Г. Лиманова.* -Харбин. — 1926. — № 11—12.

Авенариус Г. Г. Китайские цехи // Вестник Маньчжурии. -Харбин. —1927. — № 11, 12.

Авенариус Г. Г. Торговый класс Китая // Библиографический сборник. Том I (IV). Обзор литературы по китаеведению. Под ред. *Н. В. Устрялова.* -Харбин, 1932.

Алексеев В. М. Китайская литература // Литература Востока. Сборник статей. Выпуск второй. -Пб.: Гос. изд-во, 1920.

Алексеев В. М. Судьбы китайской археологии // Известия Российской Академии истории материальной культуры. Т. 3. -Л., 1924.

Алексеев В. М. Из области китайского храмового синкретизма // Восточные Записки. Т. I. -Л.: Издание ИЖВЯ им. А. С. Енукидзе, 1927.

[*Алексеев В. М.*] Проф. Н. В. Кюнер. Лекции по истории развития главнейших основ китайской материальной и духовной культуры (Рецензия) // Записки Коллегии востоковедов при Азиатском музее АН СССР. Т. IV. -Л.: Изд-во АН СССР, 1930.

Алексеев В. М. Ленин на китайском языке // Вестник Академии наук СССР. — 1931. — № 1.

Алексеев В. М. Принципы переводов сочинений В. И. Ленина на китайский язык // Записки Института востоковедения Академии наук СССР. III. -Л.: Изд-во АН СССР, 1933.

Алексеев В. М. Китайский фольклор и китайская народная картинка // Вестник Академии наук СССР. —1935. — № 4.

Алексеев В. М. Китайская история в Китае и в Европе // Проблемы Дальнего Востока—1975. — № 1.

Алексеев В. М. Наука о Востоке. -М., 1982.

Алексеев В. М. Рабочая библиография китаиста. Книга руководств для изучающих язык и культуру Китая // Архив Российской китаистики. Т. I. Сост. *А. И. Кобзев*; отв. ред. *А. Р. Вяткин*. -М.: Наука-Вост. лит., 2013.

Алексеев Л. К истории религиозных учений и верований // Вестник Маньчжурии. —1931. — № 2.

Алымов С. Китайский театр // Вестник Маньчжурии. Под ред. *И Ли-чуна и Е. Г. Лиманова*. -Харбин. —1926. — № 7.

Андреев М. Г. Из истории сношений России с Китаем XVII-XX вв. // Северная Азия. —1925. — № 5—6.

Антонов К. Суньятсенизм и китайская революция. -М., 1931.

Аракин Я. Китайская поэзия. -Харбин, 1926.

Арнольдов Л. В. Китай, как он есть. Быт и политика. Наблюдения, факты, выводы. -Шанхай, 1933.

Баранов А. М. Барга // Вестник Маньчжурии. -Харбин. —1925. — № 8—10.

Баранов А. Историческое прошлое Маньчжурии (Очерк работы Историко-Этнографической секции ОИМК по обследованию памятников старины в Маньчжурии за 1923—1927 гг.) // Известия Общества изучения Маньчжурского края. № 7. —1928. -Декабрь.

Баранов А. Изучение памятников древности в Маньчжурии // Бюллетень Музея Общества изучения Маньчжурского края и юбилейной выставки К. В. Ж. Д. № 1. -Харбин. —1923. -Июнь.

Баранов И. Г. Политико-административное устройство Китайской Республики // Вестник Азии. № 49. —1922. -Вып. II.

[*Баранов*] Новая Конституция Китайской Республики. Перевод *Е Цзун-ляня* и *И. Г. Баранова* // Вестник Азии. № 51. -Харбин, 1923.

Баранов И. Г. По китайским храмам Ашихэ // Вестник Маньчжурии. Под ред. Президиума Торгово-Промышленной Секции ОИМК. -Харбин. —1926. — № 1—2.

Баранов И. Г. Административное устройство Северной Маньчжурии // Вестник

Маньчжурии. Под ред. *И Ли-чуна и Е. Г. Лиманова*. -Харбин. —1926. — № 11—12.

Баранов И. Г. Китайский новый год // Вестник Маньчжурии. Отв. ред. *И. С. Горшенин*. -Харбин. —1927. — № 1.

Баранов И. Г. Китайский новый год // Вестник Маньчжурии. Отв. ред. *И. С. Горшенин*. -Харбин. —1927. — № 8.

Баранов И. Г. Загробный суд в представлениях китайского народа (По « Книге Яшмовых Правил ») // Вестник Маньчжурии. -Харбин. —1928. — № 1.

Баранов И. Г. Чертог всеобщей гармонии (Даосский храм в Маоэршане) // Вестник Маньчжурии. -Харбин. —1928. — № 7.

Баранов И. Г. Преподавание китайского языка в русской начальной и средней школе Особого Района Восточных Провинций // Вестник Маньчжурии. — 1929. — № 7—8.

Баранов И. Г. Государственная библиотека в Бэйпине (Пекине) // Библиографический сборник. Том II (V). Обзор литературы по китаеведению. Под ред. *Н. В. Устрялова*. -Харбин, 1932.

Барановский М., *Шварсалон С.* Что нужно знать о Китае. -М. -Л. , 1927.

Барановский М. И. Пекинская духовная миссия: Из деятельности царской России в Китае // Атеист. —1930. — № 49.

[*Барк*] Военный русско-китайский разговорник. Составил *В. Барк*, под редакцией *Ху-Цзя*. -М. : ОГИЗ, 1937.

Бартольд В. В. Исторические и географические труды Василия Павловича Васильева // Известия Российской Академии наук. —1918. — № 7.

Бунаков Ю. В. О значении так называемой литературной революции Китая Предисловие и публикация *И. Ф. Поповой* // Труды востоковедов в годы блокады Ленинграда (1941—1944) / сост. и отв. ред. *И. Ф. Попова*. - М. , 2011.

Вайнштейн О. А. Историография средних веков в связи с развитием исторической мысли от начала средних веков до наших дней. -М. -Л. , 1940.

Валентинов М. Железнодорожные планы Национального Правительства // Вестник Маньчжурии. Отв. ред. *М. Левковский*. -Харбин. —1929. — № 2.

[*Васильев*] Правдивое жизнеописание. Повести и рассказы. Перевод с китайского. Редакция и вступительная статья *А. Хархатова*. С послесловием проф. *В. Колоколова* (серия « Художественная литература современного Китая ») (Васильев Б. А.) // Записки Коллегии востоковедов при Азиатском музее АН СССР. Т. IV. -Л. : Изд-во АН СССР, 1930. С. 286—274.

Васильев Б. А. Октябрь и дунганская культура // Записки Института Востоковедения Академии Наук СССР. III. -Л. : Изд-во АН СССР, 1933.

Васьков В. А. Женьшэнь (По китайским источникам) // Вестник Маньчжурии. — 1930. — № 8.

Виленский-Сибиряков Вл. Проблемы Дальнего Востока // Северная Азия. —1927 — № 4.

[*Вильковский*]. Русско-китайский синонимический словарь к книге И. В. Сталина « Вопросы Ленинизма ». Сост. *С. Э. Вильковский*. Под ред. Е. Рыта. ПереводДербиша под ред. т. Колоколова. -М. : Изд-во КУТК, 1929.

Владимирцов Б. Я. Общественный строй монголов. Монгольский кочевой феодализм. -Л. , 1934.

Войтинский Г. Репетиция войны против СССР. КВЖД, империалисты и СССР. -М. -Л. : Гос. изд-во, 1930.

Войтинский Г. КВЖД и политика империалистов в Китае. -М. , 1930.

Войтинский Г. Н. Китай и первая мировая империалистическая война. -М. , 1940.

Воробьев П. И. Новые данные о происхождении и развитии маньчжурской письменности // Записки Института востоковедения Академии наук СССР. V. -М. -Л. : Изд-во АН СССР, 1936.

Г. Л. Пекинская духовная миссия и русско-китайская торговля в 30—50 гг. XIX в. // Красный Архив. Исторический журнал. —1932. -Т. 4 (32).

Гапанович И. И. Китайцы на Филиппинах // Вестник Маньчжурии. —1929. — № 6.

Глебов Н. Японские агрессоры в Китае. -М. : Партиздат, 1938.

Горайский И. И. Китайский календарь и его связь с культурно-бытовыми условиями жизни народа // Вестник Маньчжурии. —1930. — № 5.

Горшенин И. Манчжурия и угроза японо-американской войны. -М. : Партиздат, 1933.

[*Грегори*] Словарь китайских военных терминов. Составил Инструктор Артиллерии при штабе Маршала Чжан Цзо-лина Е. В. Грегори. -Мукден, 1927.

Гредякин Л. И. Русско-китайский словарь с русской транскрипцией китайских иероглифов: 3000 слов, достаточных для разговора. Харбин: Коммерч. Пресса, 1921.

Гриневич П. А. Боксерское восстание // Проблемы Китая. № 13. —1934.

Гриневич П. А. К вопросам истории китайского феодализма. // Проблемы Китая. —1935. № 14.

[Грум-Гржимайло] Западная Монголия и Урянхайский край. ТомII. Исторический очерк этих стран в связи с историей Средней Азии. Сост. Г. Е. Грум-Гржимайло. -Л. , 1926.

Далин С. А. Молодежь в революционном движении Китая. -М. , 1925.

Двадцать пять лет исторической науки в СССР. -М. -Л. , 1942.

Драгунов А. А. Грамматическая система современного китайского разговорного языка. -М. , 1962.

Дубровский М. Китай. Политико-экономический очерк. С рисунками и картой Китая. Под ред. Г. Кирдецова / Библиотека деревенского пропагандиста. Вып. 1. -М. : Крестьянская газета, 1927.

Дубровский С. М. К вопросу о сущности «Азиатского» способа производства феодализма, крепостничества и торгового капитала. -М. , 1929.

Дуглас. Новейшая история Китая. -Владивосток, 1902.

Думан Л. И. Феодальный институт яньци в Восточном Туркестане в XVIII в. // Записки Института востоковедения Академии наук СССР. III. -Л. : Изд-во АН СССР, 1933.

Думан Л. И. Аграрная политика цинского правительства в Синьцзяне в концеXVIII в. -М. -Л. , 1936.

Думан Л. И. Бияньху-вождь дунганского восстания 1862—1877 гг. Записки Института востоковедения Академии наук СССР. VII. -М. -Л. : Изд-во АН СССР, 1939.

Думан Л. И. Очерк истории Китая (С древнейших времен до эпохи империализма) // Китай. История экономика, культура, героическая борьба за национальную независимость. Сборник статей под ред. акад. В. М. Алексеева, Л. И. Думана и А. А. Петрова. -М. , 1940.

[Езерский] Словарь-справочник по китайскому вопросу. Сост. П. Езерский. -М. -Л. , 1927.

Ершов М. Н. Женщина и труд в современном Китае // Вестник Маньчжурии. -Харбин. —1929. — № 10.

Ершов М. Н. Школа и умственные движения в современном Китае // Библиографический сборник. Том I (IV). Обзор литературы по китаеведению. Под ред. Н. В. Устрялова. -Харбин, 1932.

Ефимов Г. Империалистическая интервенция 1900—1901 годов в Китае и Боксерское восстание // Исторический журнал. —1938. — № 4.

Жданов М. В боях за советский Китай. -М. : Молодая гвардия, 1932.

Жаков М. Отражение феодализма в «Мэн Цзы». -М. , 1927.

Зарудный И. С. Китай и иностранные державы // Библиографический сборник. ТомII (V). Обзор литературы по китаеведению. Под ред. Н. В. Устрялова. -Харбин, 1932.

Зейберлих В. Китайский иероглиф // Библиографический сборник. Том II (V). Обзор литературы по китаеведению. Под ред. Н. В. Устрялова. -Харбин, 1932.

Зубок Л. И. Китай в 1918—1944 гг. Стенограммы лекций, прочитанных в 1943/1944 учебном году / На правах рукописи.

Иванов А. И. В. П. Васильев, как синолог // Азиатский Сборник. Из Известий Российской Академии наук. Новая серия. 1918. -Пг. , 1919.

Иванов А. И. Памятники тангутского письма // Известия Российской Академии наук. —1918. — № 8.

Ивин А. Письма из Китая. От Версальского договора до советско-китайского соглашения. -М. -Л. , 1927.

Ивин А. За СССР. За революционный Китай. -М. -Л. : Государственное изд-во, отдел военной литературы, 1929.

Иорданский А. Китай в прошлом и настоящем. Популярный политико-экономический очерк с приложением карты Китая и 13 рисунков в тексте. -М. , 1924.

История революционного движения в Китае вXIX и XX вв. -М. , 1928.

Казакевич В. А. Материалы _hëo_P_g_. к истории китайских военных экспедиций в Монголию // Записки Института востоковедения Академии наук СССР. II, 5. -Л. : Изд-во АН СССР, 1933.

Казин В. Н. «Юн-лэ да дянь»: рукопись библиотеки ЛГУ Дипломная работа Предисловие и публикация И. Ф. Поповой // Труды востоковедов в годы блокады Ленинграда (1941—1944) / сост. и отв. ред. И. Ф. Попова. -М. , 2011.

Калачинский Н. Китай. -М. ： Изд-во ЦК МОПР СССР, 1929.

Канторович А. Я. Америка в борьбе за Китай. -М. , 1935.

Кара-Мурза Г. Как не надо писать историю （В. П. Савин-« Взаимоотношения царской России и СССР с Китаем ») // Проблемы Китая. Записки Института / НИИ по Китаю при Ассоциации по изучению национальных и колониальных проблем. № 3. -М. , 1930.

Кара-Мурза Г. Марксизм и буржуазная синология // Проблемы Китая. № 4 — 5. -М. , 1930.

[Кара-Мурза] Г. К. М. Новые данные о древнем Китае // Историк-марксист. — 1932. — № 2.

Кара-Мурза Г. Китай в 1918—1924 гг. // Историк-марксист. —1932. — № 5 — 6.

Кара-Мурза Г. С. Тайпины. Великая крестьянская война и тайпинское государство в Китае. 1850—1864. -М. , 1941.

Кара-Мурза Г. С. Тайпины. Великая крестьянская война и тайпинское государство в Китае. 1850—1864. Изд. 2-е. -М. , 1950.

Киселева М. Мао Дзе-дун // Исторический журнал. —1938. — № 10.

Китай. Политико-экономические и географические очерки. -Чита： Издание Политуправления 5-й Краснознаменной армии, 1923.

Китай. История экономика, культура, героическая борьба за национальную независимость. Сборник статей под ред. акад. В. М. Алексеева, Л. И. Думана и А. А. Петрова. -М. , 1940.

Китайский Благовестник. 1685—1935： Юбилейный сборник, посвященный 250-летию со дня основания Российской православной миссии в Китае. -Пекин, 1935.

Китайско-русский словарь юридических и политических терминов / Сост. ： Н. Ф. Колесов, И. С. Бруннерт. -Пекин, 1923.

Ковалев Е. Ф. Аренда и арендные отношения в Китае. -М. , 1947.

Козин С. А. Сокровенное сказание. Монгольская хроника 1240 г. Юань Чао би ши. Монгольский обыденный изборник. Т. I. -М. -Л. ： Изд-во АН СССР, 1941.

Козьмин Н. Н. К вопросу о турецко-монгольском феодализме. -М. -Иркутск, 1934.

Кокин М. , Папаян Г. « Цзинь-тянь ». -Л. , 1930.

Кокин М. В защиту теории Азиатского способа производства // Дискуссия об Азиатском способе производства. -М. -Л. ： Государственное социально-экономическое изд-во, 1931.

Колесов Н. Ф., Бруннет И. С. Китайско-русский словарь юридических и политических терминов. -Пекин: Типография Успенского монастыря при русской Духовной миссии, 1923.

[Колоколов] Китайско-русский вокабулярий по тонической системе в русской транскрипции китайской азбуки (Чжуинь цзыму) / Сост. студенч. Бригада второго курса кит. сектора: Богданов, Грачев, Константинов и др. ; Под рук. В. С. Колоколова. -М. , 1934. —71 с.

[Колоколов] Краткий китайско-русский словарь по графической системе, включающий важнейшие военные термины. Составил В. С. Колоколов. Под ред. М. М. Абрамсона и Ху Цзя. -М. , 1935.

Конрад Н. И. Избранные труды. История. -М. , 1974.

Кормазов В. Северная окраина Хэйлунцзянской провинции (Китайское Приамурье) // Вестник Маньчжурии. —1929. — № 6.

Костарев Н. Мои китайские дневники. Под ред. и с предисл. Льва Варшавского. -Л. : Прибой, 1928.

Котвич В. Л. Русские архивные документы по сношениям с ойратами вXVII- XVIII вв. // Азиатский сборник. Из Известий Российской Академии наук. Новая серия. 1919. -Петроград.

Курц Б. Г. Обзор международных торговых и политических сношений России с Китаем. -Киев, 1920.

Курц Б. Г. Русско-китайские сношения в XVI, XVII, XVIII вв. -Киев, 1929.

Кучумов В. Китайский либерализм конца XIX в. (Кан Ю-вэй и эпоха ста дней). - Революционный Восток. —1927. — № 1.

Кучумов В. Очерки по истории китайской революции. -М. , 1934.

Кюнер Н. В. Очерки новейшей политической истории Китая. -Хабаровск- Владивосток, 1927.

Литература Китая и Японии. Редакция и вступительная статья Н. И. Конрада. - Academia, 1935.

Любимов Л. Н. Китайская эмиграция // Библиографический сборник. Том I (IV). Обзор литературы по китаеведению. Под ред. Н. В. Устрялова. - Харбин, 1932.

Магарам Э. Е. Современный Китай. -Берлин: Изд-во Е. А. Гутнова, 1923.

Макар Е. Китайская революция на перевале. -М. -Л. , 1928.

Мамаев И. К вопросу о хунхузническом движении на Дальнем Востоке // Революция на Дальнем Востоке. Вып. I. -М. -Пг. , 1923.

Мамаев И. , Колоколов В. Китай. Страна, народ, история / под ред. А. А. Иорданского. Изд. 2-е, испр. и доп. . -М. , 1924.

Маракуев А. Метрология Китая (Конспект) // Известия Общества изучения Маньчжурского края. № 5. —1924. -Май.

Маракуев А. В. Очерк метрологии Китая // Вестник Маньчжурии. Отв. ред. И. С. Горшенин. -Харбин. —1927. — № 1.

Маракуев А. В. Шанхай-торговая столица Китая // Вестник Маньчжурии. Отв. ред. И. С. Горшенин. -Харбин. —1927. — № 3.

Маракуев А. В. Внешняя торговля Китая и ее место в мировом товарообмене // Вестник Маньчжурии. Отв. ред. И. С. Горшенин. -Харбин. —1927. — № 5—6.

Маракуев А. В. Внутренняя Монголия // Вестник Маньчжурии. Отв. ред. И. С. Горшенин. -Харбин. —1927. — № 8.

Маракуев А. В. Десять лет востоковедения на Советском Дальнем Востоке / Отдельный оттиск из «Вестника Дальневосточного отделения Академии наук СССР», № 1—2, 1932. -Владивосток: Дальгиз, 1932.

Маракуев А. В. Введение в китаеведение (Материалы к лекциям, прочитанным на 1-м курсе китайского отделения Востфака ДВГУ в 1933 г.). -Владивосток, 1934.

Маракуев А. В. Фрагмент китайского бронзового зеркала в археологическом музее Томского университета. Доложено на кафедре древней истории Томского университета 10 июня 1941 года // Ученые записки Томского государственного педагогического института. Т. III (Серия гуманитарных наук). -Томск, 1946.

Маракуев А. В. Иньфу-цзин. Страничка из истории китайской философии (Доклад, прочитанный на кафедре древней истории Томского университета 12-го января 1945 г.) // Ученые записки Томскогогосударственного педагогического института. Т. III. (Серия гуманитарных наук). -Томск, 1946.

Материалы по китайскому вопросу. № 15. -Издание КУТК, 1928

Миф П. А. Уроки шанхайских событий. -М. -Л. , 1926.

Миф П. Китайская революция. -М. , 1932.

Мозолевский И. Китайская народная медицина // Вестник Маньчжурии. Отв. ред. М. Левковский. -Харбин. —1929. — № 1.

Мордвинов Г. И. Особый район Китайской Республики // Мировое хозяйство и международная политика. —1938. — № 9.

Невский Н. А. О наименовании Тангутского государства // Записки Института востоковедения Академии наук СССР. II, 5. -Л. : Изд-во АН СССР, 1933.

Никонов А. Китай. Популярный военно-политический очерк. -М. : Изд-во «Военный вестник», 1925.

Нилус Е. Х. Исторический обзор КВЖД. -Харбин, 1923.

Новая история колониальных и зависимых стран. Под ред. Кара-Мурза Г. С. и др. -М., 1940.

О Китае. Политико-экономический сборник. Под ред. А. Лозовского. -М. -Л., Госиздат, 1928.

Огородников Вл. И. Очерк истории Сибири до начала XIX стол. Ч. I. Введение. История до-русской Сибири. -Иркутск, 1920.

Осипов П. И. Некоторые замечания к китайской рукописи, найденной в 1933 г. в Средней Азии // Записки Института востоковедения Академии наук СССР. V. -М. -Л. : Изд-во АН СССР, 1936.

Павлович М. Борьба за Китай // Жизнь национальностей. —1922. — № 6.

Панин И. А. Китайская торговля, ее основы и практика // Вестник Маньчжурии. -Харбин. —1925. — № 1—2.

Панин И. А. Китайский купец (Правовое положение китайской торговли) // Вестник Маньчжурии. Под ред. И Ли-чуна и Е. Г. Лиманова. -Харбин. —1926. — № 7.

Пашков Б. Основные этапы в развитии китайского языка / Труды Государственного Дальневосточного университета. Сер. VI, 1. -Владивосток, 1926.

Пергамент М. Я. Новейший обмен мнений по вопросу об экстерриториальности в Китае // Вестник Маньчжурии. -Харбин. —1925. — № 8—10.

Петров Арк. Научные институты по изучению Тихоокеанских стран // Северная Азия. —1929 — № 2.

Петров А. А. Ван Би 226—249. Из истории китайской философии / Труды Института востоковедения XIII. -М. -Л., 1936.

Петров А. А. Рукописи по китаеведению и монголоведению, хранящиеся в Центральном Архиве АТССР и в Библиотеке Казанского университета //

Библиография Востока. Вып. 10 (1936). -М. -Л. , 1937.

Петров А. А. Из истории материалистических идей в Древнем Китае (Ван Чун, I в. н. э.) // Вестник Древней истории. —1939. — No 3.

Пименова Э. Китайские революции. Как подготовлялся китайский 1905 год. -Л. -М. , 1925.

Плышевский И. Захват Маньчжурии Японией в 1931 г. // Исторический журнал. —1939. — No 8.

Погребецкий А. И. Денежное обращение и финансы Китая. -Харбин, 1929.

[Полевой] Китайский указатель к Словарю юридических, дипломатических, политических, экономических, философских и др. научных терминов. Сост. В. А. Полевой. -Пекин, 1927.

Поливанов Е. Д. Введение в языкознание для востоковедных вузов. -Л. : Издание Ленинградского Восточного института им. А. С. Енукидзе, 1928.

Поливанов Е. , Попов-Татива Н. Пособие по китайской транскрипции. -М. : Издание КУТВ им. И. В. Сталина, 1928.

Попов А. Китай. -М. , 1925.

Попов А. Д. Очерк истории Китая. -М. , 1925.

Попов А. Д. Англо-русское соглашение о разделе Китая. —1927.

Попов А. Д. Дальневосточная политика царизма в 1894—1901 // Историк-марксист. —1935. — No 11.

Попов К. Внешняя торговля Китая // Востоковедение / Труды высшего семинара востоковедения Киевского Торгово-Промышленного техникума. Под руководством проф. Б. Г. Курца. -Киев, 1925.

Попов-Татива Н. М. Китай. Экономическое описание. -М. , 1925.

Пурин А. А. Шаньдун (Краткий историко-экономический очерк) // Вестник Маньчжурии. Под ред. И Ли-чуна и Е. Г. Лиманова. -Харбин. —1926. — No 10.

Равдоникас В. И. За марксистскую историю материальной культуры. -Л. , 1930.

Радек К. Сун-Ят-Сен и китайское революционное движение / Библиотека « Огонек » No 21. -М. , 1925.

Радек К. История революционного движения в Китае. Курс 1926—1927 гг. -М. , 1926—1927.

[Радек] Спорные вопросы китайской истории. Доклад в обществе историков-марксистов. Стенографический отчет // Карл Радек о Китае (документы и материалы). Ред. и сост. А. В. Панцов. -М. , 2005.

Рогов В. Водные пути сообщения в Китае. -Харбин, 1932.

Романов Б. А. Россия в Маньчжурии 1892—1906. -Л. , 1928.

Романов Б. А. Очерки дипломатической истории русско-японской войны. -М. -Л. , 1947.

Рудаков А. Практический словарь служебных слов литературного китайского языка. Ч. 1. Служебные слова односложные. Вып. I. -Владивосток, Типография Дальневосточного Гос ун-та, 1927.

Рудаков А. Практический словарь служебных слов литературного китайского языка. Ч. 1. Служебные слова односложные. Вып. II. -Владивосток, Типография Дальневосточного Гос. ун-та, 1930.

Рязановский В. А. Обычное право монголов // Вестник Азии. № 51. -Харбин, 1923.

Рязановский В. Основные институты китайского гражданского права // Вестник Маньчжурии. Под ред. И Ли-чуна и Е. Г. Лиманова. -Харбин. —1926. — № 5, № 6.

Русский букварь для китайских рабочих ДВК. Сост. Д. Д. Каупуж. Под ред. К. Бигалько. -ОГИЗ-Далькрайотделение, 1931.

Савин В. П. Взаимоотношения царской России и СССР с Китаем. -М. , 1930.

Сафаров Г. И. Очерки по истории Китая. -М. , 1933.

Семенов Б. Китай в борьбе с империализмом (популярный очерк). -М. , 1926.

Серебренников И. И. Очерки экономической географии Китая // Вестник Азии. № 53 (вып. 1925 г.). -Харбин, 1926.

Серебренников И. И. Китайские народные поверья // Вестник Маньчжурии. — 1929. — № 3.

Серебренников И. И. Аборигены Южного Китая // Вестник Маньчжурии. — 1929. — № 9.

Серебренников И. И. Миф и религиозный культ в Ктае (Поверья. Обычаи, обряды) // Вестник Маньчжурии. —1930. — № 4.

Серебренников И. И. К истории Азии. Т. I. Сборник статей, очерков и рассказов из истории Китая, Монголии, Маньчжурии и Сибири. -Тяньцзин, 1941.

Симонивская Л. Крестьянская война в Китае в первой половине XVII столетия // Исторический журнал. —1937. — № 5.

Симонивская Л. Возникновение и развитие государства в Древнем Китае (Третье тысячелетие-III век до нашей эры) // Исторический журнал. —1940. — № 7.

Скачков П. Е. Библиография Китая: Систематический указатель книг и журнальных статей о Китае на русском языке, 1730—1930. -М. -Л. , 1932.

Скачков П. Е. Внутренняя Монголия (экономико-географический очерк). -М. , 1933.

Слободчиков Л. Китайские шахматы // Вестник Азии. № 53 (вып. 1925 г.). -Харбин, 1926.

Смургис Ю. Китай и его рабочее движение. -М. , 1922.

Сперанский Б. Д. Китайская республика. Очерк государственного устройства и управления. -Иркутск, 1925.

Таранович В. П. Илларион Россохин и его труды по китаеведению // Советское востоковедение. Вып. 3. -М. -Л. , 1945.

Таранович В. П. К вопросу о литературных материалах по востоковедению, хранящихся в учреждениях города Казани. Предисловия и публикация Т. А. Пан // Труды востоковедов в годы блокады Ленинграда (1941—1944) / сост. и отв. ред. И. Ф. Попова. -М. , 2011.

Терентьев Н. Советский Союз, империализм и Китай. Захват КВЖД и разрыв советско-китайских отношений. Изд. 2-е. -М. -Л. , 1929.

Терентьев Н. Очаг войны на Дальнем Востоке. -М. : Партиздат, 1934.

Тишенко П. С. Иностранные концессии Тяньцзиня и Ханькоу // Вестник Маньчжурии. Отв. ред. И. С. Горшенин. -Харбин. —1927. — № 2.

Торгашев Б. П. Производство чая в Китае (Чаепроизводящие районы) // Вестник Маньчжурии. Под ред. И Ли-чуна и Е. Г. Лиманова. -Харбин. —1926. — № 9, № 10, № 11—12.

Трифонов Н. Н. Порты Северного Китая. Тяньцзинь // Вестник Маньчжурии. Отв. ред. М. Левковский. -Харбин. —1929. — № 2, № 3.

Тюнин М. С. Указатель периодических и повременных изданий, выходивших в Харбине на русском и европейских языках по 1-е января 1927 года // Труды Общества изучения Маньчжурского края. Библиография Маньчжурии. Вып. 1. 1927. -Харбин, 1927.

[Усов] Транскрипция и слова к второй части учебника киатского разговорного языка, составленного С. Н. Усовым и Чжэн-Ай-тан. -Харбин: Типо-литогр. Л. Абрамовича, 1928.

Усов С. Н. , Е Цзунжэнь. Русско-китайский словарь: Для учащихся. -Харбин, 1929. —351 с.

Харнский К. Китай с древнейших времен до наших дней. -Хабаровск-

Владивосток, 1927.

[Хионин А. П.] Арнольд Дж. Изменения в экономической жизни китайского народа. Пер. А. П. Хионина // Вестник Азии. № 51. -Харбин, 1923.

Хионин А. П. Коммерческое образование в Китае // Вестник Азии. № 51. -Харбин, 1923.

Хионин А. П. Новейший китайско-русский словарь. Т. I. -Харбин: Изд-во ОИМК, 1928.

Хионин А. П. Новейший китайско-русский словарь. Более 10 000 иероглифов и ок. 60 000 сочетаний. По графической системе. Т. II. -Харбин: Изд-во ОИМК, 1930. —1305 с.

Ходоров А. Е. Мировой империализм и Китай. -Шанхай, 1922.

Ходоров А. Е., Павлович М. П. Китай в борьбе за независимость. -М., 1925.

Ходоров А. Е. Народное хозяйство Китая. С предисловием М. П. Павловича. -М.: Прометей, 1926.

Ходоров А. Е. Классовые корни господства маньчжур в Китае // Новый Восток. —1929. — № 26—27.

Федоренко Н. Т. Дуньхуанские рукописи // Проблемы Дальнего Востока—1975. — № 3.

Федосеев Н. К. Капитал и труд в крестьянском хозяйстве // Библиографический сборник. ТомII (V). Обзор литературы по китаеведению. Под ред. Н. В. Устрялова. -Харбин, 1932.

Федосеев Н. К. Кооперация в китайской деревне // Библиографический сборник. ТомII (V). Обзор литературы по китаеведению. Под ред. Н. В. Устрялова. -Харбин, 1932.

Фесенко П. И. История Синь-Цзяна. -М., 1935.

[Фигуровский]. Карманный китайско-русский словарь, составленный Епископом Иннокентием. -Пекин, 1926. —335, 153 с.

Филиппович К. Система народного образования в Китае // Вестник Маньчжурии. Отв. ред. И. С. Горшенин. -Харбин. —1927. — № 5.

Флуг К. К. Чао Гун-у и его библиография « Цзюнь чжай Ду шу чжи » Предисловие и публикация И. Ф. Поповой // Труды востоковедов в годы блокады Ленинграда (1941—1944) / сост. и отв. ред. И. Ф. Попова. -М., 2011.

Червонецкий Т. Д. Анализ и история китайской иероглифической письменности.

Лекции, читанные на китайском отделении Восточного факультета ГДУ в 1926/27 ак. г. -Владивосток: Изд-во ГДУ, 1927.

Шервуд М. Былые пути в Китай. Перевод и обработка Е. и Л. Некрасовых. - М., 1931.

Щепин В. Ф. Порт Хулудао // Вестник Маньчжурии. —1929. — № 6.

Шкуркин П. В. Исторические таблицы Китая в красках. -Харбин, 1917.

Шкуркин П. В. Справочник по истории стран Дальнего Востока. Ч. 1. Китай. - Харбин, 1918.

Шкуркин П. В. Образование и школа в Китае // Вестник Азии. № 48. —1922. - Вып. I.

Шкуркин П. «Тонкая ива» (китайская повесть) // Вестник Азии. № 49. — 1922. -Вып. II.

Шкуркин П. В. Легенды в китайской истории // Вестник Азии. № 50. —1922. - Вып. III.

Шкуркин П. В. Хунхузы. Этнографические рассказы // Известия Общества Изучения Маньчжурского Края. —1924. — № 4.

Шкуркин П. В. Путешествие восьми бессмертных за море // Вестник Маньчжурии. Под ред. И Ли-чуна и Е. Г. Лиманова. -Харбин. —1926. — № 8, 9.

Шкуркин П. В. Очерки даосизма // Вестник Азии. № 53 (вып. 1925 г.). - Харбин, 1926.

Шкуркин П. В. Картины из древней истории Китая. -Харбин, 1927.

Шкуркин П. В. Игроки. Китайская быль. -Харбин, 1927.

Шпильман. Крестьянская революция в Китае. Восстание тайпинов (1850—1860). Пер. с нем. -М., 1925.

Шпринцин. Обучение взрослых грамоте на новом китайском алфавите. -Хабаровск: Дальгиз, 1933.

Щербатский Ф. И., Ольденбург С. Ф. О рукописном наследии В. П. Васильева // Известия Академии наук СССР. Серия VI. —1926.

Щуцкий Ю. Даос в буддизме // Восточные Записки. Т. I. -Л.: Издание ИЖВЯ им. А. С. Енукидзе, 1927.

Щуцкий Ю. К. Китайская классическая «Книга перемен». -М.: Изд-во Восточной литературы, 1960.

Щуцкий Ю. К. Классическая китайская «Книга Перемен». -Ростов-на-Дону:

Феникс, 1998.

Энгельфельд В. В. Последняя гражданская война в Китае и ее итоги // Вестник Маньчжурии. -Харбин. —1925. — № 1—2.

Энгельфельд В. В. Доктор Сун Ят-сен (Биографический очерк) // Вестник Маньчжурии. -Харбин. —1925. — № 1—2.

Энгельфельд В. В. Китайские политические партии // Вестник Маньчжурии. -Харбин. —1925. — № 3—4.

Энгельфельд В. В. Очерки китайского административного права. Вып. I. -Харбин: Отделение типографии КВЖД, 1928.

Энгельфельд В. В. К вопросу о сношениях России с Китаем в XVII-XVIII веках. Историческая справка // Вестник Маньчжурии. Отв. ред. М. Левковский. -Харбин. —1929. — № 3.

Эренбург Г. Советский Китай. -М. , 1933.

Якубовский А. Монгольская империя // Исторический журнал. —1940. — № 6.

Яшнов Е. Е. Китайское и русское крестьянское хозяйство на Дальнем Востоке. (опыт сравнительной характеристики) // Вестник Маньчжурии. Под ред. И Ли-чуна и Е. Г. Лиманова. -Харбин. —1926. — № 9.

Яшнов Е. Е. История и народное хозяйство Китая (К теории исторических кризисов в Китае) // Вестник Маньчжурии. —1929. — № 9, № 10.

Яшнов Е. Е. Основы быта китайской деревни // Вестник Маньчжурии. —1930. — № 7, № 8.

Яшнов Е. Е. « Дискуссия об азиатском способе производства » // Библиографический сборник. ТомII (V). Обзор литературы по китаеведению. Под ред. Н. В. Устрялова. -Харбин, 1932.

二、参考书目

Азиатский музей-Ленинградское отделение Института востоковедения АН СССР. -М. , 1972.

[Алаев] Л. Б. Алаев: община в его жизни. История нескольких научных идей в документах и материалах. Автор и сост. Л. Б. Алаев. -М. , 2000.

Алпатов В. М. Советское востоковедение в оценках Н. Поппе // Монголика-III. -СПб. , 1994.

Алпатов В. М. В нем горел энтузиазм и свет науки // Восточная коллекция. — 2012. — № 3 (50).

Алпатов В. М. Размышления над книгой В. М. Алексеева «Китайская иероглифическая письменность и ее латинизация» // Общество и государство в Китае. ТомXLIII. Часть 2 / Ученые записки ИВ РАН. Отдела Китая. Вып. 9. -М., 2013.

Алпатов В. М. Два века в одной книге // Общество и государство в Китае. ТомXLIV. Часть 1 / Ученые записки ИВ РАН. Отдела Китая. Вып. 9. -М.: ИВ РАН, 2014.

Андреев Ю. К. Из истории китайской книги в России в первые годы Советской власти // Вестник НГУ. Серия «История, филология». Т. 1. Вып. 2. Востоковедение. 2002.

Андреева С. Г. Издательская деятельность Российской православной духовной миссии в Пекине (конецXIX-первая треть XX века) // XXIX научная конференция «Общество и государство в Китае». -М., 1999.

Арцибашев В. А., Даниленко И. С. «Сделано даже больше того, чего можно было ожидать». Отчет о деятельности Академии Генерального штаба РККА за 1918—1920 гг. // Исторический архив. —2012. — № 4.

Базиянц А. П. Из истории советского востоковедения в 1917—1922 гг. // Становление советского востоковедения. -М., 1983.

Балмасов С. С. Белоэмигранты на военной службе в Китае. -М.: Центрополиграф, 2007.

Баньковская М. В. Семь ярких вспышек // Петербургское востоковедение. Вып. 4. -СПб., 1993.

Баньковская М. В. «Мой двойник, только сильнее и вообще лучше» // Петербургское востоковедение. Вып. 8. -СПб.: Петербургское востоковедение, 1996.

Баньковская М. В. «Памятка»-в напоминание (к двум датам биографии Ю. К. Щуцкого) // Петербургское востоковедение. Вып. 9. -СПб.: Петербургское востоковедение, 1997.

Баньковская М. В. За книгами. Через Монголию в Китай (этнолингвистическая поездка Б. Я. Владимирцова и В. М. Алексеева летом 1926 г.) // Восток-Запад: диалог цивилизаций: историко-литературный альманах: 2007—2008 / под ред. акад. В. С. Мясникова. -М., 2009.

Барышников В. Н., Мировицкая Р. А. Учитель нравственности и жизни // Люди и идеи (К 50-летию ИДВ РАН). -М.: Памятники исторической мысли, 2006.

Баубекова С. А. Деятельность научных обществ на Дальнем Востоке в 1920-е годы // Гуманитарные исследования в Восточной Сибири и на Дальнем Востоке. —2012. — № 1 (17).

Белелюбский Ф. Б. «Нет рецепта писать мемуары» (Обзор архива М. И. Казанина) // И не распалась связь времен. К 100-летию со дня рождения П. Е. Скачкова. -М.: Восточная литература, 1993.

Белоглазов Г. П. Теория эволюции аграрного строя Китая и Маньчжурии в трудах Е. Е. Яшнова (20-е годы XX в.) // Россия и АТР. —1998. — № 4.

Березный Л. А. Против американских фальсификаторов истории (Некоторые вопросы историографии китайской революции 1925—1927 гг.) // Ученые записки Ленинградского государственного университета имени А. А. Жданова. № 179. Серия востоковедческих наук. Вып. 4. История и филология стран Востока. -Л., 1954.

Библиография по китайскому языкознанию. Кн. 1. Сост. С. Б. Янкивер (руководитель)... -М.: Наука-Главная редакция восточной литературы,1992.

Богаченко Н. Г. Латинизация китайской письменности // Актуальные проблемы востоковедения. Сб. научн. трудов. Вып. 4. -Хабаровск: ДВГГУ, 2012.

Бокщанин А. А. К 100-летию со дня рождения Л. В. Симоновской // Общество и государство в Китае: XXXII научная конференция. Сост. и отв. ред. Н. П. Свистунова. -М., 2002.

Бокщанин А. А. История Китая в период Мин (1368—1644) в отечественной историографии // Общество и государство в Китае: XXXVII научная конференция. -М., 2007.

Боровик М. А., Шемберко Л. В. Информационное обеспечение исследований по китаеведению на основе электронных ресурсов ИНИОН РАН // НТИ. Сер. 1. —2011. — № 12.

Букреев А. И. Из истории библиотеки Российской Духовной миссии в Пекине // Христианство на Дальнем Востоке. Материалы международной научной конференции. ЧастиI и II. -Владивосток, 2000.

Буяков А. М. Офицеры-выпускники Восточного института: годы и судьбы // Известия Восточного института ДВГУ. —1999. — № 5.

Бэй-гуань: Краткая история Российской духовной миссии в Китае / Сост. Б. Г. Александров. -М., 2006.

Валеев Р. М. Казанское востоковедение: истоки и развитие (XIX в. — 20-е гг. XX в.). -Казань, 1998.

Валеев Р. М. Очерки истории казанского университетского востоковедения (1769—1920-е гг.): Учебное пособие. -Казань, 2003.

Ван Гуань. «Очерки истории русского китаеведения»: Аннотация // И не распалась связь времен... -М., 1993.

Ван Чжичэн. История русской эмиграции в Шанхае. Пер. с кит. -М., 2008.

Василенко Н. А. Первые русские учебные заведения в Маньчжурии // Вестник ДВО РАН. —2000. — № 2.

Виноградова Т. И. Материалы синологической картотеки академика В. М. Алексеева, касающиеся деятельности востоковедных учреждений Ленинграда и Москвы // Общество и государство в Китае. Том XLIII. Часть 2 / Ученые записки ИВ РАН. Отдела Китая. Вып. 9. -М., 2013.

Воскресенский А. Д. Современное состояние и перспективы востоковедной школы МГИМО-Университета МИД России в контексте проблем и тенденций развития мирового комплексного регионоведения и российского востоковедения // Вестник Московского университета. Серия 13. Востоковедение. —2005. — № 1.

Воскресенский А. Д. Китай и Россия в Евразии. -М., 2006.

Воскресенский Д. Н. В. М. Алексеев о языковой культуре и письменном слове в Китае // Литература и культура Китая. Сборник статей к 90-летию со дня рождения академика Василия Михайловича Алексеева. -М.: Главная редакция Восточной литературы, 1972.

Востоковедение и мировая культура. К 80-летию академика С. Л. Тихвинского. Сборник статей. -М.: Памятники исторической мысли, 1998.

Врадий С. Профессор китаеведения А. В. Рудаков (К 100-летию создания во Владивостоке Восточного института) // Известия Восточного института ДВГУ. —1999. — № 5.

Вяткин Р. Предисловие // Фань Вэнь-лань. Древняя история Китая от первобытно-общинного строя до образования централизованного феодального государства. -М., 1958.

Вяткин Р. В. А. В. Рудаков... // Народы Азии и Африки. —1971. — № 4.

Гао Ман. Вспоминая Алексея Петровича Рогачева. К 110-летию со дня рождения // ПДВ. —2010. — № 2.

Генис В. Л. «Один из столпов комиссариата …» Арсений Николаевич Вознесенский (1881—1937). Биографический очерк // Неизвестные страницы отечественного востоковедения. Вып. II. -М., 2004.

Головачев В. Ц., Молодяков В. Э. Тайвань в эпоху японского правления: источники и исследования на русском языке. Аналитический обзор. -М.: Институт востоковедения РАН, 2014.

Голыгина К. И., Сорокин В. Ф. Изучение китайской литературы в России. -М., 2004.

Горбачева З. И., Меньшиков Л. Н., Петров Н. А. Китаеведение в Ленинграде за сорок лет // Ученые записки Института востоковедения. Т. XXV. -М., 1960.

Готлиб О. М. Синолог-лингвист Н. Н. Коротков-учитель учителей // 60 лет КНР / Тезисы докладов. Ч. 1. -М., 2009.

Готлиб О. М., Кремнев Е. В., Шишмарева Т. Е. Отечественные труды в области грамматологии китайской письменности второй половины XIX-первой половины XX вв. В. П. Васильев, С. М. Георгиевский, Ю. В. Бунаков, И. М. Ошанин. -Иркутск: МГЛУ ЕАЛИ, 2014.

Громковская Л. Л. Великий филолог // Петербургское востоковедение. Вып. 8. -СПб.: Петербургское востоковедение, 1996.

Дацышен В. Г. Движение за латинизацию китайской письменности и развитие китайской школы на советском Дальнем Востоке // Россия и АТР. —2008. —№ 3 (61). С. 160—169.

Дацышен В. Г. Митрополит Иннокентий Пекинский. -Гонконг, 2011.

Дацышен В. Г. Китаеведческое образование в России и проблемы реформирования китайской письменности в первой половине XX века // Вестник НГУ. Серия «История, филология». 2012. Т. 11, вып. 10: Востоковедение.

Дацышен В. Г. Эрдэмто Ринчинович Рыгдылон-исследователь Хакасско-Минусинского района // Научное обозрение Саяно-Алтая. —2012. — № 1 (3).

Дацышен В. Г. Культурная революция в СССР и российское востоковедение // Мир Евразии. —2014. — № 3 (26). С. 30—39.

Дацышен В. Г. Китаеведческое образование в России в 1920-е гг. // Россия и Китай: аспекты взаимодействия и взаимовлияния: материалы VI заочной Международной научно-практической конференции / под ред. Н. Л.

Глазачевой, О. В. Залесской. Благовещенск: Изд-во БГПУ, 2014. -С. 19 —28.

Документы опровергают. Против фальсификации истории русско-китайских отношений. -М. , 1982.

Долинина А. А. Переписка В. М. Алексеева и И. Ю. Крачковского (1916— 1950) // Неизвестные страницы отечественного востоковедения. Вып. III. - М. : Восточная литература, 2004.

Донской В. К. Разгром Восточного факультета ДВГУ // Вестник ДВО РАН. —1996. — № 1.

Доронин Б. Г. Историография императорского КитаяXVII-XVIII вв. -СПб. , 2002.

Дьяконова Н. В. Казин Всеволод Николаевич (1907—1942) // Труды востоковедов в годы блокады Ленинграда (1941—1944) / сост. и отв. ред. И. Ф. Попова. -М. , 2011.

Евдокимова Т. Ю. , Кульганек И. В. Страницы из истории монголоведения в Санкт-Петербургском государственном университете // Монголика-VIII: Сб. ст. : Петербургское востоковедение, 2008.

Ермакова Т. В. Концептуальные идеи в трудах А. И. Вострикова, Е. Е. Обермиллера, М. И. Тубянского // Четвертые востоковедные чтения памяти О. О. Розенберга. -СПб. : Институт восточных рукописей РАН, 2011.

Ермакова Т. В. Документы о деятельности акад. Ф. И. Щербатского 1920-х- начала 1930-х гг. // Четвертые востоковедные чтения памяти О. О. Розенберга. -СПб. : Институт восточных рукописей РАН, 2011.

Ермакова Э. В. Репрессии против преподавателей Дальневосточного государственного университета //VII Арсеньевские чтения. -Уссурийск, 1994.

Ермакова Э. В. Из истории высшего образования на Дальнем Востоке // Российское Приамурье: история и современность, материалы докладов научного семинара. -Хабаровск, 1999.

Ермакова Э. В. Архивные материалы рассказывают... // Известия Восточного института ДВГУ. —1999. — № 5.

Ермакова Э. В. В. А. Войлошников-декан Восточного факультета ДВГУ (штрихи биографии) // Известия Восточного института ДВГУ. —1999. — № 4.

Ермакова Э. В, А. М. Кузнецов. Приват-доцент Восточного факультета ГДУ С. М. Широкогоров // Известия Восточного института ДВГУ. —2001. — № 6.

Ермакова Э. В. Становления востоковедения на Дальнем Востоке // Дальний

Восток России в системе международных отношений в Азиатско-Тихоокеанском Регионе: история, экономика, культура (Третьи Крушановские чтения).-Владивосток, 2006.

Еропкина О. Русские и китайские школы на КВЖД. 20-е годы // ПДВ.—2001.— № 1.

Ефимов Г. В. Историко-библиографический обзор источников и литературы по новой истории Китая: Ч. I.-Л., 1965.

Ефимов Г. В. Историко-библиографический обзор источников и литературы по новой истории Китая: Ч. II.-Л., 1968.

Ефимов Г. В. Историко-библиографический обзор источников и литературы по новой истории Китая: Ч. III.-Л., 1972.

Ефимов Г. В. Из истории Коммунистического университета трудящихся Китая // Проблемы Дальнего Востока.—1977.— № 2.

Ефимов Г. В. Историко-библиографический обзор источников и литературы по новой и новейшей истории Китая. Ч. IV.-Л., 1980.

Жуковская И. В., Решетов А. М. Фонды востоковедов в архиве Музея антропологии и этнографии имени Петра Великого РАН // Страны и народы Востока / под. общ. ред. акад. РАН М. Н. Боголюбова. Вып. XXXIII.-М.: Вост. лит., 2010.

Журавлева В. П. Библиография // И не распалась связь времен...-М., 1993.

Заерко Н. О профессоре Николае Ивановиче Никифорове: последние годы // Русский Харбин. 2-е изд., испр. и доп.-М.: Изд-во МГУ: Наука, 2005.

Залеская О. В. Китайские мигранты на Дальнем Востоке России (1917—1938 гг.).-Владивосток, 2009.

Заруцкая Л. Л., Тихонова И. Ю. Письма советских китаистов в архиве С. Ф. Ольденбурга // Двадцать третья научная конференция «Общество и государство в Китае» / Тез. докл. Ч. 1.-М., 1991.

Зенина Л. В. Историко-библиографические материалы Н. В. Кюнера (архив востоковедов Ленинградского отделения Института народов Азии АН СССР) // Вопросы истории стран Азии.-М.: Изд-во Ленинград. ун-та, 1965.

Зенина Л. В. Николай Васильевич Кюнер (К столетию со дня рождения) // Народы Азии и Африки.—1978.— № 1.

Икута М. Рождение ученого // Восточная коллекция.—2012.— № 3 (50).

Илюшечкин В. П. Сословно-классовое общество в истории Китая.-М., 1986.

Иольсон Л. Государственный Дальневосточный университет в его прошлом и настоящем // Вестник Маньчжурии. Под ред. И Ли-чуна и Е. Г. Лиманова. -Харбин. —1926. — № 3—4.

Ипатова А. С. Российская Духовная Миссия в Китае: век двадцатый // История Российской Духовной Миссии в Китае. -М., 1997.

Ипатова А. С. Российская эмиграции в Шанхае: эмигрантские благотворительные и общественные организации (20 — 30-е гг.) // Восток-Россия-Запад. Исторические и культурологические исследования. К 70-летию академика В. С. Мясникова. -М.: Памятники исторической мысли, 2001.

Исаков А. П., Исаков Е. П. Летопись Казанского Государственного университета. Т. I. 1804—1945 гг. -Казань, 2004.

Интеллигенция Сибири в первой трети XX века: статус и корпоративные ценности. -Новосибирск, 2007. С. 167.

История Маньчжурии XVII-XX вв. Библиографический указатель. Кн. 1. -Владивосток, 1981.

История Российской Духовной Миссии в Китае. -М., 1997.

К 70-летию со дня рождения проф. Б. К. Пашкова // Народы Азии и Африки. 1962. — № 1.

Каневская Г. И., Павловская М. А. Деятельность выпускников Восточного института в Харбине // Известия Восточного института Дальневосточного государственного университета. —1994. — № 1.

Каневская Г. И. Оправдавший надежды Приамурского генерал-губернатора // Известия Восточного института ДВГУ. —2001. — № 6.

Кий Е. А. Основные этапы истории отечественной китаеведческой буддологии в общем контексте российской науки о буддизме // Буддизм Варжраяны в России: исторический дискурс и сопредельные культуры. -М.: Алмазный путь, 2013. —512 с.

Кобзев А. И. Философия китайского неоконфуцианства. -М., 2002.

Кобзев А. И. Первые русские переводы Ван Ян-мина и В. М. Алексеев // Архив российской китаистики. Т. II. Сост. А. И. Кобзев. -М.: Наука-Вост. лит., 2013.

Кобзев А. И. Синологи, антропософы и тамплиеры в советском аду // Архив российской китаистики. Т. II. Сост. А. И. Кобзев. -М.: Наука-Вост. лит., 2013.

Кобзев А. И. Игрища бесовские в АН СССР // Общество и государство в Китае. Т. XLIII. Часть 2 / Ученые записки ИВ РАН. Отдела Китая. Вып. 9. -М. : ИВ РАН, 2013.

Комиссаров С. А. О значении историографии в изучении библиографии... // Вестник НГУ. Серия: История, филология. 2012. Т. 11, вып. 10: Востоковедение.

Комков Г. Д. , Левшин Б. В. , Семенов Л. К. Академия наук СССР. Краткий исторический очерк. -М. , 1974.

Коротков Н. Н. К проблеме морфологической характеристики китайского литературного языка // Труды Двадцать пятого международного конгресса востоковедов. Москва, 9—16 августа 1960 г. Т. V. -М. : Изд-во Восточной литературы, 1963.

Костанов А. И. История «Маньчжурского архива» в России // Отечественные архивы. —1998. — № 3.

Крицкий Н. Н. Подготовка военных переводчиков для Тихоокеанского флота (1918—1941) // Известия РГИАДВ. Т. VI. -Владивосток, 2002.

Кроль Ю. Л. О работе Б. И. Панкратова над «Юань-чао би-ши» // Страны и народы Востока. Вып. XXVIII. -СПб. , 1994.

Крымов А. Г. Дискуссия о докапиталистических отношениях в Китае в 20—30-х годах // Проблемы докапиталистических обществ в странах Востока. -М. : Наука-Главная редакция восточной литературы, 1971.

Крюков М. В. Улица Мольера, 29. Секретная миссия полковника Попова. -М. , 2000.

Кузнецов А. М. Переписка В. М. Алексеева и С. М. Широкогорова // Известия Восточного института. —2012. — № 1(9).

Кузнецова Н. А. , Кулагина Л. М. Всесоюзная научная ассоциация востоковедения. 1921—1930 (К 60-летию со дня основания) // Становление советского востоковедения. -М. , 1983.

Кузнецова Т. В. История создания русско-китайских словарей и учебных пособий за Дальневосточными рубежами России // Гродековские чтения: Тезисы научно-практической конференции. Ч. II. -Хабаровск, 1996.

Кузнецова Т. В. Русская книга в Китае (1917—1949) / Отв. ред. А. И. Букреев. -Хабаровск: Дальневост. гос. науч. б-ка, 2003.

Кульпин Э. С. Человек и природа в Китае. -М. : Наука-Главная редакция восточной литературы,1990.

Кычанов Е. И. Тангутские тетради // Петербургское востоковедение. Вып. 8. - СПб. : Петербургское востоковедение,1996.

Лазарева С. И. ,Шпилева А. Н. Русские школы и вузы в Маньчжурии 20—30-е гг. XX в. // Россия и АТР. —2011. — № 4.

Ларин А. Г. Китайские мигранты в России. История и современность. - М. ,2009.

Ларичев В. Е. ,Пиков Г. Г. ,Тюрюмина Л. В. Юаньский проект // Восточная коллекция. —2006. — № 3.

Ларичев В. Е. Кафаровский проект... // Вестник НГУ. Серия: История, филология. 2012. Т. 11,вып. 10: Востоковедение.

Левитский В. В. История в мифах и воспоминаниях. Вокруг КВЖД: Историко-филологическое обозрение 2. -Краматорск,2003.

Литература и культура Китая. Сборник статей к 90-летию со дня рождения академика Василия Михайловича Алексеева. -М. : Главная редакция Восточной литературы,1972.

Лукин А. В. Медведь наблюдает за драконом. Образ Китая в России в XVII-XXI вв. -М. ,2007.

Малявина Л. С. К истории становления китаеведческого центра на Российском Дальнем Востоке // Дальний Восток России-Северо-Восток Китая: исторический опыт взаимодействия и перспективы сотрудничества. Материалы международной научно-практической конференции …-Хабаровск,1998.

Малявина Л. С. Организация и деятельность Дальневосточного краевого научно-исследовательского института (1923—1931 гг.) // Вестник Дальневосточного отделения РАН. —2009. — № 5 (147).

Марахонова С. И. Институт Гарвард-Яньцзинь и образовательная политика США в Азии в 1930—1950-е годы (по источникам архива Кембриджа,США) // Письменные памятники Востока. —1913. — № 1 (18).

Марр Н. Я. Доистория, преистория, история и мышление / Известия Государственной Академии истории материальной культуры. Вып. 74. -Л. :, 1933.

[Марр] Вопросы языка в освещении яфетической теории. Избранные отрывки из работ акад. Н. Я. Мара. Составил В. Б. Аптекарь. -Л. : Государственная

Академия Истории Материальной Культуры，1933.

Мейер М. С. К 50-летию Института стран Азии и Африки при МГУ // Проблемы Дальнего Востока.—2006.—№ 2.

Мелихов Г. В. Российская эмиграция в Китае (1917—1924 гг.).-М.，1997.

Мелихов Г. В. Белый Харбин，середина 20-х.-М.：Русский путь，2003.

Мелналкснис А. И. Описание китайских рукописных книг и карт из собрания К. А. Скачкова.-М.：Главная редакция Восточной литературы，1974.

Меньшиков Л. Н. Китайские коллекции академика В. М. Алексеева // Страны и народы Востока. Вып. 1. География，этнография，история. Под ред. акад. В. В. Струве.-М.：Восточная литература，1959.

Меньшиков Л. Н.，Чугуевский Л. И. Китаеведение // Азиатский музей-Ленинградское отделение Института востоковедения АН СССР.-М.，1972.

Меньшиков Л. Н. Из истории китайской книги.-СПб.：Изд-во Санкт-Петербургского института истории РАН 《 Нестор-История 》，2005.

Милибанд С. Д. Биобиблиографический словарь отечественных востоковедов.-М.，1995.

Милибанд С. Д. Востоковеды России (XX-началоXXI века) / Биобиблиографический словарь. В двух книгах.-М.，2008.

Мясников В. С. И не распалась связь времен... // И не распалась связь времен.-М.，1993.

Мясников В. С. Квадратура китайского круга：избранные статьи：в 2 кн.-М.，2006.

Мясников В. С.，Шаститко П. М. Заметки об ориенталистике в России (продолжение) // Вестник Восточного университета. 2009. I—II.-М.，2009.

Мясников В. С. Кастальский ключ китаеведа. Т. 1.-М.，2014.

Никифоров В. Н. Дискуссия советских историков об общественно-экономическом строе Китая 1925—1931 гг.-Народы Азии и Африки.—1965.—№ 6.

Никифоров В. Н. Советские историки о проблемах Китая.-М.，1970.

Очерки истории исторической науки в СССР. Т. I. Ред. М. Н. Тихомиров.-М.，1955.

Очерки истории исторической науки в СССР. Т. IV. Ред. М. В. Нечкина.-М.，1966.

[Ошанин] Китайско-русский словарь. Под ред. И. М. Ошанина. Около 65 000 слов и выражений.-М.：Гос. изд-во иностранных и национальных словарей，

1952.

Павловская М. А. Исследование Маньчжурии и стран Восточной Азии Экономическим Бюро КВЖД (1921—1934) // Россия и Восток: взгляд из Сибири / Мат. и тез. докл. -Иркутск: Изд-во Иркутского ун-та, 1998.

Павловская М. А. Востоковедение на Юридическом факультете Харбина (1920—1937 гг.) // Известия Восточного института ДВГУ. —2001. — № 6.

Панцов А. В. Тайная история советско-китайских отношений. Большевики и китайская революция (1919—1927). -М., 2001.

Петров Арк. Научные институты по изучению Тихоокеанских стран // Северная Азия. № 1.

Петров Н. А. К истории изучения китайского языка в России (Рукописные словари, хранящиеся в Архиве востоковедов Ленинградского отделения ИНА АН СССР) // Дальний Восток: Сб. статей. -М., 1961.

Петров В. В. В. М. Алексеев и Ленинградский университет // Литература и культура Китая. Сборник статей к 90-летию со дня рождения академика Василия Михайловича Алексеева. -М., 1972.

Петров В. В. Библиография печатных работ профессора В. М. Штейна по востоковедению // Страны и народы Востока. Вып. XXIII. Дальний Восток (История, этнография, культура). Под ред. акад. Д. А. Ольдерогге. -М.: Восточная литература, 1982.

Петров В. В. Петроградский университет в годы Гражданской войны // Межвузовская научная конференция «Гражданская война в России: проблемы истории и историографии». Сборник докладов. -СПб.: Изд-во СПбГЭТУ «Лэти», 2014.

Печатные издания харбинской россики. Аннотированный библиографический указатель печатных изданий, вывезенных хабаровскими архивистами из Харбина в 1945 году. -Хабаровск, 2003.

Пиотровский Б. Б., Мясников В. С., Ипатова А. С. Ученый, дипломат, общественный деятель // Всемирная история и Восток: Сб. статей. -М., 1989.

Поздняев Дионисий. Православие в Китае. -М., 1998.

Полански П. Русская печать в Китае, Японии и Корее: Каталог собрания Библиотеки им. Гамильтона Гавайского университета / Предисл., пер. с англ. и науч. ред. А. А. Хисамутдинова. -М.: Пашков дом, 2002.

Попова Г. С. Введение в системное описание Шуцзина как исторического источника // Общество и государство в Китае. Т. XLII. Ч. 1.-М., 2012.

[Попова] Казин В. Н. «Юн-лэ да дянь»: рукопись библиотеки ЛГУ Дипломная работа. Предисловия и публикация И. Ф. Поповой // Труды востоковедов в годы блокады Ленинграда (1941—1944) / сост. и отв. ред. И. Ф. Попова.- М, 2011.

Попова И. Ф., Врадий С. Ю. Китайские рукописи библиотеки ДВО РАН // Россия на Тихом океане: роль личности в становлении государственности и проблемы безопасности / Шестые Крушановские чтения, 2009.-Владивосток, 2011.

Решетов А. М. Н. В. Кюнер-выдающийся русский и советский востоковед // Известия Сибирского отделения АН СССР. Серия общественных наук. Вып. 1.-Новосибирск, 1978. — № 1.

Решетов А. М. Н. А. Невский как этнограф. К столетию со дня рождения ученого // Петербургское востоковедение. Вып. 8.-СПб.: Петербургское востоковедение, 1996.

Решетов А. М. О В. А. Рязановском и его письмах В. М. Алексееву // Восточный Архив. —2001. — № 6—7.

Решетов А. Выдающийся востоковед-энциклопедист (К 125-летию со дня рождения Н. В. Кюнера) // ПДВ. —2002. — № 6.

Решетов А. Востоковед и организатор науки П. И. Воробьев // ПДВ. —2003. — № 3.

Решетов А. М. С. М. Широкогоров: китайский период жизни и деятельности (1922—1937) // Зарубежная Россия. 1917—1939. Сб. статей. Кн. 2.-СПб., 2003.

Рифтин Б. Л. О синологических словарях и справочниках, старых и новых // Архив российской китаистики. Сост. А. И. Кобзев.-М.: Наука-Восточная литература, 2013.

Романова Г. Н. Традиции Федора Владимировича Соловьева продолжаются // Россия и АТР. —2009. — № 4.

Рыкунова Г. А. Магистр китайской словесности. А. В. Рудаков (1871—1949): материалы к биографии // Россия и АТР. —1995. — № 2.

Серов В. М. К. А. Харнский-историк стран Дальнего Востока // Известия Восточного института Дальневосточного государственного университета. № 5-

Владивосток, 1999.

Синологические словари в крупнейших библиотеках Советского Союза. Аннотированный указатель.-М., 1976.

Скачков П. Е. Библиография Китая.-М., 1960.

Скачков П. Е. На рубеже веков // Проблемы Дальнего Востока—1975. — № 3.

Скачков П. Е. Международные связи русских синологов // Проблемы Дальнего Востока—1975. — № 4.

Скачков П. Е. Очерки истории русского китаеведения.-М., 1977.

Сладковский М. И. Первый центр китаеведения на Дальнем Востоке и его выпускники в 20-е годы // Проблемы Дальнего Востока. —1979. — № 4.

Смолин Г. Я. Академик В. М. Алексеев и преподавание истории Китая в Санкт-Петербургском университете // Востоковедение и африканистика в университетах Санкт-Петербурга, России и Европы / Международная научная конференция 4 — 6 апреля 2006 г. Доклады и материалы.-СПб., 2006.

Соловьев А. В. Тревожные будни забайкальской контрразведки.-М., 2002.

Сотникова И. Н. Советские публикации 20-х гг. о революционном движении в Китае и их судьба (К истории отечественного китаеведения) // Двадцать третья научная конференция «Общество и государство в Китае» / Тез. докл. Ч. 2.-М., 1991.

Спешнев Н. А. Жизнь русской эмиграции в Пекине (20 — 40-е гг. XX в.) // Восток-Россия-Запад. Исторические и культурологические исследования. К 70-летию академика В. С. Мясникова.-М.: Памятники исторической мысли, 2001.

Спичак Д. А. Китайские студенты Москвы и сталинские репрессии // Вестник Московского университета. Сер. 13. Востоковедение. —2005. — № 2.

Спичак Д. А. О подготовке в Советской России будущих руководящих кадров Китайской Народной Республики // 60 лет КНР / Тезисы докладов. Ч. 1.-М., 2009.

Стариков В. С. Научная и педагогическая деятельность Б. И. Панкратова // Страны и народы Востока. Вып. XI.-М., 1971.

110 лет Восточному институту во Владивостоке. Фотоальбом.-Владивосток, 2009.

Титаренко М., Барышников В. Выдающийся ученый-китаевед и организатор науки Михаил Иосифович Сладковский // Проблемы Дальнего Востока. —

2006. — № 2.

Титаренко М. Л. , Ипатова А. С. Жизнь большая и яркая: К 90-летию академика С. А. Тихвинского // Раздвигая горизонты науки: К 90-летию академика С. Л. Тихвинского. -М. , 2008.

Тихвинский С. Л. В. М. Алексеев и изучение истории Китая // Литература и культура Китая. Сборник статей к 90-летию со дня рождения академика Василия Михайловича Алексеева. -М. , 1972.

Тихвинский С. Л. Век стремительных перемен. -М. : Наука, 2005.

Тихвинский С. Л. Избранные произведения. Кн. 5: Воспоминания дипломата и заметки историка. -М. , 2006.

Тихвинский С. Л. Восприятие в Китае образа России. -М. , 2008.

Тодер Ф. А. , Юрьев М. Ф. Штрихи к портрету профессора Г. С. Кара-Мурзы (1906—1945) // Слово об учителях. Московские востоковеды 30 — 60-х годов. -М. , 1988.

Томазишвили А. О. Владимир Александрович Гурко-Кряжин: судьба бойца « востоковедного фронта » // Неизвестные страницы отечественного востоковедения. Вып. III. -М. : Восточная литература, 2004.

Труды востоковедов в годы блокады Ленинграда (1941—1944) / сост. и отв. ред. И. Ф. Попова. -М. , 2011.

Университеты и научные учреждения. Изд. 2-е, перераб. и доп. -М. -Л. : Объединенное научно-техническое издательство, 1935.

Усов В. Н. Советская разведка в Китае в 20-е годы XX века. Изд. 2-е. -М. , 2011.

Федин К. А. К шестидесятилетию ученого // Изучение китайской литературы в СССР. Сборник статей к шестидесятилетию члена-корреспондента АН СССР Н. Т. Федоренко. -М. , 1973.

Федоренко Н. Т. В. М. Алексеев о китайском поэте, художнике и каллиграфе // Литература и культура Китая. Сборник статей к 90-летию со дня рождения академика Василия Михайловича Алексеева. -М. : Главная редакция Восточной литературы, 1972.

Фишман О. Л. Жизнь, отданная науке // Страны и народы Востока. Вып. XXIII. Дальний Восток (История, этнография, культура). Под ред. акад. Д. А. Ольдерогге. -М. : Восточная литература, 1982.

Харбсмайер К. Василий Михайлович Алексеев и российское китаеведение //

Архив российской китаистики. Сост. А. И. Кобзев. -М. : Наука-Восточная литература, 2013.

Хисамутдинов А. Востоковед и библиотекарь Александр Владимирович Маракуев // Власть книги: Альманах. -Владивосток, 2004. — № 4.

Хисамутдинов А. А. Русские этнографы-эмигранты в Маньчжурии, их труды и судьбы // Этнографическое обозрение. —2014. — № 2.

Хохлов А. Н. Китаист А. В. Маракуев: экономист, географ или филолог? // Россия и народы Востока. Проблемы исследования и преподавания истории стран Азии и Африки в высших учебных заведениях. -Иркутск, 1993.

Хохлов А. Н. Китаисты С. А. и В. С. Колоколовы: отец и сын (к проблеме преемственности традиций в отечественном востоковедении) // Китайское языкознание. Изолирующие языки. XII международнаяконференция. Материалы. -М. , 2004.

Хохлов А. Н. Академик-китаист В. М. Алексеев под угрозой остракизма в 1938 г. // Неизвестные страницы отечественного востоковедения. Вып. III. -М. : Восточная литература, 2004.

Хохлов А. Н. Директор Пекинской национальной библиотеки Юань Тун-ли: поездка в СССР в 1934 г. и контакты с российскими китаеведами // Общество и государство в Китае: XXXV научная конференция. Сост. и отв. ред. Н. П. Свистунова. -М. , 2005.

Хохлов А. Н. Л. И. Думан: тернистый путь настоящего ученого // Общество и государство в Китае: XXXVII научная конференция. -М. , 2007.

Хохлов А. Н. Китаист Н. Т. Федоренко в начале творческого пути // Общество и государство в Китае. Т. XLII. Ч. 2. -М. , 2012.

Циперович И. Э. Академики-востоковеды Эдуард Шаванн (1865—1918) и Поль Пеллио (1878—1945) // Петербургское востоковедение. Вып. 9. -СПб. , 1997.

Чебоксаров. Н. Н. Этническая антропология Китая. -М. , 1982.

Шаститко П. М. Предисловие // Слово об учителях. Московские востоковеды 30 — 60-х годов. -М. , 1988.

Шутова Е. И. Синтаксис современного китайского языка. -М. : Наука-Главная редакция восточной литературы, 1991.

Эйдлин Л. З. О Василии Михайловиче Алексееве // Литература и культура Китая. Сборник статей к 90-летию со дня рождения академика Василия

Михайловича Алексеева. -М. , 1972.

Эйдлин Л. З. О научных трудах Николая Трофимовича Федоренко // Изучение китайской литературы в СССР. Сборник статей к шестидесятилетию члена-корреспондента АН СССР Н. Т. Федоренко. -М. , 1973.

Эйдлин Л. З. Несколько замечаний к статье академика В. М. Алексеева // Проблемы Дальнего Востока—1975. — № 1.

Юрьев М. Ф. , Панцов А. В. Учитель китаеведов Г. Б. Эренбург (1902—1967) // Слово об учителях. Московские востоковеды 30—60-х годов. -М. , 1988.

Юсупова Т. И. Поездка П. К. Козлова в Пекин в мае 1925 г. : биографический факт в историко-научном аспекте (по страницам дневников Монголо-Тибетской экспедиции 1923—1926 гг.) // Российско-китайские научные связи: проблемы становления и развития. -СПб. , 2005.

Янь Годун. Изучение российской синологии в Китае // Восток-Запад: Историко-литературный альманах: 2002. -М. , 2002.

Янь Годун. Первый русско-китайский словарь, составленный китайцем // Вестник СПбГУ. Сер. 13. 2010. Вып. 2.

Янь Годун. Первый китайский словарь русского языка. Пер. с кит. О. П. Родионовой // Институт Конфуция. —2012. — № 1. -Вып. 10.

Хао Шичан, Ли Ячэнь. Лю Су цзяою шигао (Очерки истории обучения китайцев в СССР). -Харбин, 2001.

Чжун-Су гуаньси цыдянь (Энциклопедия китайско-советских отношений). -Далянь, 1990.

Чжун-Су гуаньси шиган: 1917—1991 нянь Чжун-Су гуаньси жогань веньти цзай таньтао (Очерки истории китайско-советских отношений: некоторые вопросы новых исследований китайско-советских отношений 1917—1991 гг.). Ред. Шэнь Чжихуа. -Пекин, 2011.

Чжун-Э гуанси ши имин цидянь (Словарь перевода терминов по истории русско-китайских отношений), под ред. Хао Цзянхэна. -Харбин, 2000.

Чэнь Цзяньхуа. Эрши шицзы Чжун-Э веньхуа гуанси (Культурные связи между Китаем и Россией в XX в.). -Пекин, 2002.

Кіктенко В. О. Нарис з історії українського китаєзнавства. XVII-перша половина XX ст. : дослідження, матеріали, документи. -Киев, 2002.

译者后记

俄罗斯汉学是世界汉学的重要组成部分,发端于18世纪初,三百余年间涌现出大批优秀的汉学家,取得了丰硕的研究成果。需特别指出的是,俄罗斯汉学家在各汉学领域取得杰出成就的同时,非常重视汉学发展历程的史学梳理和汉学文献的整理编目,如斯卡奇科夫所著的《俄罗斯汉学史纲》(1977)、俄罗斯科学院远东研究所学者们所著的《俄罗斯汉学的基本方向及其问题》(2014)、斯卡奇科夫编写的《中国书目》(1960)、茹拉芙列娃编写的《中国书目》(2015)等,以上书目为我们了解俄罗斯汉学的发展历程起到了重要作用,但也有着题材和时代的局限性,即对于1917—1945年期间的汉学缺少总结。而1917—1945年对于俄罗斯来说,是一个极其特殊、复杂且充满矛盾的阶段,这一时期也是俄罗斯汉学向苏联汉学过渡的艰难时期。这一时期的汉学研究具有以下几个特点:1.受到意识形态的影响并依赖政府支持。期间俄罗斯汉学的新旧学派对立,研究重点也开始随着政治形势发生转变,苏联汉学家开始把注意力集中在中国的历史和革命问题上。2.遗留手稿数量巨大。这一时期由于政治的不稳定和汉学家生活的拮据,大量的作品都难以出版。3.汉学人才锐减。由于战争的频发和意识形态的转变,许多汉学家纷纷走上前线,参与到救国战争中,也有一些汉学家由于与官方意识形态不合,逃离海外或在肃反运动中被迫害致死。

浩瀚如海的研究成果和复杂多变的时代背景,为梳理1917—1945年间的这段汉学史造成了困难。中国学者受到地域和资料的限制,很难对这段历史做出完整系统的研究,而达岑申教授的这部专著正是在以往研究的基础上,对这段历史时期的汉学研究进行全面梳理的成果。达岑申是世界史专业博士、著名汉学家,长期从事中俄关系以及俄罗斯汉学的研究。他基于大量一手档案资料,通过长时间的整理和恢复,将这一时期的汉学研究完整呈现于读者面前。可以说这部著作是在世界汉学史框架下首次对这一主题进行综合研究的著作,涉及20世纪上半叶俄罗斯汉学历史、政治、地理、宗教、文化、文学各个层面。该书框架上遵循了编年体的写法,以史带论,史论结合,按照年代—事件的分期顺序,详尽地梳理了1917年后俄罗斯的汉学研究发生的变革、30年代俄罗斯汉学所遭受的毁灭性重创等等。此外,作者对同时期境外俄罗斯汉学的发展情况也给予了关注,为中国学者对俄罗斯汉学的研究提供了更加全面的宝贵史料,具有很高的学术意义。对于该书的学术价值,北京大学张冰教授也曾有过这样的论述:"斯卡奇科夫的《俄罗斯汉学史纲》堪称俄罗斯汉学历史书写的经典,但是内容基本止于1917年;《俄罗斯汉学的基本方向及其问题》中尽管有全面阐述俄罗斯的中国哲学和宗教研究的第六章,但是总体而言,该书重在探讨1990年代苏联解体后的俄罗斯汉学研究,关于此前各领域的研究只是简略提及。因此,西伯利亚联邦大学达岑申教授的《俄罗斯汉学史(1917—1945):俄国革命至第二次世界大战期间的中国研究》,某种程度上填写了俄罗斯汉学历史书写中的一段空白。"[①]

在翻译该著作的过程中,译者跟随着原作者的脚步,将自己置身于原作的语境当中,书中的那些汉学家的形象也变得鲜活起来。在那段艰难的时期,众多汉学家仍不忘自己的学术理想,在艰苦的条件下尽力完成自己的研究,让人动容。在肃反运动中,众多汉学家被迫害,

---

[①] 张冰:《历史书写中的俄罗斯汉学》,《中国俄语教学》2017年第2期,第80页。

阿列克谢耶夫在书信中所流露出的悲怆和无奈的呐喊，让译者不由得心生感慨。在感性的同时，译者在翻译的过程中，坚持了客观理性的翻译态度以及忠实准确的翻译原则，具体体现在以下两个方面：第一是忠于史实，译者在本书的翻译过程中与原作者保持了紧密的联系和沟通，在力求准确完整表达原文含义的基础上，针对部分史实和原文有争议或矛盾之处，在与原作者协商一致的情况下对原文做出了少量的修改和删减；第二是忠于原著，原作者基于大量的一手材料，文中手稿材料详实，出处明确，译者在翻译的过程中尽力还原作者简洁明快的语言风格，不添加译者个人的主观意见和感情色彩，该书中所陈述的观点和意见仅代表原作者的学术观点和意见，译者则力求将这些内容完整一致地呈现给广大读者。

此外，该译作为国家社会科学基金重大项目多卷本"中国文化域外传播百年史"的阶段性成果（项目批准号17ZDA195）。译者在翻译的过程中，得到了诸多专家学者的指导和帮助。在此要感谢原作者达岑申先生、圣彼得堡国立大学汉学家克拉夫佐娃的帮助，老一辈汉学家认真严谨的学术态度，令人钦佩。同时要感谢北京大学的张冰教授，在翻译过程中提出了许多翻译意见，使译者在翻译的过程中受益匪浅。还要感谢武汉大学俄语系的王璐瑶同学、王蕊同学和高睿同学分担了部分章节的初期翻译工作。正是有各位的指导和支持，翻译工作才能够顺利完成。由于译者水平有限，译文中难免有疏漏之处，还请广大读者海涵。